农村改革与长江三角洲村域经济转型

nongcun gaige yu changjiang sanjiaozhou cunyu jingji zhuanxing

⊙ 王景新 著

中国社会科学出版社

图书在版编目（CIP）数据

农村改革与长江三角洲村域经济转型 / 王景新等著. —北京：中国社会科学出版社，2009.12
ISBN 978 – 7 – 5004 – 8299 – 4

Ⅰ. 农… Ⅱ. 王… Ⅲ. 长江三角洲 – 农村经济 – 经济体制改革 – 研究 – 中国 Ⅳ. F327.5

中国版本图书馆 CIP 数据核字（2009）第 189524 号

责任编辑　官京蕾
责任校对　张报捷
封面设计　子　时
技术编辑　李　建

出版发行	中国社会科学出版社			
社　　址	北京鼓楼西大街甲 158 号		邮　编	100720
电　　话	010 – 84029450（邮购）			
网　　址	http://www.csspw.cn			
经　　销	新华书店			
印　　刷	北京奥隆印刷厂		装　订	广增装订厂
版　　次	2009 年 12 月第 1 版		印　次	2009 年 12 月第 1 次印刷
开　　本	710×1000　1/16			
印　　张	22.75		插　页	2
字　　数	405 千字			
定　　价	47.00 元			

凡购买中国社会科学出版社图书，如有质量问题请与本社发行部联系调换
版权所有　侵权必究

国家社会科学基金项目

"农村改革 30 年与长江三角洲村域经济转型"最终成果
项目批准号：07BJL037
结项证书号：20090392

主持人
王景新　浙江师范大学农村研究中心主任、教授
成　员
车裕斌　浙江师范大学农村研究中心副主任、教授、博士
方湖柳　浙江师范大学农村研究中心副教授、博士
姜新旺　浙江师范大学农村研究中心副教授、博士
黄劲松　浙江师范大学农村研究中心副教授、博士
童日辉　浙江省农业厅经管处处长
蒋经泉　江苏省农林厅经管处处长

目 录

第一章 村域经济转型研究的理论、方法和初步实践 …………（1）
  一、村域经济转型研究的核心概念 …………………………（1）
  二、村域经济转型研究的理论渊源 …………………………（4）
  三、村域经济转型研究的意义、框架和方法 ………………（8）

第二章 农村经济转型的初始条件与路径选择 ………………（18）
  一、初始条件和路径依赖理论研究 …………………………（18）
  二、中国农村经济转型的初始条件 …………………………（25）
  三、包产到户的历史记忆与转型路径 ………………………（38）

第三章 农村土地制度变迁 30 年：回眸与瞻望 ……………（49）
  一、农村土地制度变革历程和新框架 ………………………（49）
  二、农村土地制度变迁方式和路径 …………………………（55）
  三、农村土地制度运行态势及其评价 ………………………（59）
  四、农村土地制度深化改革的思路及政策 …………………（65）
  五、遏制农村土地和劳动力过度转移 ………………………（73）

第四章 农村经营管理体制转型 …………………………………（79）
  一、由"双层经营"到"三足鼎立" …………………………（79）
  二、乡村新型合作经济组织崛起 ……………………………（84）
  三、农业产业化经营与社会化服务 …………………………（91）
  四、农产品价格、流通和市场建设 …………………………（98）
  五、农村经营管理体制机制转型 ……………………………（102）

第五章 农村公益事业建设体制转型和机制创新 ……………（110）
  一、农村公益事业建设研究的理念与方法 …………………（110）
  二、农村公益事业建设体制转型 ……………………………（116）
  三、农村公益事业建设现状分析 ……………………………（118）
  四、村级公益事业投入机制创新构想和建议 ………………（130）

第六章 农业和农村现代化进程及评估 ………………………（137）
  一、农业现代化发展状况及实现程度 ………………………（137）
  二、乡镇企业崛起与农村工业化城镇化 ……………………（148）

三、村域经济社会转型发展调查与分析 …………………………… (156)
第七章　长江三角洲村域经济转型历程、格局和趋势 ……………… (169)
　　一、村域经济转型发展历程和特点 …………………………………… (169)
　　二、村域经济和社会结构的新格局 …………………………………… (173)
　　三、不同类型的村域经济社会现状 …………………………………… (180)
　　四、村域经济转型发展的未来趋势、战略与政策 …………………… (191)
第八章　长江三角洲村域经济主体的转型与发展 ……………………… (194)
　　一、村域经济主体多元化的大趋势 …………………………………… (194)
　　二、村域集体经济转型与发展 ………………………………………… (202)
　　三、农户经济类型和经营行为的分化 ………………………………… (213)
第九章　长江三角洲农民创业、创新和村域现代化 …………………… (227)
　　一、农民创业与村域新经济体成长 …………………………………… (227)
　　二、农业产业化和现代化 ……………………………………………… (236)
　　三、村域工业化和经济结构非农化 …………………………………… (244)
　　四、村域金融的转型与发展趋势 ……………………………………… (250)
　　五、村域企业的技术创新与可持续发展 ……………………………… (258)
第十章　江苏案例：泰西村域工农业互动发展研究 …………………… (263)
　　一、村域工农业互动发展研究的意义、样本及价值 ………………… (263)
　　二、泰西村域农业经济转型与发展 …………………………………… (268)
　　三、村域经济转型中的工业化 ………………………………………… (277)
　　四、村域工农业互动发展的理论总结 ………………………………… (287)
第十一章　浙江案例：村级组织运转与"三农"现代化 ……………… (296)
　　一、村级组织运转机制调查与研究 …………………………………… (296)
　　二、减轻农民负担和维护农民权益调研报告 ………………………… (309)
　　三、浙江省加速推进"三农"现代化的几点建议 …………………… (319)
第十二章　上海案例：城乡一体化与村域经济转型 …………………… (328)
　　一、上海市城乡一体化的起点、现状和趋势 ………………………… (328)
　　二、上海市乡村现代化与农村综合改革 ……………………………… (333)
　　三、村域经济转型与"农业组织化" ………………………………… (339)
　　四、村域集体经济与社区基本公共服务 ……………………………… (347)
后记 ………………………………………………………………………… (353)

第一章 村域经济转型研究的理论、方法和初步实践[①]

村域经济转型是指行政村经济制度改革、市场主体及其生产经营方式转型、经济类型和水平多极化发展。区域经济学、转型经济学、社会经济学和社会人类学等学科的村落研究为本书奠定了理论基础。在初步的实践中，我们尝试以改革开放30年农村经济转型的宏观研究为基础，在总结农村经济转型的历史进程、成就和经验的基础上，把研究视角下沉到村落，重点研究村域经济转型的起点和初始条件、过程与路径、成就与问题、基本经验和规律，以及村域经济转型发展的中国特色和世界意义，初步形成了自己的研究框架和特色。

一、村域经济转型研究的核心概念

（一）村落和村域

村落通常指农村社区和聚落。农耕社会的村落被视为经济、社会和文化的综合地域，有稳固的社区特性，有自助与合作的社会基础。在工业化、城市化的冲击下，村落空间以及村落文化逐渐凋敝、萎缩或消失。长江三角洲富裕起来的村民追求自由空间，建造独体式、别墅型住所，居民点沿公路或集镇散开，自然村落边界越来越模糊。行政村虽然不是一个完整的经济地理单元，但村域边界明显且经济社会发展差异客观存在，表明了行政村域制度变迁及资源和要素配置上的差异。因此，作者将村落边界规定为行政村范围，视为行政区域经济的最小单元，在相同意义上使用村落、村域概念。

（二）村域市场经济主体

30年来，"以家庭承包经营为基础、统分结合的双层经营体制"经历创立、坚持和完善等不同发展阶段，被国家宪法固定为中国农村的"基本经

[①] 本文曾以"村域经济转型研究反思"为题，发表于《广西民族大学学报》（哲学社会科学版，双月刊）2008年第3期，该期同时推出主打栏目"村域经济转型"，发表本课题组3篇文章。

营制度"。"双层经营"的政策含义是，农村土地等生产资料归集体所有，在集体经济内部分成两个经营层次：适于个人分散劳动的生产项目由农户家庭承包经营；一家一户办不了、办不好或者办起来不经济的生产项目则统一经营。从这个角度理解，在中国农村几乎所有的村域都存在着两大经济主体——农户家庭经济和村组集体经济。经过30年转型发展，现实中的村域市场经济主体呈现出"三足鼎立"态势。其一，村域集体经济，即村、组两级集体成员分别对共同所有的资产及其经营收入和利益进行分配。其中村组全体成员共同所有的资产，包括集体所有的土地和法律规定属于集体所有的自然资源，沉淀在土地中的劳动积累和基础设施，集体所有的各种流动资产、长期投资、固定资产、无形资产和其他资产。在村民委员会与村经济合作社"两块牌子、一套班子"的体制下，土地资源主要以村民小组为边界发包、经营和管理，其他资产由村级合作经济组织代表全体村民经营和管理。其二，村域农户经济，包含个体户，但不包括私有或民营的法人企业。其三，村域新经济体，指既不属于原村组集体经济，也不属于农户家庭经济的新经济联合体，比如专业合作经济社、村民创业形成的私有民营企业，外来投资经济形成的中小股份合作制企业等。

把村域集体经济、农户经济和新经济体等市场主体纳入研究视野，是因为它们与村域经济转型和工农业协调发展关系密切。村域经济转型发展水平，取决于村域集体经济和农户经济转型程度和新经济体发育成长状况。村域集体经济转型发展带动村域经济社会发展，促进农民增收；村域集体经济壮大又依赖于农户经济和新经济体转型发展，其中新经济体的发育与成长状况最为关键。新经济体发育成长得越早越快，意味着村域工业化和非农化趋势越明显，经济增长越快，集体经济和农户经济都能从中收益，村域经济社会现代化程度就越高；反之则相反。

从全国层面看，无论发达地区还是贫困地区，村组集体经济和农户家庭经济在所有村域都以不同形式存在着，村组集体至少拥有以土地为核心的资源性资产，农户家庭至少拥有土地经营权、或多或少的生产性固定资产和经营收入，但是并不是所有村域都有新经济体存在。一般而言，贫困型村域只有集体和农户"双层经营"经济主体，新经济体尚未发育或者成长缓慢；已经解决温饱的村域，或多或少出现了新经济成分；小康型、富裕型和巨富型村域，新经济体发展壮大，成为村域经济增长和社会发展的源泉。新经济体发育和成长状况，成为我们观察村域经济转型程度、发展水平和农民收入能力的重要窗口。

从发展趋势看，村域集体经济在欠发达地区有较大恢复和发展，在发达地区村域集体经济的实力越来越强；村域农户经济继续保持村域经济的主体地位，但欠发达地区农户经济比例畸重，发达地区村域农户经济份额逐年降低；发达地区新经济体异军突起，成为村域中最具活力的市场主体，贫困地区新经济体尚未发育，欠发达地区新经济体成长缓慢。在国内外市场上，村域经济主体都是市场竞争中的弱势群体[①]。推动村域市场经济主体转型和发展，是村域经济转型研究的重要任务。

（三）村域经济的基本类型

费孝通先生说过，"如果只调查了一个中国农村，把所调查的结果就说是中国农民生活的全貌，那是以偏概全，……怎样从局部的观察看到或接近看到事物的全貌呢？"费先生认为，"在采取抽样方法来做定量分析之前，必须先走一步分别类型的定性分析"[②]。作者照此办理，将村域划分为现代农业型、传统农业（山区、少数民族聚居区）型、现代工业型、专业市场型、旅游型五种经济类型。划分标准是：农林牧渔产值接近或超过30%、农户收入主要来源于农业的属于农业型村域经济，其中，现代农业型村域比较富裕，传统农业型村域比较贫穷；将非农业产值比重超过80%，其中工业产值超过50%，农户收入主要来源于非农产业的作为工业型村域经济；将产地和销售市场集聚一体的作为专业市场型村域经济；把保护开发并重的古村落和"农家乐"集群式的村落视为旅游型村域经济。这样划分可能并不科学，但至少做了"分别类型"的工作，为村域经济转型研究提供了分析框架。

（四）村域经济类型的重叠或变异

大多数村域并不是单一经济结构类型，纯粹的农业型、工业型、市场型、旅游型村域经济是不多见的。1. 传统农业村一般都是贫困村，要么因自然环境险恶、经济资源贫乏，要么因制度和技术创新不足，很少有工商业发展，这是贫困的根源，也是贫困的结果。2. 现代农业村与工业村和市场村重叠。一些村域现代农业发展为工业起步积累了资本；一些村域或因工业化，或因专业市场高度发展，反过来推进了农业现代化；一些村域产业集聚

---

① 刘润葵教授认为，市场竞争中的弱势群体与社会保障意义上的困难群体不同：前者是指农民、工人、个体工商户和中小企业主，偏重于对象的机会缺失；后者是指老、弱、病、残以及妇女和儿童，偏重于对象的生理特点或生活状态。研究前者是为了发现和创建新的经济运行机制，避免前者降落为后者的可能性，研究后者是为了完善社会分配救助办法，属于国民收入再分配的研究范畴。

② 费孝通：《农村调查》，转引自新华网，2005年4月30日。

与专业市场同生共存，一批批工业小区或"市镇"涌现，而大批"市村"却消失了。在长江三角洲，一种路径是工业化催生了村域产业集聚，进而推动了专业市场的形成；另一种路径是先有市场而后有产业集聚，义乌小商品市场带动小商品加工业集聚就是典型代表。3. 旅游村中有保护和开发并重的古村落，有"农家乐"集群式发展的现代村落，有工业化、城镇化、市场型的名村（如华西村、奉化滕头村等）。

（五）村域经济转型与社会转型

世界银行的专家把"经济转型"看成前社会主义国家"试图重新建立市场经济并重新使自己融入世界经济之中"[①]。中国的经济转型是经济体制市场化、国家现代化和社会主义制度中国化的三重目标叠加。村域经济转型是国家和地域经济转型的重要组成部分，村域经济转型研究的内容因为以上三重目标的叠加影响而具有复杂性。

狭义的村域经济转型，指行政村经济制度改革，村域市场主体及其生产、分配、交换和消费方式转型，村域经济类型和水平多极化发展。中国村域经济社会发展的实践表明，村域经济转型与村域经济发展、与社会转型发展和文化转型发展是密不可分的，村域经济的转型发展是村域社会、文化转型发展的前提与基础，村域社会、文化转型为村域经济转型开辟通道。因此，村域经济转型研究需要从广义上理解。

广义的村域经济转型，指村域由传统农业经济社会转型发展为现代工业经济社会。包含所有权结构多元化，产业和就业结构非农化，经济社会结构现代化，农耕文化与工业和商业文化由冲突向融合转型，农民收入由贫穷向富裕转型，身份农民向职业农民转型和生活方式由封闭向开放转型。这样一来，"村域经济转型"的研究的内涵扩展到"村域经济社会转型"的研究，而其外延则缩小到"村域转型"研究。村域经济转型与村域社会、文化转型是不可分离的，单学科研究难免偏颇，村域经济转型研究需要多学科参与。

二、村域经济转型研究的理论渊源

（一）转型经济学研究

转型经济学（Economics of Transition）研究是近10年来国内外经济学

[①] 世界银行：《1996年世界发展报告——从计划到市场》，中国财政经济出版社1996年版，第1页。

界的热点。世界银行的《1996年世界发展报告——从计划到市场》，对"了解转轨"、"转轨的挑战"、"人民与转轨"、"转轨与世界经济"等专题进行了讨论。热若尔·罗兰是转型经济学领域的重量级人物，他的《转型与经济学》介绍了"华盛顿共识"①与"演进—制度学派"两大基本理论。罗兰对华盛顿共识持不同看法，认为"价格自由化，大多数情况下没有产生正面的供给反应，反而意想不到地引致产量大量下降"；"稳定化的政策企图，在不同国家一再受挫"；"大规模私有化则经常导致在职经理对资产的大量侵吞和掠夺"。他赞成演进制度学派的观点，认为"没有以适当的制度为基础的自由化、稳定化和私有化政策，不大可能产生成功的结果"②。中国改革实践是孕育转型经济学的沃土，产出了一批重要论著，如樊纲的《渐进改革的政治经济学分析》、王振中等的《转型经济理论研究》、张宇的《过渡之路：中国渐进式改革的政治经济学分析》等。正是吸收这些理论营养，作者的《村域经济转轨与发展——国内外田野调查》才得以出版，但该著作还停留在调研报告和案例研究层次上。

农村改革发展研究为村域经济转型研究解读了宏观背景。温家宝署名文章③认为，我国农村改革近30年来迈出了三大步，农业税取消标志着我国进入到农村综合改革新阶段。田纪云的《回顾中国农村改革历程》一文，对自任国务院副总理以后参与的重大决策进行了回顾。段应碧、宋洪远的《中国农村改革重大政策问题调研报告》，分析了当前我国粮食流通体制、农村金融体制和农村税费改革中的重大问题；吴象的《中国农村改革实录》揭示了许多鲜为人知的史实；陈锡文的《中国农村改革——回顾与展望》系统论述了我国农村改革成就和问题；陆学艺、张大伟的《光辉的历程》对农村改革20年的成就、经验和问题作了理论探讨。村域经济转型研究还要吸收中国农业经济史的研究成果，如林毅夫的《制度、技术与中国农业发展》和《再论制度、技术与中国农业发展》，陈吉元、陈家骥和杨勋的

---

① "华盛顿共识"，约翰·威廉逊1990年提出，它概括了世界银行、国际货币基金组织以及美国财政部为代表的经济学家在指导拉美、东欧、东南亚等国处理金融危机及经济改革时向各国政府推荐或强迫推行的一整套经济政策。它的中心思想是尽力减少政府在经济中扮演的角色，让市场在经济生活中发挥主导作用。华盛顿共识的形成标志着西方以凯恩斯为代表的整套宏观经济学政策的逆转。——参见陈平教授在北京大学的演讲《华盛顿共识的失败与经济学变革方向》，《文汇报》2007年9月18日。

② [比]热若尔·罗兰著，张帆、潘佐红译：《转型与经济学》，北京大学出版社2002年版，第6页。

③ 温家宝：《不失时机推进农村综合改革为社会主义新农村建设提供体制保障》，《求是》2006年第18期。

《中国农村社会经济变迁 1949—1989》等，这些成果集中于我国农业农村由传统向现代转变，有很高的学术和史料价值。

（二）社会经济学研究

社会经济学鼻祖西斯·蒙第（Sismondi）于1819年发表了《政治经济学新原理》，马克思主义经典作家赞扬西斯·蒙第"是最先指出资本主义矛盾的人之一"[①]，但批判他"在农民阶级远远超过人口半数的国家，例如在法国，那些站在无产阶级方面反对资产阶级的著作家，自然是用小资产阶级和小农的尺度去批判资产阶级制度的，是从小资产阶级的立场出发替工人说话的。这样就形成了小资产阶级的社会主义，西斯·蒙第就是这个学派的首领，……"[②] 西斯·蒙第的社会经济学自诞生日起就不为社会主流所认同，至今仍然没有成为一门独立的学科。

2003年，全球第一个世界经济发展宣言——《珠海宣言》积极倡导"平等、诚信、合作、发展"的主题，呼吁人与自然和谐共存，人口、资源、环境良性循环，世界经济持续发展；强调"日益增长的收入和财富应该在国家之间和各国内部公正地分配"。这反映了经济学思想的重大转变。

我国更加关注社会公平和市场弱势群体的利益。温家宝总理在中外记者招待会上，曾引用诺贝尔奖获得者、美国经济学家舒尔茨（Schultz）的话："世界上大多数人是贫穷的，所以如果我们懂得了穷人的经济学，也就懂得许多真正重要的经济学原理。世界上大多数穷人以农业为生。因而，如果我们懂得了农业，也就懂得了穷人的经济学。"[③] "'穷人的经济学'是一个关乎社会发展公平与和谐的问题，这对传统经济学以增长方式带动效率提升的'富人理论'是一种挑战。"[④] 确实，随着"以人为本"、"统筹城乡"、"科学发展观"与"构建社会主义和谐社会"的理念逐渐转化为战略与政策，实践对经济理论创新的呼唤越来越强烈！继续照搬《华盛顿共识》是有害的，继续沿用阶级分析方法讨论我国经济问题也是有害的。我国以农民工为主体的产业工人是有产者，农户家庭经营是小生产者，个体工商户和中小企业主是"小资产阶级"，但他们都是市场竞争中的弱势群体，其中相当一部分是穷人。市

[①] 列宁：《列宁全集》第2卷，《评经济浪漫主义》，人民出版社1984年版，第194—195页。
[②] 马克思、恩格斯：《共产党宣言》，见《马克思恩格斯选集》第1卷，人民出版社1972年版，第276页。
[③] 雷达：《学点穷人经济学，温家宝总理对中国经济的启示》，《人民日报》2005年3月23日。
[④] 季子：《温家宝总理的"穷人经济学"》，《香港大公报》2005年3月18日。

场弱势群体需要自己的经济学，西斯·蒙第的经济伦理思想①需要再认识。

（三）各学科的村落研究

经济学和历史学的村落研究丰富了村域经济转型研究的理论营养。卜凯（John Lossing Buck）受聘任职金陵大学农学院期间做了三次农村调查，随后出版了《中国农场经济》和《中国土地利用》，因此被尊为世界上关于中国农业经济最优秀、最权威的学者。卜凯认为，中国近代农业经济主要是广义上的技术落后，没有土地分配不均等问题，因此解决办法就是改善农业经营方式，提高农业生产技术水平。这一观点被称为"技术学派"，受到了陈翰笙等马克思主义学者批判。日本南满洲铁道株式会社所做的《中国农村惯行调查》为以后中国村落研究者提供了原始资料；美国学者马若孟（Ramon Myers）利用满铁资料写成《中国农民经济》，结论与卜凯相同；杜赞奇（Prasenjit Duara）的《文化、权力与国家：1900—1942 年的华北农村》，探讨了中国近代国家政权建设背景下的"国家政权内卷化"和国家与村庄连接机制的变异；黄宗智（Philip Huang）的《华北小农经济与社会变迁》和《长江三角洲小农家庭与乡村发展》大量利用满铁资料，对马若孟的观点提出了尖锐批评，认为明清以来华北的农业生产有了增长，但却没有赶上人口的增长，因此只是一种没有发展的增长。在长三角村落研究中，他阐述了"内卷化"、"过密化"和"糊口农业"等理论。曹幸穗利用满铁资料写成《旧中国苏南农家经济研究》，对苏南农村土地关系的演变及其推动力量、租佃关系与雇佣关系消长、家庭农场的规模效应以及农村工副业生产及其在农家经济中的地位等问题进行了探讨。

社会人类学和政治学的村落研究开阔了村域经济转型研究的视野，提供了方法论。1899 年，美国传教士明恩溥（A. H. Smith）出版了《中国乡村生活》；1918—1919 年，美国社会学家葛学溥（Daniel Kulp）在上海沪江大学任教期间，带领学生在广东凤凰村进行调查，于 1925 年出版了英文著作《中国南方的乡村生活：家族的社会学》。此后，中国的田野调查进入繁荣时期。如：林耀华的《义序的宗族研究》运用文化人类学结构——功能主义方法对福建义序家族村落进行了调查研究，《金翼——中国家族制度的社会学研究》则以福建玉田县黄村调查为基础，分析了 19 世纪末到 20 世纪 30 年代的地方农业、商业、政治、法律、民俗、信仰、宗族等日常社会生活；费孝通的

---

① 毛韵：《西斯蒙第的经济伦理思想述评》，《赣南师范学院学报》2002 年第 4 期，第 28—31 页。

《江村经济——中国农民的生活》分析了中国社会变迁的动力,《乡土中国》则从理论上解剖了中国传统社会结构和基本观念,创造性地提出了乡土中国、差序格局、礼制秩序、长老统治等概念,他首创的社会人类学田野方法对国内外村落研究产生了重大影响;杨懋春的《一个中国村庄:山东省台头》以家庭中个体之间的相互关系为起点,扩大到村庄层次的家庭之间的相互关系以及集镇中村庄之间的相互关系研究。弗里曼等的《中国乡村,社会主义国家》以河北省饶阳县村落为案例,探讨了在战争时期及革命胜利后华北农村社会进行的一系列改革。陆学艺的《改革中的农村与农民》,对大寨、刘庄、华西等13个人民公社时期的著名村庄进行了研究,他在《内发的村庄:行仁村》中,首次提出了"村域经济"概念,分析了村域经济概况及演变背景,从土地制度、家庭经营兼业化与专业化、非农产业等方面讨论了村域经济的特征与运行机制,探讨了村庄内生发展动力。王沪宁的《当代中国村落家族文化——对中国社会现代化的一项探索》选取了15个自然村落,对其在新中国成立后及改革开放以来的生产与生活状况等方面进行了考察。王振中等的《水岚村记事 一九四九》利用村民詹庆良建国前后的日记,透视民间社会和中国社会变迁在水岚村的投影。黄树民的《林村的故事:1949年后的中国农村变革》,通过对村党支部书记叶文德人生经历的描述,分析了中国农村社会变迁过程中国家对村落政治文化的改造。类似的研究还有,王铭铭的《社区的历程:溪村汉人家族的个案研究》和《村落视野中的文化与权力——闽台三村五论》,毛丹的《一个村落共同体的变迁——关于尖山下村的单位化的观察与阐释》,贺雪峰的《乡村研究的国情意识》,等等。

古村落研究首先从乡土建筑研究入手。清华大学陈志华、楼庆西、李秋香等的中国乡土建筑研究,把纪实写真与剖析研究结合起来,系统地展示了古村落的社会、经济、历史、文化、建筑、艺术、人物乃至民俗风情,形成了有学术价值的"村史"系列。目前,经济学、历史学、社会学、政治学等各学科都介入到了古村落研究。我们所进行的江南古村落研究,有条件把村域经济转型拓展到村域社会转型,并以30年农村改革研究为重点,溯近现代历史源流而上,拓展了研究对象的时限起点。这样做,使我们把村域经济转型研究由狭义拓展到广义找到了实践载体,并扩展为"近现代典型村落经济社会变迁研究"系列。

三、村域经济转型研究的意义、框架和方法

(一) 村域经济转型研究的意义

村域经济转型研究是中国经济转型研究的具体化,是农业农村经济研究

的新视点。在纪念中国改革30周年之际，对波澜壮阔的中国农村经济转型发展史进行研究，是十分有意义的。要看到，总结和研究农村改革30年的论文、论著汗牛充栋。然而，这些总结大多是宏观的，通过对官方文件的梳理改革历史进程、划分发展阶段，运用统计数据比较分析改革发展的成就，通过国内外、区域的比较发现问题、预测趋势并提出政策建议。这样做十分必要但还不够。我们不仅要依靠官方文件和统计数据来观察和总结改革30年，而且更加需要将研究视角下沉到农村基层，进入到村域和农家院落里，从村民的现实生活中观察、体会和总结村域经济社会变迁。

村域是行政区域经济的最小单元，村域经济转型研究是区域经济学的新拓展。但是，区域经济学家们的兴趣都集中在大经济区（东部、中部、西部、东北），大都市带（长三角、珠三角、京津唐），大行政区域（省域），而忽视了村域经济转型发展研究。目前我国约有63.7万个行政村域。这些村域是我国农业的"产业园区"和发展现代农业主阵地，是推进新农村建设的载体，是农民生活的家园。村域经济转型发展状况，直接反映中国农业现代化水平和综合生产能力，决定着村级组织运转效率以及农村社区建设和公共服务水平，影响农户收入增长、村民生活品质的提高。一句话，村域经济转型发展状况事关我国能否如期实现全面小康和"三农"现代化的目标。如果其中超过半数的村域不能如期完成转型发展任务，"三农"现代化乃至国家富强都将成为一句空话。在新阶段的改革中，加速推进村域经济转型发展意义重大，彰显出村域经济转型研究的重要性和紧迫性。

村域经济社会变迁是国家和地区经济社会变迁的历史缩影。新中国成立60年，中国乡村发生了翻天覆地的变化，村域层面沉淀着融入了丰富的血缘和地缘关系的制度变迁、经济社会转型的痕迹，各学科都参与了研究，成果浩繁。村域经济转型研究，以不同区域的典型村落为视角研究我国现代化的历史进程，留下珍贵史料，记忆乡村，佐证和补充官修史书，挖掘乡土文化和经济的多样性。村域经济转型研究必须汲取社会人类学、民俗学、政治学、历史学的村落研究的理论营养，借鉴其成果。村域经济转型研究特别关注穷人、穷村和弱势经济主体的转型，它必须吸收社会经济学的理论观点，有可能开拓"乡村社会经济学"这一全新研究领域。

长江三角洲不仅是我国经济增长最具活力的地区之一，而且是我国农业、农村和农民现代化的先发地区。目前，长江三角洲村域农业产业化、乡村工业化、村落集镇化、农民市民化加速推进，总体上已经实现了由传统农业经济社会向现代工业经济社会的转型。今天的长三角就是明日的中国：长三角村域经济社会转型发展的现实图景，在我国中西部村域初露端倪；长三角村域经济社会转型发展中当前面临和需要解决的问题，就是我国中西部村域今后将要面临和需要解决的问题。因此，研究长三角村域经济转型发展的理论和实践，折射我国农村改革 30 年的成就和基本规律，不仅具有理论的前沿性、鲜活性，而且对区域农村经济协调发展具有针对性、示范性。以长三角典型村落样本为主干、中西部典型村落样本做比较，研究总结我国村域经济转型发展的起点、过程、动力、路径、模式、成就与问题、经验和规律，不仅为政府决策和"三农"现代化提供理论支持，而且有可能形成具有中国特色、世界影响的乡村经济转型发展理论，研究价值不言而喻。

（二）村域经济转型研究的框架和内容

村域不是一个完整的经济地理单元，村域经济空间狭小，经济结构单一，产业链条短、规模小，长期投入不足，基础脆弱，既不具有经济区域的特征和功能，也没有完整的行政区域的调控手段，显然，村域经济研究不能照搬区域经济学原理。区域经济学中的自然环境与区位特点、区域资源禀赋、区域文化与区域政策等，都可以用来解释区域经济发展差异，但是却不能用它来解释村域经济发展差距。两个相邻的行政村，一个村非常富裕，另一个村则很贫困，这两个村的区位条件和资源禀赋相同，区域政策在一个乡镇内"普天同庆"，区域文化传统也无差别，究竟是什么原因导致了村域经济发展差异呢？在初步研究中我们形成了一些认识：区位因素及宏观环境只是村域转型发展的外部因素，村落基础设施和市场主体能力的起点差异（如集体财产积累和分割程度、农户收入和积累能力、工商业基础与市场份额）对村域转型发展的路径选择和目标实现则具有决定性影响；村落文化转型是村域经济转型发展的根基，而村落精英的作用才是村域转型发展的内在推动力量。在这种认识还没有得到更多的实证研究证实之前，我们将其作为经济学的研究假设。

按照这个假设，我们构建了一个研究框架（见下页图）。它以村域经济制度转型、村域市场主体发育成长及其生产经营方式转型、村域经济类型分化和多极化发展为研究核心，同时，关注区域条件和宏观环境的外部冲击与村落精英和村落文化转型的内发动力的重要影响，试图把区域经济学、转型经济学、社会经济学和社会人类学的村落研究理论和方法融合在一起。按照这个假设，本书同时尝试将农村改革 30 年的宏观研究和村域经济转型发展的微观研究组合在一个框架里，希望取长补短、相互印证，使其结论更具客观性、科学性。

在上述框架中，村域经济转型发展成效及其区域差异是多种因素综合作

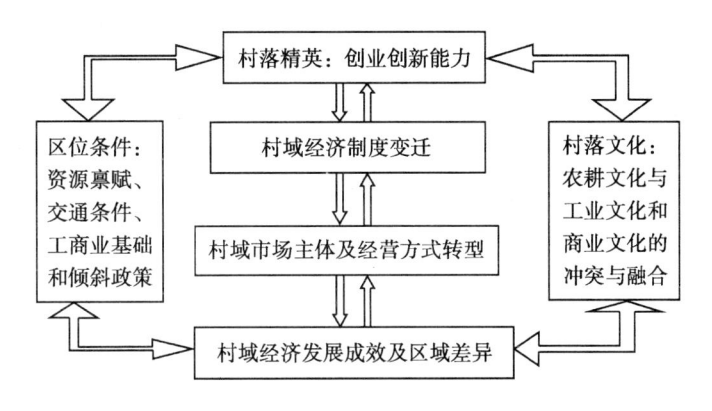

```
                    ┌─────────────────────────┐
              ┌────▶│ 村落精英：创业创新能力 │◀────┐
              │     └─────────────────────────┘     │
   ┌──────────┴──┐    ┌──────────────────┐    ┌─────┴──────┐
   │ 区位条件：  │    │ 村域经济制度变迁 │    │ 村落文化： │
   │ 资源禀赋、  │    └──────────────────┘    │ 农耕文化与 │
   │ 交通条件、  │            ▲               │ 工业文化和 │
   │ 工商业基础  │            ▼               │ 商业文化的 │
   │ 和倾斜政策  │    ┌──────────────────┐    │ 冲突与融合 │
   └──────────┬──┘    │村域市场主体及   │    └─────┬──────┘
              │       │经营方式转型     │          │
              │       └──────────────────┘          │
              │               ▲                    │
              │               ▼                    │
              │     ┌─────────────────────────┐    │
              └────▶│村域经济发展成效及区域差异│◀───┘
                    └─────────────────────────┘
```

村域经济转型研究框

用的结果。村域经济制度变迁和市场主体及生产经营方式转型，是村域经济转型发展的内在决定性因素，而村落精英的创业、创新能力则是村域经济制度变迁和村域市场主体转型的内在推动力量。由此，我们把村落精英的创业、创新能力与村域经济制度变迁和村域市场主体转型作为村域经济转型研究的核心内容。但是，村域经济转型是在国家和地区经济转型发展的大背景下进行的。因此，我们最终确定的村域经济转型研究内容是，在研究改革30年农村经济转型发展的宏观成就、问题、经验和规律的基础上，研究村域经济转型发展的起点和初始条件、过程与路径、成就与问题、基本经验或规律，并且，在区域农村经济的比较研究中，总结村域经济转型发展的地区经验、中国特色和世界意义。

在本项目中，研究内容包含九个专题研究和三份调研案例：

——村域经济转型发展理论、方法和初步实践
——农村经济宏观转型的初始条件与路径选择
——农村土地制度变迁30年：回眸与瞻望
——农村经营和管理体制转型
——农村公益事业建设体制转型和机制创新
——农业和农村现代化进程及评估
——长江三角洲村域经济转型发展新趋势
——长江三角洲村域经济主体的转型发展
——长江三角洲农民创业和村域现代化
——江苏案例：泰西村域工农业互动发展研究
——浙江案例：村级组织运转与"三农"现代化
——上海案例：城乡一体化与村域经济转型

(三) 村域经济转型研究的方法

村域经济转型研究以区域经济学和制度经济学的一般理论为基础,汲取社会经济学的理念营养,借鉴转型经济学、发展经济学的新成果,希望在多学科交叉与合作研究中有所创新。另外,我们学习和引入了社会人类学的田野调查方法。作者(2005)在中南民族大学与台湾人类学知名专家余光弘先生有过一次关于田野调查方法的讨论。他说:"人类学田野调查强调周期性,至少需要对一个调查点进行四季调查,观察四季变化中人们的习惯和规律。四季调查不一定一次完成,而是要有四个单元或四个季度的调查。"此后,我们在田野调查中突出两个理念:其一,提倡四季观察和参与式调查。参与式调查不仅是收集资料、开会座谈,它要求你认识村庄里的人,知道村民之间的关系,成为农民的朋友,融入"熟人社会",不仅知道事情的现状,而且必须了解事情的原貌和变化过程、细节以及对其他事物的关联。其二,调查者要具有强烈的问题意识。鲁迅提倡做学问应该研究现实问题,但能否发现问题则需要敏锐的洞察力。洞察力是建立在深厚的理论功底以及对宏观形势和国家政策理解上的。因此在研究课题展开前,成员都要进行充分的理论准备。

农村经济研究倡导四季调查、参与式调查具有现实意义。经济学调查常犯走马观花的毛病,不太用心处理个案与整体、典型经验与普遍规律的关系。我们经常看到,一些经济学家在各种场合慷慨陈词,声称自己刚从某地调查归来,好像自己的言论都源于调查。其实,他很可能只是陪同别人或者在别人的陪同下去某地"转了一圈",越著名的人越容易出这样的"毛病"。四季调查和参与式调查不仅研究本身需要,而且可以从程序上控制浮躁学风的泛滥。

经济学研究中的数据采集必不可少。本课题中,作者一方面利用国家统计局、农村调查总队、农业部固定观察点的公开数据;另一方面与苏浙沪两省一市的农林厅和农委部门合作,开发农经管理处的农经统计数据和记账农户的历史资料;其三,与浙江省减轻农民负担工作领导小组办公室和农业厅联合,建立农户经济和农民负担监测网络,在浙江省建立了 20 个动态监测观察县、60 个乡(镇)、200 个行政村作为固定观察样本,并且在这些观察样本中选择 1000 个农户作为固定记账农户。

样本选择最为重要。长三角村域样本按照五种村域经济类型分类选择,照顾平原、湖区、山区、城郊等不同区位和自然条件的村域类型。同时,在中西部省(市、区)随机选择横向比较样本。为了延长乡村记忆,样本选择力争与历史上曾经被研究过的村落对接：①把以毛泽东为代表的共产党人和以陈翰笙、薛暮桥等为代表的"中国农村派"的调研史料纳入样本；②把民国乡村建设学派实验区史料及现状纳入样本；③把日本满铁调查村的史料及现状纳入样本，如江苏太仓遥泾村（现泰西村）、上海嘉定区澄塘桥村、丁家村（现石冈门村）等；④与农业部门合作，开发其农村固定观察点和记账农户的历史资料；⑤把江南古村落纳入研究样本。

自2003年以来，本中心及课题组主持了20多项村域经济转型研究及相关课题（表1-1），在村域调查上逐渐形成了自己的风格。村域调查分实地调查和入户问卷两部分。实地调查解剖典型案例；入户问卷（招募大学生调查员假期回乡调查）获取面上数据。表1-2、1-3、1-4汇集了本课题前期研究和后续研究中实地调查的村域样本，涉及20个省（直辖市、自治区）共计278个行政村。入户问卷的制定必须通过试调查后的修正，大学生调查员必须进行培训，使其熟悉相关理论和政策，提高入户问卷和对话能力，回家乡调查缩短成为"内部人"的时间，有利于参与式调查和保障学生安全。与本课题相关的入户问卷3000多份，覆盖了全国980多个行政村。

表1-1　近五年来本中心主持的村域经济社会转型及相关研究课题

项目名称	来源及编号	起止时间
农村改革30年与长江三角洲村域经济转型	国家社科基金07BJL037	2007.7—2008.12
以工补农问题研究	国家社科基金05BJY062	2005.7—2009.10
全国农村社区服务体系建设研究	民政部基层政权与社区建设司	2007.7—2008.10
村级公益事业建设投入机制研究	农业部经管总站（0802）	2008.7—2008.12
现代化进程中的农民土地权益保护研究	农业部软科学项目（0330）	2003.4—2003.12
浙江"十一五"时期推进城乡一体化对策研究	省社科规划重大招标04ZDZB17	2004.6—2005.6
长三角村域经济社会协调发展战略与政策研究	苏浙沪联合招标（长三角9）	2005.6—2005.11
浙江近代典型村落经济社会变迁研究	浙江文化研究工程05WZT005	2005.6—2006.12
山区贫困（少数民族）村落经济社会变迁研究	05WZT005-1	2005.6—2006.12
现代农业型村落经济社会变迁研究	05WZT005-2	2005.6—2006.12
现代工业型村落经济社会变迁研究	05WZT005-3	2005.6—2006.12
专业市场型村落经济社会变迁研究	05WZT005-4	2005.6—2006.12
诸葛古村落经济社会变迁研究	05WZT005-5	2007—2008
楠溪江中上游典型古村落经济社会变迁研究	浙江文化研究工程07WHZT001Z	2007—2008
溪口古村落经济社会变迁研究	07WHZT001Z-1	2007—2008
蓬溪古村落经济社会变迁研究	07WHZT001Z-2	2007—2008
花坦古村落经济社会变迁研究	07WHZT001Z-3	2007—2008
林坑古村经济转型中的文化冲突与社会分化	省重点研究基地07JDJN012YB	2007—2008
保障村级组织正常运转和化解村级债务	省农业厅	2008—2009
苍坡古村落经济社会变迁研究	省哲社规划08WHZT010Z	2008—2009

表 1-2　村域经济转型研究实地调研样本及分布（2003—2007）

村域类型	县（区）、乡（镇）、村
浙江农业村（8村）	温岭松建村，诸暨长乐村，湖州射中村，开化金星村，永康新河村，金东区塘湖村，重叠性村落东阳花园村，奉化滕头村
浙江工业村（9村）	萧山航民村，乐清市上园村、张瞿村，义乌市大陈二村，绍兴炬星村、龙山村、独树村，衢州上方镇毛家山村、郑家村
浙江市场村（20村）	乐清市上园村、长虹村，温州市寮东村，台州市方林村，温州市龙湾区沧河村，永嘉埠头村、江边村、金炉村、珠岙村，温州市邱家岸村，瑞安市赵宅村，永康古山村，余姚永丰村，桐乡市东田村、永越村，诸暨市山下湖村、长乐村，温岭市邱家岸村，磐安县冷水村，嘉善县陶庄村
浙江山区村（13村）	景宁畲族自治县鹤溪镇双后岗村、澄照乡三石村、外舍乡王金洋村，缙云县南弄村、大集村、上东方村，遂昌县大柘镇大田村、王村口镇官岩村、后塘村，松阳县西屏镇桥头村，龙泉市安仁镇项边村，江山市凤岭镇白沙村，文成县龙川乡过山村
浙江古村落（10村）	兰溪诸葛村、武义俞源村、芙蓉村、岩头村、蓬溪村、林坑村、苍坡村、埭头村、花坦古村、溪口村
江苏省（6村）	苏州昆山市花桥镇曹安街道徐公桥社区（乡建派徐公桥村实验区）
	苏州昆山市千灯（古）镇大唐村（现代工业型村落）
	苏州太仓市沙溪镇太星村、泰西村（满铁调查时的遥泾村）
	盐城市东台市三仓镇沙灶村（农业型村落）
	淮安市涟水县义兴镇灰墩办事处王嘴村（农业型村落）
	淮安市淮阴区袁集乡桂塘村
上海市（8村）	嘉定区马陆镇石冈门村（满铁调查时澄塘桥村、丁家村）
	金山区漕泾镇金光村、蒋庄村
	松江区车墩镇香山村、高桥村、长溇村
	浦东新区三林镇联丰村、三民村
安徽省（4村）	肥西县上派镇馆驿村、丰乐镇程店村、柿树岗乡柿树村、北张乡金岗村
江西省（28村）	高安市景贤村、田垅村、南门村、卢家村、杉林村、古楼村
	上高县北村、路口村、五里村、梅沙村、蟠村、长山村
	分宜县水北村、辑木桥村、大路边村、山背村、上松村、湖丘村
	渝水区何家村、共青村、上汾肉牛养殖小区、现代农业示范园区、天峰园林有限公司、洲上村、新生村、力上村、东边村
	国家林业科学研究院（直属）山下林场岭下村
湖北省（5村）	武汉市江夏区五里界乡锦绣村
	仙桃市张沟乡先锋村
	孝感市孝南区卧龙乡复兴村、毛陈乡龙湖村
	咸宁市嘉鱼县牌洲湾镇花口村

续表

村域类型	县（区）、乡（镇）、村
河南省 （4村）	鹤壁市淇县桥盟乡古烟村、红卫村，浚县白寺乡白寺村、钜桥镇岗坡村
青海省 （1村）	海南藏族自治州共和县江西沟乡上社村（少数民族牧业现代化示范村）
四川省 （2村）	巴中市巴州区恩阳镇老场社区、马鞍村
福建省 （1村）	三明市永安市上坪乡上坪村（山区村）
海南省 （6村）	美兰区上云村、大湖村、星辉经济社、龙江经济社、林市经济社、边海村
北京市 （2村）	平谷区大华镇挂甲峪村、平谷镇东鹿角村
广东省 （2村）	阳东县平地村、阳西县红光村
宁夏 （3村）	盐池县花马池镇下王庄自然村、冯记沟乡铁柱泉自然村 青铜峡市黄河灌区农村调查，沿唐徕渠考察，蒋顶村等

表1-3　全国农村社区服务体系建设研究实地调研样本（2007）

省区	县市	乡（镇）、村（社区）
黑龙江	双城市	联兴满族乡新华村、双城镇长勇村
	铁力市	桃山镇新建村、铁力镇东胜村、吉松村、双丰镇双河村
	青岗县	柞岗镇红砖村、民政乡公平村
山西	长治县	南宋乡永丰村、东掌村，北呈乡南呈村
内蒙古	和林格尔县	城关镇二道河村、昭君道社区、广场社区
山东	诸城市	龙都街道办土墙村，辛兴镇大杨庄子村、徐家芦水村，昌城镇道口村
	胶南市	隐珠街道办北高家庄村、李家石桥村
	胶州市	九龙镇便民服务中心
江西	都昌县	汪墩乡郑家舍村
	湖口县	付垅乡绕林山村、崔后湾村
	彭泽县	黄花镇东红梨树村、小屋陈村
		天红镇庙前下湾村

续表

省 区	县 市	乡（镇）、村（社区）
湖 北	宜都市	陆城街道办龙窝村、宝塔湾村、三江村、车家店村、红花套镇周家河村、杨家畈村、大溪村、聂家河镇邓家桥村、王家坪村、肖家岗村
	大冶市	金湖街道办泉塘村、石花村，陈贵镇陈贵村、刘家畈村、袁伏二村，灵乡镇宫台村、坳头村
	潜江市	竹根滩镇仁合村、竹根滩村、夫耳堤村、园林街道办梅咀村、马家台村、工农村，渔洋镇三叉河村、快岭村、新台村
浙 江	定海区	小沙镇光华社区（村）、滨海社区（东风村、毛峙村）
		干石览镇龙潭社区（村）、青龙社区（村）
海 南	儋州市	那大镇群英社区、石屋村，大成镇高坡村，雅星镇茶山新村
四 川	都江堰市	蒲阳镇金藤村、双柏村，虹口乡高原村，永安镇白果村
	双流县	万安镇高饭店村，黄龙溪镇古佛社区
	成都锦江区	三圣乡红砂村
	德阳市	旌阳区风光村
新 疆	博乐市	青得里街道街心社区，克尔根街道长江路社区
	精河县	大河沿子镇呼萨英铁热克村，托里乡依吉林哈日莫墩村
	克拉玛依区	小拐乡团结新村、小拐村

表1-4 村级公益事业建设投入机制研究村域调研样本及分布（2008）

省 区	县 市	乡（镇）、村（社区）
河 北	滦平县	涝洼乡涝洼村、大龙潭村、大古道村，长山峪镇安子岭村、碾子沟村、黄木局村
	承德县	石灰窑乡药王庙村、野珠河村、富裕村，新杖子乡南台村、涝洼村、两益城村
黑龙江	双城市	联兴乡兴结村、庆华村，青岭乡
	阿城区	双丰乡胜祥村、双兰村，料甸乡红新村、海沟村、西华村
浙 江	金华市金东区	曹宅镇大黄村、杜宅村
	金华市婺城区	沙畈乡周村、石宫村，罗店镇西吴村，安地镇下付村、寺口村
	金华市磐安县	方前镇后朱村、高丘村，新泽乡罗家村、深三村
	杭州市余杭区	运河镇螺蛳桥村、南杭村
	湖州市长兴县	煤山镇新安村
	衢州市常山县	青田镇大塘后村、砚瓦山村
	嘉兴市海宁县	斜桥镇万星村
	嘉兴市平湖市	当湖街道虹霓村，新埭镇萃贞村、石桥村
	丽水市龙泉市	塔石乡季边村、秋丰村
	台州市天台县	平桥镇西中村、庄前村
	台州市路桥区	桐油屿街道新山村、山羊居村，螺洋街道螺洋居村、二友村
	温州市平阳县	凤巢乡伍岱村、溪头街村
	温州市苍南县	灵溪镇灵堡村、龙渡村，巴曹镇平安村、北岭村
	绍兴市嵊州市	三江街道缸山村、合新村，甘霖镇蛟镇村、桃源村

续表

省区	县市	乡（镇）、村（社区）
云南	宜良县	匡远镇永新村，狗街镇狗街村，北古城镇凤莱村，南洋镇五星村
	会泽县	金钟镇鱼洞村、以则村，大海乡绿荫塘村、二道坪村
新疆	疏勒县	英阿瓦提乡喀帕村，牙甫泉镇铁热克博斯坦村、开依克艾日克村
	英吉沙县	城关乡古勒克霍依村、帕万艾日克村，苏盖提乡达莫顺村
	喀什市（直管）	乃则巴格乡

第二章 农村经济转型的初始条件与路径选择

从历史的长河中寻求制度变迁的规律不仅是制度经济学需要探讨的问题，而且是整体评价新中国60年历程的现实需要。新中国60年的历程可以分为两个30年。1949—1979年是由土地改革、互助合作走向人民公社的历史；1979—2009年是由家庭承包经营走向农业农村现代化的历史。改革前30年中国农村制度变迁和经济建设，奠定了后30年农村转型成功的坚实基础。本章研究农村经济转型的初始条件，就是通过梳理转型前30年农村经济体制、经济社会状况以及农村包产到户"三落四起"的改革历史，从实证角度研究农村经济转型的基础、动因、启动机制和路径依赖等问题，为整体性评价我国农村经济转型发展的历史性成就、经验与问题奠定基础。

一、初始条件和路径依赖理论研究

（一）制度变迁的内在机理

"制度变迁是制度的替代、转换与交易的过程。"[①] 在《西方新制度经济学》中，道格拉斯·C.诺斯的制度变迁模型被当成制度变迁的一般理论模型。诺斯模型的基本假定是：制度变迁的诱因在于主体期望获取最大的潜在利润（即外部利润）。通俗地讲，即主体A制度中无法获取这种利润，除非把A制度变成B制度，这种利润存在于B制度中。只要外部利润存在，就表明社会资源的配置还没有达到帕累托有效状态，从而可以进行帕累托改进。这种制度改进的目的在于使显露于现存制度之外的利润内部化。诺斯认为，非均衡的制度结构必然导致制度变迁，因此，非均衡的制度结构是制度变迁的前提条件，从非均衡到均衡的制度结构的演变过程就是制度变迁。从深层次上讲，制度变迁是社会利益格局的重新调整。

什么叫制度均衡？即在既定的制度安排下，已经获取了各种资源所产生的所有潜在收入的全部增量；或者潜在利润仍然存在，但改变现存制度安排

[①] 卢现祥：《西方新制度经济学》，中国发展出版社1996年版，第71页。

的成本超过潜在利润；或者如果不对制度环境做某些改变，就不可能实现收入的重新分配，那么，既存的制度就处在一种均衡状态。制度均衡实际是既存的制度结构处在帕累托最优状态，在这种状态之中现存制度的任何改变都不能给经济中的任何个人或任何团体带来额外收入。

但制度均衡未必是永久的，一些外在因素能够衍生出制度创新的压力。新制度经济学分析了促进制度变迁的内在机制，认为，"任何制度变迁包括制度变迁的主体（组织、个人和国家）、制度变迁的源泉以及适应性效率等诸多因素"[①]：（1）影响制度变迁的原因很多，但最终是要取决于人，即制度变迁的主体，其中有效组织是制度变迁的关键。这是因为：制度和组织有着特殊的内在联系，组织是制度约束及其他约束（如技术、收入和偏好）的函数；在稀缺经济和竞争的环境下，迫使组织持续不断地在发展技术和知识方面进行投资以求生存，这些将渐进地改变我们的制度；而且，制度变迁沿着什么轨迹前进在某种程度上讲就是成千上万组织的选择竞争合作及均衡的结果。（2）制度变迁的源泉。相对价格[②]的变化是制度变迁的源泉，因为相对价格的变化改变了人们之间的激励结构，而讨价还价能力的变化导致了重新缔约的努力。技术变化对制度变迁有着普遍的影响，因为技术变化使产出发生了规模报酬递增，因此使得更复杂的组织形式建立变得有利可图；技术变化促进了企业制度发展，产生了经济增长、工业和城市加速发展等巨大的外部正效应，也产生了污染、交通拥挤等负外部效应，因此它必然推动制度变迁；技术变化还降低了制度变迁的成本而增加了制度变迁的潜在利润。比如：出现了技术发明；某些外在性变动导致了从前未曾有过的外部效应产生；交易费用发生了转移；法律上和政治上的变化影响了制度环境。相对价格和偏好的变化是制度变迁的源泉，但这并不意味着它必然导致制度变迁，它只是制度变迁的外部条件。（3）适应效率。在经济学的分析中，稀缺生产要素的重新配置可以产生配置效率，即要素比以前得到了更有效的利用。与此相类似，制度的替代、转换和交易过程，使组织进行分权决策、消除错误和分担组织创新风险，使组织具有了适应效率。

从实践上看，社会主义国家的经济制度变迁的直接动因是对不同经济制度效率的比较与反思。"苏联模式"的内在矛盾迟滞了社会主义国家的经济发展（专栏2-1），传统计划经济体制弊端日益暴露，经济增

[①] 卢现祥：《西方新制度经济学》，中国发展出版社1996年版，第73页。

[②] 相对价格变化，包括要素价格比率、信息成本的变化、技术的变化等。

长放缓,社会矛盾日益突出,社会主义经济在世界市场上的地位逐步落后了。而资本主义国家则摆脱了危机,经济开始复苏,有了新一轮增长和发展。社会主义国家要摆脱"苏联模式"的束缚,突破经济发展和社会矛盾的困境,实现经济起飞,追赶发达国家,必须从经济制度上进行改革。

专栏 2-1 社会主义国家经济转型的动因

转型开始前后,主要国家人均 GNP 比较:

中国:1978 年 404 美元,1994 年 530 美元。

越南:1986 年 188 美元,1994 年 200 美元。

东德:1990 年统一时,人口为西德的 1/4,但其产值只占西德 GDP 的 1/10。

韩国:1994 年 8260 美元,已经成为名噪一时的亚洲四小龙。

朝鲜:20 世纪 90 年代初还是世界上贫穷国家之一。

OECD:1994 年,经合组织国家人均 GNP 平均 20170 美元,其中:

美国——1994 年,25880 美元;

日本——1994 年,34630 美元;

瑞士——1994 年,37930 美元。

——根据世界银行《1996 年世界发展报告——从计划到市场》,中国财政经济出版社 1996 年版,第 1—20 页有关专栏和附录资料整理。

(二) 体制转型的初始条件

转型经济学常常把转型起点上的计划经济体制、经济社会发展状况以及有无改革历史等方面的基础和差异,作为不同转型国家转型的初始条件,进而分析初始条件的差异与不同国家、不同转型方式及其不同改革结果的关联。

世界银行较早研究了"初始条件和体制改革"的关系。认为"不同的改革道路是因其历史、政治、经济和结构性起点条件形成的"[1]。在转型初期,各国原有的体制状况不尽相同。有些国家(如波兰)保留了一批对市场规则和体制有记忆的人,他们的技能有助于机构的重建;但是,有些国家不得不从零开始创建市场和政府机构(如斯洛文尼亚),不存在旧体制有时

---

[1] 世界银行:《1996 年世界发展报告——从计划到市场》,中国财政经济出版社 1996 年版,第 12 页。

反而是一种优势。世界银行的专家评估了 CEE① 和 NIS② 改革结果的差异，提出："CEE 国家是在比较有利的宏观经济、结构和体制下开始改革的，……对这组国家的正在进行的研究表明，在决定各国结果差异方面，有利的初始条件的确发挥着重要作用。""为什么中国有能力在进行部分和分阶段的改革时仍保持迅速的增长，而 CEE 国家和 NIS 更果敢的改革国家却遭受了产出的大幅度下降呢？""中国的有利的初始条件是解开这个谜团的第一步。该国的决策者不必面对 CEE 国家和 NIS 难以克服的某些严重困难。"为了完全弄懂这个问题，世界的专家比较了俄罗斯和中国改革的初始条件（表 2-1）。

表 2-1　　　　　　　　俄罗斯和中国改革初始条件比较

指标	俄罗斯 1990 年	俄罗斯 1994 年	中国 1978 年	中国 1994 年
就业的部门性结构（总数的百分比）				
工业	42	38	15	18
农业	13	15	71	58
服务业	45	47	14	25
总计	100	100	100	100
国有部门的就业	90	44	19	18
货币和产出 M_2 占 GDP 的百分比（季度比例的平均值）	100	16	25	89
人均 GDP（美元）：引自世界银行图表以购买力实际评价	4110	2650	404	530
	6440	4610	1000	2510

资料来源：《1996 年世界发展报告—从计划到市场》，中国财政经济出版社 1996 年版，第 21 页。

比较发现，"俄罗斯在改革时，其发展水平远远高于中国，其人均收入比中国高 9 倍，40% 以上的劳动力在工业部门，而且它的社会保障部门制度实际上保护了全体人民"。但是，"一个精心设计和费用高昂的部门间相互补贴的系统支撑着巨型国有企业和集体农庄"；国际市场变化、经互会国家贸易的中断，以及冷战结束对军需品的需求就下降，致使俄罗斯"工业企

---

① 指中东欧国家：阿尔巴尼亚、保加利亚、克罗地亚、捷克共和国、匈牙利、前南斯拉夫马其顿共和国、波兰、罗马尼亚、斯洛伐克及斯洛文尼亚等。

② 指新独立的苏联共和国：亚美尼亚、阿塞拜疆、白俄罗斯、爱沙尼亚、格鲁吉亚、哈萨克斯坦、吉尔吉斯共和国、拉脱维亚、立陶宛、摩尔多瓦、俄罗斯、塔吉克斯坦、土库曼斯坦、乌克兰、乌兹别克斯坦。

业中的一大部分增加值是负数";对国有部门进行大幅度的结构调整和令人痛苦的缩减,"雇员和经理人员形成了巨大的要求继续发放补贴并使企业活下去的压力";"数十年的计划经济造成了极为严重的地区专业化,……这项遗产加重了改革的痛苦"[1]。中国却不一样,"在改革开始时,中国还非常贫穷,而且是以农业为主的国家。农业吸引了劳动力的71%,为了支持工业,它还被课以很重的税。社会保障网络只覆盖了国有部门的职工——占人口总数的大约20%。薄弱的基础设施和强调地方自给自足的方针造成地区专业化程度低,也生成了为数众多的中小企业"。通过比较,世界银行专家得出结论:"中国经济的中央计划程度和中央管理程度远远低于苏联经济。地方政府享有更大的自主权并发挥了巨大的管理能力,这为它们建立放权程度更高的经济做好了准备。"[2]

稍后,热若尔·罗兰在《转型经济学》(*Transition and Economics*)这本被称为"转型经济学的第一部综合性著作"中,同样分析了"转型前的初始状态"[3]。罗兰把转型国家的经济制度基础、经济社会状况、有无改革的历史作为转型的起点。罗兰分析了转型国家有无改革历史的影响,他写道:匈牙利1968年废除了指令性计划;南斯拉夫1965年引进了企业自治制度;波兰20世纪80年代初推进了类似的改革,接下来是苏联的改革。社会主义的经典改革包括大幅度增加企业自主权和各种措施,然而这些改革的最初结果是工资失控,企业开始以工资的形式分配企业增加值的大部分。超额完成计划的激励和软预算约束,结果是企业要求减少生产计划而增加工资和投资,外债或短缺增加以及被迫储蓄,导致严重的宏观失衡,使计划系统进一步削弱。所以罗兰得出如下结论:"有转型前改革史的国家如匈牙利、波兰、南斯拉夫和苏联,大都带着严重的宏观平衡问题开始改革,需要一个保持宏观稳定的一揽子计划;而没有先前改革史的国家,如民主德国、捷克斯洛伐克和罗马尼亚,在转型初期则不存在这样一个宏观稳定的问题。"

罗兰还在综述西方转型经济学者关于中国与苏联和东欧国家经的计划经济差异研究的基础上,阐述了"中国:M型与U型组织"对渐进改革方式的影响。他写道[4]:

---

[1] 世界银行:《1996年世界发展报告——从计划到市场》,中国财政经济出版社1996年版,第19页。

[2] 同上书,第19—21页。

[3] [比]热若尔·罗兰著,张帆、潘佐红译:《转型经济学》,北京大学出版社2002年版,第20—24页。

[4] 同上书,第67—74页。

如钱颖一和许成钢（1993）所指出的，中国与东欧中央计划组织之间确实存在着重大不同。苏联的经济是由专业化部门或职能部门（如采掘工业部、机械工业部、纺织工业部）整合大工厂中类似的生产活动。这一系统被称为条条（branch organization），相反，1958 年以来，中国经济主要是以区域原则组织起来的，称为块块（regional organization）（格雷尼克，1990），各省负责一个完整的产业系列。钱颖一和许成钢认为，东欧的中央计划经济，管理的更加集中，像 U 型等级机构（威廉姆森，1975；钱德勒 1962），而中国有一个更加非集中化的结构，很像 M 型等级机构。

中国的 M 型等级机构的缺点之一是，当各省可以争先发展"自己的"钢铁工业、"自己的"纺织工业时，该体系导致了产业重复建设，而东欧的 U 型中央计划可能利用规模经济并发展经济中的劳动分工。然而，就改革而言，中国的组织结构为试验提供了更多的灵活性。……在东欧计划经济中，由于企业间较强的相互联系，U 型等级机构使地区性改革试验没有可能。在大型国有企业的层次上开展的任何自由化试验，都必须在中国经济的层面上进行。

罗兰坚定地认为，"中国从计划向市场的转型中，地区性试验扮演了非常重要的角色"。他举出了两个著名的例子来证明这一判断，"一个著名的实验从安徽凤阳县开始，一个村庄的农户开创先例，与地方政府签订合同，用定量上交的粮食换取以家庭为基础进行农业生产"；"另一个例子是经济特区……"罗兰把这种"摸着石头过河或通过试验推行改革的方式"总结为"区域渐进主义"和"部门渐进主义"（如农业部门先于国有部门的改革），认为这是中国经济转型的重要特色；而苏联和东欧的 U 型组织结构下，"不可能选择区域渐进主义"，"对东欧国家来说，即使部门渐进主义的形式也要比中国复杂的多"。

国内转型经济学研究也关注了转型的初始条件。张宇（1997）认为，"过去与现在、现在与未来是密切相联的，中国的改革以中国的传统体制为出发点"。"中国的传统体制与前苏联和东欧并不完全相同，……传统体制的这种的差异构成了不同国家转型的初始条件，对改革的道路选择具有深刻的影响。"[①]

樊纲（1996）认为，"在任何一个时点上考虑下一步的改革，当时的条件都可以被视为是初始条件"，因此，他把 20 世纪 70 年代末期的经济增长

---

① 张宇：《过渡之路——中国渐进式改革的政治经济学分析》，中国社会科学出版社 1997 年版，第 15 页。

率、经济结构(国有企业职工占全部劳动力的比重)、国有企业的盈利率(亏损率)和经济发展水平(人均 GDP)四大经济变量作为改革的初始条件。初始条件决定了改革方式和路径选择,樊纲的理论假说是,"经济增长率越高,越不大可能采取激进改革方式;而在改革之初,国有经济比重越高,亏损程度越严重,经济发展水平越高,渐进式增量改革难以行的通,越是不得不采取较为激进的改革"。通过实证研究,樊纲得出结论,在 20 世纪 70 年代末改革开始的时候,中国国民经济还没有陷入全面停滞,增长还有潜力。虽然"文化大革命"给国民经济带来了灾难性后果,但传统计划经济体制还有发展空间,"文化大革命"结束后经济迅速恢复,增长率达到 7% 以上(1977 年国民收入增长率为 7.8%,1978 年为 12.3%)也说明了这一点。显然中国不具备接受激进改革方式的条件[①]。

王振中(2006)研究了经济转型国家改革方向的差异,认为,"俄罗斯和东欧国家选择了现代资本主义自由市场的经济模式,中国选择了社会主义市场经济模式",这两种经济模式在本质上是截然相反的。改革方向差异根源于中国的计划经济体制与苏联和东欧国家的计划经济体制有很大差异,另一个重要原因是"指导思想差异",即是按照"华盛顿共识"来改革,还是"走自己的路"[②]。

综上,我们可以梳理出几个基本认识:转型的初始条件是转型起点上的既有条件,它是历史的给定条件,不是可选条件。转型的初始条件包括:转型起点上的计划经济体制状况,可以从组织结构和管理体系、计划与市场的关系、生产结构、供求关系等方面来比较分析;经济社会发展状况的观察点有经济增长率、经济结构、国有企业的盈利或亏损率、人均 GDP 等方面;有无改革的历史,指导思想的差异、转型路径的选择都与改革的历史记忆相关。转型的初始条件不仅决定转型模式和路径的选择,而且在很大程度上影响转型的结果。

(三) 路径依赖理论阐释

路径依赖理论是美国华盛顿大学经济系教授道格拉斯·C. 诺斯的制度变迁理论中的重要内容。它指一个具有正反馈机制的体系,一旦在外部性偶然事件的影响下被系统所采纳,便会沿着一定的路径发展演进,而很难为其他潜在的甚至更优的体系所取代。

---

① 樊纲:《渐进改革的政治经济学分析》,上海远东出版社 1996 年版,第 164—165、174 页。
② 王振中:《转型经济理论研究》,中国市场出版社 2006 年版,第 2—5 页。

诺斯把前人关于技术演变过程中的自我强化现象的论证推广到制度变迁方面来。技术演变过程中的自我增强和路径依赖性质的开创性研究，首先是由阿瑟（W. Brian. Arthur）作出的。他的技术轨迹的依赖特征是由于自我强化机制在起作用。自我强化机制包括四个方面：大量的初始成本或固定成本随产量的增加会出现单位成本下降的好处；学习效应，随着这项技术的流行，人们会改进产品或降低成本。协调效应，由于其他经济当事人采取相配合的行为，会产生合作利益。适应性预期，这项技术在市场上实用的增加，有利于进一步扩展[1]。另一个研究是戴维的历史路径依赖[2]，1985年，他发表了著名的论文"历史与Qwerty经济学"。在这篇论文中，他通过对计算机为什么至今还采用Qwerty键盘的分析，说明了历史变迁的路径依赖性质。戴维也强调了随机事件对于最终结果的重要影响，并且认为随机过程的结果并不如传统智慧所认为的那样会收敛于一个固定的结果点，所以他将这一过程称之为非遍历性。在这种情况下，偶然事件既不能被忽视，也不能在经济分析的目的下进行完全地检验，必须对动态过程的历史特征进行全面的研究。

在阿瑟的技术路径依赖和戴维的历史路径依赖的基础上，诺斯将路径依赖理论引进了他的制度变迁的分析框架，并进一步推演出了制度变迁理论中的路径依赖理论。诺斯认为，在制度变迁中，同样存在着报酬递增和自我强化的机制，这种机制使制度变迁一旦走上某一条路径，它的既定方向会在以后的发展中得到自我强化，人们过去作出的选择决定了他们现在可能的选择。沿着既定的路径，经济和政治制度的变迁可能进入良性循环的轨道，迅速优化；也可能顺着原来的错误路径往下滑，它还会被锁定在某种无效率的状态下。一旦进入锁定状态，要想脱身而去就会十分困难，往往要借助于外部效应，引入外生变量或依靠政权的变化。这就像物理学中的"惯性"，一旦物体进入某一路径，或者朝着某一方向运动时，它就会对这种路径和方向产生依赖。也就是说，一项制度的变迁如果是路径依赖的，那么它的发展总是"敏感和依赖于初始条件的"[3]。这是路径依赖的经济学本质。

二、中国农村经济转型的初始条件

（一）前30年建设奠定后30年经济转型的基础

我们一贯认为，新中国农村经济转型发展60年的历史，可以分成前30

---

[1] 卢现祥：《新制度经济学》，中国发展出版社1996年版，第82页。
[2] 杨德才：《新制度经济学》，南京大学出版社2007年版，第421页。
[3] 卢现祥：《新制度经济学》，武汉大学出版社2004年版，第168页。

年和后30年两大历史时期。前30年是毛泽东时代，经历了两个历史阶段：从1949—1957年，我国农村经济是以土地农民私有制为核心，农户经济、互助组与合作经济并存的新民主主义经济类型，它起于农村土地改革，止于高级合作社；1958—1978年，农村经济是以"一大二公"的人民公社为基础的空想色彩很浓的社会主义经济类型。改革前30年的中国农村制度变迁和经济建设，奠定了后30年农村转型成功的坚实基础。

后30年是邓小平引领的改革开放的时代。这一时期的农村经济类型，是以土地集体所有、家庭承包经营为基础的中国特色的社会主义经济类型。其中1978年12月22日中共十一届三中全会通过的《中共中央关于加快农业发展若干问题的决定（草案）》，标志着中国农村进入改革开放的新时代；中共十五届三中全会通过的《中共中央关于农业和农村工作若干重大问题的决定》，则标志着中国农村经济开始由总体小康向全面小康过渡；从1998—2008年，农村转型发展进入到新的历史阶段。

但对于"两个30年"的历史评价，在中国社会内部并没有取得共识。"很多人在强调中国经济改革高度成功的时候，总是首先隐含着一个对新中国前30年的否定，似乎只有全面否定前30年才能够解释后30年中国的改革成功。而另一方面，在近年来也看到另一种日益强大的论述，这就是在批评目前改革出现的种种问题时，许多论者往往用毛泽东时代来否定邓小平时代的改革，即用新中国的前30年来否定其后30年。可以说，近年来中国社会内部有关改革的种种争论，已经使得新中国前30年和后30年的关系问题变得分外突出。这实际也就提醒我们，对于新中国60年来的整体历史，必须寻求一种新的整体性视野和整体性论述。"[①]

我们认为：新中国的农村经济转型发展起于毛泽东、成于邓小平、拓展于江泽民和胡锦涛时代。前30年农村建设和制度变迁，奠定了后30年的农村改革成功的基础，后30年是前30年基础上的飞跃；前30年普遍贫穷但绝对公平，后30年解决了"温饱"问题，实现了"总体小康"目标，正在加速向全面小康转型发展。在纪念新中国成立60周年之际，一些观念应该予以澄清和重申：土地改革没有错，它对中国农村经济社会转型发展产生了深刻影响；互助合作运动尽管出现过失误，农村经济发展的事实证明它也是成功的；人民公社体制并不是一开始就遭到农民反对，它曾经发挥过重要作用；"文化大革命"期间的农村经济，相对受损的城市和工业经济仍然保持

---

① 甘阳：《中国道路：三十年与六十年》，http://www.snzg.cn/article/show.php? itemid-5307/page-1.html 2007.3.15.

着增长趋势。

(二) 人民公社体制是最重要的初始条件

人民公社体制因袭了土地改革、互助合作运动的成果，又是中国农村改革30年的逻辑起点。它承前启后，不仅是农村经济转型的初始条件，是农村经济制度变迁最重要的路径依赖，而且在许多方面（如土地产权关系）还将继续影响未来中国农村转型发展。

第一，农村土地改革对中国农村经济社会发展产生了深刻影响。"耕地农有"是中国共产党早期革命的既定方针，为了动员农民参加革命，《中国共产党告农民书》号召，"……革命的工农等平民得了政权，才能够没收军阀、官僚、寺院、大地主的田地，归耕地的农民所有"[①]。因此，土地改革在根据地和解放区就一直没有间断过。新中国成立之初，在约有2.64亿多农业人口的新解放区还没有进行土地改革。1950年6月30日，毛泽东主席发布命令，颁布实施《中华人民共和国土地改革法》，土地改革随即全面展开，至1953年春结束。土地改革是成功的，它结束了长达两千多年的封建土地制度，使农民获得了7亿多亩土地，免缴地主地租700亿斤粮食，实现了"耕者有其田"[②]。土地改革产生的深刻影响，在随后几年的农业增长中表现得淋漓尽致。1952年与1949年相比，粮食总产量由11318万吨增加到16392万吨，年平均递增13.14%；棉花总产量由44.4万吨增加到130.4万吨，年平均递增43.15%；油料由256.4万吨增加到419.3万吨，年均递增21.17%[③]。

第二，互助合作运动尽管出现过失误，但实践证明也是成功的。互助合作的发展大致可分两个阶段。第一个阶段，从1953—1955年夏，期间，农业生产互助合作运动虽有失误（如强迫入社、无偿平调农民资产等），但基本上是循着"逐步发展循序渐进"走过来的。而且，这一时期的互助合作基本是按照自愿互利的原则，其形式有临时互助组、长年互助组、初级农业生产合作社等三种形式，无论哪种形式，土地和其他生产资料及其产品仍然属于农户私有，经营是独立的，农户是在人工互变、人工变畜工、搭庄稼、并地种、伙种等形式之中，相互提供帮助，解决生产中的困难，或者借此提

[①] 陈翰笙等：《解放前的中国农村》，中国展望出版社1985年版，第3页。
[②] 郭书田：《纪念新中国农村发展两个30周年》，《浙师大农村研究中心乡村建设研究简报》2008年9月。
[③] 《中国农村统计年鉴（1992）》，中国统计出版社1992年版，第24页。

高收入①。第二阶段,从1955年夏季以后至1958年夏,农业合作化运动骤然加快了发展速度,高潮迭起。在这种氛围的推动下,全国农村的高级社从1956年1月底的1.38万个增加到1956年12月底的5.4万个,入社农户占总农户的比重也由1956年1月底的30.7%猛增到1956年12月底的87.8%②。这标志着高级合作化的迅即完成,也标志着以农业社会主义改造为先导的社会主义三大改造基本完成。今天看来,个体经济采取互助合作的形式是历史的必然选择。

第三,人民公社体制曾经发挥过重要作用。1958年8月29日,中共中央颁布《关于在农村建立人民公社问题的决议》,到9月30日仅一个月时间内,中共中央农村工作部《人民公社化简报》(第四期)即宣布,"截至本月底,全国已基本实现人民公社。运动从七月份开始发展,八月份普遍规划、试办,九月份进入高潮,高潮时期前后仅一个多月"。"截至九月二十九日统计,全国共建起人民公社二万三千三百八十四个,加入农户一亿一千二百一十七万四千六百五十一户,占总农户的百分之九十点四……"③ 如果以1983年10月12日《中共中央、国务院关于实行政社分开,建立乡政府的通知》为界,人民公社体制在我国农村运行了25年。

人民公社体制并不是一开始就遭到农民反对,相反,1958年7月,全国第一个人民公社在河南省信阳地区嵖岈山成立时,农民是欢欣鼓舞的(专栏2-2)。这种状况在当时的中国农村具有普遍性。在刚刚解放和土地改革的热情下,农民对执政党充满了信任,同时,农民看到了新中国成立以后互助组、初级社、高级社等制度变迁对农业生产的促进作用,加上无与伦比的政治宣传④,农民对社会主义的优越性和共产主义的美好前景充满了希望,因此大多数农民对建立人民公社是欢迎的。

专栏2-2 全国第一个人民公社成立前后

人民公社的提出 1958年7月1日,《红旗》杂志第3期发表了陈伯达的《全新的社会、全新的人》一文,透露了毛主席和刘少奇的一次谈话精神。接着第4期《红旗》杂志,又发表了陈伯达的《在毛泽东同志的旗帜

---

① 王景新:《中国农村土地制度的世纪变革》,中国经济出版社2001年版,第9—10页。
② 陈吉元等:《中国农村社会经济变迁》,山西经济出版社1993年版,第236页。
③ 国家农业委员会办公厅:《农业集体化重要文件汇编》,中共中央党校出版社1981年版,第69—85页。
④ 一个顺口溜描绘了公社的美好前景,"住的是楼上楼下,用的是电灯电话,使的是洋犁子洋耙,路上的喇叭会说话,苏联有啥咱有啥"。随后不久,一个口号在全国流传开来,"共产主义是天堂,人民公社是桥梁"。

下》的文章，明确引证了毛主席的指示："毛泽东同志说，我们的方向应该逐步地、有次序地把工（工业）、农（农业）、商（交换）、学（文化教育）、兵（民兵）组成一个大公社，从而构成我国社会的基层单位。"

全国第一个人民公社诞生 1958年6月底7月初，谭震林在郑州主持召开冀、鲁、豫、陕和北京市农业协作会议，会后，他听取了信阳地委关于嵖岈山卫星农业社的情况。之后，由信阳地委秘书长赵光带领工作组，在遂平县卫星集体农庄试点，他将原21个农业社又并入6个社，共27个农业社、9360户参加。于当年7月初，正式建立了"嵖岈山卫星人民公社"，全国第一个人民公社在河南信阳诞生了。

老人眼中的第一个人民公社 周留栓，1945年生，嵖岈山乡退休干部，嵖岈山卫星人民公社旧址义务看护人。2008年8月29日，"大河网"记者采访周留栓，记者写道：1958年4月20日上午，12岁的周留栓正在遂平县周楼村初小上课，老师宣布了一条消息，"转大社了"①。回到家里，母亲已经早早做好了晚饭，父亲兴奋地说着晚上的"转社"大会。吃完饭，周留栓跟父母前往杨店街开大会，一路上果然热闹。到了杨店街边废弃的寨河里，坡上已经搭起了主席台。夜色笼罩时，信阳地委专员张树藩开始讲话，说大社正式成立了，台下顿时爆发出一阵山呼海啸⋯⋯

人民公社运动推向高潮 1958年8月4—7日，毛泽东主席先后视察河北省徐水、安国县，河南新乡县七里营人民公社，并在专列上听取河南省委关于嵖岈山卫星人民公社的汇报。在视察过程中，毛泽东主席一再谈到"人民公社这个名字好"、"还是办人民公社好"。这个消息很快在报上发表，各地立即掀起了建立人民公社的高潮。到1958年12月底，"全国74万多个合作社改组成为2.6万多个人民公社，参加公社的有1.2亿多户，占全国总农户的99%以上"②。

人民公社为什么受到农民欢迎？中央文件对此作了正式的解释。《关于建立农村人民公社问题的决议》写道："人民公社发展的主要基础是我国农业生产全面的不断的跃进和五亿农民愈来愈高的政治觉悟。在经济上、政治上、思想上基本战胜了资本主义道路之后，发展了空前规模的农田基本建设，创造了可以基本免除水旱灾害、使农业生产能力比较稳定发展的新基

---

① 所谓"大社"，就是把农业初级社、高级社合并在一起，组成大的农业社，实际上是公社的雏形。
② 国家农业委员会办公厅：《农业集体化重要文件汇编一九五八——一九八一》，中共中央党校出版社1981年版，第110页。

础；……大规模的农田基本建设和先进的农业技术措施，要求投入更多的劳动力，农村工业的发展也要求从农业战线上转移一部分劳动力，我国农业实现机械化、电气化的要求愈来愈迫切；在农田基本建设和争取丰收的斗争中，打破社界、乡界、县界的大协作，组织军事化、行动战斗化、生活集体化成为群众性行动，……所有这一切，都说明几十户、几百户的单一的农业生产合作社已不能适应形势发展的要求。"[1]

这一论断比较准确反映了建立人民公社的历史必然性，也道出了农民欢迎的理由：（1）在农业生产力还不够发展，物质匮乏的时代，人民公社体制的巨大资源动员能力，显示出集中力量办大事的优势，为打破行政区划壁垒、开展大规模的农田水利基本建设创造了条件，满足了免除水旱灾害、稳定农业生产和农产品供给的社会需求。（2）人民公社体制顺应了新中国成立后农业生产力迅速恢复、农业技术改进和传播的时代要求，为规模化经营和以农业机械化、电气化为核心的农业现代化发展创造了条件，也为国家在较低生产力水平上快速推进工业化，提供了劳动力资源转移和资本积累机制。（3）人民公社体制借助经济和行政力量控制了乡村，从根本上改变了旧中国农村一盘散沙的状态，极大满足了农民组织化的社会需求；同时将党政群团组织、代表大会制、民主选举制、合作制度等具有现代性的组织与制度引入乡村，从根本上改造了依靠宗族和乡绅治理乡村的方式，成为今日"乡政村治"格局的重要基础。但是，人民公社运动尤其是公社初期出现了比较严重的问题。有专家认为，1958—1962年，我国出现了全局性重大失误，毛泽东主席把总路线[2]、大跃进和人民公社视作"三面红旗"，农村则是大跃进的重灾区。农业放卫星，大刮浮夸风，大炼钢铁，毁林开荒和围湖造田，建立公共食堂，批判右倾机会主义和"拔白旗"等，加上三年自然灾害的影响，给中国农民带来了一场灾难（郭书田，2008）。

人民公社制度同样经历了整顿和不断完善的过程。1958年12月，中共八届六中全会通过《关于人民公社若干问题的决议》，提出要"整顿和巩固公社的组织，确定和健全公社的制度，更好地组织公社的生产和生活"。自此开始，人民公社普遍进行了整顿。1959年2月，在郑州召开中共中央政治局扩大会议，纠正"一平、二调、三收款"的错误，起草了《关于人民公社管理体制的若干决定（草案）》，将公社分级管理制度概括为："统一领

---

[1] 国家农业委员会办公厅：《农业集体化重要文件汇编一九五八——一九八一》，中共中央党校出版社1981年版，第69—72页。

[2] 1958年5月，党的八大二次会议根据毛泽东主席的创意，通过了"鼓足干劲、力争上游、多快好省地建设社会主义"的总路线。

导,队为基础;分级管理,权力下放;三级核算,各计盈亏;分配计划,由社决定;适当积累,合理调剂;物资劳动,等价交换;按劳分配,承认差别。"认为"实行这样的体制就可以避免公社管理委员会集中统一过多过死的缺点"①。同年4月,中共中央政治局上海会议纪要《关于人民公社的十八个问题》强调,"要由基本上生产队所有制,改变成为基本上公社所有制……这个过程需要许多时间,急是不行的";要求"各地人民公社在实行三级管理、三级核算的时候,一般是以相当于原来高级农业合作社的单位作为基本核算单位"②。1960年11月,中共中央发出《关于人民公社当前政策问题的紧急指示信》(即《农业十二条》),在此基础上,于1961年3月讨论了《人民公社工作条例(草案)》,同年6月讨论和试行《农村人民公社工作条例(修正草案)》,翌年9月,中央八届十中全会通过《农村人民公社工作条例(修正草案)》(即《人民公社60条》),《60条》的核心是坚持"三级所有,队为基础",把土地、劳力、牲畜、农具"四固定"到生产队,分配核算也以生产队为单位。《60条》标志着农村人民公社所有制关系,先后经历了人民公社所有,人民公社三级所有、以生产大队所有为基础三个阶段,走向了成熟和定型。

(二) 改革前中国农村经济一直保持增长趋势

从1949—1978年,中国农村经济一直保持增长趋势。当时中国农村经济以农业为主,因此这期间主要农产品产量增减变化(表2-2)可以反映当时农村经济总体状况。我们看到,除三年严重自然灾害后1962年的油料、猪羊牛肉两项的产量低于1949年以外,其他各类农产品产量都大大超过新中国成立之初的水平。

表2-2　　　　　　1949—1978年主要年份主要农产品产量　　　　(单位:万吨)

年份	粮食	棉花	油料	糖料	猪羊牛肉	水产品
1949	11318	44.4	256.4	283.3	220	45
1952	16392	130.4	419.3	759.5	338.5	167
1957	19505	164	419.6	1189.3	398.5	312
1962	16000	75	200.3	378.2	194	228

---

① 国家农业委员会办公厅:《农业集体化重要文件汇编一九五八——一九八一》,中共中央党校出版社1981年版,第139、146页。
② 同上书,第198—190页。

续表

年份	粮食	棉花	油料	糖料	猪羊牛肉	水产品
1965	19453	209.8	362.5	1537.5	551	298
1970	23996	227.7	377.2	1556	596.5	318
1978	30477	216.7	521.8	2381.8	856.3	466

资料来源：《中国农村统计年鉴1992》，第24—26页。

进一步考察还发现，自新中国成立以来至1978年改革前的近30年间，我国主要农产品产量出现过三次快速增长和两次波动（见下图）。每一次增长和波动都与当时的制度变迁以及执政党和政府的宏观决策相关联。1949—

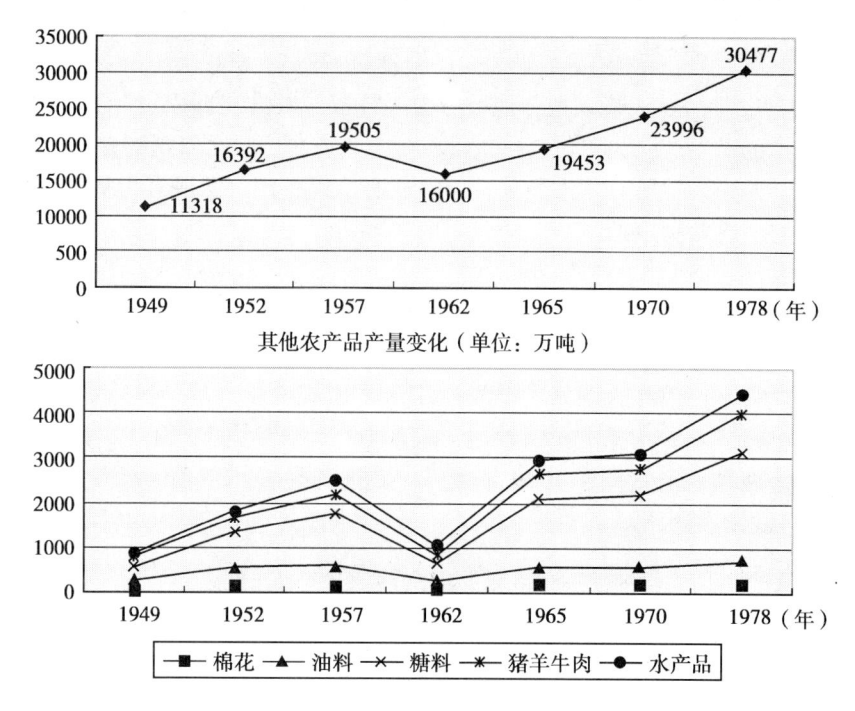

其他农产品产量变化（单位：万吨）

1949—1978年农产品产量变化（单位：万吨）

1957年间的快速增长，不仅证明了土地改革的成功，而且也证明互助合作道路的必然选择；1958—1962年主要农产品产量急剧下滑，一方面反映了公社初期的全局性失误，以及"大跃进"、浮夸风和"共产风"的严重影响，另一方面记录着我国抗御自然灾害能力弱小的历史痕迹；1962—1965年的快速增长，体现了整顿人民公社和建立健全公社基本制度的效绩；

1965—1970 年"文化大革命"初期,尽管经济活动遭受到政治运动的严重冲击,但农产品产量仍然保持着增长趋势,1970—1978 年,再次出现快速增长趋势。农业生产的这种局面表明,相对于"文化大革命"中受损的城市和工业经济,"农村除了少数地方(如河北的保定,广西的柳州)有些武斗外,顶住了批判'唯生产力论'和'抓生产压革命'的压力,坚持人民公社60条,坚持生产,未乱阵脚,除了满足自身的生活需求外,对保证城市的粮食和副食品的供应,缓减社会动荡的形势,作出了不可磨灭的贡献"(郭书田,2008)。农业经济增长、农村社会稳定,是我国农村经济转型不可忽视的初始条件,使农村改革能够建立在经济社会稳定的基础之上。

如果我们拉长观察视点,比较历史关节点上的一些年份的主要农产品产量指数的变化,可以进一步证明上述结论(表2-3)。

表2-3　　　　主要农产品产量与1949年前最高年产量比较

产品名称	1949年前最高年		指数（1949年前最高年为100）					
	年份	产量	1949	1952	1957	1962	1965	1978
种植业（万吨）								
粮　食	1936	15000	75.5	109.3	130.0	102.9	129.7	203.2
#稻　谷	1936	5735	84.8	119.3	—	—	—	—
小　麦	1936	2330	59.3	77.8	—	—	—	—
玉　米	1936	1010	—	166.8	—	—	—	—
大　豆	1936	1130	45.0	84.3	—	—	—	—
薯　类	1936	635	155.1	257.2	—	—	—	—
棉　花	1936	84.9	52.3	153.6	193.2	88.4	247.1	255.2
花　生	1933	317.1	40.0	73.0	81.1	34.7	60.9	75.0
油菜籽	1934	190.7	38.5	48.9	45.6	25.7	57.2	98.0
芝　麻	1933	99.1	32.9	48.5	—	—	—	32.5
黄红麻	1945	5.5	34.6	278.2	545.5	236.4	509.1	1978.
桑蚕茧	1931	22.1	14.0	28.1	—	—	—	78.3
茶　叶	1932	22.5	18.2	36.4	49.6	32.8	44.7	119.1
甘　蔗	1940	565.2	46.7	125.9	183.8	60.7	236.9	373.6
甜　菜	1939	32.9	58.1	145.6	455.9	103.3	601.8	821.3
烤　烟	1948	17.9	24.0	124.0	145.3	72.6	206.7	587.7
苹　果	1926	12.1	—	97.5	183.2	185.7	263.1	1880.2
柑　橘	1926	40.1	51.6	80.3	51.3	63.3	95.5	

续表

产品名称	1949年前最高年		指数（1949年前最高年为100）					
	年份	产量	1949	1952	1957	1962	1965	1978
香蕉	1927	10.3	—	106.8	—	—	—	82.5
畜牧业(万头、万只)								
大牲畜年底头数	1935	7151	83.9	106.9	117.2	98.2	117.8	131.3
#牛	1935	4827	91.0	117.3	—	—	—	—
马	1935	649	75.1	94.5	—	—	—	—
驴	1935	1215	78.1	97.2	—	—	—	—
骡	1935	460	32.0	35.6	—	—	—	—
猪年底头	1934	7853	73.5	114.3	185.8	127.3	212.6	383.7
羊年底只数	1937	6252	67.7	98.8	157.7	215.4	222.4	271.8
渔业（万吨）								
水产品总量	1936	150	30	111.33	207.7	152.2	198.9	310.3

资料来源：《中国统计年鉴2008》、《中国农村统计年鉴2005》和《中国农业统计资料汇编1949—2004》。

表2-3选择的年份在新中国60年的历程中是非常有代表性的。比较发现：①战争破坏严重影响了中国农业和农村经济发展。近现代中国农产品产量的最高年份大多出现在二战以前，比如种植业产品中最重要的产品粮食、棉花、油料以及畜牧业产品和水产品的产量，最高年份都在1936年之前，只有黄红麻、甘蔗、甜菜和烤烟例外。这说明，发生于1937年的日本大规模的侵华战争对中国农村经济的破坏巨大。加上解放战争的影响，到1949年新中国成立时，中国所有农产品产量都比战前的最高年份下降了，其中粮食产量只有战前最高年份的75.5%，棉花只有战前最高年份的52.3%，油料（花生、油菜籽、芝麻）只有战前最高年份的33%—40%，水产品只有战前最高年份的30%。②1952年底，中国农村土地改革基本完成，这一年的农产品产量快速增长，不仅折射出土地改革对经济发展的巨大促进作用，而且间接反映我国国民经济恢复时期的农村经济状况。当年的主要农产品中，除去油料、蚕茧、茶叶、柑橘等以外，粮食、棉花、黄红麻、糖类（甘蔗、甜菜）、烤烟、香蕉以及畜牧业产品、水产品等的产量都分别达到或超过战前最高水平。③1957年是农村经济体制经过互助组、初级合作社，走到高级合作社的阶段，也是人民公社体制建立前夕，这一年，我国主要农产品产量指数绝大多数超过战前最高水平，其中粮食指数为130%、棉花指

数为193.2%，糖料成倍增长。④1962年是三年自然灾害的最后一年，除粮食、黄红麻、甜菜、苹果和水产品以外，其他农产品产量都低于战前最高水平，表明我国农业抗灾害能力弱小，同时也折射出公社初期的体制和政策的严重缺陷。1965年是中国开始"文化大革命"的前夕，1978年是农村经济转型的起点，正如前文所言，"文化大革命"初期农产品仍然成增长趋势，不过速度有所放缓，"文化大革命"后期主要农产品仍然出现快速增长势头，表明公社体制后期仍有增长空间。这正如经济学者樊纲所言，改革开始的时候，传统计划经济体制还有发展空间，中国国民经济还没有陷入全面停滞，增长还有潜力。这是中国农村经济转型不同于其他转型国家最重要的初始条件之一。

（三）"吃饱饭"是农村经济制度转型的最直接动因

中国政府推动农村经济转型的直接动因，可以归纳为"发展生产，保障供给"；农民则为"吃饱饭"而甘冒风险，反复进行着"包产到户"的尝试。政府和农民的需求具有一致性，这是我国农村经济转型选择"自下而上和自上而下相结合"的渐进模式的共同的社会基础。我们看到，大凡率先改革的农村，都是土地资源极其稀缺、粮食紧缺的地方，这样的资源禀赋条件下，劳动组织形式必须有利于充分发挥生产者的积极性，使有限土地资源能够最大限度地满足人民的生活需要。但是，人民公社体制却不能够达到这样的效果。

尽管人民公社体制后期我国主要农产品产量仍然保持较快增长的势头，但其增长被迅速扩张的人口所抵消，出现所谓有增长、无发展的局面。夸大其词的"社会主义优越性"宣传，给予农民过高的期望值，农民不愿意再忍受低收入和低生活水平的折磨。比较农村转型起点时段的人均经济状况（表2-4），我们或许能够理解改革为什么从农村基层开始。

表2-4　　　　　　　　主要农产品人均占有量　　　　　　　（单位：公斤）

年份	粮食	棉花	油料	猪牛羊肉	水产品	牛奶
1949	208.9	0.8	4.7	—	0.8	—
1952	288.1	2.3	7.4	—	2.9	—
1957	306.0	2.6	6.6	—	4.9	—
1962	231.9	1.1	3.0	—	3.4	—
1965	272.0	2.9	5.1	—	4.2	—
1978	319.0	2.3	5.5	9.1	4.9	0.9

资料来源：《中国农业统计资料汇编1949—2004》。

公社体制的最大弊端，一是高度集中统一的计划体制压抑了农民的积极性和创造性，生产上的"大呼隆"，分配上的平均主义严重制约农业资源配置效率；二是借助公社控制体系推行的"以阶级斗争为纲"的群众运动影响了经济发展，从而导致农产品供给长期严重不足，农民收入低下，贫困人口大量存在，动摇了人民公社体制的合法性地位。1957年时，我国人均占有粮、棉、油分别为306公斤、2.6公斤、6.6公斤，历时20年，到1978年时人均占有的粮食仅增加了13公斤，而人均占有的棉花和油料反倒分别减少了11.5%和16.7%。当时农村还有2.5亿人吃不饱肚子，"吃饱饭"成为当时政府和农民的共同心声。另外，农民收入长期低下，1957年、1962年、1965年、1978年，我国农民人均纯收入分别只有73.0元、99.1元、107.2元、133.6元，从1957—1978年，农民人均纯收入只增加了60.6元，年均增长不足3元，农民再也无法忍受旧体制的掣肘，"吃饱饭"和改变贫穷现状成为农民的向往。民心思变构成了农村转型的社会基础，但这只是制度变迁的前提条件，要变革人民公社制度，还需要制度环境的改变，人们在耐心等待时机。

（四）政治约束松动为农村经济转型创造了空前的历史机遇

20世纪70年代末"文化大革命"结束前夕，中国高层的政治斗争趋于激烈。"1975年，随着邓小平全面整顿的展开，中国高层大致分化为四个群体、三种力量"[①]：1973年3月10日，复出后的邓小平恢复了党的组织生活和国务院副总理的职位。12月，根据毛泽东的提议，中央任命邓小平为中央政治局常委，参加中央的领导工作。1975年1月5日，邓小平又被任命为中央军委副主席兼中国人民解放军总参谋长；1月10日，党的十届二中全会选举邓小平为中共政治局常委、中共中央副主席；1月17日，全国四届人大一次会议又任命他为国务院副总理。在短短的时间内，邓小平被赋予了党政军的重任。临危受命，他从周恩来手中接过了"四个现代化"的接力棒。

面对被"文化大革命"和"四人帮"破坏的千疮百孔的国民经济，邓小平一上任就把主要精力放在抓国民经济建设上。针对这一时期国民经济各产业部门、各领域的混乱和停滞局面，大刀阔斧地进行整顿，并以经济工作的整顿带动科技、文教事业整顿的展开，领导和推动全面整顿的深入进行。

---

① 参见韩钢《粉碎"四人帮"与历史转折》，《财经杂志》"改革忆事"专栏，2008年第18期。

收入《邓小平文选》第二卷有关1975年全面整顿的共有9篇文章。如《军队要整顿》（1975.1）、《全党讲大局，把国民经济搞上去》（1975.3）、《当前钢铁工业必须解决几个问题》（1975.5）、《加强党的领导，整顿党的作风》（1975.5）、《关于国防工业企业的整顿》（1975.8）、《各方面都要整顿》（1975.9）。1975年9月至10月，邓小平在农村工作座谈会上讲话时，首次提出了要进行全面整顿的任务。他说，"当前，各方面都存在一个整顿的问题。农业要整顿、工业要整顿，文艺政策要调整，调整其实也是整顿"。

整顿其实是邓小平领导中国改革一次悲壮的尝试和预演。用邓小平的话说，"说到改革其实1974年到1975年我们已经试验过一段"，"那时的改革用的名称是整顿，强调把国民经济搞上去，首先是恢复生产"[①]。但在1976年"四五清明节天安门事件"被定为"反革命事件"后，邓小平再次被打倒，整顿夭折了。历史已经证明，这次全面整顿具有深远的历史意义。它是对"文化大革命"的"左"倾错误和"四人帮"的一场重大斗争，有力地加速了"文化大革命"走向终结的进程；这次预演直接引发了全国范围内的"实践标准"大讨论，实际上为十一届三中全会以后的改革作了思想方面的准备；整顿中的一些实际做法迅速恢复了国民经济秩序，夯实了改革起点的基础。

1976年10月，粉碎"四人帮"和宣告"文化大革命"结束，标志着我国历史性转折和改革开放新时代的到来。"从历史的演进来看，粉碎江青、张春桥、姚文元、王洪文'四人帮'，为改革开放提供了政治前提，开启了中国当代史上最重要的历史转折"（韩钢，2008）。

1978年发生了两件大事，一是真理标准的大讨论，完成了思想和政治路线的拨乱反正，带来了社会思想大解放和党的工作重心的转移；二是在党内激烈的政治、思想和组织路线斗争的背景下召开了党的十一届三中全会。基于这一背景，全会在通过《中共中央关于加快农业发展若干问题的决定（草案）》（以下简称《决定草案》）的同时，还通过了坚持"左"倾错误的《农村人民公社工作条例（试行草案）》（以下简称《试行草案》）。《决定草案》和《试行草案》重申坚持按劳分配原则，保护自留地、家庭副业和集贸市场，提高农产品价格，不准搞穷过度等，"不许分田单干"，"不准包产到户"。但毕竟党的十一届三中全会完成了思想和政治路线的拨乱反正，多年的禁锢开始被打破了，其中"恢复农业生产责任制"，唤醒了新中国历史

[①] 《邓小平文选》第三卷，人民出版社1993年版，第81页。

上"包产到户"数次起落的记忆,农民轻车熟路,进入到创立家庭承包经营责任制的新时代。

三、包产到户的历史记忆与转型路径

(一) 包产到户"三落四起"

第一次"包产到户"的起落发生于1955—1957年。

中国互助合作初期就提出了建立生产责任制的问题。1955年冬,毛泽东在《中国农村的社会主义高潮》一书《季节包工》的按语中指出,各地县委要"密切地注意全县合作化运动的发展情况,发现问题,研究解决问题的办法"[1]。季节包工的出现,表明集体生产建立责任制度的历史必然性。1956年4月2日,邓子恢在全国农村工作部长会议上指出:"把劳动定额、包工包产搞好,包工包产势在必行,高级社没有包工包产不行,无论如何不行,我想南方北方都要搞包工包产。"[2] 同年5月,邓子恢在《农村工作通讯》上发表文章指出:"合作社是农民联合起来的大生产的集体经济,这种集体经济没有计划管理,没有具体的劳动分工,没有适当的定额管理制度,是不能够经营的……因此,不断改善经营管理工作,编好生产队,划定耕作区和副业组(队),制定劳动定额,推行按件记酬或包工包产、超产奖励,建立牲畜饲养管理等制度,就成为领导集体生产的重要措施。"[3] 领导人的这些思想来源于实践,同时很快变成了国家政策和法规。1955年11月24日,全国人民代表大会常务委员会第二十四次会议通过的《农业生产合作社示范章程草案》第43条规定,"农业生产合作社为了有组织的劳动,……必须建立一定的劳动组织,逐步地实现生产中的责任制"。1956年6月30日,第一届全国人民代表大会通过了《高级农业生产合作社示范章程》,规定"农业生产合作社可以实行包产和超产奖励"。"……可以实行包工,按照所计算的劳动日数量,把生产任务包给生产队。"这里强调的是集体责任制度。

我国农村第一次包产到户的农业生产责任制就是在这样的背景下产生的。1956年4月29日,《人民日报》发表何成的《生产组和社员都应该包工包产》文章。从该文介绍的情况看:安徽芜湖地区有的农业生产合作社实行了生产队向管委会包工包产,生产组向生产队包工包产的办法;四川江

---

[1] 《建国以来毛泽东文稿》第五卷,中央文献出版社1991年版,第541页。
[2] 《邓子恢文集》,人民出版社1996年版,第445页。
[3] 转引自李强《永嘉燎原生产责任制研究》,见《中国经济史研究》2006年第1期。

津地区许多农业生产合作社把包工包产包到了每户社员，生产组承包了一定的土地和一定的产量、一定的成本，又把它分到组里各户社员负责。事实上，当时还有许多地区采取了不同形式的责任制度，比如山西榆次地区、江苏盐城地区、广东中山地区、浙江温州地区都试行了"包产到户"责任制，其中永嘉县的实践和遭遇最具震撼力。

由于永嘉县"包产到户"是在县委领导下，有组织、有计划、有步骤地进行的，又得到了浙江省委领导的支持，因此发展很快。从1956年5月到1957年3月，永嘉县有255个社实行了包产到户，占全县合作社的40%。而且迅速向温州专区"蔓延"，永嘉和邻近的12个县中，有1000个农业社17.8万农户（占入社农户的15%）实行了包产到户。为了政治需要，永嘉县"包产到户"的做法被浙江省委有关领导归纳为"统一经营、三包到队（包工包产包成本）、定额到丘、责任到户"。正因为永嘉县的"包产到户"是有组织的行为，而且把集体责任制度延伸到个体责任制度，因此它引发争论是空前的，从温州地委机关报《浙南大众报》、省委机关报《浙江日报》，到中央机关报《人民日报》都参与了争论。在当时的历史条件下，这种"包产到户"改革试验，最后被看成退社、分田单干风潮，被扣上了"收缩和控制高级合社发展"的帽子予以打击和制止。1957年7月，随着全党整风运动和反右派斗争的开展，永嘉县的包产到户实验被停止了。

第二次"包产到户"的起落发生在1959年。

人民公社初期，"农村刮起共产风、浮夸风、命令主义风、干部特殊风和瞎指挥风（俗称"五风"），严重破坏了农村生产力和农村经济发展，于是，从1959年5月开始，陆续有些地方或搞'包产到户'，或扩大自留地"。我们查阅相关历史文献得知，事实上，1959年初，中央领导就强调恢复生产责任制。1959年1月18日，新华社内参《新会县人民公社在发放第一次工资后出勤率、劳动率为什么会普遍降低》一文，反映一些公社"劳动组织和责任制不健全"，"多劳不能多得，干多干少一个样"，因此出现了"四多四少"现象，即"吃饭的人多、出勤的人少；装病的人多，吃药的人少；学懒的人多，学勤的人少；读书的人多，劳动的人少"。毛泽东主席1月25日批示，"小平同志，此件极有用，请印发到会和各同志阅读，想一想，研究这个问题"。1959年4月，毛主席在《党内通信——关于农业方面的六个问题的意见》中再次强调，"包产一定要落实"。但这次"包产到户"试验很快被看成右倾机会主义和资本主义幽灵而被打压下去。

第三次"包产到户"的起落发生在1961—1962年。

自然灾害加上工作失误，使全国陷入经济危机，党和国家领导人很快觉察出问题的严重性,并立即纠正,第三次"包产到户"实践很快出现了。1961年3月通过的《农村人民公社工作条例(草案)》第二十条规定,"生产大队对于生产队必须认真实行包产、包工、包成本和超产奖励的三包一奖制"。1962年党的八届十中全会通过的《农村人民公社工作条例修正草案》规定,"生产队为了便于组织生产,可以划分固定的或者临时的作业小组,划分地段,实行小段的、季节的或常年的包工,建立严格的生产责任制"。在这种形势下,不仅恢复了农业生产责任制,而且许多地方还兴起了"包产到户"。

第三次包产到户改革试验中,安徽省的做法比较有代表性。安徽省从1960年开始搞"责任田",具体做法是:(1)按田块定工定产;再按照每户劳动力强弱承包相应数量的田块。(2)定工以后,把工分分为两部分,一部分叫大农活,比如抗旱、排涝、收割等需要集中劳动力干的,由若干个劳动力组成作业组承包;另一部分如田间管理等适合分散经营管理的小农活,包工到户。(3)定产指标为常年产量,正常年景下,超减产实行全奖全赔,奖赔按照大小农活占包工总数的比例分摊。(4)土地归集体所有,生产队实行五统一,即计划统一、包产部分分配统一、大农活统一、用水管水统一、抗灾统一。到1961年底,安徽全省90.1%生产队实行了"责任田"。

另一些搞包产到户的省份:湖南省委1961年8月发出《借冬闲田给社员生产的通知》,实行季节性包产到户,湖南省分别在1961年春秋两季和1962年春,先后三次出现包产到户,涉及全省2.52万个生产队,占生产队总数的5.5%;广西龙胜县1961年也出现了大面积包产到户,包产到户的户数占全县总户数的42.3%。甘肃和宁夏地区不仅出现了包工包产到户,还出现了大包干到户[①]。随着包产到户不断扩展,又一次全国范围内的大争论开始了。1962年12月21日,《中共中央批转安徽省改正"责任田"的情况报告》,该报告检讨,"实行'责任田'虽然不到两年,但是已明显地暴露出许多严重恶果"。这个报告表明,我国农村第三次"包产到户"的试验再次被打压下去了。

"包产到户"再次兴起引领了中国经济转型新时代的到来。

"包产到户"第四次兴起也是从安徽开始的,小岗村已被公认为是这次"包产到户"的发源地。1977年6月,万里调任安徽省委第一书记。万里到达安徽后走村串户,作了大量调查,在他的主持下,安徽省委于1977年11

[①] 国家农业委员会办公厅:《农业集体化重要文件汇编一九四八——一九五七》,第491、572页;《农业集体化重要文件汇编一九五八——一九八一》,第127、183、459、521、638、656页。

月份出台了《关于当前农村经济政策的几个问题的决定》（简称《省委六条》），其主要内容是：尊重生产队自主权；允许生产队根据农活情况建立不同形式的生产责任制，可以组织作业组，适合个人干的农活可以责任到人；……安徽《省委六条》实际上已经开始恢复农业生产责任制。

1978年秋天，因为天旱种不上小麦，肥西县山南公社的有些村自发搞了"包产到户"，周围不少村纷纷仿效。由于肥西县就在合肥附近，省直机关也议论纷纷。没有想到，农业生产责任制度恢复，与中共十一届三中全会的两个决定不谋而合，它一经兴起就一发而不可收，不仅引领了中国农村经济体制转型，而且也成为中国经济转型的突破口。

（二）永嘉县"包产到户"的悲壮实践

永嘉县从1951年开始实行互助组，1953年8月试办了初级合作社，1955年10月全县第一个高级社成立，1956年3月不到半年的时间，永嘉县基本实现了高级合作化。在初级社并社升级为高级社的过程中，永嘉县三溪区潘桥乡、雄溪乡就出现了"集体责任制"，即借鉴初级社的经验，把基本核算单位缩小到队，实行包产、包工分、包肥、包农具到队，这种做法后来被概括为"四包责任制"。

1956年春，永嘉县委在农村多次调查后发现，高级合作社建立后，农业生产管理中三个问题非常突出：（1）生产关系虽然变化了，但生产工具还是原来的传统手工工具，永嘉主管农业的县委副书记李云河形象地比喻当时的生产力水平是"1007部队"（即一根扁担、两个粪桶、一把锄头）。（2）劳动范围和劳动力多了，但是缺少管理劳动和劳动力的方法和人才。（3）一件农活由许多人完成，由于缺乏计量方法，分配上的平均主义十分明显，出现了"干活一窝蜂"、"出勤不出力"的现象。

针对上述情况，1956年2月2日，永嘉县委农工部长韩洪昌在农村干部会议上作了《农业生产合作社如何改进生产管理》的报告，提出"改进生产管理的中心问题是贯彻'四包责任制'，并且要求把劳动质量责任同个人挂钩，实行高级形式的生产责任制"[①]。这种高级形式的生产责任制实际上就是劳动者个人挂钩的责任制度，集体责任制开始与社员个人责任制结合起来。1956年，《人民日报》发表何成的《生产组和社员都应该包工包产》文章。这些情况引起了永嘉主管农业的县委副书记李云河的思考。他认为，

[①] 永嘉党史室等：《中国农村改革的源头——浙江省永嘉县包产到户的实践》，当代中国出版社1994年版，第49页。

我国大部分地区还是"1007部队"的生产力水平,"像雕刻和绣花一样细致的农业生产,在目前主要是手工生产的条件下,规模太大并没有多大益处"①,应该在队以下进行包产责任制改革。1956年5月4日,李云河向率队检查工作的地委农工部长请示:可否根据这篇文章的精神,进行队产量责任制的试验?地委农工部长看后表态:"试验可以,推广不行。"李云河随即将地委农工部长的意见向县委书记李桂茂汇报,李桂茂给予支持。1956年5月21日,永嘉县委召开常委会议,讨论队生产责任制的试验问题,9名常委,书记李桂茂主持表决,4人赞成,4人反对,关键时刻李桂茂书记投了赞成票。遂决定成立试点工作组,开展责任制试点。随即指派县委农工部干部戴洁天为组长,在燎原社进行责任制试点。

燎原社隶属永嘉县雄溪乡,1953年,雄溪乡试办了三个初级社,即钢建(曹埭)社、钢丰(凰桥)社、钢进(任桥)社,入社农户168户。到1955年国庆节,任桥、凰桥、曹埭三个行政村的12个初级合作社并社,升级为燎原高级社。燎原高级社是当时永嘉县较早的一个大型高级合作社,全社778户,3563人,正劳动力819个,16个生产大队,74个生产小队,经营水田5082亩,园地130亩,茶园组3个,瓦窑5处,草席厂1家,养母鹅150羽②。燎原社并社升级时就建立了生产责任制,采取二级包工包产方式,高级社先包给耕作区,耕作区再包给生产队。由于劳动组织的基本单位是生产队,包工包产后耕作区就失去作用,社内组织结构演变为一级包工包产制。试点工作组在总结三溪区潘桥乡"四包责任制度"和燎原社的集体责任制度时发现,这种责任制克服了"干活一窝蜂"的现象,但解决不了"出勤不出力"的问题,需要继续改革。

如何深化责任制度?戴浩天在燎原试点时,学习了国内出版的一些介绍苏联集体农庄改革生产组织经验的书籍。其中,苏联的一些集体农庄20世纪40年代在分级定额、按件计酬的基础上,试行庄员固定地段作为计件制的特殊生产组织形式给了他很大的启发。在试点和借鉴苏联经验的基础上,

---

① 永嘉党史室等:《中国农村改革的源头——浙江省永嘉县包产到户的实践》,当代中国出版社1994年版,第133页。

② 1962年,燎原社的三个耕作区改为任桥、凰桥、曹埭三个生产大队,后演化为三个行政村沿袭至今,隶属温州市瓯海区郭溪镇。目前,燎原社的三个村已经高度工业化,2007年,三个村社会总产值分别达到35905万元、9379万元和19498万元,其中工业产值占社会总产值的比重分别达88%、87.7%和93.8%,农业产值的比重仅占4.5%、1.6%、0.5%,原燎原社所联村落业已集镇化,发展成为温州市的卫星城镇。

燎原社责任制试点采取了下列做法①：(1) 改革生产经营组织形式，取消耕作区一级组织，稳固生产队这一劳动组织基本单位。具体做法是，"以原来小社为基础，基本上依照自然村界线设立大队领导机构，内设队务委员 7 人，由分工生产、财务、行政、妇女 4 个队长和统计、计划、保管 3 员组成。生产队以下，仍可以在专管基础上分组活动，作为相对固定形式"。(2) 按级建立生产责任制，"队向社包工包产，户向队负责专管田上分摊的包产量"。燎原社的包产到户形式按种植品种的播种、栽培、耕耘、积肥、施肥、管理等方面细分为约 400 项工种，再按季节秩序和劳动强度，制定每个劳动力每天的工作定额及质量标准。劳力分为 9 个等级，从一等工 15 分，递减到九等工 7 分。制定了分季按件计算对照表，把 280 件大小农活按照生产季节、生产内容、工作质量、数量定额、应得劳动工分，全部计算到每丘土地，各生产队根据土地的远近、肥瘠、水利、交通、耕作难易等，确定工分定额高低，落实到人到户。(3) "包产到户后，社员每年参加分配劳动日（指田间作业劳动日），按本户专管土地上分季包产作物实产量鉴定。如果专管土地上产量达不到包产成数时，劳动日按减产成数照减，超产时劳动日照加，这样解决争工分不管质量的偷工减料现象，把劳动报酬形式更提高一步"。另外，"社员除负担一定产量责任制外，还要按社的劳动规划依底分确定基本劳动日，社员无故不完成基本劳动日，不能享受生产队的超产奖励，减产时得多负赔偿责任，超过基本劳动日时超产多奖，减产少赔或不赔"。这样做是为了"从切身的物质利益，加强了每个社员的责任感，培养正确的社会主义劳动态度"。(4) 建立收益分配制度。"依照原来秩序进行，既不能分户收晒，也不能以队为单位平衡余缺，更不应该把国家任务摊到每户身上，来恢复小农经济，不得因贯彻责任制，而变更按劳动日单位支付报酬的制度。搞清楚贯彻责任制到户，主要是把生产定额与劳动定额统一起来计算社员劳动日，在确定产品收获量时作出最后结论。具体方法可以割前估产，分组活动，集体收割，分丘过秤，提取标准，统一收晒，按标准谷分别折算实产量，按实产量计算奖惩劳动日。"

从 1956 年 5 月下旬决定试点到当年 9 月，在不足 4 个月时间内，燎原社 37 个队，已有 30 个队责任制到户。燎原社自从贯彻生产责任制后，社员生产积极性空前高涨，取得了明显效果。1956 年 9 月 17 日，永嘉县委召开全县高级社社长千人大会，讨论和通过了《中共永嘉县委关于推行专管地

---

① 以永嘉县委驻燎原工作组《燎原社包产到户总结》为主，借鉴相关研究文献重新整理归纳。

段、多点试验"包产到户"责任制的意见》，布置全县"多点试验包产到户"的任务，要求各区乡进行试点工作。这样做已经超过了地委农工部长的默许。会后，根据燎原社包产到户责任制试点工作的经验和县委常委会讨论研究后的意见，戴浩天执笔写出了《燎原社包产到户总结》，以中共永嘉县委驻燎原工作组的名义上报县委、地委。

"包产到户"生不逢时，这种原本为调动社员生产积极性，解决集体劳动监督和激励机制的责任制度形式，很容易被认为是"退社单干"。永嘉燎原包产到户后，在永嘉县和温州地委的干部群众中引起了强烈的反响，有的讲"自由了"、"解放了"、"好得很"，也有的反映"分田了"、"单干了"、"糟得很"，永嘉县委内部对燎原试验的看法也不一致。1956年11月19日，《浙南大众报》发表了《不能采取倒退的做法》的文章，指责燎原社搞包产到户，是对合作社出现的新问题"消极的退缩"。看到这篇文章后，1956年11月25日，李云河写了5500字的专题报告《"专管制"和"包产到户"是解决社内主要矛盾的好办法》，从理论上和实践上回答了对包产到户的批评，油印后分别寄给了温州地委、浙江省委、华东局和中央农村工作部。

这场辩论引起了浙江省委的注意，1957年1月4日，浙江省委召开了农业调查研究座谈会，指名要李云河专门汇报永嘉包产到户问题。主持会议的省委副书记林乎加在听取了李云河和戴浩天的汇报后认为："责任到户是好的，怎样解决责任制，很重要。永嘉提的四句话基本上是对的，不过这四句话的排列应该颠倒一下，'统一经营'是第一句，'三包到队'是第二句，'定额到丘'是第三句，'责任到户'是第四句。""有人讲永嘉的办法是'倒退'，是'小农经济'，这是不对的，是站不住脚的理论。社队都保存下来，怎么会成单干呢？一句话的口号是简单了些，4句话就完整了。"① 1957年1月27日，在林乎加的支持下，《浙江日报》全文刊登了李云河的报告《"专管制"和"包产到户"是解决社内主要矛盾的好办法》。随后，政治形势急转直下，随着全党整风运动和反右派斗争的开展，中央对包产到户批评的调子越来越高。当年10月13日，《人民日报》发表文章《巩固合作化事业，抛弃资本主义道路，温州专区纠正包产到户的错误——农业社重新实行统一经营、集体劳动》的文章。这篇文章批评道："今年春天，永嘉县便有二百多个社实行了'包产到户'，……到今年夏季，温州专区出现了一股'包产到户'的歪风，共约一千个农业社，包括十七万八千多户社员（占入

---

① 永嘉党史室等：《中国农村改革的源头——浙江省永嘉县包产到户的实践》，当代中国出版社1994年版，第143页。

社农户15%左右）实行了这个错误做法。"① 把包产到户上纲到是"离开社会主义道路的原则性路线错误"，文章对李云河公开点名批判。在后来清算"分田单干"、"右倾机会主义"、"走资本主义道路"的斗争中，永嘉县"包产到户"推行者、支持者都受到严重打击，有的被撤销党内外一切职务；有的被划为右派分子或被打成"反革命分子"，下放劳动改造长达几十年；有的被判刑；有的最后死于监狱中。

（三）"包产到户"的历史价值与农村经济转型路径选择

永嘉县"包产到户"的悲壮试验的历史价值是巨大的。永嘉县"包产到户"特点非常鲜明：一是有组织的实验。永嘉县包产到户的试验是在一个行政区域内，在县委领导下有组织、有计划、有步骤地进行的，又得到了在温州专区的默许和浙江省委有关领导的支持。二是首创性。永嘉县的试验在全国最早，在信息通讯极其落后的时代，在基本没有经验可以借鉴的情况下，农民首创了农业生产责任制。当时永嘉县委发布的关于推广包产到户文件，以及李云河、戴浩天等人撰写的关于包产到户的文章和工作总结，蕴含其中的关于农村经营管理体制及制度的设计和做法，即使在今天看来仍然是科学而符合中国农村实际的。

历史学的研究给予了《燎原社包产到户总结》等文献以极高的评价："《燎原社包产到户总结》是中国第一份理论与实践都达到相当高度的关于包产到户的文献。特别是在理论方面，《总结》论证了合作社存在的'新的生产关系与生产力的不相适应的矛盾'，即'依着小农经营方式'，进行'大生产'；《总结》贯彻了毛泽东把马列主义理论同中国革命具体实践相结合的精神和要求，提出把集体生产同'南方水稻地区生产特点相结合，创造既能正确的积极的发挥集体经营大生产的优越性，使生产关系促进生产力的发展，又能充分利用小生产规模经营所未完了的历史任务的积极作用'；《总结》提出：'用大生产方式来积极兴修水利、搞基本建设、抗拒灾害，改造自然条件来适应集体生产，而对精耕细作、及时耘整、饲养积肥方面，保留小手工业生产的细致精巧程度'，并精辟地指出：'什么样的生产方式就有什么样的社会，这样子的过渡时期生产方式，也正是反映我国过渡时期社会的特点'。"② 时过40年后，1998年在永嘉县纪念农村改革20周年的座谈会上，杜润生先生挥笔写下赞语——"包产到户第一县"（1998）。永嘉

---

① 《人民日报》1957年10月13日。
② 李强：《永嘉燎原生产责任制研究》，《中国经济史研究》2006年第1期，转引自"国学网"，中国经济史论坛 http://economy.guoxue.com/article.php/8076。

县的试验对中国农村经营管理体制改革的贡献将永载史册。

中国农民为什么钟情于家庭经营？在纪念新中国成立60周年，农村改革30周年的时刻，我们已经有资格进行思考和总结了。包产到户的历史记载有助于我们更加全面地认识包含其中规律性，历史经验或许比经济学模型更能说明问题。

中国社会科学院当代中国研究所李强先生在《永嘉燎原生产责任制研究》一文中，从历史学角度分析了农民为什么习惯于家庭经营？他写道：

永嘉模式出现的这些问题有深刻的历史背景和原因。首先，在当时低下的生产力条件下，要求农民在很短的时间内适应社会主义的生产关系，不可避免地产生矛盾。农业生产有很强的时令性，能否及时地插秧、耕地等，对生产结果影响很大。由于生产工具缺少，必然"出现先后矛盾"，这个矛盾在没有实行改革的高级社里也是存在的，之所以没有突出地表现出来，实际上说明那时候相当一部分社员是"观众"。因此，要彻底改变"自顾自现象"，只能靠增加生产工具，这需要一个长期的过程。

其次，农民长期受到中国根深蒂固的封建私有制的影响，"社员集体主义思想淡薄"、"富裕农民情绪动荡不定"、"借名闹单干"等问题就十分自然。不能过分强调这是干部和群众的觉悟问题，试图通过强行改变生产关系的方式解决。燎原模式的一个历史贡献，恰恰是在当时的条件下，积极探索解决这些问题的集体生产责任制形式。从这个意义上讲，燎原社的办法再好，也只能减少、减弱这种情况，在社会主义建设初期要想从根本上杜绝是不可能的。

第三，农村缺少集体生产的管理人才和管理办法。中国长期以来都是一家一户的小农经济，不但没有大规模的集体经济的成功经验，就是资本主义形式的大农场也极少，没有形成规章制度和行之有效的管理办法，更不要说有实际工作经验的管理人才，一切都要从头摸索经验和培养干部。普通群众文化水平很低，对新的管理方法的理解和适应需要时间，例如"方法具体得很细微，群众一时不易懂，就是燎原社，到现在还有部分社员不懂"。

本书作者认为，"包产到户"之所以"野火烧不尽，春风吹又生"，是中国农业资源禀赋和土地集体所有的产权制度在特定历史条件下结合的产物。

（1）在传统农业经济社会，人们的生存状况与土地资源禀赋直接相关。在人均耕地极其稀缺的中国，形成了历史悠久的精耕细作农业传统，而精耕细作农业最适合家庭经营。农民早就从中悟出并坚信一个道理，在铁器农具占主体的传统农业社会里，精耕细作能够提高土地产出，湖北荆门乡村曾流传这样一句农谚"犁锄耙耖能肥田"讲的就是这个道理。精耕细作农业最适合于家庭经营。只有家庭经营，才能在有限的土地上生产更多的粮食来养活更多的人口。浙江永嘉县的干部和农民之所以冒死"包产到户"，就是因为这里人均耕地不足0.5亩，如果经营不善，必然给农民生存带来灾难性后果。安徽阜阳小岗村"包产到户"及其他一些率先开展"包产到户"的地区，其目的和动机莫不如此。这种做法完全符合西方经济学关于"资源稀缺性"及其"最优配置"的理论，中国农民是最具理性的经济人。

（2）当政权更替，农村经济体制发生翻天覆地的变革，土地公有和集体统一经营成为历史必然的情况下，建立以"包产到户"为特征的农业生产责任制是最优选择。合作经济与集体生产如果没有民主决策，没有合理的分权与授权，没有明确的责任以及与劳动贡献相一致的利益分配和激励机制，必然是"干活一窝蜂"、"出勤不出力"，严重影响农业劳动效率，降低土地产出。集体合作经济组织内部建立责任制度，能够最大限度降低集体统一经营弊端，同时最大限度地发挥家庭经营的优势。但"包产到户"与"分田单干"很难划清界限，保障"家庭经营体制"的制度安排总是消弱着"集体所有、统一经营"经济体制，在农产品供给正常的情况下，一般不会容许"包产到户"，因此只有在灾荒来临，或者其他原因导致粮食等必需农产品供给高度紧张时，执政者、干部和农民才会不约而同地采取"分田单干"的办法。这从一个侧面再次证明，在农业生产领域，家庭经营是最具效率和生命力的。

（3）即使集体统一经营，其生产经营规模不宜过大，而且必须与生产力水平相适应。生产经营规模越大，对生产力和经营管理的要求越高，制度建设和运行成本越大。永嘉县"包产到户"试验发生在初级合作社向高级合作社转化升级的过程中，主要动机是克服生产规模过大与生产力（当时的生产工具）之间的矛盾，所以燎原社包产到户试点时，首先取消"耕作区"这一级组织，而"稳固生产队这一劳动组织基本单位"；人民公社能够运行25年之久，根本的经验是它克服了公社初期"一曰大、二曰公"的弊端，划小了基本经营核算单位，实行"人民公社三级所有，以生产队为基础"的结果。

（4）在土地产权集体所有的刚性约束下，在合作社内部建立生产责任制度，其路径依赖也是锁定的，只能采取"渐进改革"方式。我们看到，20世纪50年代永嘉县"包产到户"试验是一个渐进过程。永嘉县的"包产到户"经历了"四包责任制"→"分级定额按件计酬制"→"个人专管地段劳动质量责任制"等不同形式或阶段；20世纪70年代末的农村经济体制转型，制度变迁的路径仍然是"不联的小段包工产→联产到组→联产到户→包干到户（大包干）"等不同形式和阶段，最终定格在"家庭承包经营"（大包干）的形式上。

综上所述："包产到户"前三次起落的历史记忆，为1978年开始的农业经营管理体制的再次变革提供了历史经验，奠定了社会思想基础，锁定了新时期中国农村经济体制转型和制度变迁的路径选择。改革前农民悲壮的"包产到户"试验，注定要在新历史时期获得新的生命力。

第三章 农村土地制度变迁30年：回眸与瞻望[①]

土地制度变迁是农村经济体制转型最核心的内容。本章首先回顾了"土地集体所有、家庭承包经营、长期稳定承包权、鼓励合法流转"的新型农村土地制度创立和完善的历程和新框架。其次，对农民自发的制度创新与国家强力推行相结合的制度变迁方式，以及"明确所有权，稳定承包权，放活使用权，保障收益权，尊重处分权"的制度变迁路径进行了较系统的总结。第三，对农村土地制度运行态势及其效率进行了评价，尤其是反思了农村土地流转改革。第四，提出了农村土地制度深化改革的思路和政策建议，认为应该用多元产权模式和制度安排，实现并保障农民土地财产权，即：家庭承包土地集体所有、农民永佃、完善财产权；农村建设用地登记发证、允许入市，保障交易权；农民宅基地实行多元产权、有偿供给、无期限使用；最严格的耕地保护，尝试购买农地开发权；涉及农民土地收益的征用制度，应按打破垄断、卖方决定、增值分成纳税的思路深化改革。最后，对农村土地和劳动力过度转移的问题作了分析并提出了改进建议。

一、农村土地制度变革历程和新框架

（一）恢复和拓展农业生产责任制，逐步确立新型农村土地制度

站在中国农村改革30年的历史关键点上反观，我们能更加清晰地看到

[①] 本章包含四份已发表的阶段成果：一是2008年4月26—27日，中南财经政法大学主办"农村土地立法问题：国际经验与中国实践"国际研讨会，作者应邀在会上作了《中国农村土地制度变迁30年》的演讲，2008年5月30日，《中国国土资源报》（大讲堂）全文发表；以此为基础，整理成《中国农村土地制度变迁30年：回眸与瞻望》一文，《现代经济探讨》2008年第6期发表。二是《中国国土资源报》2008年6月20日发表政策建议《明确所有权，放活使用权，保障收益权，尊重处分权》。三是2008年10月25日，中国农业大学农民问题研究所举办"纪念农村改革30周年，完善农村土地制度，促进土地流转"的研讨会，邀请作者在大会上作了"农村土地流转制度改革的反思"的发言，10月27日，《中国改革报》摘要发表了发言内容。四是遏制农村土地和劳动力过度转移以《农村土地和劳动力不宜过度转移》发表于《中国改革报》2008年11月5日，第五版"理论与实践"。

它的起点、路径、制度框架、运行状况及其深化改革的需求。中国改革近30年来，农村土地制度变迁按自己的轨迹运行，经历了两个时期六个阶段。

第一个时期（1978—1999），恢复和拓展农业生产责任制，逐步确立"土地集体所有、家庭承包经营、长期稳定承包权、鼓励合法流转"的新型农村土地制度。

第一阶段（1978—1981），恢复和拓展农业生产责任制，创立集体土地家庭承包经营制度。发生于1978年的新时期的农村经济转型，仍然从恢复和拓展农业生产责任制锲入。中共十一届三中全会是在党内激烈的政治、思想和组织路线斗争的背景下召开的，因此全会原则通过的《农村人民公社工作条例（试行草案）》和《农村关于加快农业发展若干问题的决定（草案）》仍然具有"左"倾错误的痕迹，《农村人民公社工作条例（试行草案）》提出恢复责任制，但明确禁止"不许分田单干"，"不准包产到户"。但毕竟十一届三中全会完成了思想和政治路线的拨乱反正，带来了社会思想大解放和党的工作重心的转移，多年的禁锢开始被打破了。改革"设计师"邓小平或许已经想到，恢复农业生产责任制，对于有着"包产到户"三落四起经历的农民来说，这意味着什么。事实上这两个旨在维护和完善人民公社体制的文件，却成为打破人民公社体制、创立集体土地家庭承包经营制度的发端。农业生产责任制恢复初期，一般实行包工到作业组，后来发展到联系产量计算报酬，即"联产到组"。联产到组仍然未从根本上解决责权利的问题，农民又重新拿出了"包产到户"的做法。但这种做法一出现就带来了激烈争论。直到1979年4月中央批转《农村工作座谈会议纪要》，还批评"包产到户与分田单干没有多少区别，是一种倒退"。1979年9月，中共十一届四中全会正式通过的《中共中央关于加快农业发展若干问题的决定》开了口子，规定"某些副业生产的特殊需要和边远山区，交通不便的单家独户，可以包产到户"。1980年9月，中央召开的各省市自治区党委第一书记座谈会，会后发了《关于进一步加强和完善农业生产责任制的几个问题的纪要》，包产到户的政策有更大的松动，规定在那些边远山区和贫困落后的地区……可以包产到户，也可以包干到户。由此，包产到户迅速发展。到1981年下半年，包产到户又被"包干到户"（或"大包干"）所取代。"大包干"责任制度采取"保证国家的，留足集体的，剩下全是自己的"分配方式，它不仅使农村分配核算体制下沉到农户，而且由此创造了农户财产积累的机制。"大包干"一开始就注定了它必定会引发农村生产资料所有制的变革。1982年，在多种形式的农业生产责任制中"大包干"的形式被逐渐规范成"家庭联产承包责任制"。1983年1月，中共中央第一个"一号文件"发布,家庭联产承包责任制犹如长江之水一泻千里,漫卷了整个农村大地。到 1984 年底,全国实行包干到户的社队已占到 99.1%,农户成为农业生产经营的基本单元和农村经济的微观基础。

第二阶段(1982—1986),初步构建"土地集体所有、家庭承包经营、长期稳定承包权、鼓励合法流转"的土地制度框架。"中央一号文件"是中国农村改革史上的专用名词。自 1982—1986 年,我国农村改革史上第一轮五个"中央一号文件"[①] 出台并实施,初步构建了"土地集体所有、家庭承包经营、长期稳定承包权、鼓励合法流转"的土地制度框架。第一个"中央一号文件"指出,"截至目前,全国农村已有百分之九十以上的生产队建立了不同形式的农业生产责任制;大规模的变动已经过去,现在,已经转入了总结、完善、稳定阶段"。这个文件肯定了双包(包产到户、包干到户)制,说明它"不同于合作化以前的小私有的个体经济,而是社会主义农业经济的组成部分"。第二个"中央一号文件"从理论上说明家庭联产承包责任制"以农户或小组为承包单位,扩大了农民的自主权,发挥了小规模经营的长处,克服了管理过分集中、劳动'大呼隆'和平均主义的弊病,又继承了以往合作化的积极成果,坚持了土地等基本生产资料的公有制和某些统一经营的职能,使多年来新形成的生产力更好地发挥作用";初步论证了这种新型的家庭经济,"具有广泛的适应性,既可适应当前手工劳动为主的状况和农业生产的特点,又能适应农业现代化进程中生产力发展的需要"。第三个"中央一号文件"规定:"土地承包期限一般应在 15 年以上,生产周期长的和开发性项目,如树、林木、荒山、荒地等,承包期应该更长一些。"第四个"中央一号文件"的中心内容是调整农村产业结构,取消 30 年来农副产品统购派购的制度。但仍然强调"联产承包责任制和农户家庭经营长期不变"。第五个"中央一号文件"在肯定我国农村"在改革农产品统派购制度、调整产业结构方面迈出了重大的一步"的同时,"鼓励耕地向种田能手集中,发展适度规模的种植专业户",启动了承包土地流转的制度建设。而后,1988 年的《宪法》修正案规定,"土地的使用权可以依照法律的规定转让",为承包土地流转从理论走进实践奠定了法律依据。

第三阶段(1987—1992),农村改革试验区,把承包土地制度改革引入

[①] "中央一号文件"是中国农村改革史上的专用名词,改革初期连续出台五个"中央一号文件",依次为:1982 年 1 月 1 日,中共中央批转《全国农村工作会议纪要》;1983 年 1 月 2 日,中共中央《关于当前农村经济政策的若干问题》;1984 年 1 月 1 日,中共中央《关于一九八四年农村工作的通知》;1985 年 1 月,中共中央、国务院《关于进一步活跃农村经济的十项政策》;1986 年 1 月 1 日,中共中央、国务院《关于 1986 年农村工作的部署》。

到试验探索、普遍推广和完善阶段。1987年1月22日，中共中央政治局会议通过《把农村改革引向深入的决议》，提出有计划地建立农村改革试验区，其主要目的是在试验的基础上制定相应的章程和法规，使党和政府的政策具体化、完善化。以后，农村改革试验区迅速发展到30个[1]，其中土地制度改革是主要试验项目。比如：贵州湄潭以"增人不增地、减人不减地"为中心的土地制度改革和农村税费制度改革试验；山东平度以"两田"分离为主要内容，完善和发展家庭承包制的试验；北京顺义县土地适度规模经营的试验；苏南土地适度规模经营和农业现代化建设的试验；广东南海农村土地股份合作制以及粮食规模经营的试验；湖南怀化长期租赁开发山地的试验；陕西延安"四荒"地使用权拍卖与小流域治理的试验；安徽阜阳"土地制度与农村税费制度改革试验"等[2]。这种做法，把农村土地制度改革引入到试验探索、普遍推广和完善阶段。邓小平南方讲话和党的十四大以后，稳定和深化家庭承包经营制度成为这一时期农村土地政策的主题。1993年的《宪法》修正案将"家庭承包经营"写入，使其成为我国一项基本经济制度。1995年3月，国务院批转农业部《关于稳定和完善土地承包关系意见的通知》，对土地承包合同的严肃性、承包期限、经营权流转、农民负担和权益等方面作出了规定，集体土地、家庭承包经营制度的基本框架已经形成。

第四阶段（1993—1999），开展第二轮土地承包，农村土地制度改革深入到全面完善、系统的制度性安排和规范的新阶段。早在第一轮土地承包到期之前，《中共中央、国务院关于当前农业和农村经济发展的若干政策措施》（中发［1993］11号文件）提出，"在原定耕地承包期到期之后，再延长30年不变。开垦荒地、营造林地、治沙改土等从事开发性生产的，承包期可以更长"。随后，开始第二轮土地承包试点工作，但进展不快。《中共中央办公厅、国务院办公厅关于进一步稳定和完善农村土地承包关系的通知》（中办发［1997］16号文件）对第二轮土地承包工作进行了具体的部署，由此展开了全国范围内大规模的延长土地承包期限的工作。16号文件的主要内容是"大稳定、小调整"，"不能将原来的承包地打乱重新发包，更不能随意打破原生产队土地所有权的界限，在全村范围内平均承包"；要求及时向农户颁发土地承包经营权证书；整顿"两田制"，严格控制和管理"机动地"，并对土地使用权的流转制度作出了具体规定。1998年8月修订

---

[1] 农业部农村改革试验区办公室：《认识与实践的对话——中国农村改革试验十年历程》，中国农业出版社1997年版，第88页。

[2] 王景新：《中国农村土地制度的世纪变革》，中国经济出版社2001年版，第24页。

的《土地管理法》第十四条规定,"土地承包经营期限为三十年"。同年10月,中共十五届三中全会《关于农业和农村工作若干重大问题的决定》郑重声明,"要坚定不移地贯彻土地承包期延长三十年的政策,同时要抓紧制定确保农村土地承包关系长期稳定的法律法规,赋予农民长期而有保障的土地使用权"。至此,农民长期而有保障的土地使用权得到了政策和法律的认可。1999年底,全国农村第二轮土地承包工作基本完成,土地承包合同书与土地承包经营权证基本签发到户,实行规范管理,确保农村土地承包关系长期稳定。

(二) 规范承包土地制度,推进建设用地制度改革

第二个时期(2000—2008),农村土地制度改革有两条主线:一是继续完善并立法规范承包土地制度;二是探索和推进土地征用制度及农村建设用地制度的改革。

第五阶段(2000—2003),农村土地承包法的立法、颁布和实施,标志着"农村土地集体所有、家庭承包经营、长期稳定承包权、鼓励合法流转"的新型土地制度正式确立。农村土地制度的法制化一直伴随土地制度改革的全过程。如1984年的《森林法》[①]、1985年的《民法通则》、1988年的《宪法》修正案和《土地管理法》等分别对林地和耕地承包经营作出相应规定,但这一时期的法律建设是不系统的。1999年,《农村土地承包法》纳入立法计划;2000年,中共中央《关于制定国民经济和社会发展第十个五年计划的建议》提出要加快农村土地制度法制化建设,长期稳定以家庭承包经营为基础、统分结合的双层经营体制。此后,农村土地政策的法制化建设进入了快车道。2001年12月30日,中共中央发布了《关于做好农户承包地使用权流转工作的通知》(简称《通知》)(中发〔2001〕18号文件),翌年11月5日,《人民日报》在头版刊登了该《通知》,中央文件在报纸上公开是少有的,该文件是我国最完整地提出土地流转的规范性文件,其主要精神和原则后来成为《农村土地承包法》关于土地流转法条的主要内容。

2002年8月29日,全国人大常委会以罕见高票通过了《农村土地承包法》,翌年3月1日正式实施。此后,我国农村承包土地的法律法规进一步完善,2004年颁布《农村土地承包经营权证管理办法》和修改《农业法》,2005年颁布《农村土地承包经营权流转管理办法》等。一系列相关法律法

---

① 1985年1月1日正式实施《森林法》规定:"集体或者个人承包全民所有和集体所有的宜林荒山荒地造林的,承包后种植的林木归承包的集体或者个人所有;承包合同另有规定的,按照承包合同的规定执行。"

规公布实施，表明了我国政府长期坚持家庭承包经营制度、建立"世界上最严格的土地管理和耕地保护制度"的目标追求。

《农村土地承包法》颁布实施，标志着新型土地制度正式确立。新型农村土地制度的基本精神是：充分实现集体土地所有权利益的同时，赋予农民长期而有保障的土地使用权。基本政策包括：坚持农村土地集体所有长期不变；集体土地家庭承包经营长期不变；允许农户在承包期内依法、自愿、有偿转让土地经营权；允许集体经济组织拍卖荒山、荒地、荒坡、荒滩的经营权；在具备条件的地方可以通过有偿转让，集中土地的经营权来实行适度的规模经营。这些精神和政策以法律形式固定在《农村土地承包法》中，该法"无疑是一部深刻影响农民心理预期和行为方式的重大法令"，"是继新中国的土改法之后，另一部让农民改善经济地位的好法律"[①]。

第六阶段（2004—2008），我国农村改革史上第二轮五个"中央一号文件"出台和实施[②]，将土地征用制度、农村建设用地制度的改革推向前台。从 2000 年开始，我国农村进入到"实行以农村税费改革为核心的国民收入分配关系改革"和"实行以促进农村上层建筑变革为核心的农村综合改革"阶段。这一时期，我国农村土地制度改革分两条主线向纵深推进：其一，继续完善和规范承包土地制度；其二，探索土地征用制度改革，推进农村建设用地制度改革。

2000 年的《宪法》修正案对土地征用制度进行了重大改革，明确了土地征用可以采用征用和征收两种方式，为后来的土地征用制度改革提供了依据。2004 年的"中央一号文件"要求"加快土地征用制度改革"，指示"各级政府要切实落实最严格的耕地保护制度，按照保障农民权益、控制征地规模的原则，严格遵守对非农占地的审批权限和审批程序，严格执行土地利用总体规划。要严格区分公益性用地和经营性用地，明确界定政府土地征用权和征用范围。完善土地征用程序和补偿机制，提高补偿标准，改进分配办法，妥善安置失地农民，并为他们提供社会保障。积极探索集体非农建设用地进入市场的途径和办法"。

2005 年的"中央一号文件"继续强调"坚决实行最严格的耕地保护制

---

① 杜润生：《农村土地制度的变革之路》，来源"中国宏观经济信息网"，"肖瑞、李利明访问杜润生"，2002 年 10 月 14 日。

② 2004—2008 年，面对我国农村改革发展的新形势，连续颁布了第二轮的五个"中央一号文件"，依次是《中共中央国务院关于促进农民增加收入若干政策的意见》，《中共中央国务院关于进一步加强农村工作提高农业综合生产能力若干政策的意见》，《中共中央国务院关于推进社会主义新农村建设的若干意见》，《中共中央国务院关于积极发展现代农业扎实推进社会主义新农村建设的若干意见》，《中共中央国务院关于切实加强农业基础建设进一步促进农业发展农民增收的若干意见》。

度"，"加快推进农村土地征收、征用制度改革"；同时要求"认真落实农村土地承包政策"，"妥善处理土地承包纠纷"，"尊重和保障农户拥有承包地和从事农业生产的权利，尊重和保障外出务工农民的土地承包权和经营自主权"，"各省、自治区、直辖市要尽快制定农村土地承包法实施办法"。

2006年的"中央一号文件"强调按照"缩小征地范围、完善补偿办法、拓展安置途径、规范征地程序"的要求，进一步探索征地制度改革经验。同时要求"健全在依法、自愿、有偿基础上的土地承包经营权流转机制，有条件的地方可发展多种形式的适度规模经营"；还提出了"加快集体林权制度改革，推进小型农田水利设施产权制度改革"的要求。

2007年的"中央一号文件"继续强调"坚持农村基本经营制度，稳定土地承包关系，规范土地承包经营权流转，加快征地制度改革"，同时提出"稳定渔民的水域滩涂养殖使用权"，"加快推进农村集体林权制度改革，明晰林地使用权和林木所有权，放活经营权，落实处置权，继续搞好国有林区林权制度改革试点"。

2008年的"中央一号文件"要求"加快建立土地承包经营权登记制度"，并且对农村土地制度改革中的新问题提出了要求，比如"严禁通过'以租代征'等方式提供建设用地。城镇居民不得到农村购买宅基地、农民住宅或'小产权房'。开展城镇建设用地增加与农村建设用地减少挂钩的试点……依法规范农民宅基地整理工作"等新内容。

二、农村土地制度变迁方式和路径

（一）农村土地制度变革的动力

农村土地制度变革的第一推动力量来自农民的生存压力。前文中我们已经提到：在传统农业经济社会阶段，人们的生存状况与土地资源禀赋直接相关；在铁器农具占主体的传统农业社会里，土地由家庭经营其产出最高。因此，人均土地资源越稀缺，粮食等农产品的生产和供给关系就越紧张，出于求生存的本能，人们越是敢于冒险"包产到户"。以浙江永嘉县、安徽阜阳小岗村为代表的农民之所以冒死"包产到户"，与他们的生存压力大于其他地区是紧密相关的。

到20世纪70年代末期，尽管人民公社体制还存在增长空间，但其增长速度已经不能满足人口日益快速增长的需要，公社体制的弊端日益暴露。加上十年"文化大革命"破坏，农村经济发展迟缓，农民普遍贫穷，吃饭成为最紧迫的大事。另一推动力量是执政党和政府顺民意的强力推进。执政党和政府不仅关注民生、尊重农民的选择、重视农村经济发展，而且更加关注社会稳定，重视执政的合法性。农民的强烈意愿与执政党和政府的意愿合为一体，土地制度改革不可避免。

（二）农村土地制度变迁的方式

政治权衡、改革结果不确定性和人民公社体制遗留等约束条件，决定着农村土地制度变迁的方式。

农村土地制度变迁的方式是理性选择与路径依赖相结合的产物。任何一项制度变迁都是在一定的制度环境之下发生，一定的制度环境和利益主体的目标追求构成了制度变迁的路径依赖。从我国农村30年变迁的历程可以清晰看出，政治权衡、改革结果不确定性以及人民公社体制因素对农村土地制度变革的强大约束力。农民自发的制度创新必然遇到极大阻力和风险，此时，执政党解放思想和国家强力推行就显得十分必要。安徽小岗村和一些贫困地区的农民，冒着风险私自"分田单干"的行为，最好地诠释了农民自发的制度创新方式；而改革初期"五个一号文件"的产生和贯彻，则是执政党思想解放和"国家强力推行"的最好证明；"上面放，下面望，中间有根顶门杠"的时政民谣，以及"辛辛苦苦几十年，一夜回到解放前"的抱怨，反映了当时的社会阻力和国家强力推行的必要性。

我国农村土地制度变迁的路径依赖特征显著。首先，政治权衡和改革结果的不确定性，决定了农村土地制度改革的起点只能是恢复生产责任制，从土地经营方式的变革起步。社会主义意识形态在改革之初的约束是强有力的，农村土地集体所有的信念不能动摇，要规避改革的政治风险，必须保持土地集体所有制，因此"两权分离"的理论和"联产承包"的实践应运而生。土地制度改革存在结果不确定性风险，如"分田单干"能不能冲破传统社会主义意识形态的阻力，是否会出现"私有化"难于控制的局面，落下复辟"资本主义"的罪名？改革后对农村经济发展和社会稳定到底产生什么影响？这些不确定因素，在很大程度上干扰了改革者的决心。

其次，土地承包经营的发包方式，必须公平优先、兼顾效率。我国农村土地经济理论和政策思想遗产中，"耕者有其田"是历代农民的理想追求，满足农民的土地欲望不仅是经济发展之必须，而且是民心趋从的重要条件，因此历代统治者都必须重视农村土地问题对国家经济发展及政权巩固的重大作用；"均贫富"反应在土地占有关系上就是"均田地"。处理今日中国农民土地权利仍然是"公平"比"效率"更重要。但是，土地制度改革从恢复农业生产责任制起步，联产承包经营的最初含义是将农产品生产任务按田亩分解"包产到户",因此"按劳动力分配责任田"理所当然,同时必须照顾人口对土地的平均需要。这样一来,"按人劳比例"分配责任田①就成为农村土地制度变革起步阶段的最好选择。当土地承包期限不断延长,且与粮食等必需农产品的生产任务脱钩以后,集体成员平均分配集体土地才成为必然。

再次,人民公社所有制关系最后过渡到"三级所有,以生产队所有为基础",构成了我国农村土地制度变迁的重要路径依赖。20 世纪 60 年代初形成的《农村人民公社工作条例》(俗称"人民公社六十条"),不仅是改革初期而且是当前确认农村土地所有权、发包权、承包权的重要依据。土地所有权人民公社、生产大队、生产队三级所有,以生产队为基础,分配核算单位也以生产队为基础。所以,只能将生产队的农业用地分配或发包给生产队全体成员,并且"不能打破生产队边界"发包土地。当人民公社解体以及恢复和重建乡(镇)人民政府以后,土地"三级所有"分别对应为乡(镇)农民集体所有,村农民集体和村民小组农民集体所有,并被相关法律予以固定。

(三) 农村土地制度变迁的路径

农村承包土地制度变迁,分成家庭承包的耕地和其他方式承包的非耕地两大类别,循着"明确所有权,稳定承包权,放活使用权,保障收益权,尊重处分权"的路径展开。

——明确所有权。(1) 按乡、村、组三级分享的框架,重塑农村集体土地产权主体。目前《土地管理法》及相关法律都有这样的规定:"农民集体所有的土地依法属于村农民集体所有的由村集体经济组织或者村民委员会经营管理";"两个以上农村集体经济组织的农民集体所有,由村内各农村集体经济组织或者村民小组经营管理";"已经属于乡(镇)农民集体所有的,由乡(镇)农村集体经济组织经营、管理"。农村土地三种所有权主体并存的法律框架,显然受到原人民公社"三级所有"法律框架的束缚,照顾了人民公社所有制关系的惯性。(2) 界定和确认农村土地所有者的权益。现实农村集体土地所有者的权利是法律上的最终归属权,所有者拥有发包权,土地管理权(如培肥地力、改良土壤、保护环境等方面的经营管理),规划、利用和管制权(不改变土地使用性质),合法收益权(土地地租或承

---

① 据 1984 年冬至 1985 年春进行的全国抽查,农村集体经济组织中有 70.1% 按人口承包,21.3% 按人劳比例承包,8.6% 按劳力承包,平均每户承包 0.62 公顷耕地。引自张红宇、陈良彪《中国农村土地制度建设》,第 13—14 页。

包费用)。在界定农村集体的土地所有权的同时,按权利和义务对等的原则,用制度和法律规定产权主体的相关义务。

——稳定承包权。稳定承包权有两项重要的内容:其一,使农民有足够长的土地承包期限。1984年的"中央一号文件"规定"土地承包期限一般应在15年以上"。在第一轮承包土地逐步到期之际,中发[1993]11号文件规定"在原定耕地承包期到期之后,再延长30年不变"。1998年9月25日,江泽民总书记讲话强调"三十年以后也没有必要再变"。其二,限制承包土地周期性的行政调整。承包土地随人口增减变化进行周期性调整是改革早期的通常做法,贵州湄潭"增人不增地、减人不减地"的试验被推广以后,开始从制度上割断新增人口与土地的联系,《农村土地承包法》规定,"承包期内,发包方不得收回承包地","不得调整承包地","因自然灾害严重毁损承包地等特殊情形对个别农户之间承包的耕地和草地需要适当调整的,必须经本集体经济组织成员的村民会议三分之二以上成员或者三分之二以上村民代表的同意,并报乡(镇)人民政府和县级人民政府农业等行政主管部门批准"。至此,农民获得了长期且较稳定的土地承包权。

——放活使用权。放活使用权是为了解决现实中的两对矛盾,即集体组织中人口和劳动力不断增加和耕地不断减少的矛盾,社会化大生产与分散经营的矛盾。集体组织中新增人口和新增劳动力都有资格获得平均份额的土地,如果照顾这一需要,土地就得在农户之间不断调整,稳定承包权就是一句空话;而且土地分割会越来越零碎,影响经营规模。但又必须解决新增人口与新增劳动力的生活来源,于是允许土地使用权依法、自愿、有偿转让,试图用市场调解的办法取代行政调整,同时出台配套政策,如有计划地开发"四荒"地等非耕地资源,发展非农产业等,试图通过"市场调剂+配套政策"的途径化解矛盾。

——保障收益权。改革之初,农民创造了"交够集体的,留足国家的,剩余全是自己的"经营分配方式。随着农产品供给由严重不足,逐渐转向结构性供给过剩,我国取消了农民联产承包土地中最重要的一项内容,即粮食等大宗农产品的定购合同;在调整国民收入分配关系的农村第二步改革中,又取消了农业税及其附加税,至2006年,农民承包土地的收益全部归了农户。不仅如此,还实施了粮食直补、良种补贴等直接与承包土地相关的扶持政策,部分解决了农村承包土地的收益权问题,极大提高了农民土地收益预期。但国家征用农民土地、农村建设用地、农民宅基地的收益大量流失问题,还远未解决。

——尊重处分权。最初,农户承包土地只有耕作权,其余如有偿转让、作价入股、继承等被认为是承包权对所有权的侵犯而严加禁止。随着改革的深入，延长土地承包期限和稳定承包权，农民土地承包权内涵不断扩张。农业部《关于稳定和完善土地承包关系的意见》（1994.12.30）规定："在坚持土地集体所有和不改变土地农业用途的前提下，经发包方同意，允许承包方在承包期内，对承包标的，依法转包、转让、互换、入股，其合法权益受法律保护，但严禁擅自将耕地转为非耕地。"又规定"承包人以个人名义承包的土地（包括耕地、荒地、果园、茶园、桑园等）、山岭、草原、滩涂、水面及集体所有的畜禽、水利设施、农机具等，如果承包人在承包期内死亡，该承包人的继承人可以继承，承包合同由继承人继续履行，直至承包合同到期"。政策演变充分显露出农民土地使用权内涵的扩展。目前，农民土地承包权的继承权打了折扣，抵押权一直未赋予农民，法律规定的部分处置权包括转让权、收益继承权、互换和入股权。

——非耕地的制度安排。概括地说，农村非耕地包括农村除耕地以外的一切土地，除去道路、绿化带、民居、学校、医院、交通、建筑等公用设施占地外，其余可供开发利用的一切土地都是农用非耕地。农用非耕地制度改革，主要指采取非家庭承包形式承包的"四荒地"（即荒山、荒坡、荒沟、荒滩）和林地及林权制度改革。由于农用非耕地开发投资周期长，投资风险大，必须给农民一个更加稳定的预期，必须实行规模开发。这是土地制度改革试验区提供的经验。现实中，农用非耕地制度安排与耕地制度安排的最大差异表现在三个方面：其一，耕地承包强调"公平"，并采取家庭承包方式；非耕地资源配置强调"效率"，采取租赁、竞标承包等非家庭承包方式。其二，耕地承包经营权30年不变；非耕地承包期限更长、更稳定。其三，耕地承包经营权有收益继承权但不能抵押；非家庭承包的土地经营权可以继承、可以抵押。

三、农村土地制度运行态势及其评价

（一）家庭承包经营制度运行的新情况

现行农村土地家庭承包经营制度伴随并推动了中国农村改革开放30年的历史进程，对农村经济社会发展，乃至对中国经济快速、持续、稳定增长和中华民族的伟大复兴，都发挥了重要作用。但现行农村土地家庭承包经营制度确实存在着历史局限性，深化改革势在必行。

第一，农村土地第二轮承包工作，按照中央要求于1999年12月底已顺利完成，"两证"到户率逐年提高，但仍有极少数村没有认真执行第二轮土地承包政策。2003—2005年，作者应邀参加国务院发展研究中心农村经济部"中国农村土地制度改革与完善"课题组，承担安徽、江西、湖北、河南四省的农村土地承包制度建设即运行状况的调查。调查证实：安徽1999年12月底检查，已完成两轮承包的乡镇占安徽全省乡镇总数的95.6%。全省1219万农户中，1157万农户与集体签订了30年不变的承包合同，签约率达到94.9%。当年土地承包经营权证书到户率已达35.6%，到调查日（2003年10月），《农村集体土地经营权证书》或者《集体土地使用证书》的发放率达到了98.8%。江西调查（2003年11月）样本全部完成了第二轮土地承包任务，"两证"发放到户，高安、上高、分宜、渝水4县（市、区）分别为100%、97.6%、100%、99.5%，绝大部分村庄没有"机动地"。湖北调查（2004年8月）反映，"两证"发放到户比例100%。河南调查（2005年2月底3月初）样本鹤壁市，至2000年底全部完成土地延包工作，其中淇县和浚县两县土地承包经营合同签订比例100%，土地承包经营权证书发放比例97.5%。但从全国看，到2006年底，极少数人地矛盾突出、干群关系紧张的村仍然没有完成第二轮土地承包，亟须化解矛盾、稳定秩序。

第二，家庭承包制度的具体安排省际差距大，农民承包土地面临调整压力。（1）土地分配起点不公平引发调整。第一轮土地承包是在总结安徽等地农民自发承包经验的基础上迅速在全国推广的，各地发包土地有很大差别：有的按人口平均分配；有的按"人劳比例"分配，其中一些地方女劳动力按半个劳动力计算；有的采用"两田制"；有的按"人劳比例"分田外，还按大牲畜分饲料田。第一轮土地发包分地的差异，造成了耕地占有差距。第二轮土地承包，中央［1997］17号文件又过于强调"大稳定、小调整"，基层为规避矛盾，也大多（全国至少有超过60%的行政村）采取"顺延"承包方式，这就失去了化解人地矛盾的最佳机遇，"顺延"了矛盾，导致土地承包"起点"不公平，加上土地征用，造成了大量"无地农民"。我们入户问卷调查表明，目前全国至少有10%的农村人口没有承包土地，好在"家庭功能"掩盖着矛盾尚未激化。（2）国家征地或农村建设用地引发调整。土地征用或乡村非农化利用以后，"失地农民"非农就业困难，因此，大多数村庄采用集体成员平均分配土地补偿，同时重新调整承包土地的办法平衡各种利益矛盾。（3）土地整理和农田标准化建设引发调整。农田整理和标准化建设的任务越来越大，它需要打破家庭承包土地边界，而导致重新发包。（4）新农村建设中的一系列建设活动，农地大量非农化利用，不可避免地引发承包土地调整。（5）公社体制残留和干部配置资源的欲望催生土地调整。我们结论：集体土地总量减少的过程，是农民承包土地调整的过程；"赋予农民长期而稳定的土地使用权"远未落实，农民土地权利事实上短期而不稳定。

第三，农村经济关系加速转型，家庭经营的社会化趋势越来越明显，长期坚持家庭承包这一基本经济制度，需要长远的制度安排。调研证明，我国农村土地占有格局、农户收入结构乃至整个生产关系都发生了新变化。（1）农业内部的土地流转表现出向本地种植养殖业大户、非农村住户（民间、工商资本和外资）等三种主体迅速集中，从而带来两种逆向发展趋势：其一，种植业农户的经营规模越来越小，农民兼业化现象越来越普遍，与此相联系，种植业中的劳动密集型产品（如江南棉花）快速消失了；其二，蔬菜瓜果、苗木花卉、水果等经济作物生产的专业户以及养殖业专业户，已经摆脱了耕地的束缚，主要依靠劳动、依赖技术和信息的投入以及市场和行业组织获取利润。（2）我国"双层经营体制"始终没有形成，无论从所有制结构、产业结构，还是劳动力从业结构看，已经形成农户经济、村集体经济和新经济体（合作经济、工商业主经济）三足鼎立的格局。（3）家庭经营性收入不断降低，而工资性收入的比重越来越高，家庭经营的社会化趋势明显，家庭经营体制可能在长三角率先解体。2004年，苏、浙、沪三地农民家庭经营性（包括经营第一、二、三产业的）收入分别为42%、43%和12%，而农户的工资性收入比重大幅度上升，分别为52%、48%和78%。（4）外来民工不断增加，成为村域内地位最低的社会阶层，而农村管理体制基本上属于公社体制遗留，即便是改革后形成的"乡镇村治"治理格局，亦不能适应现实需要。

（二）非耕地制度运行面临的矛盾和问题

农用非耕地制度改革主要指"四荒地"（即荒山、荒坡、荒沟、荒滩）和林地及林权制度改革。我国成文土地制度规定，耕地采用家庭承包方式，农民有公开、公平、公正的承包土地权，实行的是公平优先原则；而非耕地采用其租赁、招标等其他承包方式，实行效率优先原则。这种制度设计的出发点是兼顾土地资源配置中公平和效率关系，但在具体制度安排上，这两种承包方式很难兼顾公平和效率。"四荒地"占有不公平、林地和林权矛盾突出，反过来影响耕地承包制度运行。

对于非耕地特别是"四荒地"的承包，改革之初为加快"四荒地"开发，采用"谁开发、谁使用"的鼓励政策，在大多数农民还没认识土地价值的情况下，一些聪明、头脑灵活的人大量圈占"四荒地"。某省有的农户占有了几百亩甚至上千亩"四荒地"，经过20多年的开发，这些土地逐渐变成了熟地，土地价值显现，成为引发土地矛盾冲突的重要因素。

第二轮承包时，非耕地不公平占有的矛盾已相当严重，但解决矛盾是一个两难选择，如果按照起点公平的原则，重新分配已开发为熟地的"四荒地"，违背了当年鼓励政策的承诺；如果保护开发者的利益，维持现有"圈占"格局，占地较少的农民又意见特别大，以至于上访不断。时至今日，许多山区或"四荒地"较多的农村地区，仍然没有完成第二轮土地承包工作。如果说当前农村集体土地与外部矛盾主要是国家征用、园区开发所引发的话，那么，当前农村集体成员内部的土地纠纷则主要是由非耕地的占有不公平引发的。这两大土地矛盾已成为一种顽症，严重影响农村社会的安定。

林地承包和林权制度改革有类似的情况，某省森林覆盖率62.96%，林业用地面积1.36亿亩，占陆域总面积74.7%，其中80%以上属集体所有，全省人均林地面积近4亩，约为耕地的8倍。该省2003年开始推进集体林权制度改革，有一定的效果，竹业、花卉、名特优经济林、速生丰产用材林建设及森林旅游等快速发展，对山区经济发展和农民增收发挥了作用，山区农民从林业中获得的收入约占其家庭收入的一半。但同时，林地收益凸显，过去潜在的"干部林"、"大户林"等问题浮出水面，不仅导致了复杂尖锐的山林权属争斗，而且对林木的破坏也相当严重。作者曾经（2005.11）应农民邀请，到某省某村为其发展合作社培训，到那里后才知道，当地农民为林地和林木权占有不公平长期上访维权，土地矛盾异常尖锐，第二轮土地承包迟迟没有进行。

（三）农村土地流转制度的反思

十七届三中全会《决定》公布前后，许多人都在关心和讨论农村土地流转问题，但也有一些误解，有必要回顾改革30年来的农村土地流转制度建设情况，在总结和反思中加深对十七届三中全会《决定》精神的理解。

第一，农村土地流转制度建设的历程

农村土地流转在1984年的"中央一号文件"中就提出来了，历经25年的实践，其制度体系日臻完善。农村土地流转的最初动因，是为了在延长承包期和稳定承包权后，解决"有地无人种，有人无地种"的矛盾，优化土地资源配置。《关于一九八四年农村工作的通知》（中发［1984］1号文件）规定，"土地承包期一般应在十五年以上"。承包期限延长必然伴随人地关系的变化，因此中央文件首次提出，"鼓励土地逐步向种田能手集中"，允许"无力耕种或转营他业而要求不包或少包土地的，可以将土地交给集体统一安排，也可以经集体同意，由社员自找对象协商转包，但不能擅自改变向集体承包合同的内容"。

农村土地流转的出发点和落脚点是，用市场化流转方式替代周期性行政手段调整，从而既稳定农民承包权，又实现规模经营的双重目标。《关于进一步活跃农村经济的十项政策》（中发［1985］1号文件）提倡用"股份式合作"方式发展规模经营。认为"这种股份式合作，不改变入股者的财产所有权，避免了一讲合作就合并财产和平调劳力的弊病，却可以把分散的生产要素结合起来，较快地建立起新的经营规模，积累共有的财产。这种办法值得提倡……"《关于一九八六年农村工作的部署》（中发［1986］1号文件）提出，"随着农民向非农产业转移，鼓励耕地向种田能手集中，发展适度规模的种植专业户"。这两个"中央一号文件"已经把土地流转的出发点和落脚点说清楚了。

《中共中央关于做好农户承包地使用权流转工作的通知》（中发［2001］18号文件），在总结农村土地流转实践的成绩和问题的基础上，全面阐述了党的农村土地流转政策。《中华人民共和国农村土地承包法》将18号文件的精神上升为国家法律。这部法律，在第二章第五节专门阐述土地流转，是我国农村土地流转制度全面而集中的表达。

十七届三中全会通过的《中共中央关于推进农村改革发展若干重大问题决定》承先启后，强调"赋予农民更加充分而有保障的土地承包经营权，现有土地承包关系要保持稳定并长久不变"。同时要求"加强土地承包经营权流转管理和服务，建立健全土地承包经营权流转市场，……发展多种形式的适度规模经营"。重申"土地承包经营权流转，不得改变土地集体所有性质，不得改变土地用途，不得损害农民土地承包权益"。充分体现了《决定》"必须切实保障农民权益，始终把实现好、维护好、发展好广大农民根本利益作为农村一切工作的出发点和落脚点"的重大原则。

第二，农村土地流转制度的主要内容

农村土地流转特指农民土地承包经营权的流转，不适用于农村建设用地等其他类土地。农村土地流转制度的主要内容包括：

（1）农村土地流转的前提。［2001］18号文件规定，"农户承包地使用权流转要在长期稳定家庭承包经营制度的前提下进行"。

（2）农村土地流转的主体。《土地承包法》规定，农村土地流转的主体是农户，"任何组织和个人不得强迫或者阻碍承包方进行土地承包经营权流转。"土地承包经营权流转的主体是承包方。承包方有权依法自主决定土地承包经营权是否流转和流转的方式。"

（3）农村土地流转方式渐进扩展。1984年"中央一号文件"提出的方式是"转包"。1985年"中央一号文件"提出的方式是"股份式合作"。1986年

"中央一号文件"提出的方式是"发展适度规模的种植专业户"。中发〔2001〕18号文件提出的方式是"转包、转让、租赁"。《土地承包法》规定,"通过家庭承包取得的土地承包经营权可以依法采取转包、出租、互换、转让或者其他方式流转"。十七届三中全会《决定》重申,"允许农民以转包、出租、互换、转让、股份合作等形式流转土地承包经营权"。

（4）农村土地流转应遵循的原则。《土地承包法》规定：平等协商、自愿、有偿；不得改变土地所有权的性质和土地的农业用途；流转的期限不得超过承包期的剩余期限；受让方须有农业经营能力；同等条件下,本集体经济组织成员优先。十七届三中全会《决定》重申了这些原则。需要指出,因为《决定》强调承包期限"长久不变",所以农民承包土地流转期限将不受"剩余期限"的制约。

（5）土地流转收益归承包农户。《土地承包法》规定,"土地承包经营权流转的转包费、租金、转让费等,应当由当事人双方协商确定。流转的收益归承包方所有,任何组织和个人不得擅自截留、扣缴"。

（6）农村土地流转的限制。中发〔2001〕18号文件指出,"不提倡工商企业长时间、大面积租赁和经营农户承包地,地方也不要动员和组织城镇居民到农村租赁农户承包地"。十七届三中全会《决定》提出,"有条件的地方可以发展专业大户、家庭农场、农民专业合作社等规模经营主体"。表明农村土地规模经营的形式将更加丰富。

第三,农村土地流转制度运行效率评价

本课题组前期研究中,曾经比较系统地考察了"现行农地流转制度绩效"[①],其研究结论是：现行农地流转制度的政治和社会绩效明显,未观察到该制度明显的经济绩效,但该制度的实施也未产生负经济绩效,并在一定程度上推进了农村经济结构的调整和完善,因此总体上判断,现行农地流转制度的绩效是明显的。

从实证角度看,农村土地流转制度极易受到政策调整的影响,没有达到预期的政策目标。我们曾希望依靠土地承包经营权流转制度、通过市场的办法来化解人地矛盾、稳定土地承包关系、发展适度规模经营。但从这几年的实践看,土地流转政策目标并没有实现。我国农村土地流转在2002—2003年达到高潮。据我们在长三角的调查,至2002年末,江苏全省土地流转面积占农户承包面积的12.5%。分地区看,土地流转最高的苏州市,流转面

---

① 车裕斌、王景新：《现行农地制度绩效的系统考察》,《浙江师范大学博士基金项目研究报告》2006年8月。考虑篇幅,本书未收入这份研究报告。

积95.2万亩,占农户承包面积的30%,无锡市流转面积17.5万亩,占10.7%。浙江省到2003年6月,流转463.76万亩,占农户承包面积的22.8%。其中,湖州市德青县流转17.3万亩,占30.7%;吴兴区流转9.1万亩,占32.2%;台州市流转51.53万亩,占23.8%;临海市流转8.85万亩,占20.5%;义乌市流转土地占承包面积31.8%。自2004年执行"三项补贴"和"一减免"的政策后,转出土地大面积回流。2005年,我们回访苏中某县,该县于2004年流转面积已达8.77万亩,但到2005年6月底又回落到6.94万亩,流转面积减少了20.9%。在一些地方,为了农业开发或招商引资,农民非自愿的土地流转大量发生,工商资本大量进入农村直接占有土地,引发了各种矛盾。

四、农村土地制度深化改革的思路及政策

未来农村土地制度改革的方向,必须考虑现有的约束条件,避开集体土地所有权"公有或私有"的陷阱。将赋予农民长期而有保障的"土地使用权"的阶段目标,拓展为赋予农民长期而有保障的"土地财产权利"终极目标。继续沿着"明确所有权,稳定承包权,放活使用权,保障收益权,尊重处分权"的路径向纵深发展。

农村土地制度深化改革的思路应该是,用多元产权模式和制度安排,实现并保障农民土地财产权:家庭承包土地集体所有、农民永佃、完善财产权;农村建设用地登记发证、允许入市,保障交易权;农民宅基地实行多元产权,有偿供给,无期限使用;最严格的耕地保护,尝试购买农地开发权;涉及农民土地财产及收益的征用制度,应按打破垄断、卖方决定、增值分成纳税的思路深化改革。

(一)家庭承包土地:集体所有、农民永佃、完善财产权

在我国未来土地制度改革的方向性选择上,出现了"公有"与"私有"的争论。主要有两派观点:一种观点认为,如果不从《宪法》上修改基本土地制度,其他技术性改革都不会有理想的效果;另一种观点认为,土地是否私有并不重要,在国有和集体所有的大框架下,我们仍能作出很多改进,达到自由交易的有益效果[①]。具体到农村承包土地,有人说家庭承包经营制

---

① 周慧兰:《土地改革:深化流转是方向》,《21世纪经济报道》2007年11月12日,来源"21世纪网",http://www.21cbh.com/Content.asp?NewsId=19241。

度适合中国国情,要长期坚持;有人说家庭承包经营制度是一项没有完成的改革"半拉子"工程;有人说"中国现行的土地制度本来只是临时用来替代公社解散后的制度真空,在一些边远、穷困省份偷偷试验的基础上,到1984年通过全面解散公社而正式登上历史舞台的……"接着尖锐批评"有些人无视这种土地制度于市场经济内在要求的冲突,一厢情愿地希望将这种历史性制度永久化"①。

我们认为比较稳妥的办法是:用农民集体成员"按份共有"的实现形式,改造农村土地集体所有制度,使其所有权主体具体化、人格化;同时将承包土地抵押权赋予农民,把"30年不变"、"土地承包经营权"拓展为"永佃土地使用权",法律应将其界定为"农民私有财产权",纳入私有财产保护范畴。国内外的历史经验教训都告诉我们,这样做,既可以充分实现和保障农民集体土地所有权,又尽可能减少土地私有化的"结果不确定性"风险。俄罗斯、匈牙利农村土地私有化对农村经济衰退的严重影响以及社会震荡历历在目。历史上,我国江南地区曾经流行的清田、民田和客田"三制分离",权利边界清晰且都能入市交易的土地制度(专栏3-1),为我们探索农村土地所有者、承包者和耕作者的权利提供了有价值的历史经验。

专栏3-1 明清时期,江南农村清田、民田、客田"三制分离"的土地制度

我们在"古村落经济社会变迁系列研究"中发现,清代,浙江兰溪诸葛村的土地买卖契约中有清田、民田、客田之分。据《兰溪市土地志》载,至元二十二年(1285),豪强权贵侵夺民田、民怨极大,元世祖曾五次禁令"擅举江南民田者有罪,勒令诸权贵所夺其田还其主"。至元二十七年(1290),"募民耕江南旷土,户不过5顷"。咸丰年间的太平天国战争使江南人口锐减,土地荒芜,战后清政府为增加赋税,准许外地农民来兰溪垦荒,但垦荒落户者只有田面权,而地主拥有田底权,由此产生了大皮田、小皮田的区别,并逐渐形成了一套完整的土地制度。大皮即土地所有权,称民田或田底;小皮即土地使用权,称客田、小佃田或田面;"大小两皮"属一人的土地称清田。在普通情形之下,清田拥有者的数量受到严格限制,大多限于山地和坟地;民田(所有但不占有即大皮田)属于地主,有承粮管业权、买卖权,但无耕种权利;客田(占有耕种但无所有权)属于耕种者,

---

① 文贯中:《市场畸形发展、社会冲突与现行的土地制度》,《经济社会体制比较》2008年第2期,第45—51页。

有世袭耕种的权利，通称永佃权，永佃权可以自由买卖、抵押和转租，但需要向大皮所有者纳租，大皮所有者须负担完粮纳税以及被摊派积谷各种杂捐。上述三种土地权利都可以买卖，而且所交易的都限于自己的那一份权利而不能影响其他权利人的权利。因此，许多在城地主经常买卖自己的土地所有权，而永佃者浑然不知，仍然继续耕种自己的土地，只不过到年终变换交租对象。诸葛村乃至江南农村土地"三制分离"的土地制度安排，对当前我国完善土地承包经营制度有重要借鉴意义。

——王景新：《诸葛古村落》

（二）农村建设用地登记发证、允许入市，保障交易权

农村建设用地是指源于农村土地用于农村建设或农地非农化利用（比如农民住宅、乡村企业、乡村道路等占地的土地），不包括间接用于农业或产业结构调整或者属于生态环境建设的土地。

农村建设用地入市的必要性有三。第一，农村集体土地非农利用的市场价值显现，加上农民对平等土地权利（同地、同价、同权）的追求，构成了农村建设用地进入市场的推动力量。我们在长三角典型村落调查发现，凡是村集体年可支配收入和农民收入稳定的村落，大多依靠修建标准厂房、打工楼、商铺、停车场出租，或不通过土地一级市场直接租赁土地使用权，与法人企业和个体经营户分享工业和商业利润。一般而言，在成熟工业化区域，一个行政村如果有50亩土地用于非农建设，村级集体年可支配收入基本维持在200万元左右。第二，国家建设用地需求量急剧增长，"地荒"已成为制约区域经济发展的瓶颈，开辟农村建设用地市场，可以缓解土地供给紧张的矛盾。国土部数据显示，"农村集体建设用地的数量约相当于城市建设用地的2.5倍。扣除交通、水利等无法进入市场流通的土地之后，农村建设用地与城市建设用地分别为约1700万公顷和700万公顷"[1]。第三，土地"隐形市场"大量存在，通过隐形市场转变用途而成为农村非农建设用地的数量惊人[2]。土地隐形市场客观上促进了农村社区经济发展、集体财富积累及稳定农民收入，但这种流转缺乏合理规制，滋生土地纠纷，影响农村社会

---

[1] 丁凯：《评集体建设用地入市：国土部的努力与制度障碍》，《经济观察报》2005年10月15日。

[2] 有专家估计，珠三角集体建设用地占全部建设用地总量的50%以上，粤东、粤西及粤北地区，这一比例也超过20%。2002年，佛山南海区工业用地共15万亩，其中保持集体所有性质的有7.3万亩，几乎占了一半。蒋省三、刘守英：《农村集体建设用地进入市场势在必行》，《决策咨询》2003年10月。

稳定，农村建设用地市场化改革迫在眉睫。

从可行性上看，一方面，国家法律空间为其进入市场准备了"准生证"。如《土地管理法》第43条规定，"任何单位和个人进行建设，需要使用土地，必须依法申请使用国有土地；但是，兴办乡镇企业和村民建设住宅经依法批准使用本集体经济组织农民集体所有的土地的，或者乡镇村公共设施和公共事业建设批准使用农民集体所有的土地除外"。新颁布的《物权法》"没有将土地管理法中只容许国有建设用地流转的规定写进去，这是实际上为下一步改革留下了空间"①。另一方面，地方政府率先试验和农民的探索，为农村建设用地入市储备了政策。如1999年以来，国土资源部在全国范围内较大规模安排了30处集体建设用地流转试点，如安徽芜湖、广东顺德、浙江湖州等地。2005年，广东省政府第100号令颁发了《广东省集体建设用地使用权流转管理办法》（当年10月1日起施行），规定："集体建设用地流转方式与国有土地一样，可以出让、出租、转让、转租和抵押"；"可以使用集体建设用地兴办各类工商企业、外资投资企业、股份制联营企业；兴办公共设施和公益事业；兴建农村村民住宅"。类似的还有：《中共云南省委云南省人民政府关于发展壮大农村集体经济的意见》要求，"积极鼓励农村集体经济组织按规划整理农用地和建设用地，允许用新增有效耕地折抵建设用地指标，……其收入全额返还农村集体经济组织"。"若农村集体土地被征用，可以按批准征用地面积预留10%—15%，作为失地农民的安置用地，用于发展二、三产业。"苏州市委《关于促进农民收入持续增长的意见》要求，"认真落实村集体建设留用地政策，在规划时留出10%左右作为农村集体建设用地"；同时"加大宅基地置换力度，置换后增加的土地，原则上20%—40%作为集体建设用地"。

农村建设用地入市，需要借鉴实践经验，研究解决一些重要问题：（1）对进入市场流转的农村建设用地的边界、来源进行比较明确的规定。比如限定集体建设用地要符合国家产业政策及当地土地利用总规划、城市和村庄规划，落实土地利用年度计划指标等。（2）规定农村建设用地进入市场的用途和方式，比如入市非农建设用地限定用于兴办各类企业、公共设施、公益事业、农民住宅，禁止用于商品房开发；集体建设用地流转基本形式应包括出让、出租、转让、转租和抵押。（3）对农村建设用地进入市场的主体和程序作出规定。如本集体经济组织2/3以上成员同意，要签订书面流转合同并申办登记确认手续。（4）对农村建设用地流转收益分配作出规

---

① 周慧兰：《土地改革：深化流转是方向》，《21世纪经济报道》2007年11月12日。

定。如广东的《办法》规定，出让、出租集体建设用地使用权所得收益应纳入农村集体财产统一管理，其中50%以上应当存入银行（农村信用社）专户，专款用于本集体经济组织成员的社会保障，依法缴纳税费和增值收益。

（三）农民宅基地产权应按照"尊重历史，照顾现实"的原则，实行多元产权

农民宅基地是农村建设用地中的一个特殊的门类。现行法律和政策规定的农民宅基地与房产权利大致包含：（1）村民一户只能拥有一处宅基地……农村村民出卖、出租房屋后，再申请宅基地的，不予批准。（2）宅基地集体所有，农民无偿使用（但需要支付一定的手续费），使用权无期限，可以继承。（3）宅基地使用权不得单独抵押。（4）房屋产权农民私有，建筑物可以单独抵押，在实现抵押权而导致建筑物所有权转移时，抵押权人一同取得宅基地使用权。现行宅基地制度，已与市场化、城乡一体化的发展趋势相背离，严重侵害农民的财产权利，影响社会和谐与进步，改革势在必行。

解决农民宅基地产权归属，必须尊重历史和现实两个方面。1982年《宪法》颁布以后，农民新增的宅基地是通过农户申请，集体无偿提供给的，其所有权属于集体，这是比较明确的，这一部分宅基地应执行现行"宅基地集体所有，农民无偿、无期限使用，可以继承"的制度，同时，增加农民宅基地抵押权。

那些祖传的农民宅基地，经过新中国土地改革分配和重新确认，由县人民政府颁发过《土地房产所有证》的农民宅基地，应还权于农民，实行宅基地农民所有。因为土地改革分配给农民宅基地是私有的，在社会主义生产资料的改造中，农民宅基地属于生活资料，它既不在"赎买"之列，也不在"改造"之列。1956年的《高级农业生产合作社示范章程》还明确规定，"社员原有的坟地和房屋地基不必入社"。直到1961年的《农村人民公社工作条例（修正草案）》才无理由的将"全大队范围内的土地，都归生产大队所有"。1962年9月《农村人民公社工作条例修正草案》进一步强调"宅基地等，一律不准出租和买卖"[①]。这件事引起了农民的抵触，1963年3月20日，《中共中央关于各地对社员宅基地问题做一些补充规定的通知》

---

① 国家农业委员会办公厅：《农业集体化重要文件汇编》（一九四九——一九五七，一九五八——一九八一），中共中央党校出版社1981年版。

讲了四条①，其中特别强调"社员的宅基地，……都归生产队集体所有，一律不准出租和买卖。但仍旧归农户长期使用，长期不变"；"社员需要建新房又没有宅基地时，由本户申请，经社员大会讨论同意，由生产队统一规划，帮助解决……社员新建住宅占地无论是否耕地，一律不收地价"。这样，以农民宅基地获得不收费、使用无期限换取了宅基地私有产权的集体化。1982年的《宪法》在这个基础上将农民宅基地明确规定为集体所有。

农民宅基地制度的这种安排，致使宅基地占地面积不断扩大，占去大量农用地。于是又导致了另一不合理的"一户一宅"的制度出台，至今仍然严重影响城乡居民公平的房地产权利。出现了所谓"小产权"和"大产权"的差别。从趋势上看，农民宅基地越来越需要市场化配置，需要在明晰产权的基础上，将农民宅基地获取逐渐从无偿转变为有偿，农民住宅也逐渐商品化。我们认为，宅基地属于农民生活用地，马列主义历来认为生活资料应该私有或个人所有；同时，农民房产是私有的，可以代际传承，宅基地使用权无期限，等于私有，应该把无期限的使用权改成所有权，并允许买卖。

（四）进一步推进农村土地流转制度建设

克服非制度目标的干扰。农村土地流转的制度目标很清楚：一是稳定农民的土地承包经营权；二是实现农村土地的规模经营。但现实中的非制度目标的干扰较大，即偏离了政策和法律制度，其隐藏的不健康的利益目标的影响，归纳起来有：满足配置土地资源权利的欲望，夹带谋私利；农业招商引资，方便工商资本直接占有土地；通过流转改变土地用途，甚至改变土地所有权；在增加集体收入的幌子下与民争利的种种行为等。这些非制度性目标的因素，在贯彻十七届三中全会《决定》时有望被矫正。

强化农村土地流转的政策目标。我们寄希望于农村劳动力大量转移后，承包土地也会大量流转，从而达到规模的经营目的。学术界也预言，农村劳动力转移到非农部门就业的比重达到70%，即可以实现农村土地规模经营。但目前在我国，欠发达农村地区剩余劳动力已经大量转移了，发达地区的农村劳动力非农就业比例也达到或超过70%，但我们所希望的农村土地规模经营的景象并没有出现。农村土地流转率一直很低。2002—2003年，是我国农村土地流转的高潮期，我们根据典型调查估计，欠发达地区农村土地流转面积约占承包面积的2%—10%之间，发达地区约占10%—20%。但从2004年开始，流转出去的土地出现了较大规模的回流。至今，农村土地规

---

① 转引自黄小虎、赵树枫《北京农民宅基地与房产制度问题研究》2005年7月。

模经营的集中度一直很小。根据《中国农村住户调查年鉴2006》数据，1985年，农村住户人均耕地面积2.07亩；到2005年人均2.08亩，当年农村住户户均4.07人。照此计算，农村住户户均经营耕地面积8.47亩，谈不上规模经营。出现上述问题的原因是复杂的：一是农民的恋土情结，超出"农民把土地作为最后保障"的估计；二是农民承包土地的价值无法通过转让实现，转让费不足以调动农民转让的积极性；三是农村土地流转极易受到政策和市场变化的影响，如取消农业税及其附加，各种与土地挂钩的支农惠农补贴政策，导致了流转土地的回流；四是小农经济具有顽强生命力，农户工资性收入比例逐年提高，非农收入足以养家糊口，维系了所谓"超小规模"的农户经营体制；五是有中国特色的乡村工业化、城市化道路，为"务工不离土、离乡不离土、进城不离土"创造了条件。只有缓解这些矛盾，才能促进农村土地流转。

防止土地流转侵害农民的土地权益。中发［2001］18号文件中曾列举了以下问题："一些乡村推行的土地流转，存在不少违背农民意愿、损害农民利益的问题，需要引起足够重视。有的随意改变土地承包关系，强迫流转，侵犯了农民的承包经营权；有的把土地流转作为增加乡村收入的手段，与民争利，损害了农民的利益；有的强行将农户的承包地长时间、大面积转租给企业经营，影响了农民正常的生产生活；有的借土地流转之名，随意改变土地农业用途。这些问题如不加以纠正，将引发许多矛盾，甚至动摇农村基本经营制度。"但这些问题至今仍然存在。另外，实践中大多数土地股份合作制都不是为了合作生产，而是为了方便工商资本中集中连片租赁；或者掩藏土地征用和集体建设用地占用承包耕地的矛盾，变与一家一户谈判为集体谈判。我们认为，解决问题就是改革，就能推进农村土地流转制度建设。

多途径实现土地规模经营。除了土地流转、股份合作以外，在坚持家庭承包经营制度的基础上，通过统一规划、区域化布局、专业化生产，同样可以实现规模经营目标，而且可能更适合中国国情。

（五）最严格的耕地保护，应尝试通过购买农地开发权的方式，完善基本农田保护制度

我国"最严格的耕地保护制度"并没有建立起来[①]。基本农田数据虚假成分较多，原因在于：把保障粮食安全的公共责任转嫁给农民承担，而未照顾农民土地收益损失，农民和农民集体没有保护的积极性；地方政府具有转用

---

① 张晓山：《中国农村土地制度变革的回顾和展望》，《学习与探索》2006年第5期。

农地的利益激励和操作便利；中央政府监督这一制度运行成本过高而无效率。美国政府通过购买农地永久开发权、建立"保留农田"制度的经验（专栏3-2）值得借鉴。我们建议，随着中国经济发展、中央和地方政府财政实力空前增长，有条件尝试购买基本农田永久开发权，完善基本农田保护制度。

专栏3-2 美国King县政府购买农地的永久开发制有效控制耕地减少

作者曾于1998年、1999年和2002年三次考察美国农村土地制度，曾经访问过华盛顿州King县土地政策与规划办公室、县农业委员会和Thurston县奥林匹亚市Kirsop农场等地。其中，美国King县政府购买农地的永久开发权的做法给我留下深刻印象。

在现代化进程中，农用土地大量减少是世界性问题，美国也不例外。但是，尽管美国政府采取了许多措施，农地减少的趋势一直没有真正控制住。King县土地政策与规划办公室Lori Grant女士介绍说：如果从1945年算起，全县农业用地只有约1/3得以保留。20世纪60年代初，全县有农地约10万英亩，从60年代初至90年代30余年间，全县减少农地约5万—6万英亩，90年代初农地约有4.2万英亩。直到实行政府购买农地开发权并于1994年制定了土地分区法，农村农地减少的势头才得到了根本控制。

1979年，该县采取选民公决的方式，选民同意多缴税赋以支付5000万美元，从农场主手中买下了12800英亩土地的永久开发权。这些被买断了永久开发权的土地叫"保留农田"。在80年代，King县还建立了许多类似的农业生产区，其中有两个产区的永久开发权已被按照农田保护计划购买。这几年，King县政府试图扩大"保留农田"的面积，同时使分散的"保留农田"连成片。但是，土地价格上涨，购买土地的经费有限，使县政府购买土地开发权的机会越来越少。2001年，King县花费了150万美元仅买了25英亩土地的永久开发权。

按照法律规定，"保留农田"的所有权属于农场主，但所有者必须用于种地，必须保证它不转为非农业用地，所有权不能卖给耕作者以外的任何人做任何事。但是，所有者可以抛荒农地。由于法律鼓励农地退耕、休耕，所以抛荒农地为合法。因此，目前King县面临的另一个问题就是如何保证一定数量的耕地。据介绍，全县4.2万英亩土地只有40%在耕种。农民种地不赚钱，于是有的家庭农场卖掉土地开发权后外出打工，因此土地被抛荒。抛荒的土地如果不注意排水，久之将变成湿地或不能耕作的土地。所以县政府的一项重要工作就是支持和帮助农民在抛荒地上排水，以防止耕地退化。

——王景新：《中国农村土地制度世纪变革》，第390页；《美国的农地保护及农业支持政策》考察报告文稿，2002年。

（六）涉及农民土地财产及收益权的土地征用制度，应按"打破垄断、卖方决定、增值分成纳税"的思路深化改革

土地征用制度改革，唤醒了农民保护土地收益权的意识，土地利益纠纷空前增多，"三农"新政与农村土地制度配套联动问题显得突出起来。

首先，从观念上突破。在中国的传统文化和政府管理理念深处，并没有把农村集体土地看成"最基本的生产资料"和农民的土地财产。而是在社会革命时期把土地当成发动农民和争取支持的筹码；在经济建设时期又把农民土地当成获取工业化、城镇化资本积累的源泉。当工业化、城市化用地需求与保护农民土地权益冲突时，只能牺牲农民土地权益而服从"国家建设大局"。在新圈地运动中，政府、基层组织、民间权势和工商资本都是强者，只有农民集体和土地承包人是弱者。征地制度改革的根本出发点，应该转变观念，把管制农民、便利资本的征地制度改变成保护农民、限制资本的征地制度。

其次，通过立法完善具体制度。征地作为国家的强制性权力，应严格限制于"公共利益需要"；经营性用地，不能动用国家的强制性的征地权。无论公益型用地还是经营性用地的征用，都要尊重农民集体土地所有者的谈判权，并且保障其土地所有权转移的收益分配权。一些地方探索了征用土地制度补偿分成比例，比如：山西规定征地补偿集体得20%，失地农民得80%；福建规定征地补偿大多数归失地农民。下一步立法应当确定土地所有权转移和用途改变后的增值收益，在农民集体和承包土地农户之间按比例分成，国家则通过土地增值税的方式参与分配。

五、遏制农村土地和劳动力过度转移

（一）农村土地和劳动力资源过度转移是当前我国工农业和城乡关系中的突出问题

最近，胡锦涛总书记在河南省考察工作期间，强调要"坚定不移加快形成城乡经济社会发展一体化新格局，毫不松懈地继续推进农村发展，努力开创农村改革发展的新局面"。推进城乡一体化，必须协调好工农业和城乡发展的关系。

先前的工农业和城乡关系研究中，从来没有面临今天这样的局面——繁荣的工业、城市经济与日显衰退之势的农业、农村经济。我国总体上已经进入工业化中期阶段，长三角等发达区域的工业化已经进入成熟阶段，"工业反哺农业，城市支持农村"也由执政理念转变为战略和政策。但我们仍看

到：农村土地仍大量向工业部门和城市地区流转，国家通过垄断土地一级市场，从农民手中拿走的高额土地资产，继续支撑快速推进的工业化和城镇化；而农村投资不足、农业基础薄弱、农村相对衰落的局面还未从根本上扭转。广大农村地区尤其是劳务输出地区，农业劳动力"老弱妇孺"化，农业经济增长乏力，农民新居不断落成而村落整体景观则日渐破败，农民对村庄田园生活信心不足。

面对如此错综复杂的工农业和城乡关系，仅靠调控工农业两大部门的增长速度，改革和调整城乡分配关系是不能解决问题的。当前阶段，我国工农业和城乡关系中，已经不再是简单的工农业增长速度比不协调的问题，两大部门的劳动生产率和劳动者的收入差距问题，以及城乡二元结构中的分配结构不公平的问题，最突出的矛盾是农村土地和劳动力资源过度转移。要"坚定不移加快形成城乡经济社会发展一体化新格局"，就必须坚定不移地遏制农村土地和劳动力的过度转移。在工业反哺农业、城市支持农村的起步阶段，坚决节制农村土地、资金和劳动力过度向工业领域和城市地区转移，就是"统筹城乡发展"。

（二）不遏制农村土地和劳动力的过度转移，就不可能有"工业反哺农业、城市支持农村"的新格局

国家工业化和现代化加速推进的过程中，农村土地、资金和劳动力等经济资源大量向城市地区工业经济转移有其必然性。农村改革30年，是我国农村土地、资金，尤其是劳动力大量流向工业部门和城市地区的30年。从一定意义上说，没有农村土地大量转移，就没有我国工业化和城市化的快速推进，也没有交通等基础设施的网络化和现代化发展。农村劳动力大量转移，不仅减缓了农民在土地上的堆积程度，提高了农业生产效率，增加了农民收入，维系着小规模家庭承包经营体制，而且保证了工业经济时代对劳动力的巨大需求。应该说，农村经济资源转移不仅是国家工业化、城市化的需要，同时也是农业、农村和农民现代化的重要过程和阶段。但是，农村土地和劳动力转移是否应该有一定限度？农村经济资源保有在什么水平上，才能既保障工业经济繁荣和城市现代化的需求，又保障农业、农村和农民的现代化同步推进？这个问题在农村改革30年的进程中一直没有纳入政策研究的视野。

如果说"最严格耕地保护制度"，人均0.8亩耕地的警戒线就是农村土地资源转移的最后底线，但"最严格耕地保护制度"并没有保护耕地的流失。1978—2007年的29年间，我国耕地面积净减少1272.53万公顷（约

1.94亿亩），年均减少668.97万亩。分阶段看，1978—1995年的17年里，全国耕地面积净减少441.6万公顷，年均减少26万公顷（390万亩）；1996—2004年是全国耕地面积减少的高峰期，9年净减少760万公顷，年均减少95万公顷（1425万亩）[①]。2004年，胡锦涛总书记提出"两个趋势"的重要判断以后，工农业和城乡关系进入调整新阶段，建设占用耕地有所减缓。根据历年发布的《中国国土资源公报》，2005—2007年，耕地较少有所趋缓，3年净减少70.93万公顷，年均减少23.64万公顷（354.6万亩）。

1978年以来国家建设占用耕地　　　（单位：万公顷）

年份	国家建设占用耕地	年份	国家建设占用耕地
1983	7.12	1996	10.53
1984	9.96	1997	8.85
1985	13.43	1998	17.62
1986	10.96	1999	20.53
1987	10.46	2000	16.33
1988	8.78	2001	16.37
1989	7.01	2002	19.65
1990	6.63	2003	22.91
1991	7.19	2004	14.51＋14.77
1992	13.17	2005	13.87＋7.34
1993	16.10	2006	25.90＋9.12
1994	13.30	2007	18.83
1995	11.20	1983—2007年累计	372.44

说明：①2003年的数据是非农建设占用耕地之和，2004—2006年，通过土地市场治理整顿，分别查出往年已经建设但未变更上报的建设占用耕地，2004年为14.77万公顷，2005年为7.34万公顷，2006年为9.12万公顷。②数据来源，1983—2006年的数据来源于农业部《中国农业发展报告》（2001、2007年），其中1997年数据未公布，但当年净减少耕地为13.61万公顷，1991—1994年间，净减少耕地中的65%为国家建设占用耕地，据此推算1997年建设占用耕地为8.85万公顷；2007年的数源自国土资源部《中国国土资源公报》。

耕地减少除了灾毁、生态退耕、农业结构调整等因素外，建设占用是最主要因素。表3-1显示，1983—2007年的25年间，仅国家建设占用耕地一项就高达372.44万公顷（5886.6万亩），建设占用耕地年均为235.46万

[①] 数据源自宋洪远《中国农村改革三十年》，中国农业出版社2008年版，第119—121页。

亩。耕地的市场价值无法估算，假设建设征收每亩耕地农民平均流失5万—10万元收益，国家通过垄断土地一级市场，从农民手中拿走的土地资产高达2.94万亿—5.89万亿！就是在2004年提出"两个趋势"之后，国家建设每年占用耕地仍然居高不下，谈何工业反哺农业、城市支持农村。

（三）村落精英和农村青壮年劳动力的过度流失，是造成农业衰退和村落衰败的最重要原因

村落精英流失和农村青壮年劳动力过度转移的问题，一直没有引起政策的关注，相反，社会舆论和政策导向过分强调了转移农村"剩余"劳动力。

按照第二次全国农业普查数据，2006年末，农村劳动力资源总量53100万人，农村外出从业劳动力13181万人，其中男劳动力占64%。全国农村2万多个住户调查数据显示，2006年，我国农村劳动力户均2.34人，其中外出从业劳动力户均0.99人[①]。家庭骨干劳动力基本外出。至于农村究竟有多少剩余劳动力，估算结果差别很大，多则20644万人（统计局，1995）或1/3，少则4005.6万人（纪韶，2007）[②]或40岁以下的农村剩余劳动力只有5212万人（蔡昉，2007）[③]。不管农村剩余劳动力是多少，数字永远没有现实丰富和准确。从我国劳务输出大省和一些典型案例看，农村劳动力过度转移的境况早已显现。

江西是我国的劳务输出大省之一。江西调查总队刘顺伯依据农住户数据推算，2006年，该省农村外出务工劳动力665.92万人，占农村劳动力总数的40.28%。其中男性所占比重为60.2%，30岁以下的占76%，初中文化程度所占比重为69%，高中以上文化程度所占比重为16.5%，均明显高于全省同类指标的平均水平[④]。农村留守在种植业的劳动力中，40岁以上的占67.8%，其中50岁以上的占36.51%。小学文化程度以下的占74.2%。农业部门劳动力老化和低素质现象可见一斑。作者2003年11月在江西高安市、上高县、分宜县、渝水区等地调查了27个乡（镇）、29个建制村，许多地方的外出劳动力占比例高达60%以上，乃至找不到青壮年农民座谈。更为严重的是，留守的农村青年外出意向明显，调查显示，16—20岁、21—25岁、26—30岁人员中，有外出务工意向的分别占97.30%、94.3%、

---

① 农业部《中国农业发展报告2007》。
② 纪韶：《中国农业剩余劳动力数量最新估计和测算方法》，《经济学动态》2007年第10期。
③ 张玉玲：《我国农村还有多少剩余劳动力——访蔡昉》，《光明日报》2008年4月30日。
④ 刘顺伯：《江西还有多少富余农村劳动力可以外出转移》，"中国农经信息网"2007年11月16日。

84.5%。说明绝大多数青年农民对乡村生活失去了信心。

农民越年轻转移率越高的现象在湖北、湖南、重庆等省（市）农村同样存在。湖北调查总队等对全省监测结果显示：2007年，湖北农村劳动力在省外务工人数超过500万人，占全省外出从业人数的73.8%。湖北全省各年龄段农村劳动力转移率为：16—20岁为78.1%、21—25岁为75.1%、26—30岁为68.2%、31—35岁为49.7%、36—40岁为31.8%[1]。据湖南常德市统计局调查，全国首批劳务输出示范县——桃源县，2005、2006、2007年三年，转移农村劳动力分别为22.2万人、22.1万人和22.3万人，各占当年农村劳动力总数的46.3%、46.1%和46.8%，其中18岁以下、18—35岁、35岁以上的比例分别为7.5%、67.8%和24.7%；据衡南县农业局何盛红调查，2007年，该县外出务工劳动力27万人，占全县农村总劳动力的57.9%，其中30岁以下年龄段占37.1%，30—50岁年龄段占到62.9%。重庆市荣昌县农业局调查，截至2007年6月底，全县转移农村劳动力23.42万人，占全县实有劳动力的58.74%，其中向重庆市外转移的占74.8%，18—40岁内转移的劳动力达21.14万人，占转移劳动力的90.28%。

农村劳动力尤其是青壮年劳动力过度转移所产生的负面影响尚未引起足够的重视。在那些劳务过度输出的地区：农业劳动力资源匮乏，农用地部分被抛荒，实际利用率下降；留守农民只能从事简单生产，延缓了农业产业结构升级和现代化进程；基础设施建设中的劳动积累明显降低，加速了农业基础设施的老化；农村公益事业难以开展，衍生众多社会问题。

作者在村域经济调查中还发现，村域经济转型发展的差距，与村落精英与青壮年劳动力转移程度和方式有重要的关系：一大批工业型、专业市场型、旅游型村域，尽管村落精英和青壮劳动力大量转移到工业和服务业领域，但他们"打工不进城、进厂不离村、务工经商不离农"，合理分工与"错时令"利用劳动时间，满足了村域各产业对劳动力的需求，形成了村域工农业协调发展的局面，出现了村域工业化、村落集镇化、村民市民化繁荣景象；而那些传统农业型村域、山区贫困型村域，村落精英和青壮年劳动力远离家乡，大量转移到省外的工业领域和城市地区，老弱妇孺病残者留守乡土田园，尽管外出劳动力带回些许剩余，修建了一些新居，但有新居无新村，村落残破衰落。其景象是，春节人气旺盛，节后人去屋空，真有点"万户萧疏鬼唱歌"的境况。

---

[1] 湖北农村调查总队：《湖北农村劳动力省外务工人数超过500万人》，"中国统计信息网"，2008年2月22日。

一切迹象表明，农村劳动力总量上可能还有剩余，但青壮年农民、有文化和技术的农民已经严重短缺，"3/4 的村庄已无青壮劳动力可向外转移"（韩俊等，2007）。现在已经到了节制农村劳动力转移的时候了。新时期，重构农业生产和农村生活的价值和信心，用政策引导和鼓励村落精英和青壮年劳动力留村创业，不仅是遏制农业衰退、村落衰败和建设社会主义新农村的重要保证，而且事关新时期的工农业关系和城乡关系。农村劳动力转移政策该调整了。

第四章 农村经营管理体制转型

本章试图在历史回顾与总结中，梳理当前我国农村经营体制和宏观管理体制转型的主要内容、特点和运行效率；阐述农村统分结合的双层经营体制的构建、完善，以及由"双层经营"向"三足鼎立"转型的现状；探讨乡村新型合作经济组织崛起和农业产业化发展的道路，及其对农业生产组织形式由分散经营向合作化、产业化转型的影响；总结农产品价格改革和农产品市场建设的历程与成效；研究粮食流通体制改革、农村金融体制改革、农民负担与农村税费改革、农村综合改革等涉及农村管理体制和机制转型的成效和问题。

一、由"双层经营"到"三足鼎立"

（一）"双层经营"体制创立与完善

我国农村经营体制在第一轮的五个"中央一号文件"指导下，由集体统一经营转型为以家庭承包经营为基础、统分结合的双层经营体制，以后又在实践中不断充实和完善。"双层经营"的政策含义是，农村土地等生产资料集体所有，在集体经济内部分成两个经营层次：适于个人分散劳动的生产项目采取农户家庭承包经营；一家一户办不了、办不好或者办起来不经济的生产项目由集体统一经营。有统有分、统分结合。这个定义能够简洁地概括我国农村双层经营体制创立时期的产权特征和政策含义。

1982年的"中央一号文件"指出："目前，我国农村的主体经济形式，是组织规模不等、经营方式不同的集体经济。与它并存的，还有国营农场和作为辅助的家庭经济。这样一种多样化的社会主义农业经济结构，有利于促进社会生产力的更快发展和社会主义制度优越性的充分发挥。它必将给农村经济建设和社会发展带来广阔的前景。"当时已经注意到"联产承包制的运用，可以恰当地协调集体利益与个人利益，并使集体统一经营和劳动者自主经营两个积极性同时得到发挥"。因此要求"适于个人分散劳动的生产项目，可以包到劳、包到户；需要协作劳动的生产项目，可以包到组。……但必须与当时当地的生产需要相适应，宜统则统，宜分则分，通过承包把统和分协调起来，有统有包"。

以家庭承包经营为核心的农村经营体制改革动摇了公社体制的根基。根据1982年《宪法》，1983年的"中央一号文件"正式提出了"政社分设"问题。随着在我国运行了25年的人民公社体制解体和新的基层治理格局的诞生（专栏4-1），构建新型农村集体经济组织框架的任务摆在了我们面前。

专栏4-1 撤销人民公社，构建"乡政村治"新体制

1982年全国人大着手修改宪法，决定恢复和重建乡（镇）政府体制，当年12月4日，第五届全国人民代表大会通过的《宪法》规定，"省、直辖市、县、市辖区、乡镇设立人民代表大会"，同时规定"城市和农村按照居民居住地区设立的居民委员会和村民委员会是基层群众的自治性组织"。这一规定为构筑农村基层的"乡政村治"体制奠定了宪法基础。1983年的"中央一号文件"提出，"人民公社的体制，要从两方面进行改革"。其改革方向是"实行政社分设"。这年10月，中共中央、国务院发出《关于实行政社分开建立乡政府的通知》，撤销人民公社、恢复重建乡（镇）人民政府的工作在全国陆续展开。到1985年春，这项工作基本完成。全国5.6万个人民公社、镇，改建为9.2万多个乡（镇）人民政府，同时按照《宪法》规定取消了原有生产大队和生产小队，建立了82万多个村民委员会[①]。1987年1月通过1988年6月1日试行的《村民委员会组织法》，标志着农村基层"乡政村治"格局正式形成。到1989年底，全国共有乡镇5.5764万个，村民委员会74.6432万个[②]。

在这样的背景下，1983年的"中央一号文件"对农村集体经济组织转型指出了方向，明确指出，"人民公社原来的基本核算单位即生产队或大队，在实行联产承包以后，有的以统一经营为主，有的以分户经营为主。它们仍然是劳动群众集体所有制的合作经济。……为了经营好土地，这种地区性的合作经济组织是必要的。其名称、规模和管理机构的设置由群众民主决定。原来的公社一级和非基本核算单位的大队，是取消还是作为经济联合组织保留下来，应根据具体情况，与群众商定"。关于农村经营体制，该文件首次提出了"统分结合"和两个"层次"的概念，继续强调"这种分散经营和统一经营相结合的经营方式具有广泛的适应性，既可适应当前手工劳动为主的状况和农业生产的特点，又能适应农业现代化进程中生产力发展的需要。在这种经营方式下，分户承包的家庭经营只不过是合作经济中一个经营

[①] 《人民日报》1985年6月5日。
[②] 国家统计局：《中国农村统计年鉴1992》，中国统计出版社1992年版，第39页。

层次，是一种新型的家庭经济"。文件提出"完善联产承包责任制的关键是，通过承包处理好统与分的关系"。

1984年的"中央一号文件"，正式提出"完善统一经营和分散经营相结合的体制"，部署了集体经济组织建设问题，指出，"一般应设置以土地公有为基础的地区性合作经济组织。这种组织，可以叫农业合作社、经济联合社或群众选定的其他名称；可以以村（大队或联队）为范围设置，也可以以生产队为单位设置；可以同村民委员会分立，也可以一套班子两块牌子"。"原公社一级已经形成经济实体的，应充分发挥其经济组织的作用；公社经济力量薄弱的，可以根据具体情况和群众意愿，建立不同形式的经济联合组织或协调服务组织；没有条件的地方也可以不设置。这些组织对地区性合作经济组织和其他专业合作经济组织，是平等互利或协调指导的关系，不再是行政隶属和逐级过渡的关系。"自此，形成了中国特色的农民集体经济序列，即"村民小组集体经济"、"村民委员会集体经济"和"乡（镇）集体经济"三级分享的体制。

1985年的"中央一号文件"，在1984年延长土地承包期限到15年的基础上，强调"联产承包责任制和农户家庭经营长期不变"。1986年的"中央一号文件"清楚完整地首次使用了"进一步完善统一经营与分散经营相结合的双层经营体制"概念，强调"家庭承包是党的长期政策，决不可背离群众要求，随意改变"。在以后的中央文件中使用频率最高的一项基本政策，是"坚持和完善以家庭承包经营制度为基础、统分结合的双层经营体制"。此后，农业经营体制不断创新，除农户家庭承包经营之外，还出现种植业、养殖业大户、农田作业委托经营等多样化的农业生产经营形式，丰富了家庭承包经营的体质内涵和实现形式。家庭承包经营为基础的双层经营体制，被国家宪法固定为中国农村"基本经营制度"。

（二）从"双层经营"拓展到"三足鼎立"

"双层经营体制"经历了一个曲折发展过程。改革初期，集体土地几乎全部承包给农户经营，社队企业的巨额（1985年末尚有750亿元）固定资产90%以上承包给企业经理（厂长）经营，或作价折股归还给生产队和农民。集体牲畜和大中型农机具经折价处理，实物流转归了农户，许多地方的村集体财产和社队企业资本也被较彻底分割①。到1985年末，推算已流转

---

① 农村改革初期的时政民谣形象地说明了当时的状况："先分土地再分屋，仓库机器有新主，机耕道路种萝卜"；"上面放、下面望、中间有根顶门杠"；"辛苦革命几十年，一夜回到解放前"。

到农户的资金在200亿元以上[①]，在绝大多数村域，农户生产性固定资产快速增长，而集体经济弱化了。

农村经营体制并没有停留在初始的政策含义上，而是在30年改革实践中不断创新、丰富和完善。我们在实证研究中发现，中国农村经济存在着乡村集体经济、农户家庭经济和新经济体三大市场主体，形成三足鼎立的发展态势。其一，农户家庭经济，继续维持村域经济主体的地位。其二，继承人民公社三级所有体制遗产而形成的乡、村、组集体经济，在发达地区，乡村组三级集体经济都继续发展，收入能力逐年增强，在农村经济中仍然发挥重要作用。其三，除去农户和集体这两大经济实体（即双层经营）之外，我国农村还存在着新型经济实体，包括专业合作经济、股份合作企业、私营工商业主法人经济。改革之初，农村新经济体异军突起，迅速发展，大约从1983年开始，农业部门的农经数据统计中就开始统计"新经济联合体"的固定资产及其经营状况，可惜这种统计未能坚持下来，1990年以后的农经数据资料中，"新经济联合体"的数据被"联户企业"或其他等类别替代而消失了。

统计数据消失并不等于新经济联合体消失了，在新的历史时期，诸如专业合作经济、股份合作企业、私营工商业主（法人）经济之类的，既不同于原有乡村集体经济，又不同于农户经济和个体工商经济的新经济体，它的资本积累和收入能力已经正在赶上或超过农户，逐渐成为农村经济中最具备活力、最具现代性的经济主体。

尽管数据缺失，我们仍然可以考察和分析农村经济主体"三足鼎立"的发展态势。根据农业部农村经济中心316个观察点的数据分析，村域内集体经济、农户经济和新经济体的比例关系，大体上形成了2∶4∶4的结构。从生产性固定资产看，到2002年，每个行政村村均耕地176.91亩，企业9.91个，生产性固定资产843.39万元，其中集体所有171.98万元，占20.39%；农户所有345.34万元，占40.95%；股份合作企业及私营企业等新经济体所有326.07万元，占38.66%。从经营性收入看，村均经营性总收入2705.45万元，其中集体经营收入429.47万元，占15.87%；农户家庭经营性收入1126.43万元，占42.64%；新经济体收入1149.55万元，占42.49%[②]。

---

① 秦尊文、王景新：《当代中国所有制变革》，人民出版社1996年版，第147—148页。
② 王景新：《我国村域经济初现"三足鼎立"新态势》，《中国经济时报》2005年3月8日。

表4-1　　　　　农村净收入分配及关系变化（2000—2006年）　　　（单位：亿元）

	2000	2001	2002	2003	2004	2005	2006
可分配净收入总计	25376	26674	28256	30781	34646	38815	44055
国家税金	1948	2162	2536	2896	3185	3633	4242
上缴有关部门	274	272	293	350	391	378	452
乡村集体所得	1059	1012	731	732	688	683	817
农户经营所得	19545	20548	21560	23369	25583	28323	31441
企业各项留利	1493	1508	1739	2148	2660	3200	3977
其他	1057	1172	1397	1286	2139	2598	3126

资料来源：农业部网站/统计信息/2000—2006年中国农业发展报告数据资料。

整理分析2000年以来农村经济收益分配数据（表4-1），不仅可以证明农村经济主体多元化的趋势，而且能够证明农村收益分配在国家、管理部门、乡村集体、农民和新经济体之间的分配关系变化。我们看到，除国家税金和上交有关管理部门以外，在农村内部参与净收入分配的主体有乡村集体、农户、企业和其他经济主体。农村经济主体多元化已是不争的事实。

2000—2006年，我国收入分配关系不断调整，在参与农村净收入分配的主体中（图4-1）：国家税金和上缴有关部门占农村可分配净收益的比例略有上升，由2000年的8.76%上升到2006年的10.65%；农户经营所得占农村可分配净收益的比例始终占绝对主体地位，2000年为77.0%，到2006年时略微下降到71.4%，表明了收入分配政策向农民倾斜的趋势；乡村集体所得占农村可分配净收益的比例呈现逐年减少趋势，2000年为4.2%，到2006年下降到1.85%；企业各项留利和其他经济成分参与分配一直仍然保持增长趋势，2000年为10%，到2006年时上升到16.2%，表明农村市场经济主体除乡村集体经济、农户家庭经济之外的新经济体快速成长的趋势。从收入分配关系上看，到2006年，农村可分配净收入在国家税金、上缴有关部门、乡村集体所得、农户经营所得和新经济体所得的比例关系为10∶1∶2∶71∶16（图4-2）。

（三）由分散经营向合作化、产业化经营转型

农村经营体制由统分结合的"双层经营"体制向"三足鼎立"转型，内含着合作经济组织成长和农业产业化发展的需求。一方面，随着农村经济转型发展，农村资本积累增长，现代经济制度、技术和装备不断进入农村，农业和农村生产力水平快速提高，小规模、分散经营已不能适应生产力发展的需要；另一方面，随着我国市场经济体制逐步建立和加入WTO，小规模经营的农户如何与国内外的大市场对接，也需要农村"双层经营"体制进

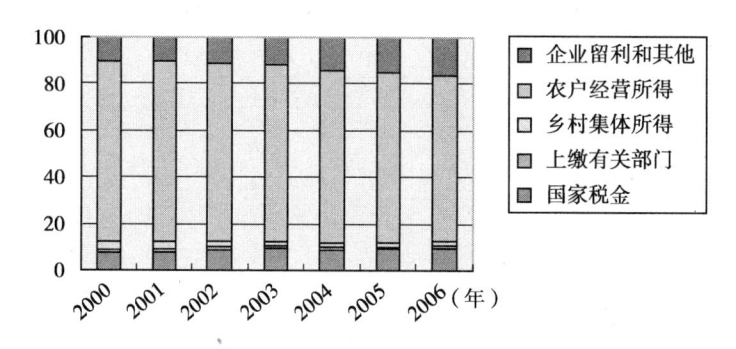

图 4-1　2000—2006 年农村净收入分配关系变化（%）

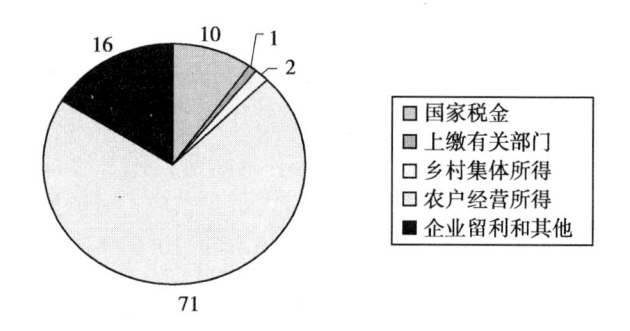

图 4-2　2006 年农村净收入分配主体及关系（%）

一步完善和创新。由此，引发了乡村新型合作经济组织的崛起和农业产业化经营的发展。这是我国农业经营体制由分散经营向合作化、产业化经营转型，并与社会化服务有机结合的又一次重大制度性变革。

二、乡村新型合作经济组织崛起[①]

（一）乡村新型合作经济组织发展历程

我国乡村新型合作经济组织快速、规范发展，进一步丰富和完善了农村经营体制，使农业经营体制由分散经营逐渐转型为合作经营，为农业、农村现代化奠定了组织基础。

农村改革一开始，第一轮五个"中央一号文件"就对农民合作经济组

---

① 在本课题的前期研究成果中，曾在《农村工作通讯》（2005.7）发表《我国乡村新型合作经济组织的类型、特征和发展趋势》一文，收入本节时部分内容作了修改和补充。

织发展给予了关注。1983年的第二个"中央一号文件",首次发出了"适应商品生产的需要,发展多种多样的合作经济"的号召。文件指出,"经济联合是商品生产发展的必然要求,也是建设社会主义现代化农业的必由之路"。因此要求根据我国农村情况,在不同地区、不同生产类别、不同的经济条件下发展不同形式的合作经济组织,"例如:在实行劳动联合的同时,也可以实行资金联合,并可以在不触动单位、个人生产资料所有权的条件下,或者在保留家庭经营方式的条件下联合;在生产合作之外,还可以有供销、贮运、技术服务等环节上的联合;可以按地域联合,也可以跨地域联合"。"不论哪种联合,只要遵守劳动者之间自愿互利原则,接受国家的计划指导,有民主管理制度,有公共提留,积累归集体所有,实行按劳分配,或以按劳分配为主,同时有一定比例的股金分红,就都属于社会主义性质的合作经济。"国家都给予鼓励和支持。

1984年的"中央一号文件"提出了"建立地区性合作经济组织"要求。文件认为,"这种组织,可以叫农业合作社、经济联合社或群众选定的其他名称";"此外,农民还可不受地区限制,自愿参加或组成不同形式、不同规模的各种专业合作经济组织"。1985年《关于进一步活跃农村经济的十项政策》中,第八项政策就是"按照自愿互利原则和商品经济要求,积极发展和完善农村合作制",具体政策包括:"农村一切加工、供销、科技等服务性事业,要国家、集体、个人一齐上,特别要支持以合作形式兴办";"地区性合作经济组织,要积极办好机械、水利、植保、经营管理等服务项目,并注意采取措施保护生态环境";"各种合作经济组织都应当拟订简明的章程"。第五个"中央一号文件"指出,"农村商品生产的发展,要求生产服务化。因此,完善合作制要从服务入手"。要求对近几年出现的一批按产品或行业建立的服务组织,"应当认真总结经验,逐步完善"。

2004年7—8月,我们曾经组织海南大学的学生对全国27个省进行问卷调查,调查结束后,我们从样本中选择浙江、山东、海南、河南、湖北、湖南、江西、山西、陕西、四川、云南11个省作为东中西部的代表,统计农民组织发展情况。村域范围内农民组织发展的总体状况如下:

表4-2 村域组织发展的总体状况 (%)

有村党(支)委会的村	100.00	有村经联社的村	11.65
有村委会的村	100.00	有专业协会的村	6.41
有合作医疗站的村	33.79	有专业合作社的村	9.51
有信用合作社的村	33.59	有股份合作社的村	3.30
有扶贫协会的村	10.49	有社区合作社的村	2.52
有减负协会的村	5.63	有互助基金会的村	0.97

随着农村合作经济组织不断发展，国家相应的支持政策不断完善，到2007年，我国正式通过并实施《农民专业合作社法》，为农民专业合作社自主发展开辟了广阔的道路。

(二) 乡村新型合作经济组织的界定

我国乡村新型合作经济组织，是农民在家庭承包经营的基础上，依照加入自愿、退出自由、民主管理、盈余返还的原则组建，按章程进行共同生产经营活动，谋求全体成员共同利益的经济组织。新型合作经济组织是当前我国乡村的专业合作社、社区合作社、专业经济协会、各类经济组织与合作社的联合社等的总称。

乡村新型合作经济组织的性质集中表现为三个方面：其一，新型合作经济组织区别于旧中国乡村建设学派所倡导的农村合作社。它不是针对旧中国乡村社会"愚"、"弱"、"贫"、"私"局面的社会改良运动，而是在实现总体小康目标基础上向全面小康社会迈进的过程中的农村基层组织制度的创新；它不是传统耕作制度下为克服个体实力不足而产生的低层次联合，而是在商品农业发展和农产品贸易国际化背景下为克服家庭分散经营弊端应运而生的现代农业企业化的组织形式。其二，新型合作经济组织区别于20世纪50年代初的"农业合作化"运动。它是建立在家庭经营基础上，承认和保障农户财产权的合作经济组织；它以"民办、民管、民享"为基本原则，承认和保障农民的民主权利，按社员惠顾额进行分配；它不是经济上剥夺、政治上控制农民的工具，而具有农民自愿、多元参与、政府主导、以人为本、城市反哺、协调推进等鲜明的时代特征。其三，新型合作经济组织区别于"乡政村治"格局下的村经济联合社。村经联社由全体村民参加、村支部书记或村委会主任任社长、政经合一。新型合作经济或突破了原村集体边界，实现跨村域的联合；或一开始就与村支部、村委会等组织理顺了关系，形成新的产权和治理结构；新型合作经济组织与乡（镇）政府之间没有行政隶属关系，真正突破了"乡政村治"格局的约束。

(三) 乡村新型合作经济组织类型和特征

（1）专业合作经济组织与专业（行业）协会。专业合作经济组织是农民按照行业或生产经营同类农产品的产业链联合起来的业缘性合作经济组织。其基本特点为：专业合作经济组织的财产独立于原集体经济之外，入社社员按股份占有；它的成员打破了原村组社区界限，实现按行业、产业链和跨社区的联合；它的生产经营范围超越了社区限制，开始突破地缘、血缘、亲缘的界限，按产业实现跨区域的空间联合；它的组织制度和治理结构已经摆脱了"乡政村治"格局的束缚，按照市场规律在更广阔的空间联合生产和市场开拓。专业（行业）协会与专业合作经济组织在外延上有交叉但并不重叠。首先，专业（行业）协会也是农民按照行业和产业链联合的专业组织。其次，专业（行业）协会有经营性和服务性的区别，经营性专业（行业）协会其实就是专业合作经济组织的一个种类。目前，我国专业协会与专业合作社的生存和发展的政策环境是一致的。但是，从发展趋势上看，专业（行业）协会将逐步完成由工商局登记注册转到民政局登记注册，规范为服务性社团组织。

专业合作经济组织的发展现状。据统计，截至2006年，我国农民专业合作经济组织超过15万多个，加入的农户成员达到3878万户，占全国总农户的15.6%。农民注册商标约2.6万个，取得无公害产品、绿色食品、有机食品及无公害生产认证基地3200多个[1]。各类农民专业合作社的比例：种植业约占50%；畜牧业约占总数的25%；水产业占4%—5%；其余为其他类合作社（如旅游合作社等）[2]。

（2）社区性合作经济组织。社区合作社是行政村、村民小组范围内全员参与的合作经济组织。其一，土地股份合作社，指一定社区范围内的农民以自己拥有的农村土地承包经营权折价入股，土地集中与劳动力联合进行农业生产经营的一种经济组织形式。农民形象地概括为"土地变股权、农户当股东、有地不种地、收益靠分红"。但在现实中很少有"经典"的土地股份合作社，大多数为"变种"。一些地方为满足工业化、城市化的需要，在政府推动下，农民以承包土地折价入股，其目的并不在于土地耕作上的合作，而是为了农地非农化开发和农业对外招商引资集中用地的便利。其二，资本联合型股份合作社。农村非农产业的发展，使集体经济不断壮大；或者有些村庄因为土地被征用而增加了巨额现金资本。为经营集体货币资本，而走上合作的道路，这是资本联合型股份合作社产生的基础和条件。这种经济组织实际上是与村民身份相对应的"资合"性组织，较少有劳动的合作。组建资本型股份合作社，各地做法惊人相似，都是通过集体资本（包括现金、实物和不动产）折股量化，实现社员人人持股，从而使社区共有的资产"产权清晰、权责明确、民主监督、科学管理"，减少集体资本经营的风险，增加资本收益。其三，村级集体经济组织改革型股份合作社。集体经济

---

[1] 宋洪远：《中国农村改革三十年》，中国农业出版社2008年版，第71页。
[2] 农业部农村经济体制与经营管理司司长郑文凯在新闻发布会上的情况介绍，2007年7月6日。

组织整体改造成股份合作社,在苏、浙地区有较快发展,其中无锡市村级集体经济股份合作制改革最为典型,被誉为"苏南农村生产经营组织制度的第二次革命"(专栏4-3)。

专栏4-3 无锡村级集体经济组织股份合作社改造

无锡村级集体经济股份合作社改革内容和制度安排,是以产权制度及其治理格局重构为核心有序展开的。(1)改革准备。村成立改革筹备委员会、集体资产清理领导小组,开展调查摸底和搜集有关资料,由村民代表和社员大会讨论制定改革实施方案,经过乡(镇)批准呈送县一级政府备案。(2)清产核资。清产核资小组对村级集体所拥有的各类资产进行全面清理核实,将结果公布,报告村民大会或村民代表大会,并由镇党委和政府审核确认。无锡农村集体资产评估只包括村集体的经营性资产,公益性资产,资源性资产(比如集体土地)不列入折股量化的范围;而纳入评估的资产是按账面(余额)清理和计算,而不是按照资产的市场价值评估。(3)股权设置。股权设置分集体股和分配股两种三类。集体股主要用作村公益事业建设和社会事业发展的经费投入和村日常行政开支;而分配股再细分为人口股和贡献股两小类。两种三类股份比例结构各地略有区别。(4)发股权证。股权作为股民享有股份分配的依据,可以依法继承,不得退股及提现。(5)制定讨论通过合作社章程、建立组织机构,报政府批准成立(非登记注册)。(6)确定股份合作社的组织机构和治理结构:股份合作社实行股东代表大会和一人一票制度;股东代表大会选举产生董事会,作为执行机构和日常工作机构;选举监事会。(7)建立财务管理与收益分配制度。(8)架构股份经济合作社与村级其他组织的关系。设置村党支部(总支)、村委员会、股份经济合作社;村党支部(总支)对村(居)民委员会、股份经济合作社进行领导和协调;村(居)民委员会履行村民自治范围内的事项和协助镇政府从事行政管理工作,办理本村公共事务和公益事业,不直接参与任何经济活动,原村民委员会对外的经济合同、承诺等事项必须全部转到村股份经济合作社;村股份经济合作社行使对村集体资产的所有权、经营管理权、收益分配权。

社区性合作经济的典型特征:其一,它属于行政村或村民小组范围内全员参与的合作经济组织。其二,它在发育和成长中必须处理好三个基本关系:新老成员对集体财产的占有关系;股份合作社与村集体经济组织的财产关系;整合原村组的组织资源,尤其是理顺与乡村两级政权和类政权组织的关系。其三,社区性合作经济组织的这些特点,决定了它的发展相对于专业合作经济组织和专业协会要困难得多。因此，它更需要法律的支持、规范和保护。

社区合作社的发展现状。①改革后组建的村经济合作社（或联社）。它与村民委员会实行一套班子、两块牌子，全体村民自然参加，由村支部书记或村委会主任任社长，政经合一。尽管调查中只有11.65%的行政村还有这类组织，但就其职能看，村经济合作社仍然普遍存在着。发达地区，村经济合作社（或联社）一部分已经改组为村股份合作社。如：浙江省（2007年末）已经改制组建1004个村股份合作社；江苏无锡市（2006年底）有165个村完成了社区股份合作制改革；苏州市（2007年6月）已经组建村级股份合作社的有807个村。②土地股份合作社。从实践看，土地股份合作社并不在于土地耕作上的合作，而是把农民土地承包权转化为长期股权，把土地经营权委托合作社经营，农民按股权参与收益分配的一种土地经营模式。其中大多数是为了方便土地的非农化利用。在此次问卷调查中，有土地发股份合作社的村不超过0.2%。

（3）经济联合体或生产组合。"联合体"或"生产组合"，是农民在农业生产经营中对资本和劳动力需求超过家庭经济资源能力时而发生的一种简单的组织行为，是两个或两个以上共同出资、共同经营、共负盈亏的合伙人组成的临时性组织。我们认为，这种联合体或生产组合是一种放大了的家庭经营，是缩小了的合作社。它类似于"合伙企业"但又不具备法人地位，没有独立的财产，合伙人都直接参与生产经营，对联合体或生产组合的债务负连带无限责任。

（四）乡村新型合作经济组织的发展趋势

我国乡村新型合作经济组织已有一定程度的发展，但其数量相对较少、覆盖面低、规模不大、入社农户所占比例小，表明我国乡村新型合作经济组织的发展处于初级发展阶段。

新型合作经济组织在不同地区的发展是不平衡的，鲁、苏、浙等发达地区和云、陕、晋等欠发达地区分布都较多，而中部地区许多省份的新型合作经济组织发展并没有农业部统计数据那么多。我们的基本结论是：（1）新型的合作经济发育发展与地区的经济发展水平有一定的相关性。（2）民间互助合作精神传统、非政府组织介入地区经济社会发展、政府推动等，都是促进乡村合作经济组织发展的重要因素。东部地区合作经济组织快速发展与政府作为关系密切；西部地区的开发式扶贫项目、国际合作项目都特别强调农民有组织地参与，因之这类地区的合作组织也大量存在，比如云南省乡村合作经济组织不仅数量多,而且组织建设比较符合国际合作联盟的规范。(3) 农户贫穷和富裕两极状态下都较容易产生合作需求;而自给自足经济条件下的"小富即安"心理是合作经济组织发展的一大障碍。实地调查和问卷显示:贫困地区乡村的合作医疗、扶贫协会、互助基金等组织发展更快;富裕地区农民资本、劳动力的联合是必然的选择;而中部地区新型合作经济组织的真实数量要大大小于统计上报数据。(4) 合作经济组织能否正常运转和有效率,是农民自发成立合作社与政府推动下成立合作社的一道分水岭。

新型合作经济组织的发育与农产品行业的特性有密切关系。一般而言,农产品商品率较高的行业、具有鲜活性难以长期保存而需要及时销售的行业、生产加工等过程中技术资本要求较高的行业等容易产生合作需求。实地调查表明:当前我国乡村合作经济组织主要集中在经济类作物的生产和经营上,而传统大宗农产品(粮棉油)领域的合作极少。产销合作是最普遍的形式。江苏以产销为主的专业合作社和专业协会约占乡村合作经济组织的90%以上,在生产与流通环节的合作占80%以上,在生产、加工、流通等领域进行全方位、一体化合作的约占10%。合作组织已延伸到农业服务业,如浙江温岭市久发农机服务合作社。

当前我国乡村专业合作经济组织基本上属于能人(或有技术、有生产经营规模)的合作,社区性合作社基本上是富裕村庄的农民合作,而非能人和贫困村庄的农民基本上没有合作。现实中农村穷人、穷村的合作较为困难,如何引导贫困村庄和贫困农民组织起来,是当前中国发展农民合作经济组织的重点和难点。我们认为,要体现"促进农民专业合作经济组织发展"的立法目的,就应该在相关的政策中体现对穷人、穷村发展合作经济组织的支持。

合作社的联合社开始发育。比如:2003 年 9 月 28 日,深圳农村股份合作经济组织联合会率先成立;2004 年 7 月,宁夏成立了农村合作经济组织联合会;7 月 16 日,广西农村合作经济组织联合会成立;2005 年 9 月 23 日,内蒙古乌兰浩特市成立农村合作经济组织联合会;同年 6 月 26 日,安徽省农村合作经济组织联合会成立;2006 年 9 月,中华供销合作总社向各省、自治区的供销合作社发出《关于加快发展农村合作经济组织联合会的意见》。从已有的联合会的性质看:多为非经营性、行业性社团组织;联合社的宗旨是加强政府与合作经济组织之间的联系,扩大合作经济组织之间的交流与合作,维护会员的合法权益,规范会员的自律行为;联合社的职能是组织、指导、协调、服务;有的联合会还制定了会徽,提出了"构筑绿色联盟，铸就合作时代"等口号。从趋势上看，合作社联合社的成立，有可能成为表达农民利益的新途径。合作社之间的合作是合作社的基本原则，在世界合作社运动史上，发达的国家合作社联社是屡见不鲜的。在我国，支持、引导和规范合作社之间的联合，对于引导农民通过合作经济组织途径实现利益表达和政治参与的双重目标有非常重大的意义。

三、农业产业化经营与社会化服务

(一) 农业产业化内涵与发展历程

农业产业化经营是指以家庭承包经营为基础，以市场为导向，以提高经济效益为中心，依靠农业龙头企业和其他各类经济组织带动，将农产品生产、加工、销售等各个环节有机结合起来的经营组织形式。农业产业化经营的实质就是用管理现代工业的办法来组织现代农业的生产和经营。在农业产业化经营体制中，其组织形式表现为"公司（或专业市场）+农户"或者"公司（专业市场）+合作组织+农户"；其利益联结机制是"联合经营、利益均沾、风险共担"。它围绕支柱产业和主导产品，优化组合各种生产要素，对农业和农村经济实行区域化布局、专业化生产、一体化经营、社会化服务、企业化管理，形成以市场牵龙头、龙头带基地、基地连农户，集种养加、产供销、内外贸、农科教为一体的经济管理体制和运行机制。

农业产业化经营是在我国小规模农户经济适应市场经济发展需要的背景下产生，在我国农业农村经济结构出现标志性变化中加速发展起来的。农业产业化经营最早产生于20世纪80年代后期，是山东等沿海地区在发展外向型农业的过程中，部分农产品加工企业为了稳定原料供给，提高产品质量，满足出口要求而采取的贸工农一体化、产加销一条龙生产经营模式[①]。进入20世纪90年代，随着农业产业化经营在东部沿海地区和城市郊区的发展，农业产业化经营由自发探索阶段转向政府推动阶段。1995年，《人民日报》发表了题为《论农业产业化》的社论，标志着政府推动农业产业化的开始。

经过近20年的改革发展，我国农业综合生产能力不断提高，农产品市场供求关系发生了重大变化，逐步由全面短缺转变为"总量基本平衡，丰年有余"的格局。进入20世纪90年代后期，农业、农村经济发生了标志性变化（专栏4-4），适应这一变化，农业产业化经营进入快速发展阶段。

---

① 宋洪远：《中国农村改革三十年》，中国农业出版社2008年版，第71页。

专栏 4-4　中国农业农村经济标志性变化的五个方面

（1）农产品供求关系和供求格局发生了根本变化，由全面短缺走向结构性和地区性相对过剩。有关调查资料显示，在118种农产品中，除了棕榈油以外，其他均不同程度存在卖难的问题。在粮食供给方面也有类似的变化。最典型的例子，莫过于蔬菜、水果和一些养殖业的生产。这几年北方的各种大棚蔬菜种植面积超过1亿亩，全国蔬菜供给趋向饱和，南方海南、广东、广西、云南等省区的反季节瓜菜相继出现滞销。水果1997年总面积达1.30亿亩，产量5089吨，目前南方的柑橘和北方的苹果已普遍积压滞销。总之，我国农产品全面短缺的时代已经结束，那种追求农产品产量最大化为目标的增长方式，已经不适应了。

（2）农村经济结构发生了巨大变化。农村产业结构和劳动力就业结构都发生了重大变化。产业结构总体上循着农业比重下降、非农产业比重大幅度上升的趋势发展。20世纪70年代末农村非农产业占农村经济总产值的30%，到1996年即上升为73.6%，这使全国工业化加快了进程，使城乡差距、二元经济结构开始被打破；农业内部的结构也发生了变化，趋势是循着种植业和林业下降、牧渔业上升的轨迹发展；农村非农产业内部发展趋势是：农村工业建筑业缓慢下降，而商饮业和运输业则呈上升趋势，不过农村非农产业中农村工业仍占绝对优势，超过70%。在地区结构上，东部沿海地区产业升级加快，加工业集中度高，外向型比较突出；而中西部地区资源密集型的采掘工业、原料工业及传统的制造业方面的优势比较突出。

（3）农村就业结构发生了两个转折性变化：一是以1992年为转折点，农业部门劳动力就业的绝对量开始持续减少，1991—1997年，农业领域从业人数的绝对量减少了3955万人；二是以1997年为转折点，农业部门劳动力就业总量下降到50%以下。

（4）农业增长方式和资源配置方式发生了重大变化。特点是：劳动力和土地的贡献作用不断减弱，资本和技术对农业发展的作用显著上升。农业生产方式和生产关系发生了重大变化。通过合作社或者公司带动农业产业化经营的发展，标志着我国农业生产方式出现了重大变化；分配方式也发生了变化，按劳分配和其他分配方式开始共同存在；农业生产的商业化、区域化、专业化方式越来越明显。

1997年，中共十五大报告中明确提出了要大力发展农业产业化经营，农业产业化纳入了农村经济工作的重点之一。1998年10月，在农村改革20周年之际召开的中共十五届三中全会，通过了《农业和农村工作若干重大问题的决定》（以下简称《决定》）。《决定》满怀激情地写道："农村改革已经走过20年光辉历程。实行家庭联产承包责任制，废除人民公社，突破计划经济模式，初步构筑了适应发展社会主义市场经济要求的农村新经济体制框架。这个根本性改革，解放和发展了农村生产力，带来农村经济和社会发展的历史性巨变：粮食和其他农产品大幅度增长，由长期短缺到总量大体平衡、丰年有余，基本解决了全国人民的吃饭问题；乡镇企业异军突起，带动农村产业结构、就业结构变革和小城镇发展，开创了一条有中国特色的农村现代化道路；农民生活水平显著提高，全国农村总体上进入由温饱向小康迈进的阶段；农民的思想观念顺应时代要求发生着深刻变化，农村精神文明和民主法制建设取得了明显进步。"《决定》由此判断，我国农业农村经济发生了重大标志性变化，进入一个崭新的发展阶段。因此，农业结构的战略性调整已经成为农业和农村经济发展的中心任务。此时，农业产业经营作为促进农业产业结构战略性调整的重要措施，被各级政府摆在更加突出的位置。

2003年1月，农业部印发了《优势农产品区域布局规划（2003—2007年）》。随着规划的贯彻实施，引导优势农产品产业向优势产区集中取得了成效，一批国家重点龙头企业开始将基地建设和加工项目向优势农产品区域转移，很多乡镇企业开始调整结构和经营方向，转向农产品加工工业领域，区域化布局、专业化生产、规模化经营、标准化管理和社会化服务的格局逐渐清晰。这一时期，农业产业化经营理念不断创新，"订单农业"得到了全面推行；投资主体日趋多元化，包括外资在内的工商资本大量涌入农业产业化领域；一些龙头企业开始建立产业风险基金，吸收农户参股经营，逐步改善与农户的利益关系。

（二）农业产业化发展状况

1997年，农业部对全国农业产业化经营状况进行了一次较为全面的调查，涉及28个省、区、市（不含北京、贵州和西藏）的1650个县，第一次摸清了农业产业化经营的底数。此后，每隔一年进行一次调查。我们整理归拢其中的一些主要数据，用来分析我国农业产业化经营的组织数量、模式、产业分布、利益联结机制和经营效益等方面的发展变化。

第一，农业产业化组织数量稳定增长。农业产业化经营组织由1996年的11824个增长到2006年的154842个，10年间增长了13.1倍（图4-3）。

第二，农业产业化组织有三种主要模式（图4-4）。其一，龙头企业带动型是农业产业化经营中最主要的组织形式，这种类型一般以农产品加工和流通企业为龙头，以"公司+农户"为基本形式，衍生出"公司+中介

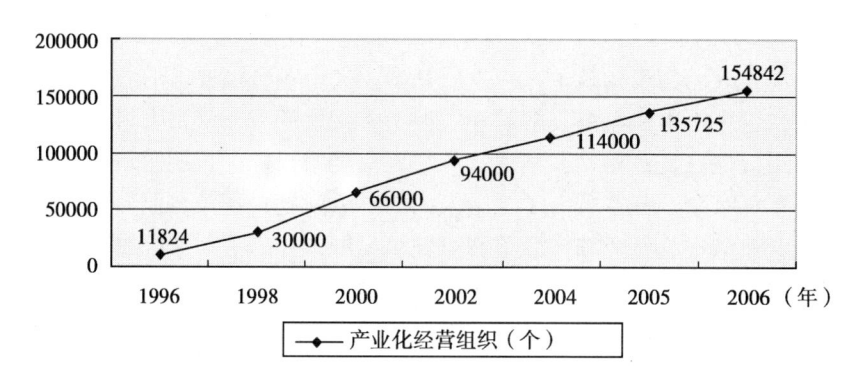

图 4-3　农业产业化经营组织发展

组织+农户"等多种形式；其二，中介组织带动型呈扩展趋势，在农业产业化组织中的比例由 1998 年的 26% 提升到 2006 年的 45.8%；其三，专业市场带动、经纪人和专业大户带动型等多种形式共同发展。

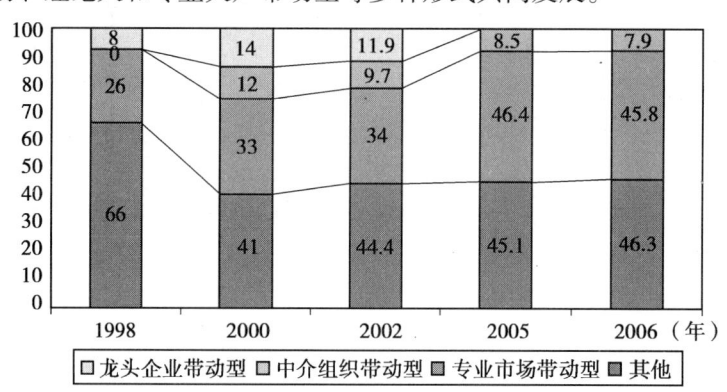

图 4-4　农业产业化组织模式及结构（%）

第三，农业产业化组织分布以种植业和养殖业为主体。图 4-5 显示，我国农业产业化组织主要分布在种植业、畜牧业两大领域。到 2005 年底，在我国 135725 个各类农业产业化组织中：种植业产业化经营组织 6.2 万个，占 45.68%，共带动种植面积 9.69 亿亩；畜牧业产业化经营组织 4.3 万个，占 31.68%，带动牲畜饲养 7.39 亿头和禽类饲养 76.72 亿只；水产业产业化经营组织 8579 个，占 6.32%，带动养殖水面 7721 万亩。

第四，农业产业化经营的利益机制以合同与股份合作方式为主。从图 4-6 中看到，农业产业化经营的利益联结机制中，有合同方式、合作与股份方式、其他方式。到 2006 年，在各类产业化组织的利益联结方式中，合同方式占 57.7%，合作与股份合作合计占 30.4%，其他方式占 11.9%。

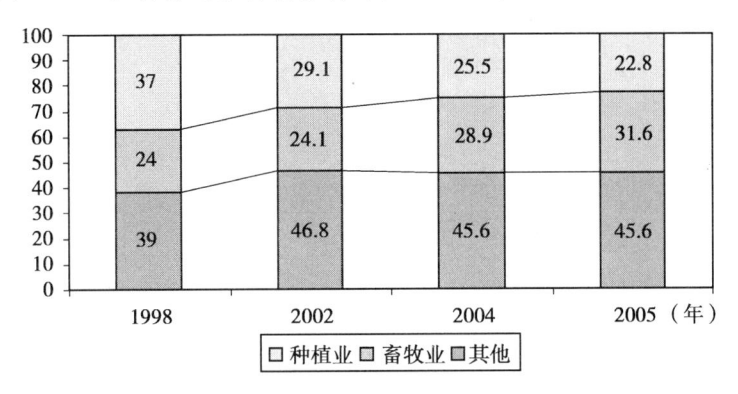

图 4-5　农业产业化组织产业分布（%）

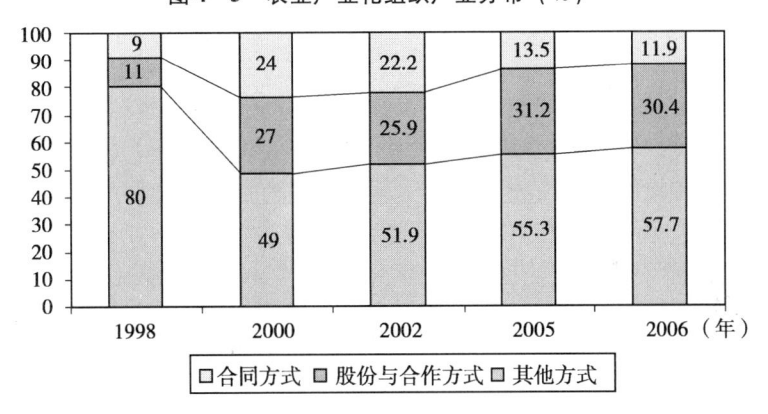

图 4-6　农业产业化组织利益联结形式（%）

表 4-2　　　　　1996 年以来农业产业组织资产及其经营效益

项目/年度	1996	1998	2000	2002	2004	2005	2006
固定资产总额（亿元）	—	3312	4200	6056	8099	9785	9782
销售收入（亿元）	—	5371	6800	9461	14261	—	—
龙头企业利税总额（亿元）	—	—	709	1042	900	1182	—
联结和带动农户（万户）	1995	3900	5900	—	8454	8726	9098
占农村总户数的比重（%）	9	15	25	—	—	35.2	36.7
吸纳农村劳动力（万人）	131	—	—	—	3333.2	3419	3891
占乡村从业人员比重（%）	3	—	—	—	6.84	7.05	8.09
平均每农户从农业产业化经营增收（元）	150	700	900	—	1202	1336	1486

第五，农业产业化经营效益和带动效应均很明显。表4-2列举了农业产业化经营的几个主要内容：农业产业化组织的固定资产平稳增长，从1998年的3312亿元增长到2006年的近1万亿元，增长了195%；销售收入在2004年即达到14261亿元；龙头企业利税总额在2005年达到1182亿元。农业产业化经营的带动效应也比较明显，到2006年，联结和带动农户9098万户，占全国农户总数的36.7%；吸纳农村劳动力3891万人，占当年乡村就业人员总数的8.09%；平均每农户从产业化组织经营中增加收入1486元。

（三）农业社会化服务

农业社会化服务与乡村新型合作经济组织的崛起和农业产业化发展相伴而生。在传统计划体制下，中国县以下地方政府的主要社会职能之一，是为农业的生产活动和农民生活直接提供各种服务。"在政府的组织体系中，通常设立有两类服务机构，一类是针对农业经济活动的需要而设立的各类生产和流通服务机构，其业务包括农业技术服务、农业机械服务、林业生产和技术服务、水利建设服务、畜牧兽医技术服务、生产资料供应服务、农产品采购与调运服务；另一类是针对农民生活需要而设立的公益事业机构，其业务包括广播（电视）服务、文化艺术服务、医疗卫生服务以及基础教育服务等。"[1]这些机构对中国农村经济发展和社会稳定曾经发挥了十分重要的作用。1978年农村改革开始后，随着人民公社解体，农村基层经济社会组织随之发生了根本性变化，家庭再度成为经济活动的基本单元，与此同时，政府不再对农业生产活动、农产品销售以及农业生产资料供应实施直接计划管理，市场逐步成为农业资源配置的主导力量，原有农村生产和农民生活服务体系迅速瓦解。因此农村改革之初，恢复和重构农业服务体系就提到了议事日程。

1983年的"中央一号文件"从几个方面提出恢复基层组织的农业社会服务功能问题：一是强调政社分设后的基层组织"仍然是劳动群众集体所有制的合作经济。它们的管理机构还必须按照国家的计划指导安排某些生产项目，保证完成交售任务，管理集体的土地等基本生产资料和其他公共财产，为社员提供各种服务"；二是"以分户经营为主的社队，……要办好社员要求统一办的事情，如机耕、水利、植保、防疫、制种、配种等，都应统筹安排，统一管理，分别承包，建立制度，为农户服务"；三是"基层供销合作社应恢复合作商业性质，并扩大经营范围和服务领域，逐步办成供销、

---

[1] 徐小青：《中国农村公共服务》，中国发展出版社2002年版，第2页。

加工、储藏、运输、技术等综合服务中心";四是要发展"农村个体商业和各种服务业";五是强调"要注意把从事农业科研、技术推广、教育培训等各方面的力量组织起来,形成一个合理分工、协调一致的工作体系,为农村建设提供富有成效的服务";六是"建立一批商品生产基地。这些基地……还要有相应的供销、运输、加工、储藏、技术等的服务体系和能源、交通、邮电、水利等基础设施"。

此后,连续三个"中央一号文件"都对农业社会化服务提出了具体要求。到 20 世纪 80 年代末期,全国初步形成了由农业科研与技术推广部门、供销社、信用社、国有粮食企业、合作经济组织、产业化经营企业、个体自营组织构成的农业社会化服务网络。1991 年,国务院专门下发了《关于加强农业社会化服务体系建设的通知》,明确了开展农业社会化服务的主要内容,包括:(1)村级集体经济组织开展的统一机耕、排灌、植保、收割、运输服务;(2)乡镇农技站、农机站以及水利、水产、林业、畜牧兽医、经管站、气象站等与"七所八站"业务关联的各种服务;(3)供销社、商业、物资、外贸、金融等部门开展的以供应生产生活资料、收购、加工、运销、出口产品以及筹资和保险等方面的服务;(4)科研、教育单位开展的技术咨询指导、人员培训等服务;(5)农民专业协会、专业合作社和专业户开展的专项服务。1993 年,国务院审议通过的《90 年代中国农业发展纲要》,再一次把加强农业社会化服务体系建设作为促进农业发展的重要措施。这一时期,国家逐步调整了政府与这些服务机构的关系,对有能力获得服务收入的机构实施财政差额拨款,或允许自收自支,给予这些机构一定的经营管理自主权,各地区农村服务的主题逐渐呈现多元化的趋势,除政府服务机构外,一些企业和个人相继介入农村服务,并按照市场机制的原则进行运作。到 20 世纪 90 年代中后期,我国已经基本形成了以乡村新型合作经济组织为基础,以农业产业化经营为载体,以国有技术部门为依托,以其他各种形式的服务组织为补充的农业社会化服务体系。

进入新世纪,我国农业社会化服务体系进一步完善。近几年,与"三农"工作关系重大的农资供销网络、农产品超市网络、农村金融业、农村科技、信息和农民教育等一些新兴服务业发展较快。"目前,我国的农业社会化服务体系已由改革开放之初政府主导的模式逐步发展为政府相关部门、涉农企业、农民合作经济组织等多元主体参与,公益型、互助型等多种类型并重,产前、产中、产后等多个环节兼顾的农业社会化服务体系。"[1]

---

[1] 张红宇:《农村经营体制的探索与创新》,《农业部农村经济文稿》2008 年,第 41—46 页。

但要看到,与发达国家相比,我国农业社会化服务体系还处在发展过程中,还存在很多问题,其中最突出的是:农业社会服务的地域差异过大;农业社会化服务部门分割的局面还远未改变;农业技术研发与推广人才缺乏,体系不健全;合作经济组织、农业龙头企业、专业技术协会、经纪人和专业户等农业社会服务载体的服务能力不强;产前、产中,尤其是农产品产后经营与服务环节薄弱,农村金融、保险等方面的服务水平过低。农业社会化服务要应该从以下几个方面进一步加强和完善:

一是产品供销服务。包括产品供销服务设施的供给和维护保养、对农业产业化的扶持、农机市场化服务、生产性基础设施的供给、种子统一供给、重大病虫害统防统治。

二是科技服务。包括科技服务设施的供给和维护保养,农业科技服务与农业技术推广、家庭手工业与农村工业技术服务等。

三是信息服务。包括信息服务设施的供给和维护保养,产品需求、劳动力需求、新技术等信息的收集、整理与供给等。

四是金融保险服务。提供满足农村居民和社区组织需求的金融产品,包括融资服务、保险服务等。

四、农产品价格、流通和市场建设

(一) 农产品价格和购销体制改革

自 1953 年开始,我国逐步实行了粮食、棉花、油料等重要农产品的统购统销制度。当时实行这种制度有两个作用:一是稳定市场,保障人民的基本生活需要;二是切断资本主义工商业与农村的联系,以加速对其的改造。在农产品严重不足的年代,统购统销制度对稳定农产品价格、保障城乡农产品供给起了重要作用,但不可避免对农业生产和农民收入增长带来障碍,改革势在必行。

改革是从提高农产品价格开始的。为了缩小工农业产品交换的差价,1978 年末,中共十一届三中全会就建议国务院作出决定,"粮食统购价格从 1979 年夏粮上市的时候起提高 20%,超购部分在这个基础上再加价 50%,棉花、油料、糖料、畜产品、水产品、林产品等农副产品的收购价格也要分别情况,逐步作相应的提高。农业机械、化肥、农药、农用塑料等农用工业品的出厂价格和销售价格,在降低成本的基础上,在 1978 年和 1980 年降低 10%—15%,把降低成本的好处基本上给农民"[①]。1979 年 3 月,国务院开

---

① 《中国共产党第十一届中央委员会第三次全体会议公报》,《人民日报》1978 年 12 月 24 日。

始陆续提高农产品价格,平均提价幅度为24.8%,同时恢复了粮食、油料等农产品议价收购。从1979年夏粮上市起,小麦、稻谷、谷子、玉米、高粱、大豆6种粮食的收购价格平均每50公斤由10.64元提高到12.68元,提价幅度达20.6%,从1978—1984年,国家又三次提高棉花收购价格,1978年棉花收购价格提高10%,1979年再次提高15.2%,1980年,基数棉花收购价又提高10%,到1983年棉花收购价格总水平提高了74%。从1978—1985年,农副产品收购价格总指数提高了66.9%,其中粮食类产品提高最快,上涨了101.6%。

表4-3　　　　　　　农产品生产价格指数变化(1985—2006)

年份	总指数	小麦	稻谷	玉米	大豆	油料	棉花	糖料	畜牧产品
1985	108.6	100.1	102	101.9	102.8	104.3	97.7	102.1	124.1
1986	106.4	104.3	106.3	115.5	120.2	104.6	99.5	104.8	103
1987	112	103.4	113.2	104.1	103.4	106	104.7	110.3	117.9
1988	123	115.2	119.8	104.7	109.1	119.7	108.6	116.1	140.2
1989	115	121.9	130.7	131.8	122.8	119.8	122.7	135.1	110.2
1990	97.4	92	92.6	97.6	98.4	101.1	129.1	107.2	92.3
1991	98	94.2	95.9	88.2	99.8	97.9	102.1	104.5	97.4
1992	103.4	110.1	97.4	108.2	119.5	95.8	95	90.8	106.3
1993	113.4	105.4	124.6	119.2	122.7	120.7	111.5	100	114.2
1994	139.9	152.2	154	151.3	114.6	157.6	160.4	124.6	144.6
1995	119.9	133.1	120.8	140.9	113.1	103.1	131.5	142.6	115.8
1996	104.2	109.2	104.2	95.4	128.2	96.6	103.2	118.6	103.3
1997	95.5	89	88.2	94.2	100.1	104.8	99.8	97.6	101.8
1998	92	95.8	—	101.9	85.2	97.7	88.8	89.5	86.9
1999	87.8	88.9	87.7	86.3	81.8	84.8	69.8	80.4	88.5
2000	96.4	81.8	90.2	89.9	105.8	93.6	121.2	88.8	99
2001	103.1	—	—	—	—	—	—	—	—
2002	99.7	98.1	97.2	91.5	98.9	104.8	103.4	86	100.2
2003	104.4	103	99.9	104.6	120.6	119.4	135.3	90.5	101.8
2004	113.1	131.2	136.3	116.9	120.2	116.6	79.5	104.9	111.1
2005	101.4	96.4	101.6	98	95.7	91.3	111.8	111.6	100.5
2006	101.2	100.1	102	103	99.3	104.8	97.1	121.1	94.3

资料来源:农业部《中国农业发展报告2007》。说明:2000年(含)以前为农副产品收购价格指数,2001年(含)之后为农副产品生产价格指数。

逐步减少农副产品统购派购种类。从 1979 年开始，国家逐步减少统购农产品品种而扩大市场调节品种。1983 年开始，实行粮食多渠道经营，粮食统购统销第一次受到冲击。1984 年取消棉花统购，同时停止对棉花、棉布的统销。1985 年对统购派购制度进行全面改革，这年的"中央一号文件"共十项政策，其中第一项就是"改革农产品统派购制度"。从此，农民生产的"粮食、棉花取消统购，改为合同定购"，"定购以外的粮食可以自由上市，定购以外的棉花也允许农民上市自销"；"生猪、水产品和大中城市、工矿区的蔬菜，也要逐步取消派购，自由上市"；"其他派购产品，也要分品种、分地区逐步放开"；"取消统购派购以后，农产品不再受原来经营分工的限制，实行多渠道直线流通"。新中国实行了 32 年的"统购派购制度"结束了它的历史使命。1985 年以后，大部分农产品价格都放开了，农产品价格形成机制逐渐市场化，不仅极大调动了农民积极性，而且为农产品流通体制改革构筑了核心基础。

家庭承包责任制的制度效应，加上农副产品收购价格大幅度上涨，刺激了我国主要农产品生产能力提升。到 1984 年，我国粮食产量达到 4.07 亿吨，6 年间增长了 1.03 亿吨；棉花产量达到 626 万吨，增加了 405.1 万吨。其他绝大部分农产品也保持了大幅度上升势头。农产品增产和价格提升使农民得到了实实在在的好处。有人统计，1979—1985 年，农民从价格提高中增加收入 2427.7 亿元，每个农民平均增加收入 290 元。因此，这一期间被公认为农村改革的第一个黄金时期。

（二）改善农产品流通和放开农产品市场

1979 年 9 月，中共十一届四中全会通过的《关于加快农业发展若干问题的决定》提出，农村集贸市场是社会主义经济的附属和补充，鼓励社队集体的农副产品在完成国家统购征购任务以后，可以在农村集贸市场出售。1982 年的"中央一号文件"指出："当前存在的一个突出问题是，一方面农村商业不适应发展商品经济的需要，以至农村多种经营刚有初步发展就出现了流通不畅，买难卖难等问题，造成生产性浪费；另一方面也存在着一些单位抬价抢购紧缺商品，冲击国家计划的情况。因此，必须采取切实措施，改善农村商业，疏通流通渠道，加强市场管理，以保证农业生产迅速发展，为国家提供更多的产品，为农民增加更多的收入。"为此提出了农村供销合作社和商业体制改革问题。要求"国营商业和供销合作社要充分利用现有经营机构，打破地区封锁，按照经济规律组织商品流通，大力开展产品推销工作"。1983 年的"中央一号文件"放开了农产品贸易限制，"农民私人也可以经营。可以进城，可以出县、出省"。允许发展"农村个体商业和各种服务业"，同时提出"发展合作商业"，"基层供销合作社应恢复合作商业性质"。1984年的"中央一号文件"提出，"坚持国家、集体、个人一齐上的方针，继续进行农村商业体制的改革，进一步搞活农村经济"。从1978—1984年，农村集贸市场数量由3.3万个发展到5万多个，全国集市粮食成交量由1978年的25亿公斤增长到1984年的83.5亿公斤，增长了2.34倍[①]。

此后，农产品流通渠道紧随着统购派购体制解体、粮食和棉花流通体制改革、鲜活农产品派购制度的取消而不断扩大。到1990年，全国集贸市场达到83001个，成交额达到5343亿元，比1985年增长了35.5%。随着农产品市场建设和发展，国家开始改革完善国营商业、供销社体制，允许队集体商业、专业合作经济组织、农民个人进入农产品流通领域，农产品流通主体逐渐多元化。

（三）构建农村现代流通体系

农产品集贸市场和批发市场的发展带动了整个农村市场体系发育和发展。进入新世纪，农村市场建设逐渐升级改造。经过多年建设和发展，到目前为此，我国农村市场建设成效显著，现代农村流通体系逐渐形成。第二次农业普查资料显示，2006年末，我国有综合市场的乡镇占到68.4%，有专业市场的乡镇占28.2%，有农产品专业市场的乡镇占23.0%，村域内有50平方米以上的综合商店或超市的村达到34.4%，50.2%的村在村内可以买到化肥，5.2%的村在村内可以买到彩电（表4-4）。

表4-4　　　　　　2006年末全国农村商业服务状况　　　　　（单位:%）

		全国	东部地区	中部地区	西部地区	东北地区
有50平方米以上商店或超市的村		34.4	40.6	35.1	22.3	57.2
在村内就可以买到化肥的村		50.2	54.6	51.6	44.8	42.3
到可以买到彩电商店的距离	在村内可以买到彩电	5.2	5.2	5.2	5.4	3.5
	1—3公里	34.5	42.5	37.0	25.0	16.9
	4公里以上	60.3	52.3	57.8	69.6	79.6
	其中：20公里以上	8.2	3.5	5.5	15.6	16.0

资料来源：根据第二次全国农业普查主要数据公报整理。

---

① 张晓山、李周：《中国农村改革30年研究》，经济管理出版社2008年版，第75页。

我国已经初步建立连锁化的农村现代流通网络。2005年2月，商务部启动了"万村千乡市场工程"，通过在农村逐步推行连锁经营，构建以城区店为龙头、乡镇店为骨干、村级店为基础的农村现代流通网络。按照商务部制定的《农村市场体系建设"十一五"规划》，到2010年，"万村千乡市场工程"农家店覆盖85%的乡镇和65%的建制村，全国县及县以下社会消费品零售总额达到3.5万亿元，年均增长约10%。截至2006年底，"万村千乡市场工程"累计建设连锁化农家店16万个，覆盖全国63%的县，带动地方和企业投资约117亿元，吸纳富余劳动力约65万人，使1.4亿农民受益，扩大农村消费约600亿元。2007年"万村千乡市场工程"得到了各级政府支持，全国各地共投入政策资金5.1亿多元。截至2007年11月底，全国2373家承办企业累计新建和改造农家店近26万家，新建和改造营业面积近2000万平方米，覆盖全国70%的乡镇、50%的自然村[①]。

五、农村经营管理体制机制转型

（一）粮食流通体制改革

粮食流通体制改革是逐步推进的。第一，在取消粮食"统购"制度的基础上取消"统销"制度。自1985年取消粮食"统购"制度以后，取消粮食统销制度的条件逐渐成熟。1990年，我国粮食获得大丰收，粮食供求关系明显好转。1991年5月，国家提高了城镇居民定量内口粮的销售价格，平均提价幅度达67%。1992年，国家再次提高城镇居民定量内口粮的销售价格，平均提价幅度为43%。粮食基本上实现了购销同价。到1993年夏，全国宣布放开粮食价格的县（市）已经超过总数的95%，粮食统销制度彻底解体了。

第二，在多次提高粮食定购价格的基础上，按照保护粮价敞开收购。1992年，国家再次提高粮食收购价格。以后于1994年、1996年多次提高粮食定购价格。1996年，由于粮食产量增加，市场价格有所下降，粮食定购价格与市场价格已经非常接近，以后，粮食价格开始由市场关系决定。1997年开始，国家采取了按照保护价格敞开收购农民余粮的措施。当年，全国所有的粮食收购站都挂出定购价和保护价的牌子，敞开收购农民生产的粮食。

第三，实行"米袋子"省长负责制度。为了保障粮食安全，从1995年

---

① 《中华工商时报》，"新华网"—"新华财经"，2007年12月6日，网址 http://news.xinhuanet.com/newscenter/2007-12/06/content_7212216.htm。

开始，国家开始实行粮食地区平衡和"米袋子"省长负责制度。这一制度的主要内容是：稳定粮食播种面积和规定的库存数量；完成国家下达的定购任务、储备粮收购计划及地方确定的市场收购计划；按照国家核定的规模建立地方粮食储备风险基金；粮食生产省要保质保量地完成国家规定的省际粮食调剂任务等。这一制度在遏制粮食播种面积下降过快、保障粮食增产和供需平衡、以及分散粮食安全风险方面发挥了积极作用，但也给农业经济结构调整带来了困难，需要进一步完善。

第四，建立专项粮食储备制度。1990年，针对粮食丰收、粮食周转库和储备库存粮大幅度增加的情况，国家出台了《关于建立国家专项粮食储备制度的决定》，决定当年的粮食储备计划为125亿公斤。成立国家粮食储备局，该局作为国务院直属机构。国家专项粮食储备制度统一调度。此后，国家对这一制度进行了多次调整，形成了专项储备粮食垂直的管理体制和高效、灵活的管理机制。

第五，建立粮食风险基金，实行粮食直补政策。1993年国家开始建立粮食风险基金。1994年5月国务院发布《关于印发粮食风险基金实施意见的通知》，明确了建立粮食风险基金的目的、内容、用途、资金来源等。到1995年，粮食风险基金已经到位，并建立起由粮食、财政、物价、农业、计划等部门组成的风险基金管理使用小组，实行了专管专用。国家还通过实行粮食直接补贴、最低收购价等政策，有效调动了农民种粮的积极性。2004年，粮食主产省从粮食风险基金中安排40%的资金直接补贴给种粮农民。当年全国29个省（区、市）共安排对种粮农民直接补贴资金116亿元。

第六，推进国有粮食购销企业改革。国家按照"有进有退"的原则，在中央和地方政府以国有独资或国有控股形式掌握一批储备粮库外，在粮食主产区的产粮大县，允许组建国有独资、控股或参股的粮食企业；在大中城市，采取国有控股或参股的形式，重点掌握一部分粮食加工企业和批发、零售企业；鼓励以资产为纽带，培育跨地区、跨所有制的大型粮食企业集团或集产、加、销为一体的粮食企业集团，加快粮食产业化体系建设。积极引导和支持粮食企业扩大订单收购，发展精深加工，延长产业链，增加产品附加值，提高核心竞争力。经过近几年的改革，国有粮食购销企业初步实现了政企分开，调整了企业布局和结构，推进了企业产权制度改革，创新了企业经营方式，国有粮食购销企业历史包袱正在逐步解决，在粮食流通中继续发挥主渠道作用。

第七，逐步完善粮食流通的法规。2004年，国务院印发了《关于进一步深化粮食流通体制改革的意见》和《粮食流通管理条例》。2008年，中央

15号文件明确了制定《粮食法》的任务，国务院24号文件出台了《国家粮食安全中长期规划纲要》。

经过几十年的改革发展，"适应社会主义市场经济发展要求和符合我国国情，确保国家粮食安全的新的粮食流通体制已经形成"[①]。主要体现在：国家粮食宏观调控能力不断增强，初步实现了粮食管理体制从过去高度集中的计划管理向国家宏观调控下的粮食省长负责制的转变，保证了粮食市场供应，维护了粮价基本稳定；国有粮食购销企业改革不断深化，初步实现了国有粮食购销企业从过去"计划主渠道"向"市场主渠道"的转变，保护了种粮农民利益，搞活了粮食流通；粮油政策法规体系逐步健全，初步实现了粮食流通管理手段从过去的行政手段直接管理国有粮食企业向依法管理全社会粮食流通的转变，保证了储备等政策性粮食存储安全，维护了正常粮食流通秩序；粮食流通体系建设逐步加强，初步实现了粮食流通发展方式从传统的粮食流通业向现代粮食流通产业的转变，提高了粮食宏观调控的能力，夯实了国家粮食安全的基础；粮食流通对生产的引导作用逐步增强，初步建立起了保护和调动地方抓粮、农民种粮的有效机制，促进了粮食生产的稳定发展，较好地满足了城乡居民日益增长的消费需要。但是，国有粮食企业历史包袱还未完全解决，国有粮食购销企业产权制度改革还没有完全到位，种粮收益和比较效益还有待提高，粮食产业化经营水平不高，监管体系以及粮食法制建设都还需要继续健全。这些都是未来改革需要继续努力的方向。

（二）农村金融体制改革

根据中国银监会蒋定之副主席的《农村金融改革发展三十年》[②] 总结，改革30年来，我国农村金融体制完成了如下转型：

农村金融组织体系从"大一统"框架到多元化、多层次发展。农业银行面向"三农"的股份制改革开始实施，农业发展银行"一体两翼"业务发展格局初步形成，农村信用社产权结构、经营机制和服务效率发生重大变化，各类资本投资设立的村镇银行、贷款公司和农村资金互助社等新型农村金融机构涌现，中国邮政储蓄银行挂牌开业，以股份制主导、政策性与合作

---

① 国家粮食局局长聂振邦：《在纪念改革开放30周年暨粮食流通体制改革和现代粮食流通产业发展座谈会上的讲话》，"中国食品产业网"，http：//www.foodqs.com/news/gnspzs01/2008121093910295.htm。

② 蒋定之：《农村金融改革发展三十年》，"中国农业信息网"，http：//www.agri.gov.cn/jjps/t20090106_1201122.htm。

制为补充，以公有制为主体、多种所有制广泛参与的多元化、多层次农村金融组织体系初步建立。

农村信贷资金从国家计划供应到按市场原则优化配置。农村信贷资金的财政划拨和计划供应体制机制彻底打破，信贷规模由总量的指令性控制和层层下达指标，逐步转向总量的指导性控制并根据风险指标实施市场化调节。农村商业性金融机构经过持续改革，公司治理架构初步建立，经营机制发生重大变化，风险管理明显改善，支农资金由事前计划、定向投放，逐步发展到适度错位竞争、按客户需求和市场信贷条件实施商业化配置，农村信贷资金市场化配置程度和配置效率显著提高。

农村金融服务从简单的"存贷汇"到多元化拓展。农村金融服务创新从无到有、由点到面，持续向纵深推进，形成了以农村小额贷款、本外币结算、银行卡等品种较为丰富的产品体系，贷款上柜台、ATM、网上银行等较为便捷的服务方式，以及共同体担保模式等符合农村实际的有效担保途径，政策性农业保险广度和深度逐步拓宽，农村金融服务的可得性、便利度明显改善。

农村金融基础服务体系从各个机构的分散运行到系统性整合完善。农村地区信用户、信用村、信用乡（镇）创建成效显著，农户信用档案和信用评价系统电子化建设启动，覆盖全国、功能完善的现代化支付系统和支付手段逐步向农村金融机构延伸，农村金融知识宣传教育加强，农村信用环境逐步改善，农村中小金融机构资金渠道日趋畅通，"三农"支付日趋便捷。

农村金融监管从一般财政性管理到专业化的外部监管。农村金融分业经营、分业监管体制框架初步形成，明确了"管法人、管风险、管内控、提高透明度"的监管新理念，践行"准确分类—提足拨备—做实利润—资本充足率达标"持续监管思路，农村金融监管制度逐步完善，分类监管和差别监管措施充分运用，上下集成联动以及内部现场与非现场监管协作机制畅通，农村金融监管有效性明显提升。

经过 30 年的改革发展，我国农村金融已由最初的动员储蓄、提供结算便利，逐步发展为配置"三农"资源、调节农村经济、分散农业风险、打造诚信环境的重要行业。截至 2007 年末，全国县域金融服务网点为 12.4 万个，县域金融机构存款余额达 9.1 万亿元，占全国金融机构各项存款的 23.4%。全国农村有储蓄所的乡镇占 88.4%。截至 2008 年 9 月末，银行业涉农贷款余额 7.2 万亿元，占全部贷款余额的 22.8%，其中农户贷款 1.6 万亿元，农户贷款覆盖面达到 34.6%，受惠农户 3 亿多；农业保险保费收入

91.7亿元，农作物承包面积3.4亿亩，承包大小牲畜3700万头（只），承包家禽2.9亿羽（只），为支持农业增产、农民增收和农村经济发展作出了巨大贡献。

农村民间金融或社区资金互助会有一定程度的发展。2007年1月22日，中国银行业监督管理委员会印发的《农村资金互助社管理暂行规定》，将农村资金互助社界定为"经银行业监督管理机构批准，由乡（镇）、建制村农民和农村小企业自愿入股组成，为社员提供存款、贷款、结算等业务的社区互助性银行业金融机构"，这将为农村民间金融业的发展提供政策支持和规范。

（三）农民负担与农村税费改革

农民负担与农村公益事业发展关系密切，我国在很长一段时间内都采用"人民事业人民办"和民办公助的方式来筹措农村公益事业建设。自20世纪80年代中后期至农村税费改革前，农村公益事业建设筹资方式转变为以农民负担为主。当时农民负担有法律性的，如农业税、农林特产税等；有政策性的，如"三项提留"、"五项统筹"和农民"两工"（即农村义务工、劳动积累工）；也有非制度性的，如乱收费、乱摊派、乱集资。比较而言，农业税相对较轻，三提五统尚有节制，"三乱"却不断翻新加重。"头税轻、二税重、三税是个无底洞"的时政民谣，形象地反映了农民的怨言和负担状况。比如1983年，全国农民不合理负担约210亿元，相当于当年农业税（47.4亿元）的4.4倍。1995年以后至农村税费改革前，是农民负担最重的时期，"五项统筹"中增加了预提共同生产费、农业综合开发费等，"三乱"问题更加突出。农民承担农村公益事业建设费用名目增多、负担额度大幅度攀升（表4-5）。

表4-5　　　　　　　全国农民负担情况（1996—1999）

项目 年份	农民承担税费（亿元）	人均税费（元）	其中（亿元）				劳均两工（个）
			农业税	三提五统	社会负担	以资代劳	
1996	1128.40	126.60	34.10	68.00	14.70	9.80	23.60
1997	1281.00	143.90	35.20	72.60	27.00	9.10	18.20
1998	1360.00	152.80	37.52	73.14	31.24	10.90	21.00
1999	1247.00	140.11	34.49	67.52	30.90	7.20	17.00

资料来源：农业部农民负担统计。

为了缓解农村公益事业建设的经费不足，规范农民负担，保护农民的合法权益,1985年,中共中央、国务院下发了《关于制止向农民乱派款、乱收费的通知》,首次指出乱收费、乱摊派是加重农民负担的主要原因,明确要求予以制止。1990年初,国务院发出《关于切实减轻农民负担的通知》,规定农民负担以乡为单位,人均村提留、乡统筹控制在上年人均纯收入的5%以内。1991年12月,国务院颁布《农民承担费用和劳务管理条例》,用法律形式规范了农民承担费用和劳务项目、标准、使用范围及审批程序。但这一时期,农村公益事业投入体制改革主要是"控制农民负担过高"框架下的修修补补,新投入机制并未建立。1996—1999年分税制改革后,县乡财政能力普遍出现困难,"三乱"屡禁不止,农民负担更是居高不下,农村税费体制改革在所难免。

2000—2006年,是以农村税费改革为核心的国民收入分配关系调整阶段。最早进行农村税费改革探索的是安徽省,1996年,从安徽省涡阳县的一个镇开始试验。2000年3月2日,中共中央、国务院下发《关于进行农村税费改革试点工作的通知》,决定在安徽省进行农村税费改革试点,2003年全面推开。2004年3月23日,中央决定在黑龙江、吉林两省进行免征农业税改革试点,宣布五年内取消农业税。此时全国逐步降低农业税,同时取消了除烟叶以外的农业特产税。2005年,我国全面取消牧业税,28个省(市、区)全部免征农业税。2006年,全国范围内彻底取消了农业税,中国迈进了"后农业税"时代,农民摆脱了几千年来一直背负的沉重负担。温家宝总理对此作了专门总结,指出"农村税费改革6年来,我们主要做了两件事。一件是从2000年开始的正税清费,按照减轻、规范、稳定的原则,取消乡统筹、村提留和各种专门面向农民的集资摊派及行政事业性收费。一件是从2004年开始的减免征农业税,到今年在全国范围内彻底取消农业税。这两件事每年为农民减轻负担1200多亿元。经过6年的努力,进一步理顺了农村分配关系,扭转了长期以来农民负担过重的局面,迈出了统筹城乡发展的新步伐"[①]。

2006年,全国农民负担总额下降到282.8亿元,人均30.95元,分别比1998年峰值期减少了1077.2亿元和121.85元,降幅分别达到79.2%和79.74%(表4-6)。2008年作者主持的一项入户问卷调查表

[①] 温家宝:《不失时机推进农村综合改革为社会主义新农村建设提供体制保障》,《求是》2006年第18期。

明①，农民从"减负"和惠农政策中确实得到了实惠，大多数农民比较满意。有77.97%的农村家庭从惠农政策中得到了实惠，其中享受了种粮补贴的47.72%、农机补贴的12.09%、沼气补贴的10.43%、专业合作社补贴的6.35%。农民对"减负"和惠农的现行政策比较满意：满意和较满意的达46.49%，一般的达23.17%，不太满意和很不满意的达6.91%。

表4-6　　　　　　　　　全国农民负担情况（2000—2006）

项目 年份	农民承担税费（亿元）	人均税费（元）	其中（亿元）				劳均两工（个）
			农业税	三提五统	社会负担	以资代劳	
2000	1259.60	141042	34.23	66.20	34.68	6.31	16.30
2001	1200.90	134.93	35.18	60.19	35.06	4.50	16.20
2002	1030.50	115.80	46.70	41.20	23.70	4.20	10.50
2003	869.30	96.60	45.60	29.50	19.10	2.40	8.30
2004	581.70	64.40	22.20	23.30	17.60	1.40	2.10
2005	324.20	35.70	1.30	19.20	14.10	1.06	1.30
2006	282.80	30.95	0	15.86	14.09	0.99	1.24
2006比2000（%）	-77.50	-78.10	-100	-76.04	-59.37	-84.31	-92.39

资料来源：农业部农民负担统计。

但要看到，取消农业税后，农村社区管理和公共服务费用分摊，已经成为农民负担的新形式，巩固农村税费改革成果的任务依然艰巨。

（四）农村综合改革

取消农业税减轻了农民负担，但造成农民负担重的一些深层次问题还没有根本解决。2006—2008年，农村改革进入到"以促进农村上层建筑变革为核心的农村综合改革"阶段。

农村综合改革所针对的问题主要是两个：一是基层行政管理体制不适应农村生产力发展的要求。取消人民公社、设立乡镇以后，乡镇政府职能转变一直没有到位。表现在政企不分、政社不分，乡镇政府仍然把主要精力放在兴办企业、招商引资上，社会管理和公共服务薄弱。在市场经济条件下，按

---

① 作者受浙江省农业厅委托，于2007年主持"浙江省减轻农民负担和保护农民权益研究"，对浙江全省11个市的67个县（市、区），824个行政村的1895个农户进行入户问卷。

照公共行政的原则，乡镇政府应该履行哪些职责，如何有效地发挥作用，已经成为一个重大课题。二是农村公共产品供给体制不适应保障公共服务的要求。由于长期实行城乡分割的二元体制，农村公共事业发展缓慢，城乡基础设施和社会事业发展差距扩大。农村税费改革之后，公共财政如何有效覆盖农村，是一个迫切需要研究解决的问题。推进这步改革，完善农村经济体制、政治体制和社会管理体制，将使农村上层建筑更加适应生产力发展的需要。

农村综合改革的目标是，按照巩固农村税费改革成果和完善社会主义市场经济体制的要求，推进乡镇机构、农村义务教育和县乡财政管理体制改革，建立精干高效的农村行政管理体制和运行机制、覆盖城乡的公共财政制度、政府保障的农村义务教育体制，促进农民减负增收和农村公益事业发展，全面推进社会主义新农村建设。农村综合改革三项主要任务：完成乡镇机构改革、农村义务教育和县乡财政管理体制改革。基于三点考虑：一是抓好这三项改革有利于从根本上巩固农村税费改革成果；二是这三项改革都涉及农村经济体制和上层建筑的一些关键问题；三是改革的内容相对集中一些，有利于重点突破，带动农村的各项改革。

短短几年内，"农村综合改革取得了积极进展，全国乡镇机构改革试点工作扩大到52%的乡镇，安徽、湖北、黑龙江、吉林、河南、内蒙古、浙江、重庆等8个省区市完成了乡镇机构和人员精简的阶段性任务；农村义务教育保障机制基本建立；县乡财政管理体制不断完善，24个省区市开展了省直管县试点，29个省区市开展了乡财县管试点，这有利于增强基层财力的转移支付制度逐步健全"[①]。但应该看到，我国农村综合改革时间不长，还存在许多深层次问题，比如乡镇机构职能转变滞后，新的农村行政管理体制和工作机制尚未建立，农村公共服务和社会管理亟待加强等，农村综合改革尚需加速推进。

[①] 祝卫东：《继续推进农村综合改革——访中央农村工作领导小组办公室局长祝卫东》，《经济日报》2008年10月28日。

第五章 农村公益事业建设体制转型和机制创新

课题组利用与农业部合作研究的机会[①],对浙江、云南、河北、黑龙江、新疆等省（区）的村级公益事业建设进行了调查。本章运用这次调研数据和资料,分析当前我国村级公益事业投入和建设现状,研究村级公益事业建设的区域特色和差异、存在的问题以及改革发展走向和趋势;总结我国村级公益事业建设的历史经验,投入制度和运作机制变迁的路径和规律;探讨我国农村在取消农业税及其附加费后的新阶段,以及"基本公共服务均等化"、"公共财政覆盖农村"等政策背景下,村级公益事业建设需求、建设状况、投入机制、制约因素、发展规划及效益等理论和现实问题;提出我国推进村级公益事业建设的政策建议。

一、农村公益事业建设研究的理念与方法

（一）农村公益事业建设的核心理念

（1）农村公共品

农村公共品是农业、农村或农民生产、生活共同需要的产品和服务。农村公共品属于公共产品范畴,它除了具有一般公共品的性质外,还应具备如下特点:农村社区等受益范围内存在的私人共同需要,这种需要随区域范围的变化而变化;不经社区内个人之间的有意识的集体行动,就无法实现这种产品或服务的有效提供;提供该种物品或服务的有意识的集体行动或者是完全出于自愿,或者是对习俗或惯例的遵从,或者是国家的正式制度安排;社会、经济、技术环境变化影响个人决策和各种集体决策的范围,从而农村公共品范围的界定和供给的方式就会发生变化。农村公共品的性质和特点决定了它的生产和供给具有针对性、分散性、自愿性和制度性,需要采用一种不同于城市的供给方式。

[①] 执行本项目的过程中,课题组承接了农业部经管总站委托课题"村级公益事业建设投入机制研究",作者与农业部经管司巡视员陈凤荣共同主持完成了该课题。该课题的研究,丰富和拓展了本基金项目关于村域转型研究的内容。

按照农村公共品在消费过程中的不同性质分类,可分为农村纯公共品和准公共品两大类(表5-1)。这样分类为农村公共品生产和供给的多元主体责任划分提供了一个大致的界限。从国内外相关研究来看,多数专家认为,纯公共性质的农村公共品投入应由中央财政承担;接近于纯公共品的投入应主要由中央和省级财政承担;俱乐部性质的农村公共品投入主要由县乡级财政承担,私人部门参与;而接近于私人产品的农村公共品,则主要由有关产品或服务的提供部门和受益的农民共同承担,同时社会各界和私人参与投入。

表5-1　　　　　　　　　　　农村公共品分类

农村公共品				
纯公共品	准公共品		
	接近于纯公共品	俱乐部产品	接近于私人品
农业环境保护、农业发展综合规划及信息系统、农业发展战略和基础科学研究、大江大河治理、农村基层组织行政服务等	农村公共卫生和医疗保障、贫困保障、小流域防洪防涝设施建设、农业科技推广,农田保护和改造、农业灾害预警、动植物病虫害防治等	农民职业培训、农田小水利灌溉系统、通村道路建设、村庄绿化、村文化体育设施、农村治安等	农村通讯、网络、用电、自来水改造、农业机械设备投入、农业多种经营和产业化服务、通户道路硬化等

(2) 农村公益事业

"公益"从字面意思理解是公众的福祉和利益,它的实质是社会财富的再次分配。公益事业在我国多指救助灾害、救济贫困、扶助残疾人等困难的社会群体和个人的活动,亦指教育、科学、文化、卫生、体育事业,环境保护和社会公共设施,以及促进社会发展和进步的其他社会公共和福利事业。公益事业的主要特点:一是外在性,公益事业部门及活动独立存在,构成相对独立的系统;二是社会性,公益事业建设资金主要依靠国家财政,投资效益表现为社会效益;三是共享性,公益事业建设和服务为社会成员所共享;四是福利性,公益事业所提供的产品带有社会服务和社会福利性质。由此看来,"公益事业"与"公共品"具备了概念的同一性,因此,本书把"农村公益事业"理解为"农村公共品"。

为了实践发展和比较研究的需要,我们把农村划成两个区域,即县以下至行政村以乡镇为中心的空间区域,行政村范围内的村域社区。村级公益事业是为村域范围生产和提供的农村公共品。村级公益事业概念还应体现"逐步实现基本公共服务均等化"、"城乡经济社会发展一体化"等时代精神,因此我们认为,村级公益事业的内涵是:行政村范围内,由公共财政、村社集体以及私人部门生产和提供的，全体村民生产、生活所必需的公共产品，以及与城市居民大致相当的基本公共服务。

（3）农村公益事业投入机制

第一，农村公益事业建设投入特别强调政府的作用。农村公益事业建设与农业生产和农村经济发展息息相关，与农民大众的生产、生活直接关联，受益面广，属于公共品。按照国际经验，公共财政应该担负农村公益事业建设投入主体的责任。"农业、农村、农民问题关系党和国家事业发展全局"；"农业是安天下、稳民心的战略产业，没有农业现代化就没有国家现代化，没有农村繁荣稳定就没有全国繁荣稳定，没有农民全面小康就没有全国人民全面小康"[①]。我国农业仍然是弱质产业，农村发展尤其是农村公益事业发展明显滞后于城市地区，农民是市场弱势群体，涉及"三农"现代化的基础建设，公共财政理应加大投入。强调公共品供给的多元参与机制，主要是为了克服政府作为唯一供给"主体资源配置 + 效率低下"的问题，绝不能因此而弱化政府责任。

第二，农村公益事业投入关注私人部门投资和社会多元参与。越来越多的研究证明，农村公共品生产和供给应该主要由政府通过税收来提供，但政府为主不等于政府包揽，生产和供给方式是多样的。如布坎南（Buchanan, 1968）对美国农村社区的研究表明，在收入水平提高的情况下，"俱乐部"产品可以私人供给。奥斯通（Ostrom, 1990）对小规模"公塘资源"（Common Pool Resources, CPR）问题的案例研究则证明，在一定条件下，公共产品的管理与服务完全可以由民间提供。世界民营化大师萨瓦斯（E. S. Savas）的研究[②]也表明，打破政府的垄断地位，积极实行公共品供给的民营化，建立公私机构间的竞争，是摆脱政府公共服务低效率和资金不足困境的最好出路。

第三，农村公益事业建设投入要探索市场方式。对于私人物品而言，只要需求等于供给，就能达到竞争性均衡。但是公共品的性质决定了其供给和消费不能满足竞争性均衡的要求，因此农村公共品完全由私人部门供给是无效的。公共品私人生产和供给需要解决一个基本问题：即公共品生产的总成本如何在全体消费者之间合理分摊。解决这个问题可以借鉴的理论有：其

---

① 《中共中央关于推进农村改革发展若干重大问题的决定》2008年10月12日。
② ［美］萨瓦斯：《民营化与公共部门的伙伴关系》，中国人民大学出版社2002年版。

一，林达尔均衡[①]从理论上阐述了公共品由私人部门生产和供给是可能的。在农村社区"熟人社会"这一特殊条件，以及"一事一议"筹资筹劳的机制，可以控制公共服务的"搭便车"现象，按照受益程度有差别地分摊公共品生产成本。其二，产权理论也可以解决公共品的市场失灵问题。科斯的《经济学上的灯塔》(1974)一书中，以英国早期的灯塔产权制度[②]，反驳了大家习以为常的观点。科斯的研究表明，产权制度明确、政府支持和保护的情况下，灯塔之类的公共产品由私人生产经营或收费是可能的，而且其效率远比政府资助要高得多，市场失灵可转变为市场有效。其三，俱乐部产品可以采取收费制度排斥非俱乐部成员享用公共品。

(4) 村级公益事业建设与农民负担的关系

我国在很长一段时间内，都采用"人民事业人民办"和民办公助的方式来筹措农村公益事业建设费用，民办学校、民办教师、赤脚医生，等等，无不带有农民负担村级公益事业的痕迹。直到今天，在公共财政的阳光尚无力普照农村大地的条件下，农民仍然承担着村级公益事业建设的大量费用：乡村道路建设、水利电力建设、校舍建设，以及村域环境改造、绿化美化、卫生洁化、路灯亮化、河渠净化等各项工程或项目配套经费，无不需要农民来分摊。"一事一议"筹资筹劳是政策上为村级公益事业建设开设的合法渠道，除此之外，"乱摊派"、"乱集资"是最便捷的方式。村级公益事业建设与农民负担的关系，真可谓"扯不断、理还乱"。

本课题组调研证明，取消农业税后，农村社区管理和公共服务费用分摊，已经成为农民负担的主要形式。新阶段，农民负担的内涵发生了变化：其一，本应由公共财政支付的农村基本公共服务费，但转移到农民或农民集体的是农民负担；其二，应由农民或农民集体支付，但超出了其承受能力的是农民负担；其三，属于农民合法权益，但大量流失的农民收益也是农民负担。事实反复提醒我们，农村社区公共服务设施建设和社会事业发展的费用过多地转移到农民和农民集体承担，很大程度上减少了农民收入，成为取消农业税后农民负担的新形式。

在减轻农民负担和加快村级公益事业建设中，存在一个两难选择：村级公益事业建设和公共服务由公共财政包下来是不可能的，但过多地让农民分

---

① 林达尔均衡中，不是所有消费者面临一个共同的和相同的价格，而是全部消费者有一个公共的数量；不是产品在全体消费者之间进行分配，而是总成本在消费者之间进行分摊，尽量使每个消费者面临的价格和该消费者愿意支付的价格总和正好等于生产公共品的总成本。

② 17世纪初，由政府授权，领港工会建造了两座灯塔，并有权向过往船只收取费用，但在1610—1675年间，领港工会再没修建灯塔；同期，私人部门却投资建造了10个灯塔。

担是不公平的。在取消农业税的新时代,要减轻农民负担,必须构建村级公益事业建设投入的长效机制;反过来,构建村级公益事业投入机制,必须控制农民负担的反弹。因此,研究村级公益事业投入机制,必须同时研究农民合理负担问题。

(二) 调研样本选择与合作研究

为保证调研样本的代表性和科学性,我们根据分区聚类原则,选择我国华东地区的浙江省、华北的河北省、东北的黑龙江省、西北的新疆自治区、西南的云南省作为样本省,其中黑、冀、云三省是全国"一事一议"财政奖补试点省。课题组首先在浙江省试调查后,制定了《村级公益事业建设投入机制研究调研提纲》、《村级公益事业建设投入机制研究调查报表》、《村级组织正常运转和基本公共服务意向入户问卷》,保证各组有一致的调查内容和方法。自 2008 年 7 月至 9 月,课题组进行了实地调查,样本涉及 5 省(区)、24 县(区)、42 乡(镇)、75 村(表 5-2)。省级样本包含了我国东、中、西部地区;县级样本有高原、山地、湖区、平原等不同经济地理环境,含沿海、内陆、边疆等不同区位和不同经济水平;乡村样本有足够的容量。另外,组织了 60 名大学生调查员,利用暑假入户问卷,共获得有效问卷 1230 份,问卷涉及 352 个村、4612 个村民小组、村干部 2448 人,覆盖农户 194139 户、总人口为 642792 人。

调研结束后,由课题组浙江师大农村研究中心的成员撰写分省的调查报告和总研究报告初稿。在此基础上,于 2008 年 10 月 21—22 日,课题组全体成员在浙江师大召开"村级公益事业建设专题研讨会",农业部经管总站正司级巡视员陈凤荣、农民负担监督管理办公室处长袁志军、浙江省农业厅副厅长赵兴泉,以及河北、黑龙江、浙江、云南、新疆等省(区)农业厅经管处负责人,金华市农业局和我校农村中心相关研究人员出席会议。会议听取了"五省调查情况"和"研究报告初稿"汇报,然后围绕"研究报告的框架、主要观点和政策建议"、"试点省(区)'一事一议'财政奖补的做法和经验"等问题展开讨论。根据这次讨论的情况,会后重新修改和完善总调查研究报告。11 月初,课题组主要撰稿人王景新、葛深渭、金国峰、骆鹏等到北京,与农业部经管总站的课题组成员再次讨论和修改了总调研报告。这一成果是课题组成员集体智慧的结晶。收入本章只是总调研报告的部分内容。

表5－2　　村级公益事业建设投入机制研究调研样本一览表

省区	县市	乡镇	村（社区）	调查人员
河北	滦平县	涝洼乡	涝洼村、大龙潭村、大古道村	金国峰 陈增良 袁　兵
		长山峪镇	安子岭村、碾子沟村、黄木局村	
	承德县	石灰窑乡	药王庙村、野珠河村、富裕村	
		新杖子乡	南台村、涝洼村、两益城村	
黑龙江	双城市	联兴乡	兴结村、庆华村	骆　鹏 赵　克 梁开银
		青岭乡		
	阿城区	双丰乡	胜祥村、双兰村	
		料甸乡	红新村、海沟村、西华村	
新疆	疏勒县	英阿瓦提乡	喀帕村	王景新 李长洲 赵伟锋
		牙甫泉镇	铁热克博依斯坦村 开依克艾日克村	
	英吉沙县	城关乡	古勒克霍依村 帕万艾日克村	
		苏盖提乡	达莫顺村	
	喀什市（直管）	乃则巴格乡		
云南	宜良县	匡远镇	永新村	葛深渭 杨克武 郭金喜
		狗街镇	狗街村	
		北古城镇	凤莱村	
		南洋镇	五星村	
	会泽县	金钟镇	鱼洞村、以则村	
		大海乡	绿荫塘村、二道坪村	
浙江	金华市金东区	曹宅镇	大黄村、杜宅村	车裕斌　金国峰 骆　鹏　章也微
	金华市婺城区	沙畈乡	周村、石宫村	
		罗店镇	西吴村	骆　鹏　孔祥卫
		安地镇	下付村、寺口村	
	金华市磐安县	方前镇	后朱村、高丘村	
		新泽乡	罗家村、深三村	
	杭州市余杭区	运河镇	螺蛳桥村、南杭村	骆　鹏　金国峰
	湖州市长兴县	煤山镇	新安村	
	衢州市常山县	青田镇	大塘后村、砚瓦山村	王景新　金国峰
	嘉兴市海宁县	斜桥镇	万星村	金国峰　骆　鹏
	嘉兴市平湖市	当湖街道	虹霓村	
		新埭镇	萃贞村、石桥村	
	丽水市龙泉市	塔石乡	李边村、秋丰村	金国峰
	台州市天台县	平桥镇	西中村、庄前村	
	台州市路桥区	桐油屿街道	新山村、山羊居村	
		螺洋街道	螺洋居村、二友村	
	温州市平阳县	凤巢乡	伍岱村、溪头街村	骆　鹏 金国峰
	温州市苍南县	灵溪镇	灵堡村、龙渡村	
		巴曹镇	平安村、北岭村	
	舟山市定海区	干览镇	龙潭村、青龙村	王景新　詹　静 赵　旦　阮梦君
		小沙镇	滨海社区、光华社区	
	绍兴市嵊州市	三江街道	缸山村、合新村	
		甘霖镇	蛟镇村、桃源村	

二、农村公益事业建设体制转型

（一）农村改革前的基本供给模式

人民公社时期，我国农村基层相继建立了农业技术推广站、农业机械管理站、水利站、畜牧兽医站、经营管理站等农业生产和农村经济发展服务机构；建立了供销合作社，作为农村的唯一流通部门，负责农业生产资料和农民生活资料的供应；设立了粮管站，负责粮食的统一购销、储存与调配。此外，还设立了文化站、广播站和卫生院，承担农民的精神文化服务和医疗保健服务职能。人民公社建立的这一农村公益事业和公共服务体系，组织上基本健全，功能上基本完善，对推动农村经济的发展，满足农民的物质文化需要，稳定农村的社会福利事业，起到了至关重要的作用。

从投入体制机制的特征上看：公社时期有两种投入渠道，既有财政投资渠道，又有集体经济组织筹资渠道，其中后者是投资主体。在"文化大革命"前，财政投资力度稍大，"文化大革命"开始后，农村公益事业的"民办"色彩愈来愈浓（表5-3）。人民公社（包括生产大队及生产队）的组织体系发挥主要作用，而且，公社体制下的农户需求具有很高的同质性，容易形成自上而下决策、统一生产供给的模式。人民公社分配体制使得集体可以在认为需要时，决定提取公积金和公益金的比例，用于村社公益事业的建设，这种资金筹措方式非常高效，并且由此对农民造成的负担是隐性和间接的。

表5-3　　　　　改革前主要农村公共品的筹资渠道

公共品项目	筹资渠道
大型水利工程和小型农田水利工程	新中国30年兴修的水利工程，国家总投资共763亿元，而社队自筹及劳动积累，估计达580亿元。对于小型农田水利工程凡是社队有能力全部承担的，自筹解决；对困难社队，国家给予必要补助
农村基础教育	国家预算支出为主，社区集体支出一部分，个人需承担少部分
公社医疗卫生事业	实行"社办公助"，主要依靠公社集体经济力量。其中由大队统筹农民的医疗费用，基本医疗服务费用主要由集体承担；财政补助用于培训医务人员的经费和支持穷队办合作医疗。其运行几乎完全靠集体经济投资和维持
公社范围内农业事业单位	国家财政预算内经费及公社社有资金
公社文化和广播事业	公社社有资金为主，国家预算内支出中适当补助

总之，人民公社时期农村公益事业建设投资采取"民办公助"方式，资金主要来源是提取公积金和公益金，本质上是农民负担为主，对"民办"确有困难的，国家财政辅之以补贴。

（二）农村税费改革前的基本供给模式

党的十一届三中全会以后，我国农村改革正式启动，随着改革不断深入，农村经济社会结构都发生了深刻变化。进入20世纪90年代，农村商品经济进一步发展，社会主义市场经济体制逐步建立，加之县乡两级财政普遍紧张，农村公益事业建设及投入机制相应发生了变化。总体上看，改革初期，农村公益事业建设出现衰退迹象，农民称为"吃老本"；1985年以后，农村公益事业出现缓慢发展势头。但这一时期，农村公益事业建设筹资对象和方式都指向农户，农民负担不断加重。

第一，筹资对象发生了变化。家庭承包制实施后，农村公益事业建设筹资对象从基层组织为主转向以农户为主。首先，生产单元和分配体制都下沉到农户，农户实际支配了大部分农村生产资料，并拥有了剩余索取权，而集体经济组织积累和投资能力极大减弱，农村公益事业建设的筹资对象就自然由集体转向农户，农民负担开始显性化。其次，家庭承包制促进了农村财富增长，为农村公益事业制度外筹资奠定了基础，特别是农村非农产业快速发展，使农村公益事业筹资对象不再局限于农业，乡镇企业成为农村公益事业制度外筹资的重要渠道。

第二，筹资方式发生了变化。农村公益事业制度外筹资方式也因家庭承包经营体制确立而发生了变化。公社时期农村公共服务制度外筹资方式与集体经济组织收益分配制度紧密相关，公共服务所需成本在农户分配之前直接从各个基本核算单位扣除，农户并不清楚自己的负担份额。家庭承包制建立之后，农村公益事业建设制度外筹资必须直接向农户收取费用，因此，村提留和乡统筹的制度应运而生。所谓村提留，包括公积金、公益金、管理费等三项费用，乡统筹是指教育附加、计划生育费、民兵训练费、民政优抚费、民办交通费等五项费用，俗称"三项提留、五项统筹"。"三提五统"筹资建设农村公益事业并维持其运转，是税费改革前农村公益事业建设最主要的投资模式。

第三，筹资演变为农民沉重负担。如第四章所述，自20世纪80年代中后期至农村税费改革前，村级公益事业建设筹资方式转变为以农民负担为主。1995年以后至农村税费改革前，是农民负担最重的时期，1998年达到高峰，当年全国农民负担总额1360亿元，人均152.8元；劳均两工（义务供工、劳动积累工）21个工日。由此，我国政府展开了减轻农民负担工作，并引发了农村税费制度的彻底改革。

（三）农村税费改革以来的探索

农村税费改革的成功，基本理顺了国民收入分配关系，使农民得到了实惠，但另一个方面，取消农业税及其附加，"三提五统"筹资建设农村公益事业的机制彻底瓦解了，代之而起的是以各项"工程"为载体，以国家财政投入和地方财政配套为主体，以各种"达标升级"验收奖励为辅助，以村社集体筹资和农民分摊为补充的新体制和机制正在逐步形成。国家层面，以农村公路、电力、通讯和信息网络"村村通"为载体的各项工程成效显著，以耕地保护、土地整理、低产田改造、节水灌溉、病险水库除险加固等为重点的农业基础设施建设重新纳入规划，以天然林保护、退耕还林为重点的生态工程建设有序展开，以农村基本公共服务、农业科技创新和推广为内容的农村社区服务体系建设也正在实验和探索之中。地方政府层面，在贯彻可持续发展观、统筹城乡、促进农村改革发展的过程中，诸如"千村示范、万村整治"工程，"改水、改厕、改厨、改路、改居"工程，"道路硬化、路灯亮化、庭院绿化、环境美化、河渠净化"五化建设工程等，在各地如雨后春笋般涌现。2008年，村级公益事业建设"一事一议"财政奖补试点正式启动，分别在河北、黑龙江、云南三省开展试验，其他非试点省（市、区）也积极开展探索，试验取得了初步成绩。但是，农村公益事业建设投入的这种新体制和机制尚在探索之中，难免存在这样那样的问题，投入机制亟须创新。

三、农村公益事业建设现状分析

（一）农村公益事业建设总体面貌明显改观

农村改革30年，国家不断加大对农村公益事业建设的投入，农村基础设施建设的总体面貌大为改观，但如果把视线下沉到村域则发现差距较大。

(1) 农村公路、电力、通讯和信息网络"村村通"基本实现

公路村村通基本实现，村内道路质量明显提高（见表5-4）。2006年末，全国637011个村民委员会（500多万个自然村）中，通公路的村和自然村分别为95.5%和82.6%；25%的村域内有车站或码头，56.7%的村距离车站码头1—5公里，我国大多数村民出行比较方便。村道设施质量有提高。进村道路硬化占88.3%，村主要干道路灯亮化比例占21.8%。

表 5-4　　　　　　农村公路"村村通"情况（2006 年末）　　　　（单位:%）

项目		全国	东部地区	中部地区	西部地区	东北地区
通公路的村		95.5	98.2	96.1	91.2	98.1
通公路的自然村		82.6	89.9	81.1	78.0	92.7
通电的村		98.7	99.8	99.8	96.0	99.9
通电的自然村		98.3	99.6	99.4	96.1	99.9
通电话的村		97.6	99.6	98.6	93.8	99.6
通电话的自然村		93.7	97.0	95.2	89.6	98.9
能接收电视节目的村		97.6	99.2	98.0	94.9	99.7
能接收电视节目的自然村		95.3	97.2	96.0	92.9	99.3
农村公路设施质量						
进村公路路面质量	水泥路面	35.2	51.8	37.1	14.1	25.1
	柏油路面	26.3	32.8	26.7	16.4	34.9
	沙石路面	25.7	10.8	26.3	42.7	32.7
	砖、石板路面	1.1	1.2	1.1	0.6	2.4
	其他路面	11.7	3.4	8.8	26.2	4.9
村内主要道路路面质量	水泥路面	27.7	44.0	26.4	10.6	15.6
	柏油路面	11.1	16.5	11.0	4.3	13.0
	沙石路面	35.7	24.1	38.9	43.5	57.0
	砖、石板路面	2.7	3.9	2.7	1.1	2.6
	其他路面	22.8	11.5	21.0	40.5	11.8
村内主要道路有路灯的村		21.8	44.5	13.0	4.0	10.9

资料来源：根据第二次全国农业普查主要数据公报整理。

农村电力、通讯设施的现代技术装备水平提高。1998—2006 年，国家累计投资 2885 亿元用于农村电网建设和改造工程。2006 年末，我国 81.9% 的乡镇已经完成农村电网改造，通电的村和自然村分别为 98.7% 和 98.3%。通电话的村和自然村分别为 97.6% 和 93.7%。有邮电所的乡镇占 81.1%。能接收电视节目的村和自然村分别达到 97.6% 和 95.3%，安装了有线电视的村和自然村分别为 57.4% 和 44.3%。

农村信息服务网络平台初步形成。根据信息产业部课题组的研究报告，截至 2007 年底，全国行政村通电话比例达到 99.5%，29 个省区市实现了所有行政村通电话。全国农村固定电话用户达到 11685.5 万户，用户普及率超过 16 部/百人，全国（除西藏外）行政村通电话问题基本得到解决。在全国范围内，97%以上的乡镇具备互联网接入条件，92%的乡镇开通宽带，部分行政村具备宽带上网能力。但是，农村通信和农村信息化发展机制尚不明确，农村信息化的供给主体仍然缺位，瓶颈由基础网络转向涉农信息资源及应用，农村信息链有待进一步完善，低成本信息终端缺乏，农村信息化人才短缺，需要加强建设。

特别要指出，"相对于区域经济发展的巨大差异，农村交通、电力、通讯等设施的区域差异并不明显。就农村交通而言，通公路的村占当地建制村总数的比重，东、中、西和东北地区①分别为98.2%、96.1%、91.2%和98.1%；通电村的比重，东、中、西和东北地区分别为99.8%、99.8%、96.0%、99.9%；通电话村的比重，东、中、西和东北地区分别为99.6%、98.6%、93.8%和99.6%；能接收电视节目村的比重，东、中、西和东北地区分别为99.2%、98.0%、94.9%和99.7%。应该看到，这是我国近十余年来的西部大开发、中部崛起和东北振兴的巨大成就之一，也是未来我国区域经济非均衡协调发展的重要基础"②。

（2）农村饮用水清洁卫生状况有较大改观

村村通清洁卫生水的比重相对较低，仍然有近两成农户饮水不安全或有困难。据2003年中国卫生服务调查，中国城市居民饮水来源主要为自来水，占调查住户的96%，而农村饮用自来水的比例为34%、饮用手压机井水占34%、初级形式（井台加高、加井盖、定期投药）占8.8%，雨水收集占3.4%，不安全方式（如江河湖、塘沟渠、宅沟水等）占19.8%。第二次全国农业普查资料证实，到2006年末，我国农村22592万住户中，使用管道水的住户10754万户，占48.6%，5101万户的饮用水经过净化处理，占23.1%；9231万户的饮用水为深井水，占41.8%；6151万户的饮用水为浅井水，占27.8%；619万户的饮用水来源于江河湖水，占2.8%；303万户的饮用水为池塘水，占1.4%；316万户的饮用水来源于雨水，占1.4%；387万户的饮用水来源于其他水源，占1.7%；有2265万个住户反映获取饮用水存在困难，占10.3%。

（3）农村教育服务水平有极大提高

普查数据表明，有30.2%的村有幼儿园、托儿所，在3公里范围内有

---

① 本课题区域分类：东部地区，京、津、冀、沪、苏、浙、闽、鲁、粤、琼；中部地区，晋、皖、赣、豫、鄂、湘；西部地区，蒙、桂、渝、云、贵、川、藏、陕、甘、青、宁、疆；东北地区，辽、吉、黑。

② 詹成付、王景新：《中国农村社区服务体系建设研究》，中国社会科学出版社2008年版，第31—32页。

小学的村占87.6%，在3公里范围内有中学的村占49.4%（表5-5）。全国10.8%的乡镇有职业技术学校。自2003年以来，我国政府连续出台新政策对义务教育体制进行大幅度调整。如《关于进一步推进义务教育均衡发展的若干意见》（2005.5），把促进教育公平公正作为义务教育发展重要的指导思想。《中国全民教育国家报告》（2005.11）承诺到2007年，全国农村义务教育阶段家庭经济困难学生都能享受到免费教科书和寄宿生活补助。《关于深化农村义务教育经费保障机制改革的通知》（2005.12），要求逐步将农村义务教育全面纳入公共财政保障范围，建立中央和地方分项目、按比例分担的农村义务教育经费保障机制。新修订的《义务教育法》（2006.6）将上述政策上升为法律。

表5-5　　　　　　　　2006年末全国农村教育服务状况　　　　　　（单位：%）

		全国	东部地区	中部地区	西部地区	东北地区
	村内有小学	32.4	25.9	37.8	34.1	38.2
离小学的距离	1—3公里	55.2	64.4	51.8	48.5	47.2
	4公里以上	12.4	9.7	10.4	17.4	14.6
	其中：20公里以上	0.7	0.1	0.1	1.9	0.5
	村内有中学	5.8	5.3	6.2	5.9	6.9
离中学的距离	1—3公里	43.6	52.2	47.1	31.1	32.2
	4公里以上	50.6	42.5	46.7	63.0	60.9
	其中：20公里以上	4.1	1.3	1.5	10.3	2.1
有幼儿园、托儿所的村		30.2	35.1	31.1	22.0	37.3

资料来源：根据第二次全国农业普查主要数据公报整理。

(4) 农村基本医疗服务网络基本覆盖

根据《中国社会统计年鉴2007》数据，截至2006年底，全国拥有乡村医生906320名，乡村卫生员51139名，村均拥有乡村医生和卫生员1.53名，分别是1980年的1.49倍、0.21倍和0.73倍，全国拥有乡镇卫生院39517所。2006年底，全国3.47万个乡镇共设乡镇卫生院4万个。全国62.5万个行政村共设立60.9万个村卫生室，占行政村总数的88.1%。每千农业人口医生和卫生员为1.11人。第二次农村普查的数据说明，村域范围内医院、卫生院和卫生室的村已经达到81.5%，有76.3%的村医生具有了行医资格证书（表5-6）。

表 5-6　　　　　全国农村医疗保健服务状况（2006 年末）　　　　（单位：%）

		全国	东部地区	中部地区	西部地区	东北地区
到达医院或卫生院的距离	村内有医院或卫生院	7.2	7.0	6.7	7.8	7.4
	1—3 公里	43.0	51.8	43.1	34.1	29.8
	4 公里以上	49.9	41.0	50.2	58.1	62.8
	其中：20 公里以上	2.0	0.5	1.2	4.8	1.7
有卫生室的村		74.3	74.1	79.6	68.1	81.7
有行医资格证书医生的村		76.1	75.9	80.8	68.9	91.5
有行医资格证书接生员的村		16.3	9.3	19.3	20.9	23.9

资料来源：根据第二次全国农业普查主要数据公报整理。

（5）农村文化体育、环境卫生和社会保障逐步提高与完善

农村社区的文化体育服务体系的建设正在兴起。2006 年末，全国有 10.7% 的村有体育健身场所，13.4% 的村有图书室、文化站，15.1% 的村有农民业余文化组织。农村居民的环境卫生意识不断加强，全国有 24.5% 的村饮用水经过集中净化处理，15.8% 的村实施垃圾集中处理，33.5% 的村有沼气池，20.6% 的村完成改厕。2003—2005 年间，国家共安排国债资金 30 亿元，用于支持一池三改的农村沼气项目，发展农村沼气，每年直接为农民增收节支 100 亿元。农村社区环境卫生服务的意识正在形成，环境卫生服务体系的建设也已经起步，但与城市社区的环境卫生服务供给相比，差距还相当大。

农村社会养老保险制度、医疗保障制度、最低生活保障、五保户集中供养、特困户救助制度优先发展。（1）自 2002 年开始，农村社会养老保险制度开始试点并逐步推广，从调查省份看，个人养老金账户、"土地换社保"等多种形式的制度正在探索建立之中。农村五保户集中供养体系基本形成，2006 年末，有敬老院的乡镇占 66.6%。（2）以乡镇为单元建立大病统筹机制以及新型农村合作医疗制度普遍建立。截至 2007 年 3 月，开展"新农合"的县（市、区）达到 2319 个，占总数的 81.03%，参加"新农合"的农民已有 6.85 亿，占 85.7%。（3）农村社会救助体系日趋完善。据民政部民政事业统计季报，截至 2008 年 3 月底，我国农村居民享受最低生活保障的共 1641.2 万户，3596.5 万人，平均标准为 69.2 元／人／月；五保户集中供养 139.1 万户、144.9 万人，平均标准为 1917.1 元／人／年，人均支出水平为 145.0 元／人／月；分散供养户数 361.6 万户、387.5 万人，平均标准为 1418.7 元／人／年，人均支出水平为 86 元／人／月。

（二）村级公益事业滞后于经济社会发展需要

调查省（区）农村经济状况，反映了我国村域经济主体多元化、非农化的强劲趋势（表5-7）。村域经济主体由单一集体经济转型为村组集体经济、农户家庭经济、新经济（专业合作、工商业主和其他经济）三足鼎立态势，如果剔除农户经济统计中包含的个体工商户经济，再把其他经济主要视为新经济，那么，农户经济、村组集体经济和新经济体的比例大约为5：2：3。村域以工业为主体的非农化的趋势凸显。样本省（区）农林牧渔只约占11%，而第二产业占80%，第三产业和其他收入占9%。

表5-7　　　　　样本省农村经济收入及构成（2007年）　　　（单位：万元）

单位	农村经济总收入	按经营形式划分				
		村组集体收入	其中村办企业收入	农户家庭经营收入	专业合作社收入	其他收入
河　北	136496859	9280988	2442897	968681267	—	18655118
黑龙江	19225236	1132150	6002987	13089678	—	—
浙　江	354307105	13813841	10983346	120613035	—	84428257
云　南	30503985	5028002	3584379	19385683	—	1719333
新　疆	7998883	72413	6397	6857201	16749.9	1052519
合　计	548532068	29327394	17617317	256813723	—	105855227

单位	农村经济总收入	按行业划分				
		村组集体收入	其中村办企业收入	农户家庭经营收入	专业合作社收入	其他收入
		25507127	76868255	6933567	3703140	3409683
黑龙江	19225236	9097953	5823345	1234186	2693052	376701
浙　江	354307105	12176966	292641053	11811446	27426011	4122921
云　南	—	—	—	—	—	—
新　疆	7998883	5702355	1003672	201289	1010582	80982
合　计	540533185	52484400	376336325	20180488	34832785	7990287

资料来源：本课题组调查的样本由省（区）农业厅经管处（局）提供。

农户收入和积累能力明显提高。就调查村而言，村民人均收入以浙江省最高，达7079元，黑龙江省居第二，河北省排第三，云南第四，新疆最低，为2248.8元（表5-8）。从典型案例看，浙江省义乌市北苑乡留雅村人均收入最高，达到30000元，河北省承德县石灰窑乡野珠河村最低，为680

元。应该说明，表5-8反映的全国农民人均纯收入调查数据与国家统计数据高度吻合，各省农民人均纯收入高低顺序与国家统计数据基本一致，但农民人均纯收入调查数据普遍（除黑龙江外）低于国家统计数据，其中河北、黑龙江、新疆的偏差较大，这与样本选择的区域有关，如新疆南疆、河北承德等属于该省欠发达地区；而黑龙江调查的是哈尔滨周边相对富裕的地区，故调查数据高于统计数据。

表5-8 按省区划分的村人均纯收入（2007） （单位：元）

地区分组	河北省	黑龙江省	浙江省	云南省	新疆	全国
调查村平均	2571.64	6356.43	7079.62	2388.12	2248.8	4143.72
国家统计数据	4293.4	4132.3	8265.2	2788.2	3183.0	4140.4

资料来源：调查村数据来源问卷分析报告；国家统计数据来源《中国统计年鉴摘要2008》，中国统计出版社2008年版，第113页。

与村域经济加速转型发展的趋势相比较，村域公益事业建设严重滞后。据农业部2007年对不同区域、不同经济发展水平的107个村抽样问卷调查，有45.8%的村认为村内公益设施比较薄弱，跟不上新农村发展需要，8.4%的村认为其严重滞后，已经影响了新农村的发展进程。本课题组的调查进一步证实：村级债务严重，村级组织运行困难，无力开展村级公益事业建设和提供社区公共服务；村级公共设施老化、残缺，农民行路难、就学就医就业难、饮水难、村庄环境脏乱差等状况没有得到根本改变，不能满足村域经济发展和农民群众日益增长的物质文化生活需要。

第一，农村义务教育问题仍然比较突出。普及农村义务教育不仅需要免费，更重要的是均等教育资源和提高农村义务教育质量。近年来，村级学校撤并带来一些问题：以前一村一校，现在许多地方一乡一所小学，学校过于集中，学生上学路途遥远；住校学生需要家长陪读，增加了农民负担。村级小学是村文化体育娱乐中心，小学撤并使原本贫瘠的乡村文化生活更加贫瘠。村级学校校舍条件有了改善，但优秀师资流失严重，教学设备不足，农村义务教育质量整体下降。因为家庭经济条件差异，新一代学龄儿童被分割成不同等级，富裕家庭的子女到县城读书，小康家庭的孩子到乡镇学校，贫困家庭的子女不能正常上学。

第二，农民生产、生活的基础设施仍然薄弱。全国范围的抽样调查表明：村域农田水利设施严重老化，只有64.5%的村有效灌溉和排涝面积达到60%以上，有13.1%的村农田水利设施严重老化，基本不能使用；有1/3的村，村内主要主干道与各自然村之间的道路只有泥土路或不畅通。调查五省（区）通户道路没有硬化的比例达50%，村内道路建设不能适应社会经济发展的需要。村民饮水设施差，只有28%的村村民能够方便饮用安全的自来水，尚有8.4%的村没有水源及输水设施。村内环境比较脏乱，有43.9%的村没有固定垃圾收集场所，有28.0%的村虽然有垃圾倾倒场所，但不能定期清理填埋。有95%以上的村没有生活污水处理系统，80%的村没有改造农厕，37%的村河流污染未治理。

第三，村级公共设施和服务水平不能满足农民的基本要求。五省（区）问卷表明，逐渐富裕起来的农民对养老院和老年活动中心、劳动力职业技能培训中心、农业科技信息服务站、公共文化设施、体育设施等需求迫切（表5－9），而当前农村实际状况却相差太远。如全国有体育健身场所的村只有10.7%，有图书室文化站的村只有13.4%，有农民业余文化组织的村只有15.1%，有1/3的乡镇没有养老院，基本没有劳动力职业技能培训中心和农业科技信息服务站。

表5－9　　　　　　　　农民对公益设施及其服务要求

选项	养老院和老年活动中心	公共文化设施	体育设施	农业科技信息服务站	劳动力职业技能培训中心
频数	906	742	688	659	644
频率（%）	76	62	58	55	54

（三）村级公益事业区域差异化、多极化的格局凸显

公益事业建设及其基本公共服务的城乡差距有目共睹，不赘述。令人担忧的是，村级公益事业建设和基本公共服务水平的区域差距正在扩大。

第一，村级公益事业建设区域差距明显。农业部抽样问卷调查的107个村中，东、中、西部各占1/3左右，分类汇总如表5－10。比较发现：（1）东中西部地区村内道路分属三个不同水平。东部地区大部分村内实现了水泥路或沥青路，交通方便；中部地区一半村实现了沙石路通达，交通比较便利；西部地区四成以上的村只有泥土路或道路不畅通，交通不方便。（2）村内农田水利设施在不同地区分布特点不同。东部地区有效灌溉面积主要集中在中等以上，1/4的村有效灌溉面积在90%以上，1/3的村在60%—89%；中部地区主要集中在中等和较差等，四成的村有效灌溉面积在60%—89%，1/3的村为40%—59%；西部地区主要集中在中等和差等，1/3村的有效灌溉面积在60%—89%，还有三成的村农田水利设施严重老化，农业生产基本靠天吃饭。（3）西部只有不到1/3的村实现了统一供应自来水，中部地区井水资源丰富，农民又有打井习惯，因此约八成的村有统一或分户的饮水井。(4) 村内文化体育设施建设和村庄环境卫生也存在明显的区域差异。全国村内有体育健身场所、图书室和文化站、农民业余文化组织的村，分别为10.7%、13.4%和15.1%，西部地区分别仅为4.8%、10.9%和12%。村内比较脏乱的村占总村数的比重，全国为43.9%，东、中、西部分别为29.6%、54.4%和41.2%。

表5-10　　　　　　　村公益事业建设状况（2006年末）　　　　　　（单位:%）

（一）村内主干道及各自然村（组）之间道路

地区	有水泥路或沥青路通达，交通方便	有沙石路通达，交通比较便利	有泥土路通达，交通不太方便	道路不畅通，交通很不方便
全国	33.64	34.58	27.10	4.67
东部	62.96	14.81	18.52	3.70
中部	21.74	50.00	26.09	2.17
西部	26.47	29.41	35.29	8.82

（二）村内农田水利设施情况

地区	优等	中等	较差	差等
全国	26.17	38.32	22.43	13.08
东部	59.26	29.63	7.41	3.70
中部	17.39	45.65	30.43	6.52
西部	11.76	35.29	23.53	29.41

说明：优等指有效灌溉和排涝面积占耕地面积90%以上；中等指有效灌溉和排涝面积60%—89%；较差指有效灌溉和排涝面积占40%—59%；差等指农田水利设施严重老化失修，不能使用。

（三）村内生活用水设施情况

地区	安全方便	一般	不方便
全国	28.04	63.55	8.41
东部	44.44	44.44	11.11
中部	13.04	82.61	4.35
西部	35.29	52.94	11.76

说明：安全方便指统一供水，户内接通安全的自来水；一般指有统一或分户饮水井，村民自行取水；不方便指无水源，也无输水设施，饮水很不方便。

资料来源：根据第二次全国农业普查主要数据公报整理。

第二，村级公益事业建设村域差距多极化。课题组调查发现，农村改革30年来，伴随着制度和技术创新，农村分工深化、村域经济类型多样化、水平多极化发展趋势越来越明显。从经济类型上看，有现代工业型、专业市场型、现代或传统农业型、旅游型村域经济的区别。从经济水平上看：一些超常规发展的工业村、市场村，发展为巨富型村域经济，村集体年可支配收入在300万至上千万元甚至十多亿元，村民人均年纯收入1.5万元左右，最高达到6万多元人民币；一些现代农业村、旅游村（含古村落），进入到小康型村域经济，村集体可支配年收入100万—300万元左右，农户人均纯收入接近或超过全面小康（人均8000元）标准；一些现代农业、旅游业、工商业和专业合作社有所发展的村，成为温饱型村域经济，村集体可支配收入能够维持村级组织正常运转，农户收入在满足家庭消费之后，尚有一定的积累和投资能力；而另一些传统农业村落、山区少数民族聚居村落，仍然属于贫困型村域经济，村集体无收入或者可支配收入不足以维持村级组织运转，农民收入勉强维持简单再生产。

在公共财政尚不能覆盖农村的状况下，村域经济发展状况决定了村级公益事业建设和公共服务的水平。巨富型、小康型村域的公益事业及其公共服务出现了城乡一体化、基本公共服务均等化的局面，一些明星村甚至超城市化；而温饱型、贫困型村域，公益设施建设或者停滞不前，或者严重老化，村级组织勉强维持运转或者处于瘫痪状态，村级组织公共服务功能丧失殆尽。

（四）村级公益事业需求巨大，投入机制缺失

按照基本公共服务均等化的目标追求和社会主义新农村建设的要求，落实中共十七届三中全会《决定》精神，农村公共事业建设要完成村民生产生活基础设施、文化教育、医疗卫生、扶贫开发、社会保障、生态环境、防灾减灾能力、社会管理等方面的任务，其中，在基础教育、基本医疗、基本社会保障、农民就业和社会安全等方面，村民应享受与市民大致相当的公共服务。

（1）村级公益设施建设投资需求巨大

测算村级公益设施建设的费用，需要研究和考虑几个问题：

其一，考虑到农村交通、电力、通讯等村村通工程已经取得很大成绩，以农田水利建设为重点的农业基础设施建设已经纳入国家规划，而且，农业基础建设不仅仅是村级公益事业建设范畴，因此建议仍然按照既有渠道投入，本报告不作测算。

其二，比照城市社区公共品供给已经达到的程度，从保障村级组织运转和提供基本公共服务的场地考虑，村级公益设施建设至少应包含十有，即有村"两委"办公场所，有村民议事、农民学校、党员活动、图书阅览室等合一的多功能厅，有社保、计生、科技等"一站式"综合服务厅，有广播室和信息服务中心，有警务室，有老年人活动中心，有幼儿园，有文体活动室及文体小广场，有医疗卫生所，有便民超市。

其三，课题组根据实地调查和入户问卷获得的数据推算，目前我国约63.7万个建制村中，富裕型和小康型村域约占10%，这样的村基本完成上述八项建设任务，每村约需要财政投入30万元左右，累计约需要192亿元；温饱型村域约占44%，基本完成上述建设任务，每村需要财政投入50万元左右，累计约需1402亿元；贫困型村域约占46%，基本完成上述建设任务，每村需要财政投入80万元，累计约需2345亿元。村级公益设施建设总计约需财政投资4000亿元。

（2）村级公益事业运行及设施维护成本越来越高

课题组认为，维持村级组织和基本公共服务的成本，由以下四大类共计11项成本构成：一是人员工资类，包括村"两委"干部工资、专职服务人员工资、其他临时雇工补贴和公共卫生补贴；二是村级组织活动与办公经费；三是社会保障支出，包括村内五保户供养、特困户救助、合作医疗及乡镇大病统筹补贴；四是村内环境与设施维护费用，如保洁与垃圾清运费、基础设施和环境养护费。

保障村级组织运转和社区基本公共服务的成本需求。调查五省（区）差异较大，比如云南省测算为15万元，而浙江省问卷测算约需41万元。实地调查进一步证实这种差异的存在，比如：苏北保障村级组织运转财政投入经费每村8万元；苏南把村集体可支配年收入低于20万元作为贫困村扶持，上海郊区把村集体可支配年收入低于50万元作为经济薄弱村扶持，皆因为低于20万元或50万元，即不能保障村级组织和公共服务运转。出现这样大的差距，既与各地农村的经济发展水平相关，也与各地村庄的人口规模相关。根据上述情况，课题组建议将村级公益事业运行村均年度成本下线定为8万元，上线应控制在30万元以内。

再考察村集体收入能力。五省（区）问卷表明，村集体可支配收入低于5万元的约占68%，5万—10万元的占10%，10万元以上的占22%，其中20万元以上的约占7%（表3-8）。如果对不同经济水平的村采取不同的奖补和扶持政策，进一步假设，每年每村（中等规模的村）奖补标准为：无收入和低收入（5万元以下的）村8万元，累计约需347亿元；中下等收入（5万—10万元的）村5万元，中上等收入（10万—20万元的）村奖补3万元，累计约需57亿元；高收入（20万元以上的）村不奖补。照此计算，年度运行总成本约为404亿元。

(3) 村级公益事业建设投入机制缺失

取消农业税及其附加费,极大减轻了农民负担,但也减少了村级公益事业筹资渠道。从村级公益事业建设投入机制上看,"三提五统"筹资和"两工"筹劳机制解体以后,新的投入机制尚未确立,出现了一些新情况、新问题。

其一,以各项建设工程为载体的公共财政投资缺乏识别机制,嫌贫爱富现象明显,越有配套经费的地区和越有筹资能力的社区越能获得各项工程;而且,中央财政对农村公益事业建设投入力度虽然逐年增强,但分散在众多职能部门,投资效益受到限制;另外,这些建设工程大多不能进村入户,村级公益事业建设"梗阻"现象凸显。

其二,各项工程的配套经费以及村级组织运转经费转变为农民负担,出现反弹迹象。据统计,2007年,农民人均承担的费用33.81元,比上年增加2.86元,增长9.2%。涉农乱收费和各种集资摊派出现返潮现象,2007年,行政事业性收费人均14.61元,比上年增长12.1%。

其三,"一事一议"筹资筹劳作用有限,而且有增加农民负担的趋势。据农业部的调查,2004年开展"一事一议"筹资的村11.9万个,占全国总村数的18%,筹资总额21.6亿元,村均1.81万元。但根据本课题组在五省(区)的调查,2007年,冀、黑、浙、云、新"一事一议"筹资分别为7493万、22000万、9559万、13357万和14895万元,五省(区)合计为67305万元,如果按照五省(区)94623村平均,村均筹资0.71万元,相对于巨大的需求而言可谓杯水车薪。"一事一议"筹资已有上升趋势,2007年,全国人均筹资4.11元,比上年增加35.4%;以资代劳人均1.5元,比上年增长50.5%;人均筹劳1.13个,比上年增长62.2%。

其四,农民收入低,承担公益事业建设费用的能力弱。2007年,我国农民人均纯收入4140.04元,平均每人生活消费品支出3223.9元,农民没有多余能力分担村级公益事业建设成本。这是"一事一议"筹资筹劳制度运行比较困难的重要原因之一。

其五,村级集体经济过弱,无力承担公益事业建设重担。根据上述调查五省(区)村集体经济收入状况,如果我们把村集体可支配收入低于1万元的村看成不能维系村级组织运转,5万元以下的村无力维持村级最基本的公益事业开支,那么,调查省(区)5成以上的不能保障村级组织正常运转,近7成的不能保障村级基本公共服务(表5-11)。另外,村级债务有增加趋势。本课题组对浙江省200个村庄调查表明,2007年村级负债面达77%,村级债务8432万元,村均42.16万元,比2006年的7251万元增加了1181万元，村均增加5.9万元。

表5-11　　　调查省（区）村集体经济可支配收入分类（2007年）

单位	村集体可支配总收入	村均可支配收入	按照村集体可支配收入分组（村数）			
			1万元以下	1万—5万元	5万—10万元	10万元以上
河　北	600493	12.3	32292	—	4439	3429
黑龙江	9655	1.1	—	—	—	—
浙　江	760891	22.6	8753	6062	3685	15111
云　南	13405	1.0	8982	2594	432	787
新　疆	42574	4.87	2135	3434	1283	1205
合　计	1427018	15.1	52162	12090	9839	20532

资料来源：本课题组调查的样本省（区）农业厅经管处（局）提供。

四、村级公益事业投入机制创新构想和建议

（一）村级公益事业投入机制创新构想

（1）村级公益事业投入机制创新的必要性

第一，村级公益事业建设是适应新的发展阶段要求，进一步提高农民生活品质的必要条件。农村人均生活水平高低和享有的社会公共产品状况是衡量国家经济发展水平和社会公平程度的重要指标。"我国总体上已进入以工促农、以城带乡的发展阶段，……进入着力破除城乡二元结构、形成城乡经济社会发展一体化新格局的重要时期。"这一阶段是人类发展水平相对较高的阶段，满足农村公共产品供给的基本需求上升为农民的主要需求。构建与发展型社会相适应的农村公益事业建设投入机制，加快农村公益事业发展，使广大农民共享改革发展成果，是执政党贯彻科学发展观、关注民生和追求社会公平的重要体现。

第二，村级公益事业建设投入机制创新是巩固税费改革成果、防止农民负担反弹的现实需要。当前"减负"基础仍不牢固，减轻农民负担工作远未了结，监督管理任重而道远。从长远考虑，减轻农民负担，必须构建以公共财政供给为主，集体、个人和民间机构多方参与的村级公益事业建设的投入机制。

第三，村级公益事业建设投入机制创新是构筑城乡经济社会发展一体化新格局的必然要求。构建城乡经济社会发展一体化新格局，必须扩大公共财政覆盖农村范围，发展农村公共事业，使广大农民学有所教、劳有所得、病

有所医、老有所养、住有所居。国内外研究证实,增加农村公共品生产和供给,对于协调城乡经济发展有巨大作用。发展农村公共事业,有利于缩小城乡居民收入和享受基本公共服务的差距,有利于推动农村经济、政治、文化、社会的转型发展,充实和完善社会主义新农村建设的体系和内容,有利于夯实全面小康社会与和谐社会的基础,到2020年,如期实现全面小康社会的重要目标。

(2) 村级公益事业投入机制创新的可行性

第一,我国综合国力和国家财政实力不断增强。2007年,我国国民总收入251481.2亿元人民币,其中国内生产总值249529.9亿元,GDP总量已经跃居世界第四位,人均GDP达到2456美元;三次产业结构为11.3：48.6：40.1;城镇化水平为45%。国家财政收入突破5万亿元,2008年预计将突破6万亿元。这一切都证明,我国已经进入到工业化中期阶段和中等收入国家行列。这是工业化和城镇化快速发展的阶段,也是解决"三农"问题的重要机遇期,已具备加大对农村公益事业建设投入的条件和实力。

第二,科学发展观、基本公共服务均等化等理念形成共识。自《中共中央关于构建社会主义和谐社会若干重大问题的决定》提出"完善公共财政制度,逐步实现基本公共服务均等化"和"把基础设施建设和社会事业发展的重点转向农村……"之后,"社会公平正义"和"基本公共服务均等化"等新执政理念正在逐步转变为各级政府的战略和政策。党的十七大号召为"确保到2020年实现全面建成小康社会的奋斗目标",要"加快推进以改善民生为重点的社会建设",十七届三中全会《决定》辟出专章,号召"加快发展农村公共事业,促进农村社会全面进步",进一步强调"必须扩大公共财政覆盖农村范围"。一切迹象表明,农村公益事业建设的重要性和紧迫性已经形成全党、全社会的共识,农村公益事业将进入一个快速建设和发展机遇期。

第三,村级公益事业建设"一事一议"财政奖补试点取得初步成效。自2008年3月开始,村级公益事业建设"一事一议"财政奖补试点工作在河北、黑龙江、云南三省展开,其他非试点省(区)也安排资金开展试点,各试点省(区)基层干部群众热情高涨,试点工作健康有序推进。实践证明,这是一项重大制度创新,为在全国推广探索了道路,储备了下一步发展政策。

第四,总体投入巨大,但分阶段分类别实施是可行的。全国村级公益事业设施建设所需总成本约需4000亿元。如果按照十年期(2009—2020)建设,再将建设和保运转的经费按照1：2：0.5的比例由中央、省、县三级财政分担，应该没有困难。保运转经费分级解决也没有问题。

（3）村级公益事业投入机制创新的指导思想、主要任务和目标

村级公益事业建设要以邓小平理论和"三个代表"重要思想为指导，深入贯彻落实科学发展观；全面完成十七届三中全会《决定》关于落实"加快发展农村公共事业"提出的战略任务，创新体制机制，实现"城乡基本公共服务均等化明显推进，农村文化进一步繁荣，农民基本文化权益得到更好落实，农村人人享有接受良好教育的机会，农村基本生活保障、基本医疗卫生制度更加健全，农村社会管理体系进一步完善"的奋斗目标。

村级公益事业建设的主要任务包括：村民生产生活基础设施、文化教育、医疗卫生、扶贫开发、社会保障、生态环境、防灾减灾能力、社会管理等方面。其中，在基础教育、基本医疗、基本社会保障、农民就业和社会安全等方面，村民应享受与城市居民大致相当的公共服务。

村级公益事业投入机制创新目标：建立以公共财政供给为主体，村社集体和农民辅助，私人、企业和社会组织多元参与的供给体制；同时，构建村级公益事业建设投资动力机制、规范运作机制、完善利益补偿机制、有效约束监督机制。最终形成责权明晰、配置合理、和谐有序、可持续发展的村级公共品生产和供给体系。

（二）村级公益事业投入机制创新政策建议

（1）建立公共财政主体投入机制

村级公益事业建设，政府、村组集体、农户、工商业主和村社民间组织都有责任，但主要是公共财政的责任。我们建议：

——科学规划、分阶段实施。村级公益事业建设规划应该与新农村建设规划、农村公益事业建设规划以及城乡经济社会发展一体化规划等有机衔接，符合区域性城乡建设总体规划的要求，形成规划体系。建议组织力量，调查研究并制定全国村级公益事业建设指导性规划，以2020年建成全面小康社会为目标期，以五年为一个建设期，从2009年开始，分两步推进，到2015年前，基本解决经济薄弱村的自治、管理与基本服务的场地建设和基本运转经费问题；到2020年前，实现前述的总体目标。

——公共财政投入要调整目标定位，由原来的功能性投入转变为功能性和辐射性投入相结合，也即在加强设施建设的同时注重能力培养的投入。

——跨村以及村以上范围的公益事业建设项目，主要由中央和地方各级财政分级负责，继续拓宽现有依托各种建设项目、工程等投资渠道，加大投资力度，提高投资效率。减少县级尤其是贫困县级财政建设项目配套资金投

入比例，取消乡（镇）财政配套的要求，确保村级公益事业建设项目经费落到实处。

——村域内属于村民自治、社区管理和基本公共服务所需场地建设及其运转经费，不能加到农民头上，应由公共财政分级负责投资；村内小型水利、道路、环卫、绿化美化等村社区成员直接受益的公益事业建设，要充分调动村组集体、农户、工商业主和村社民间组织的投入积极性，逐渐推广"一事一议"财政奖补试点经验，并采用引导资金、利益补偿资金等办法予以补贴。

——加大转移支付力度，确保经济薄弱的村级组织正常运转。落实十七届三中全会《决定》要求，"抓紧村级组织活动场所建设，两年内覆盖全部行政村"。建议把保障经济薄弱村运转经费纳入各级财政预算优先安排，并按一定比例逐年加大投入，重点保障村干部报酬、村办公经费、农民培训和文化活动费用，村医务人员补助、特困户救助及五保户供养、村治安巡逻、村级基础设施养护等费用，逐步形成村级运转经费保障机制。

（2）建立"一事一议"财政奖补制度

"一事一议"必须坚持群众急需、共同受益、量力而行、民主决策、规范管理、讲求实效的议事原则，在民主决策和民主监督上要探索程序性操作规范。要通过召开村"两委"会、党员代表会、村民代表或村民大会，广泛宣传"一事一议"的政策；发扬民主，梳理归类，选准议事项目；充分讨论，多方面听取意见；尊重群众，民主表决，在项目预算、实施方案、筹资金额及工程管理等方面形成一致意见；公开实施办法与程序，接受群众监督。

——扩大"一事一议"财政奖补试点范围。建议进一步扩大试点范围，在现有3个试点省的基础上，鼓励非试点省创造条件，主动开展试点。具备试点条件的省、直辖市、自治区，可以选择2—3个县开展试点。各级农民负担监督管理部门要通过深入调查研究，及时掌握和了解试点情况，发现和解决出现的问题，总结和推广试点经验，及时为全面实施"一事一议"财政奖补制度奠定基础。

——建立健全"一事一议"筹资筹劳制度。要依据受益对象确定议事和筹资对象，属全村收益的在全村议，属村小组或屯收益的在小组和屯议，属部分人收益的部分人议。公益性强、长久收益的建设项目，其议事和筹资对象应该是村集体全体成员。一事一议筹资筹劳使用范围，重点放在村域内公益事业建设项目上，本村内的小型农田水利建设，村内道路修建及养护，村内公共卫生、生态环境建设及维护，以及村民认为需要兴办的生产生活共同需要的公益事业项目。规范议事程序，首先由一定数量的村民和村民代表提出预案，村民委员会讨论形成正式议案，经村民代表逐户征求意见，再提交村民会议或村民代表会议审议表决。议事时间可以放在春节前后村民较集中的时段，便于制定年度建设计划。要逐步提高"一事一议"奖补比例。"一事一议"限额标准全国不作统一规定，可由省级农民负担监督管理部门根据当地经济发展状况，农民承受能力和农村公益事业发展需要确定，按年度分类提出不同标准，报省级人民政府批准。

——建立财政奖补资金的项目申报、分段拨付制度。中央和省一级下拨的财政奖补资金先拨入县一级设立的特别账户中，然后根据项目的具体情况先期下拨部分启动资金，待项目验收合格后再行奖励，对未能按期完成的项目，资金将不再下拨，而是建立特别奖励基金，作为新的项目或优秀项目的特别资助或奖励。同时建议，在各级农民负担监督管理部门设立"一事一议"财政奖补专门小组，专司其职，加强管理和监督。

(3) 构建农民负担监管的长效机制

第一，建立农民负担监测预警和处置机制。分级建立农民负担动态监测网络，建立农民负担预警制度和重点监控机制。凡农民负担比上年增加、农民负担信访比上年增加、农民负担案件比上年增加的要列入预警，同时抓好应急处理措施的落实。依情节轻重，通过实时监控，从低到高区分等级，分别给予约请谈话、黄牌警告、重点监控直至实施综合治理。建立农民负担维权援助机制，加强有关政策宣传，畅通农民法律维权渠道，完善农民负担信访举报制度，及时受理、查处信访案件。加强对农民负担的审计和舆论监督，形成农民负担全社会齐抓共管的良好氛围。

第二，健全有效控制农民负担反弹的监管制度。健全涉及农民负担收费文件的审核制，坚持重大涉农收费项目设立与调整事前听证制度，严格把握农民收费项目、范围、标准。建立完善涉农税收和收费公示制，加强对经营服务性收费的监管。健全农村公费订阅报刊限额制和农民负担监督卡制度。健全农民负担案件责任追究制，对涉及农民负担违规违纪行为，严格按照有关规定，追究主要负责人和直接责任人的责任。

第三，进一步落实减轻农民负担工作的领导责任。要继续坚持主要领导亲自抓、负总责的工作制度，一级抓一级，一级对一级负责，层层落实责任。要继续坚持和完善"谁主管、谁负责"的专项治理部门负责制，强化分工协作、齐抓共管的工作机制，真正形成防止农民负担反弹的整体合力。要继续坚持和完善减轻农民负担工作考核制度，重点对党政领导负责制、涉农收费监管、农民权益维护、制度建设等方面进行考核，保证减轻农民负担的各项政策落到实处。

第四，修订和制定有关法规。从全国情况来说，农民负担的收取、监管、检查、处罚等都需有法可依，修订《农民承担费用和劳务管理条例》势在必行。应在新修订的条例中明确农民负担监管所涉及的问题，包括监管的事项、政府的责任、部门的职责和规范收费行为、违规行为处理等。通过立法，明确农民的权利和义务，规范农民负担监督管理制度，规范对各种违规违纪行为的查处办法，从法制上保障对农民负担的监督管理。建议尽快出台和制定《村级公益事业建设法》，作为全面展开村级公益事业建设的基本依据。

（4）深化改革，建立持续、高效的村级公益事业投入机制

第一，积极探索建立政府引导和激励下的多元投入机制。以各级政府为主体，建立激励机制，动员和鼓励企事业单位、社会团体、企业家、社会名流、先富起来的个人以及所有热心公益事业的人士，投资农村公益事业建设，或以捐款、捐物等捐赠方式兴办村级公益事业。加强部门协调，综合运用税收优惠、财政补助、信贷贴息、参股经营、融资担保等手段，为社会力量投资公益事业创造良好环境。建立村级公益事业投资者利益补偿机制，企业捐款和投资村级公益事业，可以按规定享受相应的税收优惠、减免政策，社会组织和个人投资村级公益事业可以冲抵营业税、所得税。建立社会组织和个人投资建设村级公益事业建设项目的低息、贴息贷款制度、政府赎买制度。不断扩大村级公益事业建设融资渠道，逐步形成政府投资为主导的多渠道、多元化的投资体系。

第二，积极探索整合资源的方式方法、提高投入效率。建议以县级区域为单元，整合各部门的支农资金和资源，提高支农投入效率。县乡政府涉农部门应该定期会商，按照"渠道不乱、用途不变"的办法，汇聚分散在各部门的支农投入，重点解决一批亟须的村级公益事业建设项目。允许乡村基层组织，将公益性项目建设资金捆绑使用。村民委员会按照社区公益事业建设的轻重缓急，制定支农资金综合利用计划，经乡（镇）政府审核，报县级政府批准后实施。建立健全村级公益事业建设资金监管制度，如建立村级公益事业建设资金公示制度、跟踪检查审计制度和责任追究制度等，确保农村公益事业工程质量和效益。

第三，从体制改革入手，切实解决与农民生产生活紧密相关的问题。贯彻党的十七届三中全会关于"实现好、维护好、发展好农民群众的根本利益"的精神，必须从体制改革入手，化解农村社会发展中的矛盾和问题。要加快推进减轻农民水费负担综合改革，解决农业用水费用过高问

题；要深化财政体制改革，解决村级公益事业建设向农民摊派的问题；合理划分各级政府的事权和财权，调整国民收入分配结构；建立农村公益事业发展资金预算制度，使公共财政尽快覆盖农村公益事业；完善村财乡管体制，开展撤并村后的集体财产清理及村级合作经济组织建设，治理村务公开和民主管理中的难点村，化解社会矛盾，维护农村社会安定团结的局面。

第四，推进村域经济的快速发展。出台扶持发展村级经济具体的优惠政策，完善贫困村扶持机制，增强村集体经济"造血"功能。鼓励村集体在一家一户办不了、办不好、办起来不经济的领域，发展集体统一经营项目，对村集体统一经营项目增加信贷投入，提供税收优惠。落实有关农村非农建设用地政策，鼓励传统农业村落发展非农产业；对于工商业发展有一定基础的村，允许村集体置换非农建设用地，建标准厂房，发展租赁经济，允许交通便利的村域发展物业经济。鼓励僻远村域通过土地流转，发展特色农业经济和旅游型村域经济，在休闲观光农业、农家乐发展上给予倾斜政策；允许僻远村域实行异地开发，多村联合在区位优的村镇设立开发区，发展非农产业。出台相关政策鼓励本地外出农民工回乡创业，采取措施吸引非农村住户的资本进入乡村投资创业。

第五，积极探索化解村级债务的办法，同时，防止和控制新债务产生。

第六，加强领导，推进村级公益事业快速发展。一方面，建立党委统一领导、党政齐抓共管、农村工作综合部门组织协调、有关部门各负其责的村级公益事业建设工作推进机制。另一方面，加强农村基层组织建设，特别是加强村"两委"班子建设，使村"两委"成为村级公益事业建设和运行的核心和中坚。

第六章 农业和农村现代化进程及评估

本章按照农业现代化,乡镇企业崛起与农村工业化、城镇化,农村公益事业建设和基本公共服务均等化的逻辑框架,借鉴农业现代化相关评价指标,分析和评估改革30年来农村经济社会转型发展的成就与问题。

一、农业现代化发展状况及实现程度

(一) 什么是农业现代化

现代农业是用现代工业成果和科学技术装备的农业,是建立在现代生产组织和科学管理基础上的高效可持续发展的农业。因此,农业机械化、信息化,耕作制度与栽培技术现代化、生产组织与管理科学化、资源持续利用高效化、工农业和谐发展等都是题中应有之意。

表6-1　　　　　农业现代化主要评价指标及参考标准值

一级指标	二级指标	单位	参考标准值
1. 基础设施	(1) 农田旱涝保收率	%	80
2. 生产装备	(2) 劳均农机动力	千瓦	4
	(3) 人均生活用电(千瓦时/年)	千瓦时	500
3. 科学化	(4) 农业科技贡献率	%	70
4. 综合生产力	(5) 农业劳动力农林牧渔总产值	元/人	50000
5. 区域经济发展	(6) 人均国民生产总值	元	35000
6. 农村非农化	(7) 农村劳动力非农化	%	80
	(8) 城镇人口比重	%	60
7. 农民知识化	(9) 农村劳动力平均受教育年限	年	12
	(10) 文化教育支出的比重	%	15
	(11) 万名农业从业人员拥有专业技术人员	人	4
8. 农民生活质量	(12) 农民人均纯收入	元	12000
	(13) 恩格尔系数	%	35
	(14) 居住质量指数	%	75
	(15) 家庭电话机线普及率	%	85

如何评价农业现代化的实现程度,研究者建立了不同的模型和评价指标体系。但无论如何变化,都有一些共同的指标。本研究不是针对农业现代化评价指标体系的专门研究,因此,我们借鉴有关研究者的指标体系[1],删繁就简,用八个一级指标和十五个二级指标来衡量(表6-1),对改革30年来的农业现代化进程和实现程度进行评价。

(二) 农业基础、装备和技术现代化进程
(1) 农业生产条件的整体水平大幅度提高

农用机械总动力由1978年的11749.9万千瓦,提高到2007年的76589.6万千瓦,增长了5.52倍(图6-2、表6-3)。其中:大中型农用拖拉机由55.74万台,增长到2007年的206.27万台,增长了2.7倍;小型拖拉机由137.30万台,增加到2007年的1619.11万台,增长了10.79倍;大中小型拖拉机配套农具由1978年的264.6万部,增加到2007年的3041.24万部,增长了10.49倍。但是,如果按照劳均农机总动力4千瓦的标准值比较,2007年,我国第一产业就业人员共31444万人,劳均农用机械总动力为2.44千瓦,机械装备实现程度为61%。

农田水利建设取得成效。到2006年末,全国水库共85849座,其中大型水库482座,中型水库3000座,小型水库82367座;水库库容量5842亿立方米;万亩以上的灌区5894处;节水灌溉面积22426千公顷(表6-2)。

表6-2　　　　　　　　　　农业物资生产条件

年份	农业机械总动力	大中型拖拉机	小型拖拉机	农村用电量	化肥施用纯量	农用薄膜使用量	农药使用量
	万千瓦	万千瓦	万千瓦	亿千瓦时	万吨	万吨	万吨
1978	11749.9	1755.0	1171.2	253.1	884.0	—	—
1983	18022.1	2708.1	2391.7	428.1	1659.8	351.4	86.2
1985	20912.5	2743.6	3367.0	508.9	1775.8	—	—
1990	28707.7	2745.5	6231.4	844.5	2590.3	—	—
1995	36118.1	2404.0	7848.0	1655.5	3593.7	91.5	108.7
2000	52573.6	2873.4	11663.9	2421.3	4146.4	133.5	128.0
2005	68549.4	4315.7	14796.2	4375.7	4766.2	176.2	146.0
2006	72635.6	5154.5	15044.1	4895.8	4927.7	—	—
2007	76589.6	6101.1	15729.2	5509.9	5107.8	—	—

资料来源:《中国统计年鉴2008》和《中国农业发展报告2007》。

---

[1] 评级指标体系参考资料来源:万宝瑞:《农业软科学研究新进展》,农业现代化评价指标体系;广东省2010年珠江三角洲基本实现农业现代化的评价指标体系;全面小康评价指标。

但是，我国农田有效灌溉面积占当年耕地总面积的比重一直不高，1983年为45.4%，2006年为45.8%。其中旱涝保收面积1990年为33638.5千公顷，2000年为38336.3千公顷，2005年为40236.1千公顷，15年间只增加6597.6千公顷，增长19.6%。机电排灌面积1990年为27148.3千公顷，2005年为36715.4千公顷，15年间增长35.2%。2005年旱涝保收面积占耕地面积（2005年末实有耕地面积122066.7千公顷）的比重只有30.1%，实现程度只有（农田旱涝保收率标准值80%的）37.6%，农田水利建设任重而道远。

表6-3　　　　　　　　　　农田水利建设情况

年份 指标	1978	1990	2000	2006	2006比1990增加的百分比
水库（座）		83387	85120	85849	2.95
水库总容量（亿立方米）		4660	5184	5842	25.36
有效灌溉面积（千公顷）	4496.5	47403.1	53820.3	55750.0	17.61
机电排灌面积（千公顷）	2489.5	27148.3	35954.1	36715.4	35.24
节水灌溉面积			1638.9	2242.6	—
除涝面积		1933.7	2098.9	2137.6	10.55
水土流失治理面积		5300.0	8096.0	9749.1	83.94

资料来源：《中国农村统计年鉴1992》和《中国农村统计年鉴2007》。

(2) 农民知识化和农业科技进步贡献率

我国农民受教育程度年限不足7年，发达国家已经达到12年，全国92%的文盲、半文盲在农村[1]。农业从业人员的文化程度和年龄结构不合理（表6-4）。

表6-4　　　　　　　　农业从业人员数量及构成（2006）

	全国	东部地区	中部地区	西部地区	东北地区
农业从业人员数量（万人）	34874	9522	10206	12355	2791
#性别①男（%）	46.8	44.9	45.7	48.6	49.7
②女（%）	53.2	55.1	54.3	51.4	50.3
#年龄①20岁以下（%）	5.3	4.2	4.9	6.4	6.4
②21—30岁（%）	14.9	13.5	13.8	16.5	17.2
③31—40岁（%）	24.2	22.0	24.5	25.3	25.4
④41—50岁（%）	23.1	25.0	23.5	20.6	25.3

---

[1] 张晓山、李周：《中国农村改革30年研究》，经济管理出版社2008年版，第253、262页。

续表

	全国	东部地区	中部地区	西部地区	东北地区
⑤51岁以上（%）	32.5	35.3	33.3	31.2	25.7
#文化程度①文盲（%）	9.5	7.7	8.9	12.8	2.9
②小学（%）	41.1	38.5	37.0	47.0	39.0
③初中（%）	45.1	48.8	49.2	36.7	54.6
④高中（%）	4.1	4.8	4.7	3.3	3.2
⑤大专及以上	0.2	0.2	0.2	0.2	0.3

资料来源：《第二次全国农业普查主要数据公报》。

2006年末，我国农业从业人员中，受过初中以上教育的合计不到50%，西部地区只有40.2%。改革30年，我国农业科技体制进行了一系列重大改革，取得了较大成就。据农业部科教司杨雄年介绍，农业科技推广工作经过长期努力取得显著成效，推广了6000多个农作物新品种、新组合，推进粮食等主要农作物品种更新5—6次，良种覆盖率达到95%。以科技入户工程为例，2008年实施科技入户工程的100个小麦示范县平均产量达到401.7公斤/亩，比示范县前三年小麦平均产量369.1公斤/亩增产8.8%。科技示范户单产达到459.9公斤，比辐射户增幅9.4%，比普通农户增幅17.2%。

但是，我国农业科技体制创新任务仍然艰巨。2006年末，我国农业技术人员207万人，每万名农业从业人员中拥有农业技术人员59.4人。农业科技贡献率不断提高，根据朱希刚（1997）的研究，"一五"期间，我国广义的农业科技进步贡献率为20%，"二五"期间及三年调整时期为负值，"三五"时期为2.3%，"四五"时期为15%，"五五"时期为27%。2008年为49%[①]。提高速度很快，但离发达国家还有较大差距，如果把农业科技进步贡献率70%作为农业基本现代化的标准值，那么，2008年我国农业科技贡献率的实现程度为70%。

（3）农业集约化经营有提高，但农机装备和化肥使用过高的问题逐步显现

将我国农业经营的集约化程度进行国际比较（表6-5），能清楚地显示我国农业装备的效率问题。一方面，我国农业经济活动人口仍然过多，规模经营程度低，人均耕地只有0.35公顷，是除越南以外最低的国家，只相当于日本农业经济活动人口人均耕地的1/6。

---

① 曹茸："今年农业科技贡献率达49%"，《农民日报》2008年10月17日。

表6-5　　　　　　农业集约化经营程度国际比较（2004年）　　　（单位：万人）

国家或地区	农业经济活动人口	耕地面积（万公顷）	人均耕地（公顷）	农用拖拉机（台/万公顷）	收割机脱粒机（台/万公顷）	化肥施用量（吨/万公顷）
中 国	35269	12244	0.35	1279.6	780.6	3786.8
美 国	280	17424	62.3	274.4	38.2	1173
印 度	27761	15967	0.6	157.5	0.5	949
日 本	217	438	2.0	4612.2	2369.8	2521
韩 国	193	164	0.8	1285.4	527.7	3529
越 南	2911	660	0.2	244.0	347.3	669
法 国	74	1846	24.9	685.1	49.3	709
德 国	84	1190	14.1	798.2	114.1	3837
匈牙利	45	460	10.3	246.0	26.0	579
土耳其	1496	2387	1.6	427.1	5.0	309
英 国	49	582	11.8	883.4	83.0	2775

资料来源：《中国农村统计年鉴2005》。

另一方面，我国农用机械装备已经与韩国不相上下，与农业集约化程度最高的日本逐渐接近，超过了美国、法国、德国等世界工业强国，农用机械装备过度集约化的趋势已经显现；再一方面，我国农用化肥使用量一直呈直线上升趋势。从1978年的884万吨，上升到2007年的5107.8万吨，30年间增长了4.8倍。到2004年时，每万公顷的化肥施用量3786.8吨，这个水平，已经超过了日本和韩国，赶上了德国的水平。比较而言，我国农用薄膜的使用量1983年（351.4万吨）是高峰，以后逐渐降低，2005年降低到176.2万吨，降低了175.2%，表明我国农业生产越来越重视环境保护。

（三）主要农产品的生产能力变化

第一，我国粮食播种面积呈下降趋势，而总产量和单产量呈现上升趋势。粮食播种面积由1952年的12397.9万公顷，下降到2007年的10563.8万公顷，下降了14.79%；而粮食总产量则由1952年的1639.2亿吨增加到2007年的5016.03亿吨，增长了2.1倍（表6-6），显然土地产出率提高了。

表6-6　　　　1952—2007年粮食播种面积、总产量、单位面积产量

年份	粮食播种面积（万公顷）	粮食总产量（亿吨）	粮食产量（公斤/公顷）	其中谷物产量（公斤/公顷）
1952	12397.9	1639.2	1322.2	—
1957	13363.3	1950.5	1459.6	—
1962	12162.1	1544.1	1269.6	

续表

年份	粮食播种面积（万公顷）	粮食总产量（亿吨）	粮食产量（公斤/公顷）	其中谷物产量（公斤/公顷）
1965	11962.7	1945.3	1626.1	—
1970	11926.7	2399.6	2012	—
1975	12106.2	2845.2	2350.2	—
1978	12058.7	3047.65	2527.3	—
1980	11723.4	3205.55	2734.3	—
1985	10884.5	3791.08	3483	—
1990	11346.6	4462.43	3932.8	4206.0
1995	11006	4666.18	4239.7	4659.3
2000	10846.3	4621.75	4261.2	4752.6
2005	10427.8	4840.22	4641.6	5224.6
2007	10563.8	5016.03	4748.3	5320.0

资料来源：1949—1965 年数据源于《中国农业统计资料汇编 1949—2004》，其余数据根据《中国统计年鉴 2008》和《中国农村统计年鉴 2007》整理。

改革 30 年以来，我国粮食产量出现过几次波动。1978—1985 年、90 年代中后期的快速增长和 2004 年以来的恢复性增长；80 年代中后期和 21 世纪初期，我国粮食生产出现较大幅度下降的局势。我们还发现，我国粮食总产量增减变化，主要随稻谷、小麦、玉米等谷物类产品产量的增减变化而变化（图 6-1）。我国谷物的单位面积产量更高，2007 年，每公顷谷物产量为 5320 公斤，表明了我国谷物生产对粮食产出的重大贡献。如果把每公顷粮食播种面积产量 6500 公斤作为农业基本现代化标准值，目前我国粮食单位面积产量的实现程度为 73.1%。与世界主要产粮国比较，2006 年，每公顷最高单产的土耳其为 8081 公斤，印度为 2474 公斤，美国为 6397 公斤，日本为 5853 公斤，韩国为 6326 公斤，越南为 4745 公斤，法国为 6788 公斤，德国为 6487 公斤，匈牙利为 5235 公斤，英国为 7285 公斤。中国的粮食单产量与匈牙利相当。

第二，其他种植业产品成倍增长。2007 年的主要农产品总产量与 1978 年相比较（表 6-7）：棉花增长了 2.52 倍，油料增长了 3.92 倍，甘蔗增长了 4.35 倍，甜菜增长了 2.31 倍，烟叶增长了 92.9%，蚕茧增长了 3.15 倍，茶叶增长了 3.35 倍，水果增长了 26.6 倍。只有麻类总产量下降了 46.5%。

第六章 农业和农村现代化进程及评估

1978—2007年全国粮食产量变化（万吨）

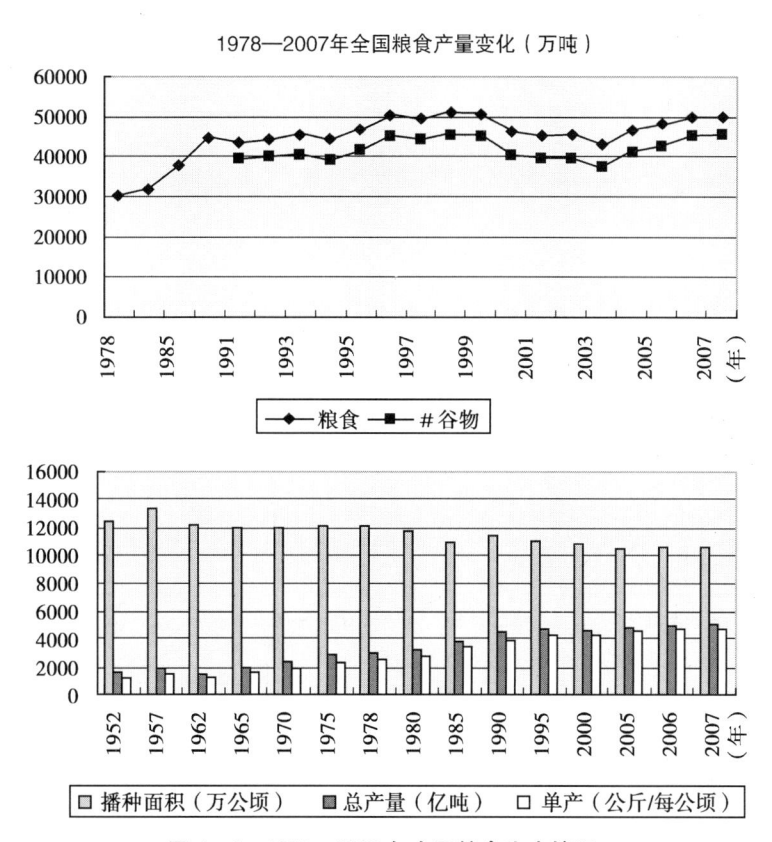

图6-1　1952—2007年全国粮食生产情况

表6-7　　　　　　　　1978—2007年主要农产品产量变化　　　　　　（单位：万吨）

年份	棉花	油料	麻类	甘蔗	烟叶	蚕茧	茶叶	水果
1978	216.7	521.8	135.1	2111.6	124.2	22.8	26.8	657.0
1980	270.8	769.1	143.6	2280.7	84.5	32.6	30.4	679.3
1985	414.7	1578.4	444.8	5154.9	242.5	37.1	43.2	1164.0
1990	450.8	1613.2	109.5	5762.0	262.7	53.4	54.0	1874.4
1995	476.8	2250.3	89.7	6541.7	231.4	80.0	58.9	4214.6
2000	441.7	2954.8	52.9	6828.0	255.2	54.8	68.3	6225.2
2005	571.4	3077.1	110.5	8663.8	268.3	78.0	93.5	16120.1
2006	753.3	2640.3	89.1	9709.2	245.6	88.2	102.8	17102.0
2007	762.4	2568.7	72.8	11295.1	239.6	94.7	116.6	18136.3

资料来源：国家统计局：《中国统计年鉴2008》和《中国农村统计年鉴2007》。

第三，畜牧产品提高幅度大。2007年与1985年相比较，肉类、奶类分别增长了2.56倍和11.55倍，羊毛羊绒类产品总量增长了1.2倍，禽蛋和蜂蜜分别增长了3.73倍和1.28倍（表6-8）。

表6-8　　　　　　　　　　主要畜产品产量　　　　　　　　（单位：万吨）

年份	肉类	奶类	羊毛、羊绒类	禽蛋	蜂蜜
1978	—	—	14.2	—	—
1980	—	—	19.14	—	9.6
1985	1926.5	289.4	19.15	534.7	15.5
1990	2857.0	475.1	26.17	794.6	19.3
1995	5260.1	672.8	31.58	1676.7	17.8
2000	6013.9	919.1	33.68	2182.0	24.6
2005	6938.9	2864.8	44.55	2438.1	29.3
2006	7089.0	3302.5	44.57	2424.0	33.3
2007	6865.7	3633.4	42.03	2529.0	35.4

资料来源：国家统计局：《中国统计年鉴2008》和《中国农村统计年鉴2007》。

主要林产品生产保持增长趋势。木材总产量由1978年的5162.3万立方米，增长到2007年的6976.7万立方米，增长了35%；橡胶产品由1978年的101600吨，增长到2007年的588379吨，增长了4.79倍；2007年，松脂、生漆、油茶籽、核桃的总产量分别比1978年增长了1.86倍、4.86倍、0.96倍和4.31倍；只有油桐籽的总产量2007年比1978年下降了7.64%（表6-9）。

表6-9　　　　　　　　　主要林产品产量　　　　　　　（单位：万立方米、吨）

年份	木材	橡胶	松脂	生漆	油桐籽	油茶籽	核桃
1978	5162.3	101600	337600	2200	391150	478900	118650
1980	5359.3	112945	420750	2450	303350	490350	118900
1985	6323.4	187901	343946	2168	378770	619229	121917
1990	5571	264243	435244	2683	350770	523313	149560
1995	6766.9	424025	548133	2976	404929	623128	230867
2000	4724.0	480248	551057	5279	453461	823224	309875
2005	5560.3	513618	767134	14316	368688	875022	499074
2006	6611.8	537983	908784	20762	382989	919947	475455
2007	6976.7	588379	965618	12891	361285	939096	629986

资料来源：国家统计局：《中国统计年鉴2008》和《中国农村统计年鉴2007》。

水产品生产能力极大提高。水产品总产量一直保持快速增长趋势。1949年，我国水产品总产量只有44.8万吨，2007年增加到4747.52万吨，近60年间，增长了106倍。在水产品的两大支柱产业中，海水产品的总产量贡献大于淡水产品的贡献（图6-2）。特别需要指出，水产品总量增长，主要得益于养殖业的发展，比较当年水产品总产量中的天然生产的产量和人工养殖产量的比重发现：海水产品中天然生产和人工养殖的比例，由1952年的1：0.06改变为2007年的1：1.05；淡水产品中天然生产和人工养殖的比例由1952年的1：0.29改变为2007年的1：8.74。但必须看到，我国主要农产品人均占有量仍然不容乐观（表6-10）。

表6-10　　　　1978—2007年我国主要农产品人均占有量变化　　　　（单位：公斤）

年份	粮食	棉花	油料	猪牛羊肉	水产品	牛奶
1978	319.0	2.3	5.5	9.1	4.9	0.9
1980	326.7	2.8	7.8	12.3	4.6	1.2
1990	393.1	4.0	14.2	22.1	10.9	3.7
2000	366.1	3.5	23.4	37.6	29.4	6.6
2007	380.6	5.8	19.5	40.1	36.0	26.8

资料来源：《中国农村统计年鉴2008》。

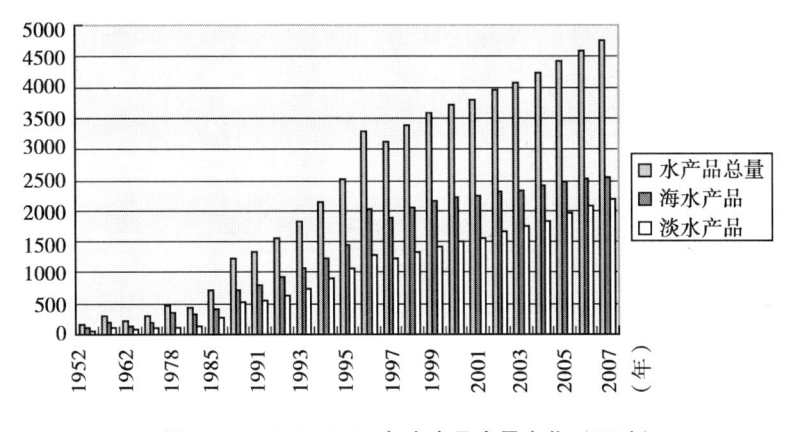

图6-2　1952—2007年水产品产量变化（万吨）

（四）农业综合生产能力的现代化评价

第一，农业劳动力生产率和土地产出率显著提高，但与世界先进水平尚有较大差距。每个农业劳动力平均每年生产的农产品数量，能直观地反映农业劳动生产率提高的情况（表6-11）。比如每一个劳动力平均生产粮食的能力，2005年比1978年和1952年分别提高了50.9%和68.7%。

表 6-11　　　　　平均每一个农业劳动力生产的主要农产品　　　（单位：公斤）

年份	粮食	棉花	油料	鲜蛋	水产品
1952	947	7.5	24.1	—	9.6
1978	1059	7.5	18.1	—	16.2
2000	1407	13.4	89.9	68.3	130.2
2005	1598	18.9	101.6	95.1	168.6

资料来源：《中国农村统计年鉴2005》。

从土地产出率看，改革30年来，我国土地产出率极大提高，但与国际先进水平仍有较大差距。如果我们把（表6-12）当今世界最高单位面积产量作为农业现代化标准值，那么，我国每公顷的粮食、棉花、花生、油菜籽、甘蔗、甜菜、烟叶等的产量，其现代化实现程度分别只有65.7%、30.1%、67%、42.2%、58.3%、34.4%、77.1%。

第二，农业综合生产能力离基本实现农业现代化尚有2/3的路程。按照有关研究，农业综合生产能力以农业劳动力劳均农林牧渔业总产值来测算，达到基本现代化指标为50000元。2007年，我国农林牧渔业总产值48893亿元，第一产业增加值为28095亿元，农业从业人员31444万人，农业劳动力劳均农林牧渔业总产值15549.23元，只有标准值的31.1%。2008年，"国内生产总值300670亿元，比上年增长9.0%"[①]。其中第一产业增加值为34000亿元，比2007年增长5.5%。照此计算，我国农业劳动力劳均第一产业增加值大致为10812.87元。

表 6-12　　　　主要农产品单位面积产量国际比较（2006）　　（单位：公斤/公顷）

国家或地区	粮食	棉花	花生	油菜籽	麻类	甘蔗	甜菜	烟叶
中国	5310	1295	3254	1832	2780	70450	39767	2072
美国	6397	2410	2964	1589	—	73833	53091	2497
印度	2474	1170	859	1117	2149	66945	—	1486
日本	5853	—	2326	1250	—	—	58205	2417
韩国	6326	—	2139	1105	—	—	—	2448
越南	4745	—	1865	—	1780	54993	—	1596
法国	6788	—	—	2949	—	—	78819	2570

---

① 2009年1月22日，国家统计局局长马建堂介绍2008年国民经济运行情况并回答中外记者提问，中国信息报网络版，http://www.zgxxb.com.cn/news.asp?id=15118。

续表

国家或地区	粮食	棉花	花生	油菜籽	麻类	甘蔗	甜菜	烟叶
德国	6487	—	—	3734	—	—	57737	2442
匈牙利	5235	—	—	2341	—	—	50764	1729
土耳其	8081	3700	2582	2103	—	54348	42506	737
英国	7285	—	—	3252	—	—	54580	—
最高单产国	土耳其	澳大利亚	马来西亚	荷兰	中国	埃及	意大利	加拿大
公斤/公顷	8081	4297	4857	4338	2780	120887	115666	2688

资料来源：国家统计局：《中国农村统计年鉴2007》，中国统计出版社2007年版，第387—399页。

（五）农民生活和消费水平的评价

2007年，我国国内生产总值为249529.9亿元，人均GDP为18934元。2008年，人均GDP约为22756元。表明我国经济发展已经进入中等收入国家序列，正在由总体小康向全面小康过渡。这从总体上保障了农民生活质量和品质的提升。

从农村居民人均纯收入看，1949年农民人均纯收入43.8元，1965年为107.2元，1978年为133.6元（城镇居民可支配收入为343元，城乡居民收入比为2.56:1），2000年为2253.4元。2007年，农村居民人均纯收入4140元，纯收入指数（1978年=100）达734.4。到2008年，我国"城镇居民人均可支配收入15781元，比上年增长14.5%，扣除价格因素，实际增长8.4%。农村居民人均纯收入4761元，比上年增长15.0%，扣除价格因素，实际增长8.0%"。（马建堂，2009），农民人均纯收入与城镇居民可支配收入增长幅度基本持平，但城乡居民收入差距过大（3.31:1）的局面仍未改变。如果把农民人均纯收入12000元作为基本现代化标准值，到2007年的实现程度为34.5%，2008年实现程度为39.7%。

农村居民的生活质量。恩格尔系数是反映居民生活质量的综合指标。1978年，农村居民恩格尔系数为67.7%，1998年下降为53.4%，2007年再次下降为43.1%。恩格尔系数指标已经超过了总体小康指标（49%）的要求，全面小康（40%）实现程度为92.8%。与此同时，农村居民人均文化娱乐及服务的消费占生活消费比重不断提高，从1990年的5.37%提高到2006年的10.79%，实现程度（标准值15%）为71.9%。从农村居民高档消费品等条件看：每百户拥有摩托车，1990年为0.89辆，2007年达到48.52辆；农村每百户家用电脑拥有量，2000年时只有0.5部，到2007年达到 3.7 部。

我国农业现代化实现程度小结（表 6-13）。农村居民的居住条件不断改善。1990 年农村人均住房面积 17.8 平方米，住房价值每平方米仅为 44.6 元；2007 年，人均住房面积增加到 31.6 平方米，住房价值每平方米提升到 287.76 元。表明了农村住宅出现品质提升和逐渐向城市标准靠拢的趋势。

农村贫困人口大幅度减少。1978 年，全国农村贫困人口 25000 万人，贫困发生率 30.7%，2007 年，降低到 1479 万人。"如果按照 1 天 1 美元消费标准，农村贫困人口由 1978 年的 62566 万人，降低到 2004 年的 12690 万人。无论以官方估计还是按国际可比的标准估计，过去 30 年，中国农村贫困减缓的成就在世界上无疑都是巨大的"（吴国宝，2008）[①]。

表 6-13　　全国农业现代化主要指标评价及实现程度（2007 年）

一级指标	二级指标	单位	参考标值	现值	实现程度(%)
基础设施	农田旱涝保收率	%	80	30.1	37.6
生产装备	劳均农机动力	千瓦	4	2.44	61.0
科学化	农业科技贡献率	%	70	49	70.0
综合生产力	农业劳动力农林牧渔总产值	元/人	50000	15549	31.1
区域经济发展	人均国民生产总值	元	35000	18934	54.1
农村非农化	农村劳动力非农化	%	80	40.5①	50.6
	城镇人口比重	%	60	45	75.0
农民知识化	农村劳动力平均受教育年限	年	12	7	58.3
	文化教育支出的比重	%	15	10.8	71.9
农民生活质量	农民人均纯收入	元	12000	4140	39.7
	恩格尔系数	%	35	43.1	73.0

说明：①为 2005 年数。

二、乡镇企业崛起与农村工业化城镇化

（一）乡镇企业发展的历程和状况

乡镇企业的前身是 20 世纪 50 年代初逐步发展起来的社队企业。我国乡村手工业和商业有着悠久的历史。它有两种存在的形式：一是大量手工业作坊和手工业者独立从事的生产经营活动；二是农民兼营的副业，乡村集镇上

[①] 吴国宝文，见张晓山、李周《中国农村改革 30 年研究》，经济管理出版社 2008 年版，第 372 页。

还存在着为数众多的个体商贩和小店铺。但由于我国长期处于封建制度统治之下,直到新中国成立前夕,我国仍然是十分落后的农业国。新中国成立后,在很长一段时间内,尽管社队企业有所发展,但仍然未能改变农林牧渔业占农村经济绝对主体的局面。1958年的"大跃进",因为要大办钢铁和发展农业机械化,各地的农村人民公社纷纷办起了一批以农机修造为主的机械加工、修理企业,这些企业当时被叫作"社队企业"。这也可以看成是乡镇企业的一个发展阶段。但由于社队企业发展受"左"的错误思想的干扰,几经折腾和大起大落。到改革前的1978年,我国共有社队企业152.42万家,就业劳动者2826.56万人,占当时农村劳动力总数的9.3%;共创造产值4931亿元,占农村社会总产值的24.2%,其中工业产值385.3亿元,约占全国工业总产值的9.1%[①];全年社队企业工资总额87亿元,平均每个职工年工资收入约308元。社队企业在农村经济中的地位不高。

  1979—1983年,乡镇企业在社队企业调整和整顿中起步。改革之初,人们对社队企业的认识尚不统一,加上我国原有的比较成功的社队企业多是为重工业和国家基本建设服务的,在1979年开始的国民经济调整、改革和整顿中,不可避免地关停了一些社队企业。这些方面给社队企业发展造成了冲击。1979年7月,国务院颁布《关于发展社队企业若干问题的规定(试行草案)》,充分肯定了发展社队企业的重要意义,对社队企业的发展方向、经营范围、发展规划、资金来源、产供销形式以及价格和奖售政策等18个问题做出了规定。同年9月,中共十一届四中全会通过的《关于加快农业发展若干问题的决定》号召,"社队企业要有一个大发展,逐步提高社队企业收入占公社三级经济收入的比重",并规定"国家对社队企业,分别不同情况,实行低税或免税政策"。这些政策措施对社队企业发展起到了积极促进作用。1981年5月,国务院颁布《关于社队企业贯彻国民经济调整方针的若干规定》,要求"从社队企业的基本特点出发,遵循中央对国民经济实行进一步调整的方针,经过调整和整顿,使其沿着正确的轨道健康发展"。1983年的"中央一号文件"在指出"我国农村只有走农林牧副渔全面发展、农工商综合经营的道路,才能保持农业生态的良性循环和提高经济效益;才能满足工业发展和城乡人民的需要;才能使农村的剩余劳动力离土不离乡,建立多部门的经济结构;也才能使农民生活富裕起来,改变农村面貌,建设星罗棋布的小型经济文化中心,逐步缩小工农差别和城乡差别"。1978—1983年,经过5年的调整和整顿,社队企业总数减少了134.6万个,但职

---

① 《中国农村经济统计年鉴1997》,中国统计出版社1998年版,第325—341页。

工人数净增408.1万人，增加了14.4%，社队企业职工人数占农村劳动力总数的9.1%；社队企业总产值达到1008亿元，增长了105.3%（赵长保，2008）[①]。

20世纪80年代中后期至20世纪90年代初期，是我国乡镇企业崛起的第一个黄金时期。1984年的"中央一号文件"鼓励农民向各种企业投资入股，联合兴办各种企业。认为"家庭小工业，供销合作社办工业，国营和社队联办工业，各具有不可取代的经济作用和意义，应总结经验，努力办好"。从这年开始，乡镇企业真正异军突起。1985年的"中央一号文件"提出对乡镇企业实行信贷、税收优惠。鼓励农民发展采矿和其他开发性事业。对饲料工业、食品工业、小能源工业的投资和其他乡镇企业的技术改造费，在贷款数额和利率上给予优惠。乡镇企业用于补助社会性开支的费用，可按利润的10%在税前列支。1986年的"中央一号文件"指出，"不发展农村工业，多余劳力无出路，也无法以工补农。反之，没有农业提供不断增多的食品和原料，农村工业也难以持续发展。这两种结果，都会影响经济增长和社会安定"。这些政策推进了我国乡镇企业迅猛发展。1984—1988年，乡镇企业数量由606.5万个增加到1888.2万个，增长了2.11倍，职工人数由5208.1万人增加到9545.5万人，增长了0.83倍；农户联办和个体办企业分别达到120.0万个和1609.2万个，占乡镇企业总数的6.4%和85.2%（赵长保，2008）。

1992—1996年是我国乡镇企业发展的第二个黄金时期。1989—1991年，国民经济治理整顿期间，乡镇企业发展速度明显放慢。邓小平视察南方发表重要谈话后，乡镇企业进入第二个发展的黄金时期。1994年3月，农业部在总结20世纪80年代末，一些地方对乡镇集体企业产权制度改革探索的成功经验的基础上，出台了《乡镇企业产权制度改革意见》。乡镇企业产权制度改革迅速推开，当年全国就有20多万家乡镇企业实行了股份合作制，翌年，乡镇股份合作制企业达到300多万家，到2000年，全国95%以上的乡镇企业已经完成改制。至此，我国乡镇企业的产权结构实现了多元化，市场适应能力极大增强。1996年10月通过、1997年1月1日实施的《乡镇企业法》，标志着乡镇企业进入依法经营、依法管理的新阶段。到1996年底，我国乡镇企业个数已经达到2336万个，从业人数达到1.35亿人，完成增加值17659亿元。分别是1991年的1.2、1.4、5.9倍。

[①] 赵长保文，见宋洪远《中国农村改革三十年》，中国农业出版社2008年版，第234—253页。

1997—2001年，乡镇企业发展再次进入低迷时期。这期间，乡镇企业增加值的年均名义增长速度只有11.6%，比改革以来的平均水平低近10个百分点。但这一时期，乡镇企业加快了向工业小区集中的步伐。1984年的"中央一号文件"指出，"农村工业适当集中于集镇，可以节省能源、交通、仓库、给水、排污等方面的投资，并带动文化教育和其他服务事业的发展，使集镇逐步建设成为农村区域性的经济文化中心"。20世纪90年代以后，加快小城镇和乡镇企业小区建设逐渐成为国家解决乡镇企业布局分散问题的主要思路。到1998年，全国已经建成或在建的乡镇工业小区4万多个，聚集的乡镇企业100多万个。

表6-14　　　　乡镇企业主要财务及经济效益指标　　　　（单位：亿元）

年份 项目	1998	2000	2002	2004	2006
企业个数（万个）	2004	2085	2133	2213	2314
从业人员年末数（万人）	12537	12820	13288	13866	14680
劳动者报酬（工资总额）	6252	7060	8528	9756	12286
增加值	22186	27156	32386	41815	57955
#工业增加值	15530	18812	22773	29359	40864
固定资产原值	21566	26224	35698	47872	78290
营业收入	89351	107834	129760	166368	246810
成本费用总额	81573	98644	117723	150384	222055
利润总额	5112	5883	7558	9932	14735
税金总额	1583	1996	2694	3658	6105
#所得税	477	599	595	960	
出口交货值	6854	8669	11563	16932	25416

资料来源：1998—2007年《中国农业发展报告》。

2002—2007年，乡镇企业再次摆脱了低迷状态。这期间，乡镇企业增加值增长速度逐年提高，年均达到15.7%，吸纳就业逐年回升。2003年，全国乡镇企业总计达2185.1万个，年末从业人员13572.9万人，乡镇企业增加值36686.3万元，总产值152360.7万元，营业收入146783.4万元，利润总额8571.2万元，上交税金3130.1万元，固定资产净值31263.2万元，劳动者报酬9071.8万元。2006年，乡镇企业的各项指标都上升到一个新的台阶（表6-14）。2007年已经成为支撑我国农村经济和国民经济的最坚实的支柱。

(二) 乡镇企业的发展对农村经济转型的贡献

乡镇企业异军突起，成为农村市场经济发展的先导力量，不仅带来了农村的分工分业，推动了农村多种经营和非农产业发展，为农村经营体制注入了现代企业制度因素，推进了农村现代化；而且对国家工业化、城市化的快速推进，以及国民经济快速增长和综合国力增强作出了卓越贡献，为构筑以工补农、工农互促、城乡互动的一体化新格局创造了条件。

(1) 乡镇企业是我国经济最具活力的部门和重要支柱

自 1978 年改革以来，乡镇企业一直高速度扩张。1980—2006 年，我国全社会名义增加值年均增长率 15.9%，同期乡镇企业的年均增长率达 18.1%（谭秋成，2008）[1]。1985 年，乡镇企业增加值占国内生产总值的比重为 8.61%，到 1998 年，乡镇企业增加值已达 22186 亿元，占当年国内生产总值的 26.7%。近 10 年内，乡镇企业增加值占国内生产总值的比重一直保持在 26%—28% 之间（图 6-3）。2007 年，乡镇企业增加值 69620 亿元，占国内生产总值 27.9%；出口商品交货值 30200 亿元，占全国出口总额的 34%；实缴国家税金 7366 亿元，约占全国税收总额的 20%[2]。乡镇企业还在技术创新上提高了整个社会的竞争力和发展潜力。乡镇企业在增强我国综合国力方面具有不可替代的作用。

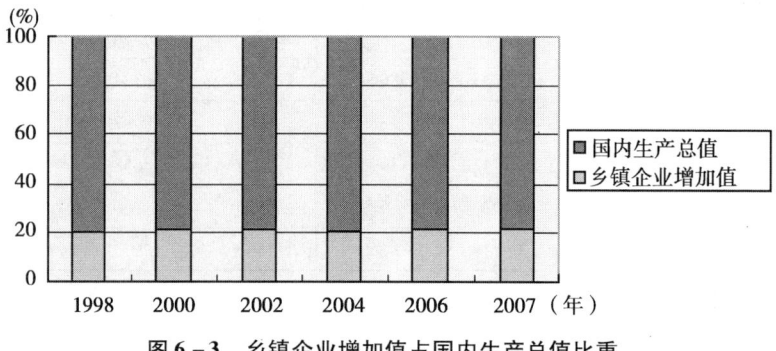

图 6-3　乡镇企业增加值占国内生产总值比重

(2) 乡镇企业拓展了农村产业空间，成为农村经济的坚实主体

乡镇企业崛起，改变了农村单一的农业经济格局（表 6-15、图 6-

---

[1] 谭秋成文，见张晓山、李周《中国农村改革 30 年研究》，经济管理出版社 2008 年版，第 105 页。

[2] 刘玉峰："乡镇企业发展 30 年的十大启示"，《农民日报》，引自"三农在线"，网址 http://www.farmer.com.cn/wlb/xqb/xqb1/200810310111.htm。

4)。1978年，农林牧渔业收入占农村经济总收入的比重为68%，2006年降低到16%，农村工业和建筑业收入比重由1978年的26%提高到2006年的65%，农村运输业、商饮业和其他服务业收入比重由1978年的6%提升到2006年的19%。2006年，以工业为主体的非农产业比重已达84%，农村经济结构已经转变为以农业为基础、工业为主体、服务业为支撑的三次产业共同发展的格局。乡镇企业还是农村经济的坚实支柱，2007年，乡镇企业增加值已占农村社会增加值的68.68%。

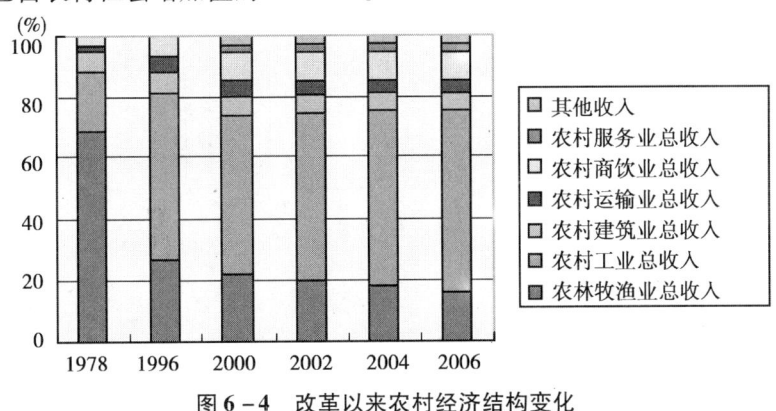

图6-4 改革以来农村经济结构变化

表6-15　　　　1978—2006年农村经济收入及结构变化　　　（单位：亿元）

年份	1978	1996	2000	2002	2004	2006
农村经济总收入	2038	88620.4	99721	116631	151173	200239
农林牧渔业总收入	1397	23428.7	22273	23524	27522	31896
农村工业总收入	397	48426.3	51553	63361	86592	119728
农村建筑业总收入	135	6178.4	6311	7103	8538	11434
农村运输业总收入	35	4408.2	4979	5409	6288	7538
农村商饮业总收入	75	6178.8	8947	10441	13838	18411
农村服务业总收入	—	—	2484	3182	3879	5583
其他收入	—	—	3174	3611	4515	5650

资料来源：历年《中国农村统计年鉴》和《中国农业发展报告2007》；2000年以前为总产值。

(3) 乡镇企业是农民就业和增加收入的主渠道

乡镇企业极大缓解了我国就业压力，优化了农村劳动力结构，同时为农业适度规模经营、提高劳动生产率创造了条件。从1958—1978年，全国农村社队企业平均每年吸收130万人就业。改革后，乡镇企业从业人员迅速增加（图6-5），从1978年的2827万人增加到2007年的15090万人，占乡村劳动力的比重相应由1978年的9%增加到2007年的32%。乡镇企业还是农民收入增长的重要来源,改革开放30年来,农民从乡镇企业获得的收入占农民人均纯收入的比重,1978年为8.04%,1987年增长到18.14%,1997年增长到29.32%,到2007年,"乡镇企业支付职工工资达13706亿元,农民人均从乡镇企业获得收入1440元,占农民人均纯收入的34.8%"[①]。

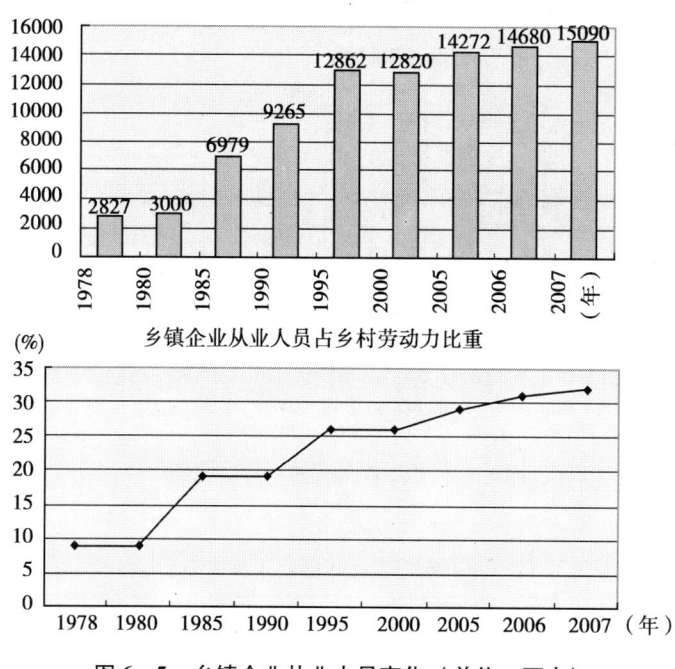

图6-5 乡镇企业从业人员变化(单位:万人)

(三) 乡镇企业对工业化、城镇化、城乡一体化的贡献

(1) 乡镇企业加速了国家工业化进程

乡镇企业的发展,不仅冲破了我国城市搞工业、农村搞农业的二元分割的经济格局,而且对探索有中国特色的工业化道路和加快国家工业化进程,作出了特殊贡献。乡镇企业在改革中异军突起:一方面,开辟了国家工业化的第二战场,使农村工业化在传统手工业和社队工业的基础上加快发展,并与城市工业化同步推进;另一方面,丰富了国家工业化的内涵,调整了我国偏重于重工业的工业结构,加快了我国整体工业化进程。从产业结构看,乡镇企业中工业产业一直占据主体地位,从1998—2006年近10年内,乡镇企

---

① 甘士明:"我国乡镇企业改革发展30年","中国农业信息网",http://www.agri.gov.cn/xxlb/t20081202_1183032.htm.

业中的工业增加值占全部增加值的比重一直保持在70%。从乡镇企业对全国工业化的贡献看，1985年，乡镇企业增加值占全国工业增加值的比重为15.02%；到1998年，乡镇企业工业增加值15530亿元，占当年全国工业增加值（39004.2亿元）的比重为39.8%；2000年为18812亿元，占当年全国工业增加值（45555.9亿元）的比重为41.3%；2007年全国乡镇工业增加值达47800亿元，占全国工业增加值的46.5%。乡镇工业增加值已占国内工业增加值的近半壁江山。

（2）乡镇企业推进了城镇化发展

乡镇企业在推进工业化的同时，也推进了城镇化，开拓了中国特色城镇化道路。乡镇企业主要通过三种形式推动小城镇的发展。第一，乡镇企业逐步向工业小区和小城镇集中，孕育了大量小集镇，扩大了小城镇数量；同时带动了原有集镇建成区规模扩大和基础设施现代化发展。第二，乡镇企业产业集聚，带动农业人口向小城镇快速集中，大量农民转化为城镇居民，从而极大提高了我国城镇人口比例。改革30年，我国城市人口以平均每年4.4%的速度增长，城市化水平由1978年的17.9%提升到2007年的45%。第三，乡镇企业推动大量专业市场的形成发展，随着专业市场规模不断扩大，带动了第三产业的发展，从而推动小城镇建设。"到2007年，全国小城镇已达5万多个，其中建制镇达1.8万个。"[①]

（3）乡镇企业促进了城乡一体化

乡镇企业在沟通城乡中具有桥梁作用，是工业反哺的重要力量。其一，乡镇企业最早以利润分配形式"以工补农"。多年来，乡镇政府在决定集体企业利润分配时，通过以工补农、以工建农等方式，将乡镇企业既得部分利润投入到农业。乡镇企业以工补农资金投入，1985年为8.8亿元，1990年为77.8亿元，1991—1996年合计609亿元，相当于同期国家财政用于农业支出的20.5%。"从1978年到2007年的30年间，乡镇企业用于支农、补农、建农的资金达4012亿元。"（甘士明，2008）其二，乡镇企业的发展为农业现代化积累了大量的资金，显著改善了农业生产条件，增加了农业技术装备。其三，乡镇企业沟通城乡经济，传播城市文明。乡镇企业一方面接受城市和大工业的辐射和带动，另一方面向农村和农业进行辐射，从而起到沟通城乡、衔接工农的重要作用，使农业和工业、农村和城市相互促进，有利于承城接乡，消弭城乡差距。乡镇企业在构建城乡一体化新格局的进程中显

---

① 刘玉峰："乡镇企业发展30年的十大启示"，《农民日报》，引自"三农在线"，网址 http://www.farmer.com.cn/wlb/xqb/xqb1/200810310111.htm.

示了重要作用。

我国乡镇企业发展进入到新的阶段。从乡镇企业发展的宏观环境上看，"中国市场化程度已经有很大提高，价格已经成为决定资源配置的主要信号，乡镇政府和村级组织所控制的资源日趋减少"（谭秋成，2008），乡镇企业投融资体制和经营管理体制深化改革紧迫。从区域布局上看，乡镇企业发展与区域经济发展呈线性关系，当前，需要在推进区域经济协调发展的战略中，注入乡镇企业布局适度集中和梯度转移政策思想，想办法缩小乡镇企业发展的区域差异。从企业内部看，企业规模仍然不大、产业层次仍然不高、工艺管理制度相对落后，因此，今后一个时期的乡镇企业发展，必须坚持走新型工业化的道路，通过企业内部的结构调整、技术和管理制度创新，转变经济增长方式，提升企业市场竞争能力。

三、村域经济社会转型发展调查与分析[①]

（一）入户问卷样本的基础信息

改革30年，农业农村经济社会现代化发展的成效无疑是辉煌宏大的。但局限于农村改革宏观层面讨论和评估是有缺憾的。把农村转型和现代化发展研究下沉到村域，从村域经济社会转型发展的成效进行研究和评估，显然更具鲜活性和实证性，对于记忆乡村、解读乡村更具价值。

2007年，我们组织了43名大学生组成暑期调查队，各自返乡进行《改革30年村域经济社会变迁》入户问卷调查。本调查发放问卷430份，回收问卷364份，回收率84.65%，其中有效问卷356份，无效问卷8份，废卷率2.20%。调查样本涉及我国东部（江苏、浙江、上海和山东）、中部（吉林、辽宁、江西）、西部（内蒙古、四川）共9个省（市、自治区）、35个地市、49个县（市、区）、72个乡镇、124个行政村。本次调查主要是为国家社科基金项目《改革30年长三角村域经济社会变迁研究》进行的基础调查，因此样本重点放在长三角地区的苏、浙、沪，三省市样本占总样本的42.70%，东部地区样本数占总样本数的约一半，中、西部地区样本作为研究参照，各占样本总数的1/4左右。

样本所处行政村遍及山地丘陵、平原盆地和高原等各种地形区域，其中地处山地丘陵地区的行政村57个（45.97%），地处平原盆地的行政村64个

[①] 本课题开展了"改革30年村域经济社会变迁调查"，本节是这次调查的分析报告，由车裕斌教授执笔。

(51.61%),地处高原的行政村3个(2.42%)。样本村以腹地型行政村为主(51个,41.13%),其次为城郊村(45个,36.29%),也包括一定数量的小城镇(20个,16.13%)和城中村(8个,6.45%)。调查对象以家庭男户主为主体,占总数的67.24%,调查对象年龄绝大多数为20—60岁,占总数的85.39%。

(二) 村域经济社会转型发展成效

(1) 农户经济收入水平大幅度提高,农民生活明显改善

2006年,样本农户家庭平均纯收入44223.47元,是1978年家庭平均纯收入(1492.38元)的近30倍。截至2007年6月,样本农户家庭平均拥有存款余额67685.34元,人均拥有存款余额14565.72元。对1978年以来年总收入最低和最高年份的调查显示(表6-16),多数家庭年总收入最低的年份出现在1980年以前,而绝大多数家庭年总收入最高的年份出现在2000年以后,反映了农户家庭收入自1978年以来总体上不断上升的趋势。

表6-16　样本农户对1978年以来年总收入最低和最高年份的认定

	1978年以来总收入最低的年份						
	1980年前	1981—1985	1986—1990	1991—1995	1996—2000	2001—2005	2006年后
频数	132	17	16	16	44	30	6
频率(%)	50.6	6.5	6.1	6.1	16.9	11.5	2.3

	1978年以来年总收入最高的年份					
	1985年前	1986—1990	1991—1995	1996—2000	2001—2005	2006年后
频数	3	1	4	32	95	150
频率(%)	1.1	0.4	1.4	11.2	33.3	52.6

样本农户家庭拥有的农用电器设备数量大幅度提高,农户家庭平均拥有的主要农用电器设备达到4.09台(套),现代城市家庭使用的一些电器设备如空调、音响设备等在农村家庭中开始逐渐普及,且这些设备大多于2000年后出现在农村家庭中,平均占购置总量的49.74%(表6-17)。

表6-17　样本农户家用电器拥有量和购置时间(2006年末) (单位:台、部、套)

	空调	彩电	冰箱	洗衣机	音响设备	黑白电视
户均购置量	1.84	1.47	1.14	1.05	1.07	1.01
户均拥有量	0.57	1.35	0.67	0.69	0.44	0.38

续表

	空调	彩电	冰箱	洗衣机	音响设备	黑白电视

样本农户家用主要电器设备购置时间

	1980年前	1981—1985	1986—1990	1991—1995	1996—2000	2001—2005	2006年后
空调	0.00	0.00	0.00	2.52	19.33	52.94	25.21
彩电	0.00	0.79	3.94	13.12	33.60	40.16	8.40
冰箱	0.00	0.47	2.37	8.53	34.12	39.81	14.69
洗衣机	0.44	0.88	5.73	14.54	27.75	41.41	9.25
音响设备	0.00	0.73	6.57	10.95	21.17	50.36	10.22
黑白电视	5.26	12.78	30.08	29.32	16.54	6.02	0.00
平均	0.95	2.61	8.11	13.16	25.42	38.45	11.30

截至2007年6月，样本农户家庭平均拥有的交通运输工具量达到1.35台，包括汽车、农用车、拖拉机、摩托车等，从主要交通工具的购置时间上看，也主要集中在2000年以后（占购置总量的51.8%）。

农户家庭的日常生活支出占家庭总支出的比例大幅度下降。2006年，样本农户的家庭支出构成中，日常生活费用支出仅占家庭总支出的27.67%，家庭的生活性支出和教育支出、家用设备设施购置支出，在家庭支出中的比例迅速提高（表6-18）。

表6-18　　　　　样本农户家庭支出及其构成（2006）　　　　（单位：元）

	生产性支出	日常生活支出	教育支出	卫生医疗支出	人情往来支出	家用设备设施支出	其他非生产性支出	支出合计
户均	5737.99	8679.70	6218.90	1376.50	2627.16	4625.29	2102.82	31368.37
人均	1234.80	1867.85	1338.29	296.22	565.36	995.35	452.52	6750.40
（%）	18.29	27.67	19.83	4.38	8.38	14.75	6.70	100.00

农户家庭的居住条件也有了极大的改善。户均拥有宅基地面积237.16平方米，人均拥有51.00平方米；户均拥有房屋建筑面积179.43平方米，人均拥有38.59平方米。家庭住房的建筑结构以砖混结构、钢混结构和砖木结构为主体，三类合计占家庭住房的84.57%（表6-19）。家庭住房中平房所占的比例减少，仅占43.65%，两层楼房和多层楼房所占比例增加，达56.35%。

表 6-19　　　　　样本农户家庭住房结构类型（2006 年末）

	钢混结构	砖混结构	砖木结构	土木结构	石木结构	茅草房	窑洞	其他
频数	72	174	61	35	11	3	1	6
频率(%)	19.83	47.93	16.80	9.64	3.03	0.83	0.28	1.65

（2）生产结构渐趋合理，收入来源多样化

首先，单一的农业产业结构有了明显改变（表 6-20）。农林牧渔业收入在农户家庭总收入中所占比重迅速下降，2006 年，样本农户的这一比重仅为 18.72%。与此相对应，农户家庭工商业得到迅速发展，农户家庭工商业收入占家庭总收入的比重达到 44.67%，远远超过农业收入，成为农户家庭经营性收入的主体。

表 6-20　　　　　样本农户家庭经济总收入及构成（2006）　　　（单位：元）

	农业	工业	商业服务	劳务	转移支付	财产	集体分配	赠予	其他	总收入
户均	9353.6	12682.6	9636.3	13597.9	401.7	1201.3	156.3	395.7	2536.1	49961.5
人均	2012.9	2729.3	2073.7	2926.2	86.5	258.5	33.6	85.2	545.8	10751.6
(%)	18.7	25.4	19.3	27.2	0.8	2.4	0.3	0.8	5.1	100

其次，种植业和粮食生产占绝对主体地位的局面有了根本性改变（表 6-21）。林果业和牧业有了较快的发展，各种经济作物的种植收入取代粮食生产收入成为农户家庭种植业收入的主要来源。

表 6-21　　　　　样本农户 2006 年家庭农林牧渔业收入及构成

	农业收入	林业收入	牧业收入	渔业收入	合计
户均	4268.23	1773.19	3258.50	53.65	9353.57
人均	918.51	381.59	701.22	11.55	2012.87
(%)	45.63	18.96	34.84	0.57	100.00

再次，农村劳动力就业结构产生明显的改善。农业劳动者占劳动力的比例不足 50%，而外出打工的劳动力达到 23.82%，并出现了大量的兼业劳动者和一定比例的工业企业主、服务业主（表 6-22）。劳动力的就业地点构成也发生了明显的优化，村外就业的劳动力占总劳动力的近一半，大量劳动力到县外或省外就业，大大扩展了农民的就业空间。

表6-22 样本农户家庭劳动力就业类型和区域分布（2006年） （单位：人）

	农业劳动者	工业主	服务业主	打工	其他
数量	389	54	85	192	86
（%）	48.26	6.70	10.55	23.82	10.67

样本农户家庭劳动力就业地点构成

	本村就业	本县就业	本省就业	外省就业	国外就业
数量	446	212	69	61	0
（%）	56.60	26.90	8.76	7.74	0.00

最后，劳务收入成为农户家庭收入的重要来源。各类新的收入来源如转移支付、财产性收入、集体分配收入等开始出现，并逐步占农户家庭收入的一定比例，家庭收入来源的多元化局面开始显现。

（3）各项改革举措得到农民的肯定，产生了积极效果

从农户对现行土地制度改革的认同程度看，认为现行土地制度是合理的占受访者的63.22%，而明确表示该项制度不合理的仅有14.29%（表6-23）。土地承包经营权流转制度的改革，促进了农户家庭平均土地承包经营总规模的上升。农户家庭平均承包经营的土地总面积由第一轮承包时的7.65亩提高到调查时的9.93亩，户均增加2.28亩，其中耕地增加0.52亩，林地增加0.46亩，园地增加0.30亩，水面增加0.46亩，牧草地增加0.54亩。表明稳定土地承包经营权可以强化农户的土地权利强度，促进土地流转、实现土地适度规模经营。

表6-23 样本农户对30年土地承包权的评价

	合理	不合理	说不清
农户数频数	208	47	74
频率（%）	63.22	14.29	22.49

样本农户家庭平均承包经营土地面积及构成变化

	总面积	耕地	水田	旱地	菜地	林地	园地	水面	牧草地
2006年承包	9.93	7.40	2.90	4.21	0.29	0.91	0.58	0.48	0.55
第二轮承包	8.23	7.34	2.42	4.61	0.31	0.57	0.28	0.02	0.01
第一轮承包	7.65	6.87	2.02	4.60	0.26	0.45	0.28	0.02	0.02

从村民自治制度的实施情况看，有64.99%的受访者认为村民自治制度给其生活带来了较大的影响，对其原因的选择依照选择频率的高低依次为：权利得到了更好的保障、有权选举自己的代言人、比以前得到更多的好处、村委会与村民的生活联系更加紧密、其他原因（表6-24）。而受访者对目

前村委会工作的评价中,感到不满意和很不满意的只占受访者的17.45%,说明村民对其选举产生的村委会的工作是基本满意的。

表6-24　　　　村民自治实施给农民生活带来较大影响的原因

	我开始有权选举自己的代言人	我比以前得到更多的好处	我的权利得到了更好的保障	村委会与我的生活联系更加紧密	其他
频数	102	70	122	52	7
频率（%）	43.97	30.17	52.59	22.41	3.02

受访者对目前村委会工作的评价

	很不满意	不满意	一般	满意	很满意
频数	19	40	165	99	15
频率（%）	5.62	11.83	48.82	29.29	4.44

从村委会选举制度的实施执行情况（表6-25）看,一半以上（55.95%）的受访者认为其村委会主任的选举是公正合理、严格按照选举程序进行的。

表6-25　　　　受访对象对现任的村委会主任选举公正性的评价

	A	B	C	D
频数	188	69	52	27
频率（%）	55.95	20.54	15.48	8.04

说明：A. 是,因为候选人由村民提名,实行差额选举,选举较公正；B. 不是,村民选举只是走过场；C. 是选举的,但选举并不公正,因为有人做手脚；D. 是选举的,但并不是我们心中的理想人选,因为有人干涉。

我们在浙江省进行的另一项调查结果表明（表6-26）[①],农村居民对当前国家减负和支农惠农政策,满意和较满意的比例达到46.49%,而不太满意和很不满意的比例仅6.91%,应该说绝大部分农村居民对当前国家减负政策和支农惠农政策是基本满意的。

表6-26　　　　浙江省农户对当前国家减负和支农惠农政策的满意度

评价等级	满意	较满意	一般	不太满意	很不满意	说不清	未填写
频数	432	449	439	105	26	170	274
频率（%）	22.80	23.69	23.17	5.54	1.37	8.97	14.46

---

① 与本项调查同时进行的浙江省减轻农民负担与维护农民权益专项调查,共计调查浙江省农户1895户。

(4) 家庭规模小型化、结构简单化，村域社会结构多元化

样本农户家庭平均人口 4.65 人，户均劳动力 2.89 人。大多数农户(77.53%)家庭人口 3—5 人，其中家庭人口为 3 人的 75 户，4 人的为 113 户，5 人的为 88 户。样本农户家庭结构以两代人共同生活的结构形态为主体，三代同堂和多代同堂的大家庭在农村已经少见。样本农户中，人口最多的家庭拥有 19 人，家庭人口较多且多代同堂的家庭主要在山区和经济相对落后的区域。即使家庭人口规模较大、多代同堂的家庭，其实际生活中也表现为多个相对独立的小家庭。这些家庭只是在居住形式上未完全分立，但经济收入、家庭劳动分工上都是相对独立的。

村域的社会结构形态相反，表现出日益多元化的特征。其一，农民就业方式的复杂化使农民的职业身份多元化。当前农村劳动力中的职业农民所占比例已经大幅度减少，出现了工商业主、长期在外从事非农劳动的"农民工"、职业村干部和大量亦工亦农的职业农民。其二，农户家庭的经营结构产生明显分化，带来了农户经营类型的多样化。调查结果表明（表 6-27），样本农户中的纯农业户仅占 38%，兼业户成为农户的主体，占 43.43%，并出现了一定数量的纯工商业户（8.86%），农户家庭生产经营结构形态的兼业化和多元化倾向十分明显。其三，村域社会组织体系出现多样化，村域社会权威多极化。除传统的村民自治组织体系外，部分村域出现的合作经济组织扮演着一定的社会组织角色，少数单姓村落的宗族组织体系有恢复的迹象。此外，一些村域以互助服务为目的的非长期性的互助组织体系，以帮助村域经济社会发展为目的的由村域在外就业的知识分子、成功商人和干部组成的智囊型组织，以活跃村民文化生活的业余文艺组织等也开始出现。

表 6-27　　　　　　样本农户家庭经营结构类别（2006）　　　　（单位：户）

	纯农业户	纯工业户	纯商业户	以农为主兼业户	以非农为主兼业户	其他	合计
数量	133	10	21	78	74	34	350
频率（%）	38.00	2.86	6.00	22.29	21.14	9.71	100.00

与村域社会组织体系多元化相对应的是，村域权威也由过去的政治权威一统天下的局面出现了松动，宗族权威、经济权威、知识权威开始建立其势力范围，并显示其能力。调查结果显示（表 6-28），63.39% 的受访对象仍然将握有政治权力的人作为村域最有权威的人，但其他非政治势力的拥有人（有钱的人、弟兄多的人、家里有能人在外边的、大姓望族），特别是经济能人作为村域权威也得到受访者的认可。各种迹象表明，在村域经济社会转型过程中，一些新生的社会力量正在村域范围内涌动，并可能形成新的村域权威力量。

表6-28　　　　　　　　受访对象对"村里最有权势人"的选择

	A	B	C	D	E	F
频数	213	71	16	27	6	2
频率（%）	63.39	21.13	4.76	8.04	1.79	0.60

说明：A. 在乡村当干部或家里有人在乡村当干部的；B. 有钱的人；C. 弟兄多的人；D. 家里有能人在外边；E. 大姓望族；F. 其他。

（5）农民的权利意识加强

从以上受访对象对有关问题的评价可以看出，目前的农民对相关问题的看法已经相当成熟和理性，尽管有一些发牢骚和偏激的评价，但总体上还是客观公正的，这从一个侧面表明当有机会发表他们的看法时，农民能够充分利用这样的机会客观表达其意见。

从受访对象关于最近一次村干部选举投票的方式（表6-29）看，90%以上的受访者均投了票，且其中有66.77%的受访者是亲自投的票，仅有7.55%的受访者因故未投票。从受访者在村干部选举中的投票决定方式看，有66.98%的受访者的一票是完全根据个人意愿或经全家商量决定后投出的。说明农民对于选择其村域的带头人是相当关注的，并非常看重自己的神圣的一票。

表6-29　　　　　　　　受访对象的最近一次村干部选举投票方式

	自己投的	委托他人投的	家里人投的	因故未投
频数	221	19	66	25
频率（%）	66.77	5.74	19.94	7.55

受访者在村干部选举中的投票决定方式

	A	B	C	D	E	F
频数	137	82	20	37	43	8
频率（%）	41.90	25.08	6.12	11.30	13.15	2.45

说明：A. 经过慎重考虑、体现个人意愿；B. 全家人商量的意见；C. 我们家族统一的意见；D. 按乡村干部的意见；E. 人家选谁，我也选谁；F. 其他。

从受访者对是否愿意参加各类合作经济组织的回答及理由（表6-30）看，农民需要参加各类合作组织以解决其当前分散、易受侵害的局面的愿望相当强烈。从对各类组织需求的迫切性来看，大致分为三个层次，一是选择集体合作经济组织的比率最高，为58.33%，二是选择专业性合作组织的为38.89%，其余的选择农民的自我组织（互助合作组织与农民协会）。

表6-30　　受访者对是否愿意参加各类合作经济组织的回答及理由

	A	B	C	D	E	F	合计
票数	189	126	78	69	35	34	531
百分比（%）	35.59	23.73	14.69	12.99	6.59	6.40	

说明：A. 愿意参加集体合作经济组织，因为可以联合起来办一家一户办不了、办不好的事；B. 愿意参加各种专业性的合作经济组织，比如联合运输、销售的运销合作社，联合办农产品加工企业，等等；C. 特别想建立农民自己的合作互助基金会之类的组织，解决贷款难问题；D. 农户应该成立农民协会，为自己说话办事；E. 我们什么都不想，只想政府稳定土地承包使用权，让我们安安稳稳种地；F. 政府帮助我们脱贫、解决温饱最重要，其他等几年再说。因为此表可以多项选择，各项之和的比例超过100%。

从受访对象愿意出钱出力，支持村办事务的高支持率（表6-31）可以看出，农民是十分关注并热心支持公共事务的，并在一些本不应该由其承担费用的事务上表现出了过分的热情，但也充分展示了农民的权利与义务意识的增强。按照各项村办事务选择频率的高低排序，依次为：环境治理；农家乐、观光园或建厂房等能为村里带来收入的各种项目；其他；自来水改造、电网改造或是有线电视改造等；修葺学校、办幼儿园；修路造桥。

表6-31　　受访对象愿意出钱出力支持的村办事务

	A	B	C	D	E	F	合计
频数	40	252	109	206	92	136	835
频率（%）	4.79	30.18	13.05	24.67	11.02	16.29	

说明：A. 修路造桥；B. 环境治理；C. 自来水改造、电网改造或是有线电视改造，等等；D. 搞农家乐、观光园或建厂房等能为村里带来收入的各种项目；E. 修葺学校、办幼儿园；F. 其他。因为此题为多项选择，比例之和超过100%。

（三）村域转型发展中需要关注的新问题

30年来，村域经济社会转型发展的成效无疑是显著的，但在这一转型发展过程中出现的问题也多种多样。已有众多的学者指出了乡村经济社会转型中的诸如集体经济退化、农地细碎化与农地市场化程度不高、农民增收乏力、村"两委"之间的矛盾与纠纷、"黑恶"势力抬头、公共品供给不足等诸多的问题。通过本项目的调查，我们认为还有三个新的趋向性问题值得关注。

（1）乡村治理正式权力"虚置"

多数学者将乡村自治组织被赋予的自治权力不足，视为乡村治理正式权力"虚置"的主要原因。我们前期在浙江省的乡村调查中发现，有许多贫困村域的主要村干部长年不在村居住,甚至个别村的书记和主任均长年在外从业,而且越是贫困的村域,这种现象出现的频率越高。为了证实这一情况,本次调查中我们专门设计了一项针对行政村主要干部驻村情况的调查。

表6-32　村干部与村民的关系和熟悉程度

受访者对"您们村主任长住在哪里"的回答						
	A. 村里	B. 镇上	C. 县里	D. 不知道,反正不在村里	E. 其他	合计
频数	298	18	10	5	10	341
频率(%)	87.39	5.28	2.93	1.47	2.93	100.00
	A. 村里	B. 镇上	C. 县里	D. 不知道,反正不在村里	E. 其他	合计
频数	290	29	5	6	8	338
频率(%)	85.80	8.58	1.48	1.78	2.37	100.00

受访对象对"您们村长是干什么的"回答						
	务农	自己办企业	个体工商户	不知道	其他	合计
频数	178	44	59	36	19	336
频率(%)	52.98	13.10	17.56	10.71	5.65	100.00

受访对象对"您是否知道村里哪些是村干部"的回答						
	A	B	C	D	合计	
频数	180	110	42	7	339	
频率(%)	53.10	32.45	12.39	2.06	100.00	

说明:A. 都知道;B. 知道是知道,不过除了书记、村长,其他人什么职务搞不清楚;C. 只知道书记、村长,其他哪些人是村干部不知道;D. 不知道。

调查结果(表6-32)证实,受访者的回答中,有12.61%的村主任不驻村,有14.20%的村支书不驻村,据此估计,大约有1/4以上的村主要干部长期不在村。有10.71%的受访者不知道他们所在行政村村长的职业是什么;有2.06%的受访者不知道他们所在行政村哪些人是村干部;有12.39%的受访者只知道村支书和村主任是谁,却不知道其他哪些人是村干部;有32.45%的受访者知道哪些人是村干部,但除了村支书和村主任外,其他人的具体职务却不清楚。

(2)农民新负担正在形成

首先,农民自身对农民负担的内涵在认识上比较模糊,使得一些加重农民负担的行为具有可乘之机。受访对象对"村里的基础设施应不应该由村集体或村民出资建设"的回答(表6-33)中,有一半以上的村民认为是应该的。而我们对浙江省农民负担专项调查的结果（表6-34）也表明，干部和群众对农民负担的认识并不明确，除将就医、就学、就业难、成本高作为加重农民负担的内容的选择比率较高外，其他各选项的频率大致相当。受访对象对加重农民负担内涵各选项选择比率由高到低的排列顺序依次是：①就医、就学、就业难，成本高（69.60%）；②国家支农资金土地补偿被截留克扣（29.29%）；③应由公共财政承担而转嫁到农民头上分摊（24.54%）；④村和有关部门超范围、超标准自立名目向农民收费（24.27%）；⑤有关部门向村集体收取费用用于自身建设发展（17.94%）；⑥村道建设、自来水改造等村公益事业由农民"一事一议"筹资筹劳（12.98%）；⑦其他（2.96%）。

表6-33　受访对象对村里的基础设施应不应该由村集体或村民出资建设的回答

	A	B	C	D	合计
频数	127	52	76	96	351
频率（%）	36.18	14.81	21.65	27.35	100.00

说明：A. 应该，村里的事就应该由村集体和村民自己来管；B. 应该由村集体出资，村民不该出资，村里的事村管；C. 不应该，城市和农村都是国家的一部分，城市基础设施都是国家投资的，农村也应该由国家投资；D. 不应该，这是国家公益事业，应国家投资建设，但当前国家财力不足，村集体和村民投一部分也行。

表6-34　　　　浙江省样本农户对加重农民负担的内涵的理解

选项	A	B	C	D	E	F	G
频数	555	1319	340	246	460	465	56
频率（%）	29.29	69.60	17.94	12.98	24.27	24.54	2.96

说明：A. 国家支农资金土地补偿被截留克扣；B. 就医、就学、就业难，成本高；C. 有关部门向村集体收取费用用于自身建设发展；D. 村道建设、自来水改造等由农民筹资筹劳；E. 村和有关部门超范围、超标准自立名目向农民收费；F. 应由公共财政承担而转嫁到农民头上分摊；G. 其他。

其次，村域基础设施建设已经形成了实质性的农民负担。对"村里修路、造桥等的经费来源"的调查结果表明（表6-35），有62.21%的村此类项目需要村集体出资，还有35.02%的项目需要村民出资。我们在浙江省农民负担专项调查中，对近几年农村居民家庭捐款的情况和村联防队员的工资来源情况的调查结果，也表明了新型的农民负担是存在的。在所有受访农户家庭中，近几年没有捐过款的家庭有44.54%，即有55.46%的家庭是捐过款的，而且各捐款项目的累计选择频率为58.21%，说明有的家庭还不只一项捐款，而且其中仍然存在着2.48%的非自愿性捐款。在成立了村联防队的 380 个村中,联防队员的工资由村集体支付和由村民出资两项的合计选择频率达 69.47%,"联防队员没有经费是义务劳动"的选择频率为 19.74%,三项合计为 89.21%。

最后,从现在至未来一段时期,随着新农村建设的持续推进和农村社区服务体系建设的探索与实践,我国农村将进入基础设施建设的快速发展期。在对新的历史时期的农民负担内涵不明、认识不清的情况下,这些建设可能导致新一轮的农民负担的形成,并且这种负担比此前的农民负担更为沉重。

表 6-35　　　　　　　　　　农民负担的新形式

样本农户对村里修路、造桥等的经费来源的回答			
选项	A. 村集体的	B. 上面政府补助的	C. 有一些是企业老板捐的	D. 部分是村民出的
频数	135	130	18	76
频率(%)	62.21	59.91	8.29	35.02

近几年家庭捐款情况				
选项	没有捐过	捐过捐给村里造路桥	捐过捐给村里困难户	捐过捐给社会上需要的人	捐过但非自愿
频数	844	452	234	370	47
频率(%)	44.54	23.85	12.35	19.53	2.48

村联防队员的工资补贴来源				
供选答案	村集体支付	村民出资	乡镇补助	村民小组出资	没有经费是义务的
频数	259	5	55	0	75
频率(%)	68.16	1.32	14.47	0.00	19.74

(3) 村域社会两极分化加剧

一方面,村域社会基本单元——农户家庭的经济能力出现较为严重的两极分化。所有样本农户中,家庭年总收入最高的达到 1300000 元,家庭人均收入达 325000 元,而与之同村的另两户家庭的年总收入分别 70000 元、840 元,家庭人均收入分别为 17500 元、76.4 元。这种严重的两极分化现象在东部沿海地区的农村表现得尤其明显,而中西部地区的这种分化差距相对较小。按当前政策环境和发展趋势,中西部地区村域内部家庭经济的两极分化不可避免。

另一方面,表现出村域社会权力分配的集中化与稳定化,并造成权力资源的两极分化。尽管村域社会结构的多元化导致了社会权力的多层次分配,但毕竟村域政治权力仍然是村域社会权力的主体，而且现行的选举制度使村域"能人"纷纷走上了村域治理的政治舞台，逐渐使村域的政治权威与经济权威实现了统一，这种统一可能使其他社会权力的博弈者被边缘化，进而使社会权力进一步集中在少数人的手中。

第七章　长江三角洲村域经济转型历程、格局和趋势[①]

本章在广泛调查和实证研究的基础上，总结长三角村域经济转型发展的历史进程及其特点；论述村域所有制结构多元化，产业和就业结构的非农化，村域经济类型多样化、水平多极化，社会结构现代化，以及新农村建设和城乡一体化的新格局；研究长三角农村传统农业型、现代农业型、工业型、市场型、旅游型等不同类型的村域经济社会现状；预测长三角村域经济转型发展的未来趋势，并对长三角村域经济转型推进战略和政策提出简短的建议。

一、村域经济转型发展历程和特点

(一) 村域经济转型过程的渐进性

我们认为，长三角村域经济转型经历了三个阶段。

(1) 低度均衡阶段（1978—1985年）。这一时期，村域经济社会制度转型主要任务是进行家庭联产承包制度的探索和实践，村域经济社会特征：首先，村域经济结构单一化。虽然此阶段农户家庭经济有所发展，但集体经济"一统天下"的局面并未改变：农业经营性收入仍然是村域经济收入的主要来源，1978年，全国农业总产值在农村社会总产值中的比重仍占68.6%[②]；农业生产结构仍然以粮食种植为主，发展的目标停留在解决温饱问题上；村域个体工商业开始出现，也有少量农民进城从事商业活动，但农民被束缚在土地上的局面仍未改变，90%以上的农民仍从事农业生产活动。其次，村域社会结构的简单化。村落社会的等级层次差异小，社会分层结构

[①] 本章根据两份阶段性成果修改而成：其一，《典型村落经济社会转型及发展趋势》（车裕斌），《广西民族大学学报（哲学社会科学版）》2008年第三期；其二，《协调发展：村域发展战略与政策》（王景新），载《大整合、大突破长江三角洲区域协调发展研究》第四章，上海人民出版社2005年版，第61—85页。

[②] 包心鉴：《试论当代中国发展的转型性实质》，《学术月刊》1997年第6期，第33—40、57页。

不明显;村域社会成员的大多数身份为社员,成分结构相对单一;公社—大队—生产队序列的行政权力体系是村域唯一治理权力;农民的社会观念相对单纯,其经济社会行为受到严重约束;村落文化活动的形式与内容相对单一,但数量相对较多。再次,村域经济社会结构低度均衡性。村域之间的经济差异较小,村域社会结构具有高度同一性,表现出村域之间经济发展的相对均衡性与社会的相对和谐,但这种均衡与和谐是以低经济发展水平、高政治压力为前提的。

(2) 非均衡发展阶段(1985—2002年)。这一时期的村域经济社会特征:首先,村域经济结构多元化。家庭承包制度的全面实施,迅速促进了农户家庭经济的兴起;与此同时,新型集体经济(乡镇企业)也得到了迅速发展。1987年,乡镇企业的产值达到4743亿元,占农村社会总产值的50.3%。1991年,乡镇企业总产值突破万亿元大关,占农村社会总产值的57.7%。部分村域新经济体开始发育,与此相对应的是非农产业经营性收入、劳务收入在村域经济构成中的比例迅速提高,农业产业结构调整和农村工业的迅速发展;"离土"农民与"兼业"农民大量涌现。其次,村域社会结构的复杂化。村域经济结构的多元化推动了农村社会分工与社会身份的迅速分化,村民从业结构的渐趋复杂,村域社会成员身份渐趋多样,向多层级方向演化;村域经济社会结构的复杂化,宗族势力抬头和新型组织势力的出现,多种势力相互交织,使村域权力结构出现了复杂化趋向。在这一过程中,村民的经济社会观念迅速更新,经济社会行为相对也更加自由,但却导致了现代文化活动的消亡,一些落后的村落文化开始抬头。再次,村域经济社会发展不均衡。村域之间经济社会发展水平差异逐步拉大,村域内部成员之间的多层级分化,内部成员之间的经济收入水平、社会地位差距迅速扩大,经济社会发展过程中的不和谐因素得到充分暴露,并演化为剧烈的社会冲突和矛盾。

(3) 非均衡协调发展阶段(2002年以来)。这一时期的村域经济社会特征是:首先,村域经济结构多样化。一方面,村域第二、第三产业迅速发展,传统农业向现代农业演化,农业基础、工业主体、服务业支撑的新型产业结构初步形成;另一方面,农户家庭经济类型多元化,农户、集体、新经济体三足鼎立格局初步形成;此外,村域经济收入的主体转变为非农产业经营收入和劳务收入,农民从业结构复杂化。其次,村域社会和谐化。以村域集体经济实力为后盾,通过集体经济收入的分配,使村域社会分层结构体系逐步稳定,自我发育,形成了一些新型农民组织,并融合进入了传统权力体系;村民受现代观念影响深刻,行为更为自由,传统村落文化与现代文化逐步融合形成了新型村域文化。再次，村域经济社会的非均衡性与协调性的和谐统一。村域之间和村域内部出现经济功能分化，形成了村域之间和村域内部经济社会分化和非均衡性发展格局，但不同的功能型村域经济相互补充、协调发展，村域社会因而总体趋向和谐。

（二）村域经济转型驱动力的差异性

长三角村域经济转型还具有转型驱动力的差异性特点。长三角典型村域经济社会转型的实践表明，农村经济社会体制的不断深入改革是持续推进村域经济社会转型的核心动力，但这种核心动力需要与村域自我发展的内在动力相结合，才能实质性地推动村域的经济社会转型，因此，不同村域内在动力的差异在很大程度上决定了村域经济社会转型发展的不同进程。

低度均衡阶段，村域经济社会转型的动力主要来源于土地经营方式的改革，改革使农户家庭获得了少量的土地剩余索取权，并导致了农户家庭财产权利的出现，但未触动农村财产的集体所有制基础。

非均衡发展阶段，村域经济社会转型的动力主要来源于土地产权制度改革，以及后来的城乡壁垒在农民进城方面的松动。土地承包经营权的相对稳定使农户家庭实际上获得了大部分的土地财产权，农民成为主要的土地权利主体，并因此产生了村域社会成员身份地位的变化，成员身份中的政治权力相对弱化，成员家庭经济能力成为新的身份地位基础。而农民进城经商、务工政策的放开，则促进了村域社会成员身份的复杂化。

非均衡协调发展阶段，村域经济社会转型的动力主要来源于农村经济社会体制的综合配套改革。一是农户的土地权利强度增大，权利周期延长，农民的土地权利主体地位确立。二是村民自治制度的完善使村民民主意识迅速提高，农民对村域治理的主动参与性增强。三是农村税费制度的改革深化，使村域社会成员的身份基础进一步分化，政治权力、经济能力、文化知识水平等均成为社会成员分层的重要基础，且存在着相互交叉性，导致了村域成员类型的多样化与结构体系的复杂化。四是农民组织制度的探索与创新，导致了农民组织形态的多元化，村域新型经济组织、村域社区性组织开始出现，农民的组织化程度提高，村域权力体系趋于复杂，不同组织对村域权力的分配最终导致了村域治理结构的扁平化。最后，村域经济社会体系的开放性和社会成员的高度流动性，促进了各种文化在村域中的交流与融合，带来了村域文化的现代性。

长三角典型村域经济社会转型过程还表明，村域经济转型与社会转型之间具有交互性与共同促进作用。村域经济转型是村域社会转型的前提，村域社会转型进一步加快村域经济转型的进程,并逐步实现村域经济社会的整体转型。

(三) 村域经济转型发展水平的差异性

从典型村域经济社会发展现状看,长三角典型村域经济社会转型发展水平极不平衡。既有集体可支配年收入高达 500 万元以上,在工业村、专业市场型村域基础上发展形成的巨富型村域经济;也有集体可支配年收入 2 万—3 万元以下,经济社会发展水平还相当落后的贫困型村域经济,传统农业村域、山区村域、少数民族聚居村域和尚未开发的古村域多属此类;既有已经初步实现整体转型、高度城镇化的工业型和市场型村域经济,也有部分转型、"半城镇化"的亦工亦农型、现代农业型和旅游型村域经济,还有刚刚步入转型期的山区、少数民族聚居区、传统农业区的村域经济。

转型发展水平的不均衡性不仅表现在村域经济水平上,而且在村域经济结构、社会结构、组织模式、文化特质、发展模式、转型动力等方面表现出全方位的不平衡性。这种不平衡性具有内在的必然性和长期性。首先,不同村域经济社会转型发展的背景条件、经济社会基础、发展动力等方面的内在差异性,决定了村域的经济社会转型不可能同步,而且各个村域的经济社会转型路径也不可能相同;其次,长江三角洲典型村域的经济社会转型发展的实践证明,一些村域的快速转型发展有一定的必然性与内在的规律性,突出地表现在村落精英(创业农民)能否抓住发展机遇。村域带头人和创业农民的出现,往往会是一个村域的经济社会快速转型的轨道。由于转型内涵的复杂性,村域的经济社会转型需要一个长期的发展过程,即便是那些已经初步实现整体转型的发达村域,要完全实现经济社会转型的目标仍然还有相当长的一段路要走。

(四) 村域经济转型内涵复杂性、模式多样性

有学者从转型期农村经济社会形态、结构的变化和农民社会心理结构以及价值观念的变化两个方面共 16 类表现,勾画了农村经济社会转型的内涵。这些研究均反映了我国经济转型内涵的复杂性(舒元等,2002)[①]。

从长三角典型村域的经济社会转型的过程及其显现出的变化内容来看,表现出了转型内涵的复杂性特点,就其核心内涵而言,则集中体现在以下四

---

① 舒元、王曦:《构造我国经济转型的量化指标体系:关于原则和方法的思考》,《管理世界》2002 年第 4 期。

个方面：一是所有制结构由单一的集体经济转向农户、集体和新经济体"三足鼎立"格局；二是产业结构由"农业—副业"型转向农业基础、工业主体、服务业支撑的新结构；三是社会结构由血缘、亲缘型村域转向业缘村域；四是农户经济多样化、兼业化（家庭生产功能萎缩及经营社会化），农业专业户、种植业兼业户、养殖业兼业户、自办企业兼业户、服务业兼业户、劳务输出或以工资收入为主的兼业户等各类农户并存。

根据长江三角洲典型村域的经济社会转型的驱动力量、发展水平及其现状特征差异，我们大致可将村域经济社会转型发展的模式概括为四类（表7-1）。

表7-1　　　　　　　长三角村域经济转型的基本模式

转型模式	外部驱动力	内部驱动力	发展水平	发展阶段	村域类型
内外驱动力较强的全面转型	强	强	巨富型	非均衡协调发展	现代工业型村落、市场型村落、旅游开发较好的古村落
外部驱动为主的部分转型	强	弱	富裕型	非均衡发展	现代农业型村落、近期开发的古村落、山区脱贫型村落
内部驱动为主的部分转型	弱	强	小康型	非均衡发展	现代农业型村落、近期开发的古村落、山区脱贫型村落
内外驱动力不足的低度转型	弱	弱	贫困型	低度均衡发展	未开发的古村落、山区贫困村落、传统农业型村落

二、村域经济和社会结构的新格局

（一）村域所有制结构多元化

实证研究发现，我国村域经济社会全面加速转型发展，用"双层经营体制"和"乡政村治"格局已经不能准确地概括农村经济社会结构。而长三角村域经济总体上实现了由传统农业经济向现代工业经济的过渡。

村域所有制结构已由单一的集体经济转型为农户经济、集体经济、新经济体三足鼎立的新格局。在长三角区域，农户经济继续保持主体地位，村组集体经济逐渐壮大，农民合作经济、股份合作企业、合伙企业、私有工商业主经济等新经济体迅速崛起，资本积累和收入能力正在赶上或超过农户经济，逐渐成为村域经济中最具活力的支柱和主体。作者在无锡市调查了解到，2004年，全市1285个行政村，净资产153.34亿元，可支配收入18.9亿元，村均净资产1193.31万元，可支配收入147.08万元。该市北塘区22个行政村，村集体总资产6.23亿元，其中经营性资产3.81亿元，村级完成纳税销售80.63亿元，缴纳税金1.6亿元，村集体可支配年收入1亿元，村均达500万元。调查还发现，类似于江阴的华西工业型村落和义乌的市场型村落的星星之火，在长三角渐成燎原之势，一大批名不见经传的村落脱颖而出，我们的调查样本中就有大唐村、蒋巷村、航民村、石冈门村、泰西村等村落群体。

（二）村域产业和就业结构的非农化

村域产业已由"农业—副业"型结构转型为以农业为基础、工业为主体、服务业为支撑的新结构。2004年，苏、浙、沪第一产业增加值占地区生产总值的比重已分别下降到9.0%、7.4%和1.3%，第一产业从业人员占全社会从业人员比重分别下降到30.5%、26.7%和8.0%[①]。在这样的背景下，长三角农村工业、建筑业、运输业、批发零售贸易业、餐饮业产值等非农产业快速发展，在上世纪90年代已成为农村经济主体。进入21世纪，长三角农村非农产值占农村社会总产值比重继续保持在90%以上，在非农产业中农村工业成为经济支柱。例如，到2003年底，浙江全省农村工业单位63.23万家，工业总产值12076.6亿元，占全省工业总产值的65.6%；从业人员816.13万人，占全省工业从业人员的74.2%。

村域产业非农化反过来促进了规模农业、现代农业的发展。2004年，浙江全省规模种植业大户共10.5万户，其中种粮大户3.35万户；畜牧规模养殖业户的生猪、家禽饲养量分别占全省总量的45.7%和67.8%；农业产业化组织发展迅速，组织个数、从业人员、固定资产总额分别为8764个、108.29万人、379.6亿元；农业龙头企业4642家，占产业组织化的53%[②]。至2005年末，上海市共有143个规模化、现代化蔬菜园艺场，12个市级现代农业园区投入各类建设资金54.82亿元，引入产业开发项目128个，有163项科研成果在园区推广应用。上海市有农业产业化企业420家。其中，被列为国家级龙头企业11家，市级龙头企业25家。全市有农民专业合作社310家[③]。

（三）村域经济类型多样化、水平多极化

伴随着制度和技术创新，促进了长三角农村分工的深化，诱致村域市场主体之间的分散与组合、竞争与合作交替演变，推动着村域经济类型多样化、水平多极化发展。从村域经济类型看，农业型、工业型、市场型、旅游型等不同经济类型同时并存，各展风采；从村域经济发展水平看，富裕型、小康型、温饱型、贫困型村域经济多极分化。

---

① 《中国农村统计年鉴2005》，中国统计出版社2005年版，第16页。
② 纪希平等：《浙江规模农业的发展研究》，《浙江农村调查》2005年10月20日。
③ 2005年上海市国民经济和社会发展统计公报，2006年2月8日，来源于国家统计局网站。

一般而言，富裕型村域经济都产生在现代工业型、专业市场型村落，贫困型村域经济都是山区村落、少数民族聚居村落、传统农业村落。村集体可支配收入的高低是村域经济综合实力的反映，根据长三角经济社会发展状况和消费水平，可以把村集体可支配年收入（剔除征地补偿和转移支付收入）为零或低于5万元的看作绝对贫困村、5万—10万元的看作相对贫困村、10万—20万元的看作基本温饱型村、20万—50万元的看作温饱型村、50万—100万元的看作基本小康村、100万—500万元的看作全面小康村、500万—1000万元的看作富裕型村，1000万元以上的看作巨富型村。

村域经济水平与村域经济类型关系密切（表7-2）。

表7-2　　　　　长三角典型村域经济比较（2004）　　（单位：人、亩、万元）

类型	村名	人口	耕地	农村经济总收入	人均产值	农林牧渔收入	比例（%）	集体可支配收入	人均纯收入
工业型	江阴华西村	30000	不详	2600000.00	1300.0	不详	—	200000	6.62
	常熟蒋巷村	760	1700	110000.00	16.54	5000.00	4.5	不详	1.45
	萧山航民村	1070	795	273965.00	256.04	174.00	0.06	1585.00	1.60
	昆山徐公桥村	1800	4000	9100.00	5.06	600.00	6.59	220.00	0.96
	昆山大唐村	2936	1030	37600.00	12.80	1059.00	2.82	不详	1.28
	嘉定石冈门村	2327	137	120000.00	51.57	41.33	0.03	8000.00	1.40
	黄岩繁二村	1041	318	29191.80	28.04	209.80	0.72	45.00	0.80
市场型	余杭兴旺村	2308	2000	32000.00	13.87	670.00	2.09	86.96	0.814
	义乌柳青村	2300	215	5600.00	2.435	不详	—	460.00	0.763
	婺城湖头村	2780	1400	3400.00	1.223	540.00	15.88	76.00	0.682
农业型	太仓泰西村	3302	6374	7021.00	2.13	2410.00	34.33	90.00	0.646
	东台沙灶村	3263	7645	4819.00	1.477	4429.00	91.91	12.50	0.53
	缙云上东方村	1017	746	494.60	0.486	226.60	45.81	6.60	0.371
	龙泉项边村	1354	998	2681.60	1.981	1219.6	45,48	16.18	0.204
山区型	遂昌后塘村	540	501	205.70	0.381	151.30	73.55	0.92	0.300
	松阳桥头村	562	1265	193.40	0.344	156.90	81.00	0.57	0.273
	文成过山村	637	490	202.20	0.317	31.20	15.43	3.60	0.225
古村落	兰溪诸葛村	2876	1189	2524.00	0.878	370.00	14.66	270.00	0.572
	武义俞源村	1946	1095	526.70	0.2706	486.00	92.00	11.97	0.240

说明：徐公桥村耕地4000亩，2004年初已征用，补偿费支付到户，农民临时耕种；大唐村除耕地外，另有600亩花卉、4500亩养殖水面；桥头和后塘村耕地面积是耕地与园地之合，两村分别另有林地666亩、9151亩；项边村林地6993亩。

(1) 富裕型村域经济。富裕型村域经济包含富裕型和巨富型两个等级。在那些巨富型村域，如样本中的萧山航民村、昆山大唐村、嘉定石冈门村等。富裕型村域经济的突出特点是：村域空前扩张，人口大量积聚，村民从数千人到数万人[①]；村域景观已异化为工业小区或城镇社区，基础设施超城市化，村民户均住房面积为200—600平方米，农业成为一种点缀；村落产业已非农化，工业企业集团和几十家小企业"扎堆"，产业集聚和专业市场兴旺；家庭经营已让位于社会化大生产，小农经济的痕迹不复存在，物流走县跨省出国门，村民人均年产值从10多万元到1000多万元，村集体年可支配收入500万元至上千万元，村民人均年纯收入1.5万元左右，最高达到6万多元。村域发展充满活力。

(2) 小康型村域经济。基本小康和全面小康的村庄，包括现代农业村、已开发的古村落、旅游村等，如黄岩繁二村、余杭兴旺村、昆山徐公桥村等。小康型村域经济的突出特点是：或工业产业逐渐聚集，或专业市场健康发展，或产业聚集与专业市场互相促进，与巨富型经济村域表现出相同的发展趋势，但村落法人企业规模相对较小；村落农业仍有一定规模，家庭经营是多数农户主要经营形式；农户经济、集体经济和新经济体共同发展，村域经济整体实力强，生产大幅度上升，产品的市场竞争能力增强；村民收入快速增长，人均年产值超过3万元，村集体可支配年收入50万—500万元，农户人均纯收入达到基本小康（6000元）或全面小康（人均8000元）标准。

(3) 温饱型村域经济。样本中的现代农业型村落、旅游型村落、工商业和专业合作经济组织有所发展村落。村集体可支配年收入10万—50万元之间，农民人均纯收入在3000—5000元之间，农户收入在满足家庭消费之后，尚有一定的积累，家庭逐渐具备扩大再生产的能力。

(4) 贫困型村域经济。样本所及的传统农业村落、山区少数民族聚居村落、未开发的古村落等。绝对贫困村居民人均年产值低，村集体无经营性、财产性收入或者低于5万元，村民人均纯收入低于2500元，这样的村落人口规模小，仍然沿袭传统的耕作制度，村落组织涣散无力，相对贫困村的集体可支配收入5万—10万元之间，农民人均纯收入3000元左右。这样的村域，合作经济、工商业主经济、私营经济等新经济体有所发育和生长。

---

① 公社时期，华西村0.96平方公里，人口667人，耕地845亩；华西辖16个村、142个自然村，村域面积30平方公里，人口3万人。

长三角四类经济水平的村域各占多少比重？按照上述标准评估，2007年末：浙江省31542个行政村，村集体可支配收入（剔除土地征用补偿）低于5万元的（绝对贫困型）有13209个村，占41.9%；5万—10万元的（相对贫困型）有2921个，占9.3%；10万—20万元的（基本温饱型）为3474个，占11%；20万—50万元的（温饱型）有5041个村，占16%；50万—100万元的（基本小康型）有3366个，占10.7%；100万—500万元的（全面小康型）有3150个村，占10%；500万—1000万元的（富裕型）有261个，占0.8%；1000万元以上的（巨富型）则有120个，占0.4%。同年，江苏省绝对贫困村46.8%，相对贫困村7.6%，10万元以上的村合计占26.8%。2005年，上海市村集体可支配收入低于50万元的占29.5%[①]，50万—100万元的村占19.1%，100万—300万元的占30.7%，300万—500万元的占9.1%，500万元以上的占11.6%。

（四）村域社会结构现代化

村域社会结构已由血缘、亲缘村落转型为业缘型村落，成为产业、专业市场和人口集聚的重要载体。农业部在东部省市调查的80个行政村中，平均每村有14.5家企业。本课题组在上海调查的4个行政村，落地企业共107家，村均企业26.8家。区域"块状经济"集聚是推动苏南和浙江农村经济发展的重要动力。浙江省从培育"一村一品、一地一业"的特色产业起步，逐步发展成遍及农村大地的区域块状经济，浙江全省90%以上的县市区都培育和发展了特色块状经济。到2007年末，共有年产值超过亿元工业"区块"601个，占浙江省工业总产值的60%。在区域块状经济发展的大背景下，工业型村域经济和专业市场型村域经济类型大量出现。企业在村域扎堆，推动了乡村产业、专业市场和人口的集聚，发达村域已经彻底地改变了原有人口结构特质。总体上看，长江三角洲的农民逐渐走完了"离土不离乡→务工不离乡→进城不离乡"的发展过程，大量向中心村、农民社区、小城镇及大中城市集聚。

农民工以及随迁的农民工配偶、子女及亲属等外来人口大量进入长三角农村。第二次农业普查资料显示，2006年末，浙江省农村共有外来人口690.55万人，占第二次农村普查所调查的农村总人口的19.3%，其中共有

[①] 上海市把村集体可支配年收入低于50万元的作为贫困村。江苏太仓市把村集体可支配年收入低于20万元的作为贫困村来扶持。

从业人员588.71万人,占外来人口的85.3%[①]。在一些经济强县,外来人口与本地人口的比例达到和接近1:1的比例。如浙江义乌市区100万人口中外来人口占60%;江苏省昆山市本地人口和外来人口各约60万人;张家港市唐桥镇镇区5万人口中,本地常住人口只有8000人。在工业型、市场型村落里,本村人口和外来人口同时膨胀,如江苏华西村超过3万人;上海嘉定石冈门村的集体成员2327人,而外来人口有3万多人。外来人口大量涌入长三角农村,一方面正在改变聚落结构的族群特质,另一方面对农村基层"乡政村治"的治理格局带来挑战。

(五) 新农村建设与城乡一体化

统筹城乡发展和"三农"新政策,促使长三角新农村建设和城乡一体化战略率先启动。2003年,江苏省开展农村危房改造、改水工程、公路建设、新型合作医疗制度建设等四件实事,拉开了新农村建设和城乡一体化的序幕。同年6月,浙江省启动"万村整治、千村示范"工程,2004年末制定了《城乡一体化发展纲要》。到2007年,浙江的城乡一体化"从基本统筹全面进入了协调阶段"(表7-3)。上海市城乡一体化一直处于全国前列。

表7-3　　　　　2007年浙江省统筹城乡(一体化)评价

	序号	指标	单位	权数	标准值	实际值	评价分	实现度(%)	贡献率(%)
统筹城乡经济发展	1	第二、第三产业从业比重	%	6	90	79.93	4.79	79.83	9.03
	2	第一产业劳动生产率	元/人	5	25000	14075	3.71	74.20	3.79
	3	人均GDP	元/人	6	80000	37411	4.30	71.67	6.70
	4	人均地方财政收入	元/人	7	6500	3286	5.20	74.29	7.58
统筹城乡社会事业和基础设施	5	财政支出用于三农比重和增幅	%	6	15	9.32	3.73	62.17	9.03
	6	标准化公路通行政村率	%	4	100	97.43	3.73	93.26	4.06
	7	农村安全饮用水覆盖率	%	4	90	84	3.68	92.00	10.78
	8	城乡生均教育事业费比率	%	5	100	85.12	4.26	85.20	5.83
	9	千人医务人员数	人	5	6	4.08	3.40	68.00	3.79
	10	农业技术人员相当于农业从业人员的比例	%	4	10	2.84	1.13	28.25	2.62

---

① 引自浙江省统计研究与信息发布中心编《浙江经济参考》(分析篇)(100),2009年11月18日。

续表

	序号	指标	单位	权数	标准值	2007年实际值			
						实际值	评价分	实现度（%）	贡献率（%）
统筹城乡人民生活和社会保障	11	城乡居民人均收入差距倍数	倍	10	2	2.49	7.23	72.30	0.00
	12	城乡人均用电支出比例	%	3	70	37.19	1.59	53.00	8.45
	13	城乡人均文化娱乐教育医疗保健支出比例	%	3	60	39.81	1.99	66.33	-1.75
	14	城乡信息化水平比率	%	3	80	67.55	2.53	84.33	1.17
	15	城乡低保水平差异度	分	3	1.5	1.75	2.57	85.67	8.45
	16	参加社保人数占全社会从业人员比重	%	10	80	39.82	4.98	49.80	11.66
统筹城乡生态环境	17	环境质量综合评分	分	5	6	4.79	3.99	79.80	-1.12
	18	农村垃圾收集处理率	%	3	100	66.36	1.99	66.33	6.70
	19	农村卫生厕所普及率	%	4	95	80.6	3.08	77.00	2.33
	20	村庄整治率	%	4	100	35.39	1.42	35.50	0.88
合计				100			69.30		100

资料来源：引自浙江省统计研究与信息发布中心编《浙江经济参考》（分析篇）（79），2008年12月15日；判定标准：45分以下为初步统筹，45—65分为基本统筹，65—85分为整体协调，85分以上为全面融合。

长三角城乡一体化具有鲜明的区域特色和时代特征。可以归纳为：（1）苏浙模式。即以现代社会结构代替城乡二元结构。在一个省域范围内，精心营造若干个中心城市、城市群、城市郊区、农村中心城镇五位一体的网络体系，追求省域内的快速、持续、和谐发展，城乡整体推进现代化，实现共同富裕和共享现代文明目标。（2）上海模式。上海尽管也是一级行政区，但不是一个完整经济地理区域。因此，它所解决的问题和追求的目标基本上是一个中心城市、城市群落及其郊区的协调发展问题。从特点上看，长三角以城乡一体化为目标，以工业反哺、城市支持为条件，以基础设施建设和经济发展的各类工程为抓手而展开的，具体表现为农业产业化与组织化、乡村工业化、村落集镇化或社区化、农民生活方式市民化、基层治理民主化的大趋势；区位优势、财政实力优势、工业化和城市化先行优势，共同铸造了长三角新农村建设中政府主导、多元参与、工业反哺、工农互促、城乡互动的时代特征。

三、不同类型的村域经济社会现状

(一) 传统农业(山区)型村域经济现状

农业型村落有两种类型,一是相对贫困的传统农业村;二是相对富裕的现代农业村,但在现代农业村,其工商业一般都比较发达,如浙江奉化藤头村、东阳市花园村等,这些村落的现代工商业发展,加速了村落农业的现代化。

传统农业和山区(少数民族聚居)村域经济仍然贫困(专栏7-1)。2005年,浙江全省重点扶持的欠发达乡镇还有211个,占浙江省乡镇总数的16.87%,欠发达乡镇农民人均纯收入3007元,相当于全省农民人均纯收入的45%[①],显示出富庶省域仍然存在大量的贫困型村域经济。

专栏7-1 传统农业(山区)型村域经济案例

浙江省案例 丽水市遂昌县王村口镇后塘村

后塘 行政村是浙西南革命老区(山区)村,包含5个自然村,9个村民小组,按照户籍口径统计,农户数为158户,总人口540人,劳动年龄内人口311人,劳动力总数312人,调查时的从业结构是,农业劳动力229人,占劳动力总数的73.4%(种植业104人、林业31人、牧业94人),非农产业劳动力83人,占劳动力总数的26.6%(工业6人、建筑业1人、交通运输业1人、批发零售业8人、其他68人)。

当年年末耕地面积401亩(其中水田350亩,旱地51亩),山林面积9151亩,园地面积100亩。该村农业生产主要以种植粮食作物为主,2004年,粮食作物播种面积786亩,平均亩产232公斤,其他作物种植中,以蔬菜种植规模最大,蔬菜种植面积520亩,此外,豆类作物、番薯、茶叶种植也具一定规模。

2004年,后塘村经济总收入205.70万元。按经营方式划分,村集体总收入0.92万元,家庭经营收入204.78万元;按产业划分,农业收入151.31万元,占农村经济收入总量的73.56%(其中种植业收入79.13万元、林业收入37.37万元、牧业收入34.81万元),非农产业收入59.39万元,占农村经济收入总量的26.44%(其中工业收入26.89万元、建筑业收入2.95万元、运输业收入4.24万元、餐饮业收入2.52万元、服务业收入8.51万元、其他收入14.28万元)。经营性净收入131.89万元,外出务工劳务收入

[①] 浙江省统计局调查总队:《浙江调查》2006年第50期。

31.6万元。2004年底，农村集体经济总收入9200元，村集体资产总额73.91万元、债务总额3.87万元。全村农民人均纯收入2995元，农村基本医疗保障参保人数为375人，基本养老保险参保人数25人，享受最低生活保障人数13人。

村内公共设施基础薄弱，通到村里的盘山公路于1995年全面开通，但是路面没有硬化，村民出行困难。固定电话已通到村，截至2000年底，村里共有电话4门，电视机128台，其中彩色电视机99台，拖拉机9台，小方拖5台。

传统农业（山区）型村域经济面临的问题是：集体经济实力不足，收入来源单一，主要是为数极少的土地或水面的发包收入，缺乏发展后劲；农户经济收入占村域经济总收入比例畸高；村域经济结构仍然比较单一，农业经营性收入是村落经济收入的最主要来源；农民组织化程度低，一般而言，传统农业村落极少有专业合作经济组织、工商企业等新经济体存在。值得庆幸的是，新农村建设推进传统农业村域经济社会转型效果开始显现，村域经济发展基础设施条件得到较大改善，新型经济组织在传统农业村域开始出现，以山区特色资源为依托的村落特色产业逐步形成[①]。

（二）现代农业型村域经济社会现状

长三角现代农业型村域经济既与真正意义上的现代农业有一定的距离，也同传统农业型村落有所不同（专栏7-2）。

专栏7-2 现代农业型村域经济案例

江苏省案例 盐城东台市三仓镇沙灶村

沙灶村位于苏中地区，距东台市60余公里，距三仓镇30公里，是一个远离城镇的腹地型农村。作者曾经于2003、2005年两次调查该村。全村1432户，3263人，劳动力1428人，其中外出务工300人（长年打工者200人），全村计税耕地面积7645亩，2004年，农民人均纯收入5000元。

沙灶村是加速向现代农业型村域经济转型的案例：①农业仍然是村域经济的支柱，2004年，全村农林牧渔产值3453.7万元，农业产值占村域总产值的92.3%；村域劳动力主要从事农业，除外出打工和本村小企业就业的400人外，其余1028人（占全村总劳动力的72%）从事农业。②村域现代

---

① 到目前为止，多数传统农业村落已初步形成了本村落的特色产品或产业，如缙云县南弄村的水蜜桃、遂昌县官岩村的高山四季豆等，但大多村落的特色产业尚未转化为优势产业，特色产业在村落经济中的份额不高，产业的规模化、专业化程度还相当有限。

企业开始发育,全村有私营小型服装厂3家,饲料厂和砖瓦厂各1家,5家小企业吸纳本村劳动力100人就业,2004年村域企业产值约60万元。③村集体收入主要来源于农业,2004年,村集体可支配收入12.5万,其中财政转移支付收入4万元,15亩鱼塘承包费1万元,村集体25亩银杏林承包费年收益1.5万元,其余收入主要来源于村民"一事一议"筹资筹劳。

但就农业经济内部结构和生产基础观察,沙灶村耕作制度也正在向现代农业转型。该村土地适合种植旱作物,目前农户主要种植的粮食作物有玉米、小麦,经济作物有棉花、油菜、甜叶菊和薄荷油等。该村农业设施有较大面积,比如大棚西瓜、蔬菜、西红柿、青椒、白萝卜、大头菜、花菜等瓜果菜品种,尤其是西瓜生产不论产量和品质都远近闻名。由于推广大棚,该村提高了复种指数(198.17%),同时提高了土地产出和经济效益。该村养殖业比较发达,村里有养鸡500只以上,养猪20头以上的大户250多户,每年出售成鸡15万只,出栏生猪2000多头,估算12元×14.0万只=168万元;300元×2000头猪=60万元,合计养殖业产值228万元。我们走访了几个养鸡专业户,其中王某家的年饲养量近1000只,全年养鸡投资46万元,总收入56万元,获得利润10万元。

沙灶村村农作物播种的面积、产量和纯收入一览表

	播种面积（亩）	亩产（斤）	每亩纯收入（元）	总收入合计（万元）	推算最低产值（万元）
玉米	2900	1000	240	69.60	—
小麦	2500	800	400	100.00	
棉花	1000	100	400	40.00	
油菜	1500	270	300	45.00	
大棚西瓜	5000	—	3000	1500.00	
大棚西红柿	250	—	2000	50.00	
大棚青椒	1500	—	4000	600.00	
甜叶菊	300	—	400	12.00	
薄荷油	200	—	500	10.00	
合计	15150	—	—	2476.6	3475.7

浙江省案例　丽水市缙云县东方镇的上东方村

上东方村是一个历史悠久的村落,距今已有600多年的历史。该村是金氏一族的聚居地,金姓在村人口中占70%。全村有8个村民小组和1个蚕桑合作社。2004年底,村落住户339户,其中农业户337户,人口总量达

到 1017 人，劳动力资源总数为 625 人，实有劳动力 470 人，其中外出务工 245 人。村落劳动力就业状况是，从事农林牧渔业劳动力 210 人，工业劳动力 20 人，交通运输、仓储业及邮政业劳动力 10 人，批发、零售贸易业劳动力 50 人，其他非农劳动力 130 人。上东方村正在由传统农业型村域快速向现代农业型村域经济转型。

上东方村是浙西南的蚕桑基地。自 1993 年来，村中家家户户都养蚕，养蚕是村民收入的主要来源。2000 年，该村桑园总面积 337 亩，其中成片桑园面积 300 亩，占总面积的 89%，零星桑树折算面积 37 亩。饲养蚕种张数达 1226.5 张，其中春蚕 414 张，夏蚕 87.5 张，秋蚕 725 张，蚕茧总产量达 48 吨，产值 100 多万。2004 年种桑 466 亩，饲养蚕种 1719 张，总产量 69.5 吨，产值 150 多万元，全村养蚕户 167 户，户均收入 8500 元，最高的达到 2 万多元。

上东方村的蚕桑合作社在蚕桑生产中发挥着重要作用。合作社引导蚕农科学养蚕，其蚕茧质量和产量在浙西南都有较高声誉，是省"蚕桑西进"示范基地。合作社重视蚕农蚕桑生产技能，制订了保护蚕桑生产的村规民约，并成立了专门的护桑队，在产茧前一段时间进行巡逻。村落里每年更新一部分桑园，提高生产效益。2004 年蚕桑合作社总收入 6.6 万元，包括经营收入 4.5 万元、发包及上交收入 0.5 万元、其他收入 1.6 万元。

上东方村拥有家庭作坊式企业 5 家：缝纫机零件加工厂，从业人员 4 人，有 2 台机器，60 平方米建筑面积，投入 1.2 万元，年产值 2 万元，年获利 1.2 万元；和兴家具厂，从业人员 4 人，拥有机器 4 台，租用集体土地 500 平方米，投入 6.5 万元，年产值 10 万元，当年没有赢利；灯具工艺厂（刚开工），从业人员 6 人，拥有机器 5 台，租用私人土地 600 平方米，投入 10 万元；塑料厂（今年 6 月开工），从业人员 4 人，拥有机器 3 台，建筑面积 150 平方米，占用空地 100 平方米，投入 8 万元；锯板厂，从业人员 2 人，拥有机器 7 台（大部分闲置），面积 600 平方米，投入 12 万元，年产值 5 万元，年获利 3 万元。

2004 年，上东方村经济总收入 394.6 万元，其中出售产品收入 163 万元。按经营形式划分，村组集体经营收入 6.6 万元，农民家庭经营收入 388 万元；按行业划分，农业收入 47 万元（其中种植业收入 43 万元），林业收入 9.6 万元，牧业收入 170 万元，工业收入 30 万元，建筑业收入 30 万元，运输业收入 30 万元，餐饮业收入 50 万元，服务业收入 10 万元，其他收入 18 万元。归总该村农林牧三项收入合计 226.6 万元，占村落总收入的 57.43%。

2004年，农民收入总额388万元，按收入形态划分，货币性收入310万元，实物性收入78万元；按产业划分，第一产业收入220万元（其中农业收入47万元、林业收入3万元、牧业收入170万元），第二产业收入60万元（其中工业收入30万元、建筑业收入30万元），第三产业收入90万元（其中运输业收入30万元、餐饮业收入50万元、服务业收入10万元），其他收入18万元。

案例显示了传统农业村向现代农业村转型中的村域经济社会的共同特征。

第一，农业经济主体与收入来源多元化，但收入水平仍然不高。集体经济崛起及新型经济组织和现代企业进入村域，农户家庭经济在村域经济中一统天下的局面被打破，尽管村域农户经营收入仍占85%—95%，但集体经济出现了从无到有、由弱到强的变化态势。农林牧渔业收入占村落经济总收入的50%以上，但在村落经济中的比重趋减，村域初步形成了各自的特色产业，传统种植业收入占村落经济总收入的比例最大不超过40%，最小的仅10%，而个别村落的特色产业收入甚至占了村落总收入的80%左右。与此同时，村域非农收入形式也日渐丰富，工资性收入、财产性收入、村集体分配收入、转移支付等开始出现，工资性收入逐渐成为村域经济收入的重要部分。村域非农产业主要包括工业、建筑业、运输业、餐饮业和服务业，非农产业经营性收入约占村民年总收入的50%；村民人均收入约6000元。

第二，主导产业初步形成。主导产业收入一般占村落经济总收入的60%左右，农户家庭收入中来自主导产业的收入平均约占50%。既有以传统的粮食作物的种植为主导的，也有以经济作物、蔬菜种植为主导的；既有传统生产习惯型的，也有现代科技型的；既有资源依赖型的，也有市场依托型的，还有产业开发型的。主导产业多元化格局初步形成。

第三，劳动人口的流动性增大，农业劳动者素质普遍较低。村落劳动人口中的流动性劳动人口占50%以上，长年性和季节性流动的劳动人口各占一半左右。流动性劳动人口有明显增长趋势，但在近年来国家农村税费减免政策的影响下，这种增长趋势有所减缓，并出现了季节性流动人口回流。

第四，组织多元化局面正在形成。传统的经济社会组织仍占据主导和支配性地位，各种新型的经济社会组织相继出现，但各类经济组织、政治组织、社会组织的职责和任务不明确，致使农业型村域经济社会组织形式异常混乱。

(三) 工业型村域经济社会现状

长三角乡村工业化程度越来越高。"男耕女织"描绘了长三角乡村农工相辅的历史面貌,"社队企业→乡镇企业→乡村企业"则描述了长三角乡村工业化的历程和现实景象（专栏7-3）。

专栏7-3 工业型村域经济案例

浙江省案例 杭州萧山区航民村

航民村位于杭州市萧山区东部,距城区23公里,沪杭甬高速公路依村而过,距瓜沥出口1公里、萧山国际机场10公里。全村有4个村民小组,2004年,农户340户,人口1070人,劳动年龄内人口680人,其中上学32人,丧失劳动能力1人,年龄不足或超过仍参加劳动的8人,实际劳动力655人,其中外出打工2人。按性别分,男性335人,女性320人；按劳动行业分,从事农业9人,工业624人,批发零售业18人,餐饮住宿业4人,从事工业人数比例为95.27%。航民村已经高度工业化了,村域企业18家,已形成了纺织、印染、热电、染料、建材、冶金、饰品等行业为主体的多门类工业体系；同时以宾馆、商场和房地产为特征的第三产业发展迅速,第二、三产业发展反过来推进了村域以集约化经营、机械化生产相配套的现代农业经营模式。

就工业而言,2004年,村集体企业公司实现销售产值28亿元,综合经济效益3.12亿元,实现销售产值27.87亿元；全年印染加工布匹总量达到6.96亿米,纺丝15578吨,织布951万米,非织造布1890万米,发电3亿度,供气178万吨,生产燃料14371吨,水泥29万吨,黄金400公斤,白银25.3万吨,电解铜7300吨,黄金饰品加工12吨。2004年,该村集体资金264954万元,可支配资金1585万元。农村经济总收入273965万元,按经营形式分,村级集体经济收入1585万元,村办企业收入272380万元；按行业分,农业（种植业）120万元,牧业37万元,渔业17万元,工业272380万元,其他1411万元。农民所得总额1712万元,均为村、组集体所得,其中来自于工业收入占99.42%。

村域工业发展为反哺农业创造了条件。航民村占地2平方公里,其中耕地面积795亩（水稻田644亩,旱地151亩）,园地15亩,渔业养殖120亩。村内农业机械13台,410千瓦。有效灌溉面积850亩,均为机电排灌。航民村劳力在"土地归总,分组分工,劳力分流,专业经营"的原则下,按工业、农业、商业服务业,实行专业化分流,并采用"集体生产"的方式。工业反哺表现在加大农业投入改善农业生产的基础条件。1983年以来,航民村将560万元工业积累投入农业,其中投资100万元购买了439亩围垦海涂并将其改造为良田,使全村的可耕地面积增加了一倍多。同时,将全村800亩耕地、126亩鱼塘、200亩山林等全部集中起来,建立了三个农业种、养殖场,并在村里挑选了具有种植、养殖经验的务农能手39名,实行种植、养殖生产全程机械化,农业机械化程度达到95%以上。

村域工业化成果不仅反哺育农业,而且大量投资村域公益事业建设。1979—1997年,村集体投资760万元,用于河道护岸、道路建设、绿化工作。建起10多个标准公共厕所,2座仿古圆洞石桥等。村民拥有建筑别致的住宅,宽阔平坦的水泥马路,绿树掩映的村庄,村内大小水泥道路配套,夜间照明配套,地下排水管配套,工业区、商业区、生活区配套。村集体还先后投资760万元用于村庄公共设施的建设。此外,全村学龄儿童从幼儿园到高中全部实行免费教育;上大学一次性奖励1万元,每月享受200元奖学金;60岁以上未进过企业的村民,每月发150元养老生活补贴;企业退休职工享受退休金;村民、职工人人享有医疗保健;村民的粮食优惠供应,免费使用自来水,液化气优惠,户户装有线电视。

工业型村域经济社会现状及特点是:

第一,经济结构多元化与单一工业化并存。基本形成工业主体、农业基础、服务业支撑的村域经济结构,但工业所占比重超过了90%。种植养殖业和其他产业的地位作用弱化。村落劳动人口中,从事非农产业的占90%以上;村民家庭收入主要来自村域企业劳动所得和村集体分配。但多数工业村的工业主要以劳动密集型的传统产业为主,产品档次不高,产业层次较低,且过分重视第二产业的发展,缺少与之配套的第三产业,服务业发展严重不足。

第二,农业生产现代化。村域基本拥有满足现代化农业机械作业的完善的农业生产基础条件;各类农业生产活动的机械化率超过80%,畜力和人力生产消失;土地高度集约经营,设施农业如大棚农业、温室农业、园区农业等成为村落农业生产的主要形式。

第三,村民市民化与村落环境城市化。村民人均收入水平一般为2万—3万元,农户收入主要来源为劳动工资收入。绝大部分村民成为村域企业的职业工人,过着城市化的工作生活,传统村落社会被现代农村社区所取代。村域社区服务体系日臻完善、服务功能日益强化,诸如"邻里服务中心"、"农民公园和农民广场"、"农民运动场"、"老年人活动中心"等农村公共服务设施日益增多。

第四,村域经济社会组织多元化与政治民主化。经济社会组织多元化使原有的以家庭为基本单元的传统组织体系彻底解体，村民拥有了政治民主的组织平台；工业化所依托的村落集体精英则为村域政治民主化提供了必要的领导保障；而工业化进程中的工业文明和城市文明的渗透，极大地提高了村民的政治民主意识。但存在"集体治理"与企业"独立发展"的矛盾、村民发展观念的冲突，出现了"老板书记"现象等问题。

(四) 市场型村域经济社会现状

长三角民营工业发达，地域专业化分工格局基本形成，众多"前店后厂"式家族小型企业的空间集聚形成了生产共同体；同时，为了销售需要，专业市场在生产地应运而生，从而形成了"工业—市场"复合型村域（专栏7-4）。市场村的空间分布状况与区域内农村市场发育状况相吻合，专业市场村的地域性特征明显。比如，浙中、浙西的专业市场大多是农副产品市场，而浙东、浙南的工业产品市场数量明显增多，建材和生产资料市场主要集中在温台地区，水产品市场主要集中在沿海区域。市场型村落已经成为长三角县域经济中心，是促进农业产业化、乡村工业化、村落城镇化的重要力量。

专栏7-4 市场型村域经济案例

浙江省案例 台州路桥方林村

台州市路桥区路南街道方林村，全村占地面积0.4平方公里，现有村民266户、947人，539个劳动力。自1983年以来，方林村以市场为依托，积极发展第二、三产业，把一个过去"住的是矮木房和稻草棚，走的是烂泥路，村集体连糨糊都买不起"的远近闻名穷村，发展成为农民收入丰盈、闻名遐迩的"市场村"。

方林村经济发展模式是专业市场带动工业化发展。方林汽车城是方林村产业集聚与专业市场交互作用的集中体现。汽车城占地180亩，营业面积5.5万平方米，总投资达1.8亿元，内设2座大型展示厅、3座4星店，6间进口汽车专卖店，48个专业交易铺位。汽车城配有维修检测工厂，计算机信息处理中心，停车场和商用区，同时构建了方林网站电子商务交易平台、OA局域网办公系统。对入驻商家实行金融保险、公管交通、上牌办证、电信邮政等全方位一条龙服务，该村已成为华东地区建筑面积大、配套设施完善、服务功能齐全的汽车市场之一。除此之外，方林村还拥有路桥客运和货运站、路南中心菜市场等专业市场，到2002年底，村域市场成交额达3.68亿元。

在兴办市场的同时，该村建起了方林工业园区，吸引多种经济成分的企业来安家落户。到2003年底，村域已经聚集了浙江中能光电公司、台州通力制冷元件公司等亿元公司为龙头的工业企业群，涉及摩托车、灯具、制冷配件、纺染、真空镀镁等多种行业。此外，方林村还将村集体资产优化整合，成立了方林集团，以此作为村域产业推进器和对外投资合作的主体。该集团现拥有12家子公司，产业涉及汽车贸易、机械设备贸易、公路客货运输、摩托车及零配件的生产销售、制冷配件的生产和花卉的种植培育等。2003年，村级集体经济收入达到1400万元，农民人均年纯收入10855元。

工商业经济大发展，使之有能力反哺农业、进行新农村建设：①在土地经营上，实行土地股份化，建立农业发展公司，向高效益农业发展，相继创办了45亩良种葡萄园和100亩花卉种植基地。②建造了美丽新居——方林苑别墅群，从1995年至今，分三期工程，到2003年，已完成占地260亩，总投资为9000万元的规划和建设，已建成并入住的一期100套、二期132套、三期50套。③美化环境，建了占地30亩的方林公园，村域绿化面积达55%，小区内有娱乐休闲设施和幼儿园，配备专职保安，实行24小时电脑安全监控。④建立健全了村民就业和社会保障制度。全村农户上了农保、财保、养老保险、房产保险，实行尊老金、医药费报销。⑤投资520万建起了可同时容纳132位老人的方林老年公寓，凡本村男60岁、女55岁以上老人免费入住，配有食堂、医疗室、棋牌室、阅览室、电视室和健身房等设施，实现食、医、娱、健、学一体化。

专业市场型村域经济社会现状和特点是：

第一，专业市场体系建设初具规模，服务体系不断健全，企业产品生产与专业市场高度关联。很多村域逐步形成了产品原料市场、运输物流市场等专业市场。仅浙江省就有1137个村域市场，其中农副产品市场817个，工业品市场187个，综合市场133个。专业市场的发展壮大推动了与之配套的各类服务业蓬勃发展；村域工业生产高度专业性，村域工业产品同质化。村域专业市场和产业发展一般高度关联，既有由专业市场带动工业发展的例子，如义乌周边专业市场型村域群及台州路桥方林村；也有由工业发展而形成专业市场的例子，如温州瑞安市塘下镇赵宅村。

第二，主导产业日趋明显，产业高度集聚。如义乌市柳青村集中了21家工业企业，耕地面积从1978年的1032亩锐减至2000年的182亩，人均耕地已不足0.1亩。

第三，私有经济与民营经济占主导地位。村域经济以私有和民营经济为主，集体经济收入仅占村域经济总收入的10%左右。私有与民营经济占主导地位的格局导致了村域民间收入差距的扩大和村民的分化，一部分村民成为企业主,而其他村民成为企业雇员。

第四,非经营性收益的重要地位。村集体收益的绝大部分是来源于土地、厂房租金和企业缴纳的管理费;一般村民的非经营性收益包括两部分:私人拥有的住宅出租收益和集体分配收益,这两部分收益大致相当,所占比例不大。村民年均集体分配收益700—800元/人,非经营性收益占家庭总收益的60%—80%不等,家庭经济收入水平与非经营性收入高度正相关。

第五,村域经济社会结构的开放性。首先,村域人口的高度流动性,村域流动性人口占50%以上;其次,村域经济社会发展严重依赖于村落外部,劳动者依赖于外来劳动人口,产品依赖于外部市场;再次,大量外来人口在提供了劳动力保障的同时也带来了村外文明,加快了村落传统文明同化的进程。

(五) 旅游(古村落)型村域经济社会现状

古村落的形成、发展及保存,与血缘家族的迁徙繁衍、宗族文化和经济状况、交通网络变动等有密切的关系。名门望族因故迁徙繁衍,总是选择水运方便、环境优美且比较隐蔽安全的地方聚居。近现代以来,水运交通网络逐渐被公路、铁路、航空立体运输网络所取代,古村落原所依托的水运线路逐渐萎缩、退化而沉寂下来,从而为古村落的保存创造了外部条件。家族和谐、人丁兴旺、经济富庶、耕读传家、名人辈出,宗族文化突出、文风浓郁、乡俗淳朴、底蕴深厚且形成了独立经济文化圈,是古村落长盛不衰的内部因素。布局规划严谨、自然和谐,民居建筑类型丰富、风格朴素、美观坚固,这是古村落得以完整保留至今的重要原因。古村落经济变迁与其他类型村域经济变迁具有同步性。但聚落类型、社会结构、村落文化等方面的差异,以及宗族势力、风俗习惯等非成文制度的融入,使村落变迁比国家和地区的经济社会变迁更加鲜活多彩(专栏7-5)。

专栏7-5 旅游型(古村落)经济案例

浙江省案例 兰溪市诸葛村

诸葛村是三国时期杰出的思想家、军事家、蜀汉丞相诸葛亮后裔的最大聚居地,距今建村已近700年历史。1997年,国务院行文公布诸葛村明清民居建筑群为国家级重点文物保护单位。

诸葛村是诸葛镇政府所在地,东距兰溪市区18公里。村域面积约1平方公里。截至2004年,全村总耕地面积1189.44亩,其中水稻田有873.44亩,旱地316亩。全村有7个村民小组,945户农户,农村人口2833人。劳动力2162人。劳动力中外出务工劳动力380人,占劳动力总数的17.58%,

其中常年外出务工劳动力150人。村内劳动力中从事农业劳动的330人，占劳动力总数的18.52%，从事非农产业劳动的1445人，占劳动力总数的81.48%（工业320人，建筑业110人，交通运输业125人，批发零售业370人，餐饮服务业130人，其他产业397人）。

诸葛村的农业主要种植粮食作物，有水稻、小麦、大豆和番薯；油料作物有油菜籽；经济作物有棉花、甘蔗、蔬菜、瓜果等。村落内工业比较发达，现有企业9家，从业人员170人。其中，一家集体企业——兰溪市诸葛镇自来水厂，三家毛巾厂，一家棉纺织布厂，一家蚕丝加工厂，两家中成药厂，一个工艺袋制品厂。此外还有从事商业饮食服务，交通运输等行业。

诸葛村的经济收入主要来源于工业和旅游业。2004年，村经济总收入2524万元。按产业划分，农林牧渔业收入370万元，占总收入的14.66%。其中：农业收入145万元，占5.74%；林牧业收入210万元，占8.32%；渔业收入15万元，占0.59%。非农产业收入2154万元，占总收入的85.34%。其中：工业收入350万元，占13.87%；建筑业收入21万元，占0.83%；运输业收入200万元，占7.92%；商饮服务业收入1044万元，占总收入的41.36%；其他产业收入350万元，占13.87%。2004年旅游门票直接收入496万元，占当年经济总收入的19.6%。农民人均纯收入为5720万元。按经营方式划分，集体经济总收入270万元，占总收入的10.70%，家庭和其他经营方式收入2254万元。

诸葛村已经成为旅游型经济的新型村落。

旅游型（古村落）经济社会现状和特点是：

第一，大多数的古村落都将村落旅游资源开发作为村域经济发展的支柱。村落的直接旅游收入占村域经济总收入的相当比重，村落的第二、三产业基本上均围绕旅游发展，一部分农业生产的安排也出于旅游目的，旅游及相关收入对村落经济增长的贡献率在95%以上，而村落旅游及相关产业的从业人口也约占90%。近期，古村落旅游经济收入呈现上升趋势，但各年增长量和增长率的波动幅度较大，各村落之间的情况也不平衡。古村落的开发利用状况差异较大，旅游企业的管理能力和管理水平也参差不齐，这些因素是村落旅游经济收入不确定性的内在原因。

第二，村落文明的双重性。一方面，村落古文明的发掘和继承是村落赖以发展的基础，村落古文明一直在代代相传的过程中得到继承和发展，如《诫子书》作为兰溪诸葛村民的家训被代代传诵背读；另一方面，村落在旅游产业的发展，旅游者带入村落的各种现代文明也正在逐渐被村民所接受。村落古文明和现代文明的交织，形成了一种对外利用现代文明观念经营村落，对内则运用家族古训来训诫育化子孙的双重特性。

第三，经济社会发展的两难性。古村落作为一类文化遗产，目前此类文化遗产尚无科学的价值评估。而建立在农耕文明基础上的古村落文明，在旅游经济发展的过程中，目前正面对现代工业文明、城市化文明和村民生活方式市民化的强烈冲击。

四、村域经济转型发展的未来趋势、战略与政策

（一）长三角村域经济转型发展的未来趋势

未来长三角村域经济转型发展将呈现下列特点：1. 农村综合改革推动农村上层建筑与经济基础趋向适应，在长三角将更多地表现为多种经济成分、多元利益主体、多种经济和社会文化组织共同进步、和谐发展；2. 工农业互促、城乡协调发展的宏观环境，推动区域性城乡一体化战略由东向西扩展，在长三角工农和城乡协调发展的局面将率先出现；3. 发展现代农业，推动新农村建设的趋势，在长三角将更多地表现为工业为主导、农业为基础、服务业为支撑的新型经济发展模式；4. 特色产业优先发展战略进一步拓展农业功能，促进村域分工和景观的多样性，在长三角将更多的表现为农业型、工业型、市场型、山区综合开发型、古村落旅游型村落各展风采。

村域经济社会将全面转型。未来一段时期，长江三角洲地区村域的经济社会转型不仅表现为村域政治、经济、社会、文化的全面转型，而且将表现为所有村落的全面转型。首先，长三角城市经济社会转型已经基本完成，区域经济社会转型发展的重点将转向农村地区；其次，近年来的农村基础设施建设使村域经济社会全面发展的基础条件已经基本具备；第三，长三角各省市目前已经具有全面推进村域经济社会转型的经济实力；第四，各类型村域多年的经济社会发展实践与改革探索，积累了丰富的村域经济社会全面转型发展的有益经验；最后，村域经济社会发展水平的巨大差异，决定了推进村域经济社会全面转型势在必行。

村域社会文化转型成为村域经济社会转型的主要内容。尽管不同类型村域目前的经济社会发展水平差异巨大，近期内各自的经济社会发展的重点任务不尽相同，但无论是经济社会发展水平较高的巨富型村域，还是经济社会发展水平较低的贫困型村域，村落社会文化转型都将成为其经济社会转型的主要内容之一。从巨富型村域来看，其经济转型已经完成，社会结构也基本稳定，村落文化的形成无疑将成为其近期的最主要任务；从贫困型村域来看，虽然村域经济的转型发展仍将是其未来相当长时期的一个重点任务，但

长三角地区多年的经济快速发展并未带动其脱离贫困的事实表明，这些村域要在短期内达到巨富型村域经济社会发展水平缺乏可行性，在相对较低经济水平下的经济社会文化的整体转型，应该是其合理的选择，村落社会文化转型与村域经济转型发展具有同等重要性。

村落社会内部自发性的转型需求将成为村域经济社会转型的主要动力。典型村域过去的经济社会转型，应该说其动力主体上是来自于自上而下的农村经济社会体制改革。显然，这种外力推动下的村域经济社会转型并不彻底，村域经济社会转型最根本的应该是人——即村民的转型，而要实现村民的实质性转型，仅仅依靠外力显然无法达到目标。因此，激发村民参与村域经济社会转型的积极性，促使村民产生自发性转型需求，从而推动村域经济社会的全面转型，应该成为未来一段时期的工作重点。

村域经济职能的专业化与村落社区化。长江三角洲地区多年来的经济社会发展所导致的村域经济类型分化，在某种程度上可以认为是区域经济职能分工的一种自然选择的结果，具有一定意义上的内在必然性。现代工业型村域承接了乡村工业的职能，现代农业型村域承接了主要农产品生产基地的职能，专业市场型村域承接了为所有村落提供各类产品和原材料市场的职能，古村落和旅游型村域承接了为区域居民提供休闲活动场所的职能，山区村域则应该成为整个区域的生态补偿区与涵养地。我们认为，这种职能分工在未来的发展中将会得到进一步强化，并最终导致村域经济职能的专业化，但需要构建跨区域的经济补偿机制。与此同时，村落内部将按照社区发展的要求进行社会职能分工，并可能形成社会组织的多元化及社会职能的专业化格局。

不同经济发展水平下的村域社会和谐模式并存。以上分析已经表明了村域经济社会发展不平衡的必然性与长期性，长江三角洲部分地区村落经济社会转型发展的实践业已证明，村域经济社会的非均衡协调发展是可行的。因此，长江三角洲未来的村域经济社会发展，应该是以小康为基本目标，多种经济发展水平共存，各村落社会和谐的经济社会格局。

（二）长三角村域经济转型推进战略与政策

村域经济科学发展、工农产业和城乡社会协调发展，是未来长江三角洲村域经济社会转型发展的总趋势。从现实看：统筹城乡、工业反哺、城市支持与和谐社会建设，是长三角村域经济社会协调发展的宏观背景；建设社会主义新农村，是长三角村域经济社会协调发展的总抓手；村域发展空间变化是长三角村域经济社会发展必须面对的客观环境；长三角地区协调与竞争是长三角村域经济社会协调发展的推动力量。长三角村域经济社会协调发展的内在驱动力来源于三个方面：一是城市化快速发展"自上而下"的推动力，许多学者欣赏这一模式，认为城乡协调发展的动力就是大城市的向心力和离心力。因而，在设计我国城市化道路时主张以发展大城市为重点来带动农村经济的协调发展；二是乡镇企业发展和村域工业化、非农化带来的乡村集镇化，"自下而上"地推动城乡融合模式；三是大城市辐射的"拉力"和乡村城镇化的"推力"，组合成混合型融合模式，双重动力使得城乡经济协调发展的步伐更快、更稳。

顺应历史大趋势，长三角村域经济社会协调发展的基本方向是：在科学发展的前提下，围绕经济和社会的发展，以国家"十一五"规划为导向，立足本身的比较优势，构建具有区域特色与和谐协调的村域经济社会体系，着力解决"三农"问题和社会保障体系。长三角村域经济社会协调发展战略，应该以推动新农村建设为总抓手，在全国率先建立工业反哺农业、城市支持农村的平台和长效机制；着力建设有利于农业、农村发展和农民增收的市场体制；重构农村土地制度及其利益格局；建立农村公共产品生产供给体系，大力发展农村公共事业等中心任务；整合农村经济、政治、文化组织资源，培育新型合作组织，造就新型农民，推进村域经济社会和谐、持续、协调发展。

长三角村域经济社会协调发展的主要任务：建设有利于农业、农村发展和农民增收的市场体制；培育和造就新型农民；重构农村土地制度及其利益格局；整合农村经济、政治、文化类组织资源；推进村域经济社会全面转轨发展。建立农村公共产品生产供给体系，大力发展农村公共事业。

长三角村域经济社会协调发展的政策选择：以人为本，推进农村综合改革，为长三角村域经济社会协调发展提供体制保障；尊重农民意愿、发挥农民的主体作用，为长三角村域经济社会发展开辟不竭的力量源泉；统筹城乡、工农互促，为长三角村域经济社会协调发展营造宏观环境。

第八章 长江三角洲村域经济主体的转型与发展

村域经济主体及生产经营方式转型是推动村域经济转型发展的内生动力。本章首先论述我国村域经济主体多元化的大趋势,在区际比较的基础上,重点阐述长三角村域产权主体多元化、经营及其收入方式转型;其次,从村域集体经济管理体制转型、集体资产总量增长和结构变化、经营方式与收入能力的区域差异等方面,研究和分析长三角的村域集体经济转型发展状况;再次,分析农户经济类型和经营行为的分化,比较不同经济类型的农户收入,论证家庭经营社会化的趋势。

一、村域经济主体多元化的大趋势

(一) 村域经济主体多元化的区际比较

村域经济主体由单一集体经济转型为村组集体经济、农户家庭经济、新经济体"三足鼎立"新格局,是改革30年来,我国农村转型发展的重要成果和共同趋势。但是,从村域各经济主体的资产拥有量及其生产经营状况来看,不同经济区域存在着较大差距(表8-1)。

表8-1　2002年每个行政村平均固定资产和经营收入及构成　(单位:百元、%)

指标名称	全国 数量	全国 比例	东部 数量	东部 比例	中部 数量	中部 比例	西部 数量	西部 比例
1. 生产性固定资产原值	84339	100	165757	100	30729	100	73482	100
集体所有	17198	20.4	41137	24.9	7575	24.6	7755	10.6
农户所有	34534	40.9	26483	16.0	18179	59.1	57650	78.5
股份制企业所有	8522	10.1	28047	16.8	1249	4.1	236	0.4
合伙企业所有	1524	1.8	4222	2.5	706	2.3	181	0.2
私营企业所有	11948	14.2	35105	21.2	2538	8.2	2918	4.0
其他所有	10637	12.6	30763	18.6	526	1.7	4666	6.3
2. 村域经营总收入	261402	100	566291	100	81251	100	199129	100

续表

指标名称	全国		东部		中部		西部	
	数量	比例	数量	比例	数量	比例	数量	比例
集体经营收入	42947	16.4	112413	19.9	19185	23.6	11099	5.6
农户家庭经营收入	112643	43.1	137061	24.2	42180	51.9	164744	82.7
股份合作企业经营收入	18630	7.1	63792	11.2	1037	1.3	88	0.0
合作企业经营收入	2828	1.1	5251	0.9	2744	3.3	966	0.5
私营企业经营收入	38562	14.8	115531	20.4	5822	7.2	10035	5.1
其他经营收入	45793	17.5	132242	23.4	10283	12.7	12197	6.1

资料来源：《中国农业发展报告2007》。原数据中村经营总收入与分类收入合计不符，本书引用时根据各个单项收入，对村域经营总收入进行了修正。

根据农业部农村经济中心316个观察点的上述数据，2002年，我国行政村一级的生产性固定资产所有权主体包含集体所有、农户所有、股份制企业所有、合伙企业所有、私营企业所有和其他所有等众多主体，其比重分别为20.4%：40.9%：10.1%：1.8%：14.2%：12.6%。如果把集体和农户家庭以外的经济主体都看成新经济成分，那么村域内集体经济、农户经济和新经济体，大体上形成了2：4：4的结构。分区域看，东、中、西部存在明显的差异，农户拥有的固定资产所占比重，东部为16.0%，中部为59.1%，西部为78.5%，由东向西依次升高；而新经济体拥有的生产性固定资产所占比重，东部为59.1%，中部为16.3%，西部为10.9%，由东向西依次降低。

比较三大地区村域各经济主体的经营收入能力，农户比重东低西高和新经济体比重东高西低的趋势更加明显。图8-1显示，农户经营收入比重，东部低于全国平均水平近19个百分点，中部高出全国平均水平8.8个百分点，西部则高出全国平均水平近40个百分点；而新经济体收入比重则完全相反，东部高出全国平均水平15.4个百分点，中部低于全国平均水平17.3个百分点，西部则低于全国平均水平近29个百分点。

在村域调查中直接观察企业的类型和数量，就能判别村域经济的类型和发展水平。如果一个村域企业数量少，或者仅一些作坊式的砖瓦厂、蜂窝煤厂和打米厂、面粉厂之类的企业，那么村域分工必然简单，大多数劳动力堆积在稀缺的土地上，或者大量外出打工，村域经济社会发展必然滞后。反之，一个村域内中小企业和个体工商户较多，该村无论集体经济还是农户都必定具有活力和竞争力。这种建立在经验基础上的推理判断方法，可以在实

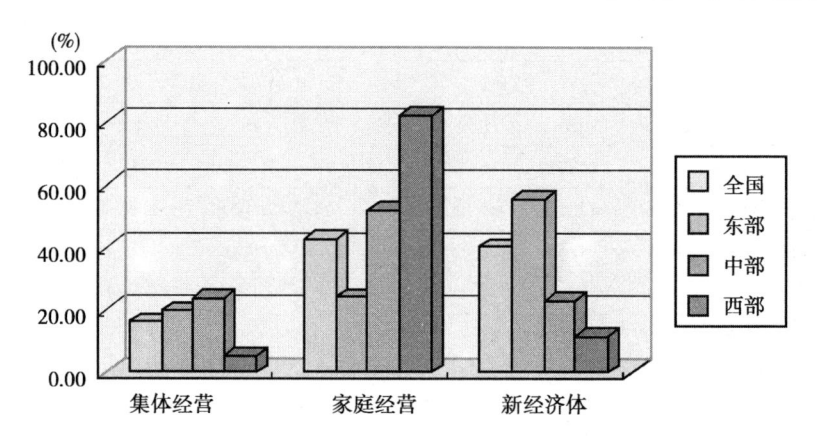

图 8-1 村域三大经济主体收入能力的区际比较

证研究中证实。我国村域企业数量的地区差异比较明显（表 8-2），每个行政村的企业数量，全国 7.2 个，东部 14.5 个，中部 5.8 个，西部 4.7 个，东北 3.6 个，企业数量由东部向西部和东北地区依次减少，这种状况与村域经济主体的资产拥有量和收入能力的区域差异高度一致。进一步观察，各区域的村集体企业数量大体相当，东部比西部和东北地区反而少；而西部和东北地区村域的股份合作企业、私营企业、三资企业等具有竞争力的新经济体却比东部明显偏少。新经济体发育成长状况不仅影响了企业数量，而且直接导致了村域经济滞后，进而影响了整个区域经济社会发展。

表 8-2　　　2006 年村域（每个行政村）新经济体发育程度比较　　（单位：个）

指标名称	全国	东部	中部	西部	东北
一、被调查村	323	80	81	117	45
二、村年末企业个数	7.2	14.5	5.8	4.7	3.6
1. 集体企业	0.4	0.3	0.4	0.4	0.5
#个人承包和合伙承包企业	0.3	0.3	0.3	0.3	0.3
2. 股份制和股份合作制企业	0.3	0.6	0.3	0.1	0.1
3. 合伙企业个数	0.4	0.8	0.7	0.2	0
4. 私营企业个数	5.1	10	4.2	3.4	2.4
5. 三资企业个数	0.1	0.4	0	0	0.4
6. 其他企业个数	0.9	2.5	0.1	0.5	0.2

资料来源：农业部《中国农业发展报告 2007》。

综上所述，无论村域新经济体的资产拥有量、经营收入能力在村域经济中的比重，还是新经济成分的企业数量，都呈现出东部高、中部较低、西部和东北地区最低这样一种"差序格局"，正好反映出我国几大经济区域总体上的"差序格局"。这既能证明村域经济发展水平对大经济区的决定性作用，也能说明村域经济发展需要大经济区发展的外部环境。村域经济主体培育、转型、发展对大经济区有如此重要的关系。事实告诉我们，培育村域新经济体，并推动村域其他经济主体转型发展，是当前中国农村经济现代化最重要的战略任务。

（二）长三角村域产权结构的多元化

村域新经济体快速成长是长三角村域经济主体多元化的重要推动力量。目前，村域新经济体的资本积累、经营和收入能力正在赶上或超过农户经济，成为村域经济中最具活力的支柱和主体。

改革前，长三角和全国一样，农村土地等生产资料的所有制结构都是单一的集体所有制，分别属于人民公社三级所有。一般情况下，三级集体的经营分工是，生产队经营农林牧渔业，工业、商业和服务业主要由公社和大队经营。农村改革的起步阶段，仍然维持这一格局。1980年，江苏省农村生产性固定资产（年末原值）总计736736.05万元，其中乡一级所有271417.3万元，占36.8%；大队一级所有148540.38万元，占总数的20.2%；生产队一级所有316778.35万元，占43%。家庭承包责任制的推行，恢复了家庭的生产功能，农户开始承包或购置生产资料，积累生产性固定资产。以此为途径，农村除土地以外的生产资料所有制结构逐渐走向了多元化。从1980年开始，江苏和浙江两省农业厅经管统计中，出现了"农户经济"、"联户经济"的类别；1982年，"新经济联合体"的资产及其经营状况纳入到经管统计。自此农村经济主体有了乡镇集体、村级集体、组级集体农户家庭、新经济联合体（表8-3）。当年，农村生产性固定资产中，农户自有的生产性固定资产，苏浙两省分别为12.4%和34.8%，新经济联合体的生产性固定资产分别只占0.2%和1.6%。

表8-3　　1983年苏浙两省农村生产性固定资产所有制结构　　（单位：万元）

省份	总资产	乡级所有	村级所有	组级所有	农户自有	新经济体
江苏	1085142	448747	222832	277079	134303	2182
浙江	218781	80946	11655	46620	76090	3470

数据来源：江苏省农林厅、浙江省农业厅经管系统历年统计资料。由于资料散失，统计口径变化，我们尽可能全面收集并归类整理这些资料，使其有可比性（下同）。

此后，农户和新经济联合体的生产性固定资产快速增长。到2000年农村生产性固定资产总量中（表8-4），乡级集体所有、村组集体所有、农户家庭和新经济体所有的比例，江苏省分别为34%、21%、38%、7%，浙江省分别为48%、17%、26%、9%。剔除表中乡一级所有生产性固定资产后，在村域生产性固定资产中，这两省农村的村组集体、农户家庭和新经济体所拥有的生产性固定资产所占比例约为2∶5∶3。这一比例与2007年末本课题组调查五省（区）平均水平相当，表明长三角农户家庭、村组集体经济和新经济体转型进程快于全国平均水平。

表8-4　1984—2003年苏浙两省农村生产性固定资产变化（年末原值）（单位：万元）

省份	年份	合计	乡一级所有	村组集体	新经济体	农民家庭
江苏	1985	1730179.7	710146.2	536302.5	13371.6	470359.4
	1990	4539674.0	2237914.0	1187234.0	17131.0	1097395.0
	1995	16945038.0	8680149.0	4678568.0	103800.0	3482791.0
	2000	20654277.0	7122959.0	4274346.0	1350219.0	7906753.0
	2003	29260113.0	8927940.0	4731959.0	4404735.0	11195479.0
浙江	1984	205518	66045	139473		
	1993	5421253	2481818	1193481	462870	1283084
	1995	10574917	4844613	2272478	1058546	2399280
	2000	21090624	10064317	3642619	1837503	5546185

资料来源：江苏省农林厅、浙江省农业厅经管系统1985—2000年统计资料。

上海村域市场经济主体的多元化。2003年，上海郊区农村集体净资产395.2亿元，按照经营性和非经营性资产划分，经营性资产主要集中于镇村队三级集体企业，约204.8亿元；非经营性资产主要集中于镇村队三级经济组织，约190亿元，占48%。2003年，上海市农村镇村队拥有集体资产的3379家企业中，有限责任公司、中外合资公司、联营企业、股份合作企业等新经济成分的资产97.6亿元，占企业实际资本比例的15%—20%[1]。作者2007年在浦东新区、金山区的金光、蒋庄、联丰、三民等4村调查发现：到2006年末，这4村的落地企业[2]分别为10家、29家、18家和50家。其

---

[1] 上海农委课题组：《关于深化农村集体资产管理体制改革调研报告》，2004年8月。
[2] 上海农民将村域企业分为三种类型：其一，注册企业，即企业注册在村，但厂址可能在村域，也可能不在村域，统计和税收都归口于当地乡镇的企业；其二，落地企业，即注册、统计、纳税三归口于村的企业。

中联丰村落地企业注册资本共 11498.3 万元；按经营性质分，集体 4199.3 万元，占 36.5%；外商独资 165.6 万元，占 1.4%；私营 418.4 万元，占 3.6%；中外合资 2119.7 万元，占 18.4%；其他经济成分 4595.4 万元，占 40.0%。新经济体取代了原集体经济和农户经济的主体地位。

（三）村域经济主体的经营和收入方式转型

公社时期，农村生产经营主体只有单一的集体经济，而且在集体经济内部还存在着明确的产业分工：工业主要集中在公社和大队两级集体，以公社为主，农林牧副渔业的生产经营以生产队为主。1978 年，江苏省农村生产队没有工业收入（表 8-5）。1978 年，江苏省农村公社一级、大队一级和生产队一级的总收入结构是 27.9%、17.0% 和 55.1%；从集体内部产业分工看，工业收入中，公社一级占 63.8%，大队一级占 36.2%，生产队为零；农林牧副渔业收入中，公社一级占 3.7%，大队一级占 4.1%，生产队一级占 92.2%。说明"人民公社三级所有，以生产队为基础"是相对于与土地相关联的农林牧副渔业而言的。

表 8-5　　　　　1978 年江苏省农村经济收入及构成　　　　（单位：万元）

	总收入	农业收入	副业收入	工业收入
全省总收入	1469613	684573	193597	591443
公社一级农工副业收入	410484	1106	31765	377613
大队一级农工副业收入	249676	9443	26403	213830
生产队一级农工副业收入	809453	674024	135429	—

数据来源：江苏省农林厅经管系统统计资料。

家庭承包经营制度建立后，农村生产经营主体集体经济一统天下的局面即刻瓦解了。1982 年，江苏农村经济总收入 1760550.37 万元，其中集体统一经营 1193642.96 万元，占 67.8%；承包经营 86161.44 万元，占 4.9%；农户家庭自营 480733.09 万元，占 27.3%；新经济联合体经营 12.88 万元，尚不能影响占比变化。1983 年，浙江省农村经济总收入 1270031 万元，其中集体统一经营收入 675543 万元，占 53.2%；农户家庭经营收入 579878 万元，占 45.6%；新经济联合体经营收入 14610 万元，仅占 1.2% 的份额。新经济联合体经营收入占比过低的状况，一直持续到 20 世纪 80 年代末，到 1988 年，江苏省农村新经济联合体的经营收入占比仍然只有 0.6%（表 8-6）[1]。

---

[1] 新经济联合体经营比例要大于 0.6%，因为乡村企业中的新经济成分未分离出来。

表 8-6　　　　1987—1988 年江苏省农村经济收入及构成　　（单位：万元、%）

项目	1987 年		1988 年	
农村经济总收入	10467651.5	100.0	14393019.5	100.0
乡村企业收入	5880058.0	56.2	8548705.7	59.3
集体经营收入	149889.4	1.4	182336.8	1.3
新经济联合体经营收入	65399.8	0.6	78733.6	0.6
家庭经营收入	4372304.3	41.8	5583243.5	38.8

数据来源：江苏省农林厅经管系统 1987—1988 年统计资料。

1990 年以来，长三角村域经济收入结构有了变化。1990 年，江苏省农村经济总收入中剔除乡办企业经营收入后，农户家庭收入占绝对优势，约为 95%，集体经营收入所占比例下降到 3%，新经济体上升为 2%。1993 年，浙江省农村经济总收入结构，集体经营比重由 1983 年的 53.2% 下降到 40%，家庭经营收入比重仍然保持在 45%，而新经济联合体经营收入比重则上升到 11%。20 世纪 90 年代中后期出现了新的趋势：农户经济继续保持村域经济主体的地位，集体经济比重出现下降态势，新经济体则表现出强劲增长趋势，但村域新经济收入比重都不高。2000 年以后，两省村域新经济体进入快速增长时期（表 8-7）。如果在农村经济收入中剔除乡办企业的收入，就村域经济主体的经营收入比较，1995 年，苏浙两省村域集体经济、农户经济和新经济体的收入结构分别为 49%：49%：2% 和 28%：55%：19%。2007 年，两省村域集体经济、农户经济和新经济体的收入结构比重调整为 15%：47%：38% 和 8%：56%：36%。

表 8-7　　　1995—2007 年江苏、浙江农村各经济主体收入　　（单位：万元）

省份	年份	总收入	乡办企业经营	村组集体经营	农户家庭经营	新经济联合体等
江苏	1995	82840529	35160486	23521046	23429339	729658
	2000	114738140	44944743	23572924	42179741	4040732
	2006	362090289	136510896	52892744	103058911	69627738
	2007	444202705	160248409	43464601	132569865	107919831
浙江	1995	60323743	18743508	11781648	21949291	7849296
	2000	124578057	39397837	12896229	53994343	18289648
	2005	302588287	112852161	13620572	105004379	71111175
	2007	428083898	171470068	21008750	143473119	92131961

数据来源：江苏省农林厅、浙江省农业厅经管系统 1995—2007 年统计资料。

从江苏、浙江两省村域经济主体转型发展趋势（图8-2）分析：第一，1995年以来，苏浙两省村域集体经济出现了快速下降趋势，分别由1995年的49%和28%下降到2007年的15%和8%，分别下降了34个和20个百分点。这一比例与苏浙两省改革初期村域经济模式的差异有关，江苏村域首先发展集体经济，而浙江村域一开始就表现为农民创业和个体私营经济的发展。第二，20世纪90年代中后期，村域新经济体的收入能力进入快速增长时期，在这一时期，浙江村域新经济体的发育成长快于江苏。2000年以后，苏浙两省村域新经济体收入比重大体接近，到2007年分别为38%和36%，江苏反而高出浙江2个百分点，表明了江苏乡镇企业改制对村域新经济体成长的巨大促进作用。

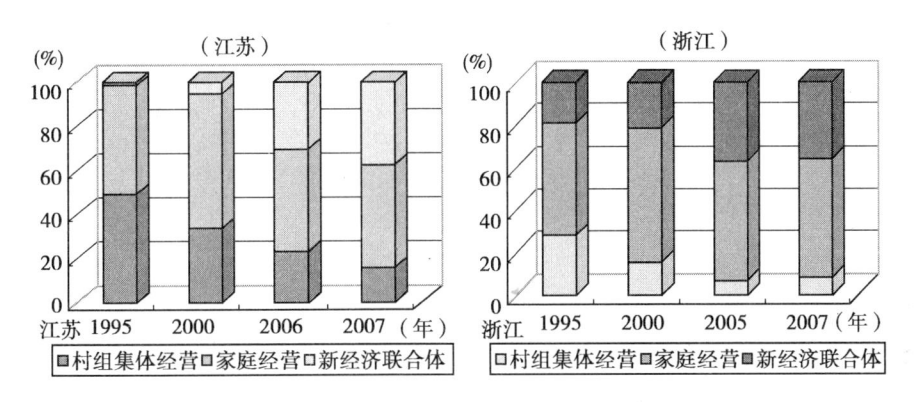

图8-2 江苏、浙江村域经济主体收入结构变化

把视角下沉到典型乡镇去观察。2006年，上海漕泾镇农村经济总收入729947万元，绝对量比1978年增长了350倍。总收入结构按产业划分，农林牧渔业、工业、建筑业和服务业的比例是3.3%、73.8%、7.5%和15.4%；总收入结构按性质划分，经济小区、集体工业、三资企业和家庭经营收入的比例分别是85.9%、7.6%、3.0%和3.5%[①]。如果把"经济小区"和"三资企业"看成新经济成分，那么，漕泾镇村队集体经济、农户经济和新经济体收入结构比例为7.6%：3.5%：88.9%（图8-3），新经济体已成农村经济的绝对主体，农户经济降低到无足轻重的地位。

---

① 上海市金山区漕泾镇经济管理所统计资料。

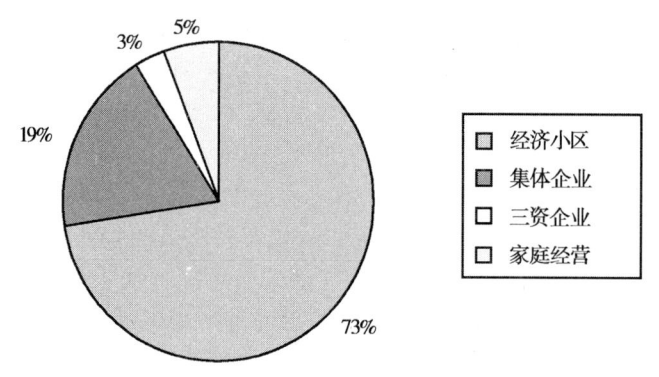

图 8-3　2004 年金山区漕泾镇农村经济总收入结构

二、村域集体经济转型与发展

（一）村域集体经济管理体制转型

无论学术界还是实际工作部门，在发展壮大村级集体经济的认识上都存在误区，认为贫困地区的村集体经济大都是"空壳"，"发展壮大村级集体经济"只是一句空洞口号。按照本课题组的定义，村域集体经济，即指村组两级集体成员分别共同所有的资产及其经营收入和利益分配。从集体资产这个意义上说，无论多么贫困的村域，村组集体经济都不是"空壳"，国家和政府关于"发展壮大集体经济"的号召具有很强的现实针对性。

发展壮大集体经济是农村现代化建设中不可或缺的内容。（1）村组集体成员共同占有的资产需要集体经济组织管理和经营，集体资产的保值增值、资源性资产的可持续利用，都离不开集体经济组织管理和经营。（2）一家一户办不了、办不好、或者办起来不经济的项目需要集体统一经营；培养民主、合作、互助精神，恢复和弘扬村自助互助服务体系，也需要集体经济组织这一载体和引导。（3）农村社区居民的生产、生活服务及其公共品的供给需要集体经济支撑，在公共财政尚不能覆盖农村大地的情况下，村域集体的经营收入能力，决定着村级组织运转效率和社区服务的水平。

村域集体经济在我国历史上一直存在着，在私有制度环境下，村社很难有全体成员共享的集体经济，但在一些血缘村落里，仍然以宗祠、厅堂为核心聚集着氏族成员的公产。氏族成员共同拥有和经营宗祠、厅堂等公产，其目的在于维系宗祠、厅堂的修缮与祭祀、氏族之间（土地）纠纷讼事，发挥团结宗亲、维系宗族文化方面的作用。

新中国成立初期，农民通过土地改革获得了土地，实现了"土地农有"的梦想，但当时农村生产力水平极其低下，农户家庭所有的耕地、劳动力、生产工具、畜役等生产资料"此余彼缺"的现象比较突出、亟须调节，因此互助组、合作社等集体经济组织应运而生。由此开始，村域不断积累内部成员共同共有的财产，表明了村社集体经济存在的必要性。公社时期，村域集体经济分别以生产大队和生产队为基本单元，社区性全员共同所有、共同经营，包括全体成员共同共有的土地资源和其他生产资料；沉淀在土地中的劳动积累如农田水利基础设施；集体经营收入、分配，以及集体各项提留的历年积累。由此看来，新中国农村集体经济是广大农民多年来辛勤劳动积累的成果，是我国农民创造和代际传承在村域社区积累沉淀下来的共有资产，是公社体制的重要遗产之一，许多农民为村域集体资产的形成作出了重要贡献，他们都是现有集体资产的所有者。因此，在严格意义上说，现有村组集体成员并不完全享有村域集体资产和财富，以任何形式按现有集体成员瓜分集体资产都是不公正的。村域集体经济是发展农村经济和实现农民共同富裕的重要物质基础，只能由集体管理和经营，农民集体共同所有权主体不能用"国有化"或"私有化"来取代。

究竟如何经营和管理集体资产，一直是农村改革的重要内容。就长三角而言，村域集体经济管理体制改革尤为迫切。第一，在长三角工业化、城镇化、现代化迅猛推进的大背景下，村域集体资产总量增长，资产结构优化，投资、经营和收益的综合实力增强，原有的管理体制已经满足不了集体资产经营管理的现实需要。第二，村域社会成员迁徙、流动快，成员结构高度分化，对村集体资产壮大作出重要贡献的一些老成员迁出，一些新成员迁入，原有的村组集体成员无差别占有集体资产的基础不存在了，村级资产需要按照贡献实行有差别占有。第三，撤并建制村或者"撤村建居"或者"城中村"改造，集体成员身份和隶属关系的变化，集体成员边界及其相对应的资产占有状况都需要清理、审计和重新界定。显然，长三角比中西部地区面临着更加紧迫的村域集体经济组织改造的需求。

长三角村级集体资产雄厚、经营收入能力强的村级合作经济组织的股份制改革率先平稳推进。苏南地区村级合作经济组织改制成效明显。自 2002 年 12 月 5 日，无锡北塘区黄巷镇陈巷村成立无锡市首家股份经济合作社。截至 2004 年 9 月作者无锡调查时止，全市共有 91 个村实行股份合作制改革，当年底超过 110 个村完成股份合作制改革。2006 年底，无锡市已有 165 个村完成了农村社区股份合作制改革，2007 年基本完成村级集体经济年可支配收入 200 万元以上村的改革任务，累计有 230 个村完成改革任务。2008 年全部完成村级集体经济年可支配收入超过 150 万元的社区股份合作制改革。苏州市村级股份合作社发展很快，至 2007 年 6 月底，苏州市已经组建村级股份合作社807家①。2007年底，浙江省已改制组建村级股份合作社1004家。上海市早在1993年和1994年就在闵行区虹桥镇虹五村和先锋村试点。此后，宝山区大杨镇新华村和场南村、东方村实行了股份合作社改制。2003年，上海市农委、体改委联合发文推进这项工作。闵行区即启动了11个村改革试点，2004年全区再启动了25个村作为试点，计划用五年时间基本完成村级集体经济股份制改革。

村级合作经济组织股份合作制改革，就是遵循股份制和合作制的基本原则，按照一定的程序和方法，将村级集体净资产的部分或全部，按人口和劳动量贡献折股量化，使原村集体经济组织全体成员对本集体资产享有明晰的产权并取得相应的收益，形成适应现代市场经济发展要求的自主经营、民主管理、收益共享、风险共担的新型合作经济组织和运作机制。具体操作办法，本书第四章已经做了介绍（见专栏4-3），大致是：①清产核资。由镇农村集体资产管理部门和村民主理财小组联合组成专门的清产核资小组，对村级集体所拥有的各类资产进行全面清理核实，确定基准日，查实资产家底，依法界定所有权归属关系。②折股量化和设置股权。在清产核资的基础上，依照各村的实际情况，合理确定折股量化的范围和股权设置的类型。折股量化原则上只包括村集体的经营性资产，公益性资产、资源性资产（比如集体土地）暂不列入量化范围。股权设置分集体股和分配股两种。设置集体股主要是作为村公益事业建设和社会事业发展的经费投入来源，分配股再细分为人口股和贡献股两小类。人口股主要体现成员对集体资产共有和福利原则，贡献股主要以体现成员对发展集体经济所作的贡献份额。两种三类股份的比例结构各地略有区别，大致为集体股占30%—50%，分配股一般为50%—70%（分配股中人口股约占3成，成员贡献股约占7成）。③分配股量化到人。按照上述比例划分和分配股权，量化到人到户，以股权形式确定持股成员在股份经济合作社所占集体经济的份额，颁发股权证书并建立档案。股权仅作为股民享有股份分配的依据，可以依法继承，不得退股及提现。④讨论制定合作社章程、建立组织机构，报政府批准正式成立股份合作社。

浙江省村级股份合作制改制及其经营管理状况如表8-8所示：（1）在完成改制的1004个村股份合作社中，经营性资产折股量化的占71.5%，将土地折股量化（一般为承包土地，不设计村集体其他土地、宅基地等）的占0.6%。（2）股权结构中人口股占75%，农龄股占22%，集体股只占

---

① 王荣、韩俊、徐建明：《苏州农村改革30年》，上海远东出版社2007年版，第165页。

1%，其他股占 2%。集体成员按人口平均占有集体资产仍然为第一原则，不过，股权结构中已经比较注重效率原则，农龄股的比例已达 22%。（3）股权参与经营收益分配得到了体现，在可分配收益中社员分配的比例达到 5.3%，计 107140 万元，按照当年享受股份人口 137.5 万人平均，人均从股份合作社获得了 779.2 元的收益。

表 8-8　　　　2007 年浙江省村级股份合作社改制和经营状况

一、村级股份合作社（个）	1004	享受股份的人口（万人）	137.5
#资产全部折股量化的村	142	经营状况	
#仅经营性资产折股量化的村	718	1. 本年集体经济总收入（万元）	298061
其中净资产在 100 万元以下	58	#直接经营收入	43874
净资产在 100 万—5000 万元	146	#物业租赁收入	130023
净资产在 500 万—1000 万元	134	#资源发包收入	33532
净资产在 1000 万元以上	380	#投资收入	69636
#仅土地折股量化的村	6	#其他收入	20997
#其他方式折股量化的村	138	2. 本年集体经济总支出	110542
二、集体资产总额（万元）	4057500	#经营支出	28386
#货币资金		#管理费	59195
#经营性资产总额	1963929	#其他	22960
三、资产量化总额（万元）	1940949	3. 本年收益	187520
#经营性净资产总额	144803585	五、年初未分配收益	14011
#土地折股量化总额	187920	六、本年可分配收益	2023502
四、股份总额（股）	1253451435	1. 提取公积金公益金	47271
其中 1. 人口股	937129907	2. 提取福利费	37618
2. 农龄股	281476842	3. 社员分配总额	107140
3. 集体股	7362459	#按股分红	96254
4. 其他股	27482227	4. 结余转下年	1831472

数据来源：浙江省农业厅经管系统统计资料。

（二）村域集体资产总量增长和结构优化

经过 30 年的改革发展，长三角村域已经积累了雄厚的集体资产，资产结构也发生了深刻的变化，资产经营市场化特点显现。

第一，集体土地等资源性资产，不仅是农民最基本的生产资料和生活保障，同时成为村域集体最有价值的资本。但因为土地资源价值评估困难，大多数村组集体（包括那些进行村级合作社股份制改造的村）都未量化集体土地资产。土地等资源性财产继承了公社体制的遗产，无论城市化过程中土地关系如何变化，所有者权益仍然按照人民公社六十条规定的边界，由村小组成员共有。

第二，土地以外的资产逐渐向村级合作经济组织集中，资产总量增长，由村级合作经济组织代表全体村民经营和管理，所有者权益和经营收益全体村民共同享有。长三角村级合作经济组织已成为村域集体经济的主体。2007年，江苏省村级合作经济组织的资产总额为8991043万元，村均487.97万元；浙江省村级合作经济组织的资产总额为15880342万元，村均503.47万元（表8-9）。

表8-9　　　　　2007年村级合作经济组织资产状况　　　　（单位：万元）

项目	江苏省 数量	江苏省 占比	浙江省 数量	浙江省 占比
资产合计	8991043	100.00	15880342	100.00
1. 流动资产	3799688	42.3	6236575	39.3
①货币资产	882654		3508866	
②短期投资	216549		342293	
③应收款	2679451		2367052	
④存货	21034		18364	
2. 农业资产	4162	0.05	81427	0.5
①畜牧业资产	44		392	
②林木资产	4118		81035	
3. 长期资产	5187193	57.7	9562340	60.2
①长期投资	1358934		986732	
②固定资产	3711331		8374547	
其中固定净资产	2912600		5128049	
③其他资产	116928		201062	
4. 村均资产	487.94		503.47	

资料来源：江苏省农林厅、浙江省农业厅经管系统统计资料。

第三，村级集体资产结构优化、投资能力增强。其一，集体流动性资产比例增高。2007年，苏浙两省村级流动性资产的比例已达40%左右，其中货币资产占总资产的比例，江苏为9.8%，浙江为22.1%。在长三角典型村域调查发现，许多村集体拥有数千万元至上亿元的货币资本，合作经济组织已经熟练地掌握了资本经营、民间借贷等投资手段，投资收入已经成为长三角村级集体收入的重要来源。其二，村级合作经济组织的长期投资能力增强。2007年，苏浙两省村级长期资产的比例约为60%。其中，长期投资占村级总资产的比重，江苏为15.1%，浙江为6.2%。其三，村集体资产存量盘活，增值能力极大提升，发达地区尤为明显。作者在无锡市调查了解到，2004年，全市1285个行政村，净资产总额153.34亿元，可支配总收入18.9亿元；全市村均净资产1193.31万元，可支配收入147.08万元。该市北塘区22个行政村，村集体总资产6.23亿元，其中经营性资产3.81亿元，村级完成纳税销售80.63亿元，缴纳税金1.6亿元，村集体可支配年收入1亿元，村均达500万元。

上海郊区农村集体资产数额大而且产权关系比较清晰。从20世纪80年代乡镇企业崛起到2000年，上海农村集体资产已经拥有很大规模。2003年，上海郊区农村集体总资产为1216亿元，减去负债资产820.7亿元，集体净资产395.3亿元。其中镇级净资产206.6亿元，占总量的52.3%；村级净资产179.2亿元，占总量的45%；队（组）级净资产9.5亿元，占总量的2.4%。2000年后，上海郊区农村集体净资产总量出现减少趋势。2001年，上海郊区农村集体净资产458.3亿元，2002年下降为443.7亿元，下降了3.2%；2003年比2002年下降了10.9%。集体净资产下降的主要原因是集体资产在改制转让中被低估以及化解乡村不良债务。

第四，村组集体生产性固定资产呈现快速增长趋势，但农业资产的比例明显偏低。村组集体生产性固定资产总量，江苏省由1985年的536302.5万元，增长到2003年的4731959万元，18年间增长了7.8倍；浙江省由1984年的66045万元，增长到2000年的3642619万元，16年间增长54.2倍（表8-4）。但农业资产太弱，2007年，苏浙两省农业资产占总资产的比例约0.1%—0.5%。

（三）村经济合作社经营方式转型

村经济合作社的经营方式发生了变化。改革初期，村组集体经济组织的经营方式比较单一，收入能力有限。从经营方式看，发包和管理集体办企业、土地、鱼塘、林木，收入来源主要是村提留和农户上交的承包收入。1978—2000年，村集体收入中集体提留占当年农村可分配纯收入的比重逐年下降。江苏省由改革初的 10% 左右下降到 2000 年的 1.3%，浙江省由 1983 年的 2.9% 下降到 2000 年的 0.9%（表 8-10）。2000 年以前，集体经营所得的状况两省都忽略未计。自 2000 年农村税费改革之后，集体提留取消，集体经营所得逐年提高。

表 8-10　　1978—2007 年江苏省农村经济收益分配中的集体提留　　（单位：万元）

	当年可分配纯收入总计	1. 集体提留		其中			2. 集体经营所得
		合计	(%)	#公积金	#公益金	其他	
1978	548573	96278	17.6	58074	18768	19436	—
1980	794004	85364	10.8	47076	19496	18793	—
1985	2036173	74206	3.6	31779	31543	10884	—
1990	5066179	157838	3.1	70611	47229	39999	—
1995	16955208	271612	1.6	143437	73138	55037	—
2000	24163050	318618	1.3	116623	73487	128508	881431
2006	52350394	—					773767
2007	64602574	—					987119

浙江省农村经济收益分配中的集体提留

	当年可分配纯收入总计	1. 集体提留		其中			2. 集体经营所得
		合计	(%)	#公积金	#公益金	其他	
1983	898550	26045	2.9	16738	7621	1686	—
1993	6510783	125579	1.9	57200	31209	37170	—
1995	11869459	204039	1.7	102966	38521	62552	—
2000	22811279	199187	0.9	77797	38948	82442	105421
2005	43086029	—					337952
2007	58533497	—					531690

数据来源：江苏省农林厅、浙江省农业厅经管系统 1978—2007 年统计资料。

从 20 世纪 90 年代开始，村经济合作社的经营和收入方式开始转型。这一时期，集体经济组织除收缴承包企业和农户的承包资金以外，直接经营、投资经营成为新的方式。村经济合作社直接经营收入，江苏省由 1990 年的 20156 万元，增长到 2007 年的 230858 万元，增长了 10.5 倍；浙江省由 1992 年的 34223 万元，增长到 2007 年的 519728 万元，增长了 14.2 倍。村经济合作社投资收益，江苏省由 1990 年的 1738 万元，增长到 2007 年的 33959 万元，增长了 18.5 倍；浙江省 1995 年前的村投资收益忽略未计，2000 年为 32179 万元，2007 年增长到 48493 万元，7 年增长了 0.5 倍（表 8-11、8-12）。另外，土地征用补偿和上级补贴收入成为村级集体收入的重要来源。

表8-11　1990—2007年江苏省村级合作经济组织收入和使用情况　（单位：万元）

项目/年份	1990	1995	2000	2006	2007
1. 年内收入合计	352896	941114	1146929	1288888	1636997
村直接经营净收入	20156	109730	220650	197442	230858
投资收入	1738	8339	19729	27132	33959
来自企业收入	77428	354262	430982	592264	659877
来自农户收入	143905	246464	224771	—	—
联户企业上交收入	625	3554	—	—	—
土地占用收入	20695	52662	—	—	—
补贴收入	4281	14725	—	71086	240943
其他收入	84067	151378	250797	400963	471360
2. 年内支出合计	337293	732690	776594	952157	952157
3. 可分配收入	15603	208424	370335	336731	684840
4. 汇入本表村数	35831	35928	33250	18238	18564
5. 村均可分配收入	0.44	5.8	11.14	18.46	36.89

数据来源：江苏省农林厅经管系统1990—2007年统计资料。

表8-12　浙江省1992—2007年村级合作经济组织收入和使用情况　（单位：万元）

项目/年份	1992	1995	2000	2005	2007
1. 年内收入合计	328644	824146	1134927	1965702	2495789
村统一经营净收入	34223	77852	120218	355839	519728
投资收入	—	—	32179	34339	48493
企业上交收入	63742	150554	289191	292063	298041
农户上交承包金	29346	45615	—	—	—
联户企业上交收入	1378	4677	—	—	—
土地征用补偿	110782	289354	362970	759931	806390
上级补贴收入	20845	33378	—	222392	462152
统筹款	16929	26676	—	—	—
其他收入	51389	196040	330369	301156	360986
2. 年内支出合计	263654	660191	472290	444990	843358
3. 可分配收入	64990	163955	662637	1520712	1652431
4. 汇入本表村数	42189	41732	41721	35282	31542
5. 村均可分配收入	1.54	3.93	15.88	43.1	52.39

数据来源：浙江省农业厅经管系统1992—2007年统计资料。

"上海郊区农村与全国其他农村地区相比，村级集体经济是在高度工业化和城市化、总体人均纯收入超过小康水平、国际化大都市中心城区辐射半径不断扩大的条件发展起来的。"[①] 从总体上看，上海郊区村级集体经济经营方式和收入结构，已从20世纪80年代初的经营企业和以企业上缴利润为主，转变为主要经营土地和房地产，收入来源以租金收入为主。（1）村级经济组织将原乡镇企业的厂房、集体资产投资形成的标准厂房、仓库等经营性资产对外租赁，收取租金。租金收入能力大小与村域区位和村集体资产拥有量关系密切。一般而言，村集体资产保留比较多、靠近中心城区的村租金收入较多，约占村集体收入总量的70%左右。因此，极差地租是诱发上海村级经济发展水平差异最重要原因。（2）土地规模经营、集中对外发包。上海郊区一些村，将农民承包的农业用地通过流转方式集中起来对外发包，或者租赁给外来务农人员经营，此项经营方式所得收益全部返还承办农户，村级合作经济组织基本没有收益，反而要采取鼓励措施，承担其中的部分开支。（3）招商引税，上海郊区农村绝大部分乡镇鼓励村集体经济招商引资，村级合作经济组织引进企业而产生的税收，大部分返还给村集体。（4）其他经营方式，如集体资产投资收益、土地使用费、土地征用补偿费。（5）转移支付已经成为经济薄弱村的主要来源，也是各级财政支持村级公共事业建设的重要手段。比如弥补村域的河道疏浚、道路建设、农业基础设施改造、村干部工资、合作医疗、养老金及镇保补贴等。

典型案例同样证实上述判断的可靠性。2002—2005年，上海市远郊的蒋庄和金光两村集体可支配收入合计分别为584.8万元和717.1万元。其中：（1）集体自有资产经营收入分别为153.5万元（占26.2%）和72.7万元（占10.1%）；（2）发包及企业上缴分别为192.4万元（占32.9%）和327.4万元（占45.7%）；（3）转移支付142.5万元（占24.4%）和114.2万元（占15.9%）；（4）其他收入（上级补足、税收奖励等）分别为96.4万元（占16.5%）和202.8万元（占28.3%）[②]。再如近郊的联丰村，2006年集体可支配收入1210万元，其中：村集体资产管理中心的投资（资本借贷）收入716.8万元（占59.2%）；租赁（易初莲花超市）收入245万元（占20.2%）；村集体经营农贸市场收入73.0万元（占6.0%）；招商引税奖励103万元（占8.5%）；利息后收入5.9万元（0.5%）；其他收入为

---

① 上海市经济委员会《关于扶持村级集体经济的专题》，2006年。
② 漕泾镇政府关于蒋庄村和金光村《村民委员会任期届满经济责任的报告》，《漕府审报》（2006）第96号和第44号文件。

66.3万元（占5.5%）[①]；转移性收入为零（三林镇没有经济薄弱村，所以没有转移支付）。还有，如近郊的三民村，2006年750万元可支配收入中，房地产等资产租赁收入约500万元，占66.7%；招商引税返还200余万，约占26.7%；集体资本经营利润50多万元，约占6.7%。

（四）村经济合作社的收入能力及区域比较

长三角村级经济合作社经营收入能力普遍提升，但从省域比较，苏、浙、沪三地的村经济合作社的经营收入能力变化趋势不尽相同。江苏省村经济合作社无收益的比例有增加的趋势，由1990年的12.8%增加到2007年的28.3%；可分配收入在10万元以上的村平稳增长，由1990年的15.7%增长到2007年的26.8%（表8-13）。无收益村和高收入村的比例同时增长的趋势，印证了村域经济水平多极分化的现实，说明江苏省村经济合作社经营收入能力还处在不可控性阶段，需要继续探索村集体经济发展的规律性。

表8-13　　　　　江苏省村经济合作社可分配收入变化　　　　（单位：个、%）

年份	汇入本表村数	无收益的村	有收益的村	其中有集体经营收入的村	5万元以下	5万—10万元	10万元以上
1990	35831	4586、12.8	31245	26218	13255	7353	5610、15.7
1995	35928	4167、11.6	31761	22808	13213	9595	
2000	33250	5591、16.8	27659	19144	9173	4040	5931、17.8
2006	18238	5721、31.4	12517	9775	3636	1331	4808、26.4
2007	18564	5262、28.3	13302	9807	3419	1417	4971、26.8

数据来源：江苏省农林厅、浙江省农业厅经管系统1990—2007年统计资料。

浙江省村经济合作社的经营收入能力好于江苏省，其表现是：（1）村经济合作社经营年收入低于1万元的极贫村由1993年的33.7%减少到2008年的22%；年收入1万—5万元的绝对贫困村的比例，由1993年的32.6%减少到15.9%，收入极低和贫困的村庄呈现稳定下降的趋势。（2）100万元以上的全面小康村快速增长，由1993年的1.8%增长到15.7%（表8-14）。（3）浙江省村经济合作社可分配年收入超过500万元的富裕村和超过1000万元的巨富型村庄，近两年也出现了增长趋势。可分配年收入500万—1000万元的村，2007年有512个，占当年总村数（31542个）的1.6%；2008年为520个，占当年总村数（31019个）的1.7%。可分配年收入超过1000万元的巨富型村，2007年有304个，占0.96%；2007年319个，占

[①] 联丰村和三民村的数据来源于村主要干部和村会计的座谈。

1.0%。绝对贫困村平稳减少,全面小康村、富裕村和巨富型村快速稳定增长的趋势表明,浙江省村集体经济发展进入到可控制性阶段,扶持政策措施有效,掌握了扶持贫困村集体经济发展的主动权。

表8-14　　　　　浙江省村经济合作社可分配收入变化　　　（单位:个、%）

	汇入本表村	1万元以下	1万—5万元	5万—10万元	10万—20万元	20万以上	100万以上
1993	41752	14062、33.7	13622、32.6	5887	8181	767、1.8	
1995	41732	11115、26.6	11829、28.3	6076	12712	1233、3.0	
2000	41721	9118、21.9	12410、29.7	5784	5302	9107	2040、4.9
2005	35282	8657、24.5	7273、20.6	4089	4034	11229	3370、9.6
2007	31542	7317、23.2	5177、16.4	2745	3322	12981	4694、14.9
2008	31019	6831、22.0	4935、15.9	2714	3257	13282	4861、15.7

数据来源:江苏省农林厅、浙江省农业厅经管系统1993—2008年统计资料。

上海市村级集体经济组织的经营和盈利能力在长三角处于领先地区,但县域差距很大。上海郊区村级经济状况可分为三类:30%的村集体拥有收入稳定的产业和城市文化支撑,集体经济组织经营收入水平比较富裕,能够满足村级运转和社区公共服务需要;50%左右的村有比较稳定的收入来源,基本满足村级组织运转需要,并为村民提供必需的服务;20%的村经济组织缺乏稳定的收入来源,不能保障村级组织正常运转和社区公共服务需求。根据上海村级组织正常运转和村社区基本功能服务的开支需求,他们把村集体可分配年收入低于50万元的作为经济薄弱村予以扶持;收入在500万元以上的被当成富裕型村庄。2005年,全市郊区1879个村中,可分配收入低于50万元的有555个,占29.5%;高于500万元的218个,占11.6%。村集体合作经济组织的经营和收入能力明显高于江苏和浙江农村。但从县域差距看,低收入村集中在崇明县,可分配年收入低于50万元的村所占比例为90.8%;高收入村集中在闵行区,可分配年收入超过500万元的村所占比例高达49.2%(表8-15)。

表8-15　　　　上海市十个区县村级集体可分配收入比较

	50万元以下		50万—100万元		100万—200万元		200万—300万元		300万—500万元		500万元以上		合计
	村数	%	村数	%	村数	%	村数	%	村数	%	村数	%	村数
全市总计	555	29.5	358	19.1	413	22.0	164	8.7	171	9.1	218	11.6	1879
青浦区	18	10.1	37	20.8	61	34.3	25	14.0	25	14.0	12	6.7	178

续表

	50万元以下		50万—100万元		100万—200万元		200万—300万元		300万—500万元		500万元以上		合计
	村数	%	村数	%	村数	%	村数	%	村数	%	村数	%	村数
松江区	21	15.6	46	34.1	27	20.0	16	11.9	16	11.9	9	6.7	135
南汇区	84	45.4	38	20.5	38	20.5	12	6.5	7	3.8	6	3.2	185
金山区	9	6.6	48	35.3	59	43.4	13	9.6	6	4.4	1	0.7	136
宝山区	4	3.4	5	4.3	24	20.7	14	12.1	26	22.4	43	37.1	116
崇明县	246	90.8	10	4.0	6	2.0	5	1.8	3	1.1	1	0.3	271
奉贤区	102	36.6	80	29.3	60	21.7	13	4.4	12	4.4	9	3.3	276
闵行区	9	5.5	17	10.4	31	19.0	11	6.7	15	9.2	80	49.2	163
嘉定区	13	7.7	21	12.5	28	16.7	25	14.9	38	22.6	43	25.6	168
浦东新区	49	19.5	56	22.3	79	31.5	30	12.0	23	9.1	14	5.6	251

资料来源：上海市经济委员会《关于扶持村级集体经济的专题》调研报告文稿。

省际之间也存在差距。2007年，江苏省村经济合作社没有经营可分配收入的有5262个村，占当年总村数（18564个）的28.3%；可分配收入在5万元以下的3419村，占当年总村数的18.4%。两项合计，江苏省尚有46.7%的村处在绝对贫困阶段。可分配收入5万—10万元的相对贫困村有1417个，占7.6%，温饱型和富裕型村域的比例只有45.7%。同年，浙江省村经济合作社收入低于1万元的有7317村，占当年总村数（31542个）的23.2%；可分配收入1万—5万元的5177个村，占16.4%。两项合计，浙江省尚有39.6%的村处在绝对贫困阶段。可分配收入5万—10万元的相对贫困村2745个，占8.7%。温饱型和富裕型村域的比例51.7%。整体比较村级合作经济组织的收入水平，浙江省明显好于江苏。上海郊区村集体可分配收入水平更高，2005年，可分配收入低于50万元的555村，占29.5%；其余70.5%的村进入到温饱和富裕村行列。

三、农户经济类型和经营行为的分化

（一）农户经济类型分化

经济欠发达地区的农户经济类型比较单一。我国西部农村：（1）农户经济主体类型仍然是种植业、养殖业为主的纯农业户。这类农户对土地资源、自然条件和生态环境等方面有极强依赖性，土地在家庭成员代际传承过程中更加零碎化、细小化，与现代农业逆向分化的趋势比较明显。纯农业户的分化早就开始了:一部分有头脑、资金和善经营的农户发展起设施农业,这类农户在西部比例不大,但呈现快速增长的趋势;牧业区的畜牧业户,因为畜牧业产品比粮食等大宗农产品有更好的市场和价格,而且牧民人均草地资源大大超过农民人均耕地资源,因此在同一地区,牧民的户均、人均收入都高于农民[①];绝大部分农户属于以农为主、打工为辅的经济类型,通过年轻劳动力外出打工收入维持家庭生活,是时下中西部农民家庭的主要经济方式。(2) 以工商业为主,但不放弃土地耕作的兼业农户。这样的农户少于东部地区,但对农民的影响巨大,他们中的大多数属于当地干部、有实力的早期富裕户、有知识、技术专长的农民。

经济发达地区的农户经济类型高度分化,兼业化程度高。长三角农户经济可划分为四种类型[②]。

(1) 农业专业户(含纯农业户和农林牧渔类种植、养殖专业户)。指家庭劳动力主要从事农业,家庭收入和生活来源主要依靠农业取得,家庭成员中有少量从事非农业活动,但非农收入占家庭总收入的比重不超过10%的农户。改革之初,"两田制"在长三角农村比较流行,这种情况为长三角土地规模经营创造了条件。相对而言,长三角农村种植业和养殖业专业户较中西部农村多,且有一定规模,呈现出直接经营耕地的农业专业户数量减少,而经营规模缓慢扩大的趋势;养殖业专业户的规模化和组织化程度越来越高,其经营模式比种植业农户更具现代性和商品性。综而观之,农业专业户收入和积累能力已突破简单再生产的循环,成为新型高收入农民之一,是长三角现代农业发展的生力军。

(2) 工业、商业和服务业个体户(不含私营工业、商业和服务业领域的法人企业)。指家庭劳动力主要从事非农业,家庭收入来源主要依靠非农业,但家庭并不一定完全放弃了土地耕作,不过从事农业只是为了家庭生活需要而非商品农业生产,或者农业收入不超过家庭总收入的10%的农村住户。这类农户是村域先富群体,经营和收入能力都超过农业专业户。其发展趋势是:一部分个体工业户已完成原始积累,具备了向法人企业转变的条件;村域商业个体户逐渐集聚,有能力独立或连锁开办农村超市;服务业个体户(含农资和农产品运输、供销、储藏、农机服务等专业户),这类农户大部分还处于单干状态,组织化程度较低,规模效益尚未显现,仍然需要一

---

① 王景新:《村域经济转轨与发展——国内外田野调查》,中国经济出版社 2005 年版,第 50—82 页。

② 农户类型划分参考了浙江统计研究与信息发布中心的《浙江农户经济行为研究》一文,见《浙江经济参考》(分析篇),2009 年 2 月 3 日。

定数量的土地来维持生计。村域工商业和服务业个体户已成为乡村第二、三产业发展的重要力量。

（3）农业兼业户。指家庭劳动力既从事农业活动，又从事非农业活动，但从事农业活动的劳动力或劳动时间超过从事非农业的人数和时间，家庭收入中农业收入超过非农业收入的农户。这类农户土地规模、设备和技术都没有专业农户强，农业生产仍然停留在所谓"内卷化"或"过密化"阶段[①]，依靠非农业生产经营收入贴补农业生产经营的不足。我们认为，耕地资源稀缺、人口不断增长、劳动力非农就业机会严重不足，将继续使长三角部分农户重复"过密化"的家庭生产方式，尽管这类农户有一定程度的兼业，但仍然以从事农业为主，依靠没有市场出路的闲暇劳动力、半劳动力继续支撑细小化的家庭经营。

（4）非农兼业户。指家庭劳动力以从事工商业经营为主，包括农产品销售、加工和农业产前、产中、产后的系列服务经营，同时也经营土地，从事农业生产，但家庭收入主要来源于工商业和服务业的农户。非农兼业户大多有比较稳定的工商业和服务业职业，家庭收入水平明显高于其他类型农户。由于主要精力放在经营工商业和服务业上，无暇顾及承包土地，经营农业的收入微乎其微，有的村落农业收入比例还不到1%。但是，他们极少放弃土地承包权，一般将土地转包于他人耕种，或者由半劳动力和辅助劳动力耕种，或任其荒芜。在对非农兼业户的调查中，当问及"假若村里有剩余土地再进行承包时还要不要土地"，几乎所有人回答"要"。不放弃也不认真经营土地的事实说明，拥有土地不单是经济需要，许多人拥有土地是为了满足"恋土"情结心理需求。

（二）农户经营行为分化

农户经营行为分化是经济社会发展的必然规律。在市场经济条件下，农户经营行为的分化，是农户根据家庭资源禀赋和所处的自然、经营环境等，为追求家庭经济效用最大化而作出的理性选择；反过来，农户的经营行为分化程度，也改变和决定着区域农村经济的发展环境。村域区位条件和新经济体成长状况，户均经营土地面积，家庭劳动力结构及素质等因素，是影响农户经营行为的重要因素。相关研究认为[②]，越是山区、远离中心城镇或交通闭塞的地区，农户越是倾向于经营农业；专业合作社、中小企业等新经济体

[①] 黄宗智：《长江三角洲的小农家庭与乡村发展》，中华书局2000年版。
[②] 浙江统计研究与信息发布中心：《浙江经济参考》（分析篇），《浙江农户经济行为研究》，2009年2月3日。

发展缓慢的村域，农户更倾向于经营农业；反之，越是平原、离中心城镇近、交通越便利的地区，农户越倾向经营非农业。课题组案例研究还证实：农户家庭劳动力数量和结构，与农民兼业化程度正相关，家庭劳动力数量越多，发生兼业行为的概率就越高，其中半劳动力或辅助劳动力越多，劳均受教育年限越低、劳动力年龄越大的农户，越是倾向于经营农业；家庭承包土地面积与农户经营行为选择也有关系，承包土地面积越小，农民家庭相对剩余劳动力就越多，兼业化程度就越高，耕地资源越丰富的地区，农户越倾向于经营农业；新经济体发育状况直接影响农户经营行为选择，新经济体成长快的地区，农户更有条件从事非农业；劳动力平均年龄小、受教育程度高的农户更倾向于经营非农业；耕地资源越稀缺的地区，农户越倾向于经营非农业。

（1）农业经营户中农作物种植业户占绝大多数。第二次农业普查数据（表8-16）显示，我国和长三角地区农业经营户中，从事农作物种植业的农户占绝大多数，除浙江省以外都超过了90%。表明了我国种植农业的刚性需求，同时也反映出我国农产品产后经营和服务业发展的整体差距，以及制约我国农业经济效益提高和现代化的重要症结。

表8-16　长三角农业生产经营户单位数量及构成（2006年末）　（单位：万户、%）

	全国		江苏省		浙江省		上海市	
	数量	比重	数量	比重	数量	比重	数量	比重
合计	20016	100	1237.8	100	608.96	100	64.04	100
按行业分								
农作物种植业	18414	92.0			482.63	79.3	61.30	95.7
林业	411	2.1			67.63	11.1	0.43	0.7
畜牧业	990	4.9			45.36	7.4	0.62	1.0
渔业	149	0.7			11.85	1.9	1.61	2.5
农林牧渔服务业	52	0.3			1.50	0.2	0.08	0.1

数据来源：第二次农业普查资料。

（2）农户经营行为分化与地区经济发展的关系密切。总体上看，我国以农业收入为主的农户（纯农户与农业兼业户之和）比重呈现下降趋势。2006年末：全国共有农业生产经营户20016万户，比1996年第一次全国农业普查时增长3.7%；在农业生产经营户中，以农业收入为主的农户占58.4%，比10年前减少7.2个百分点。江苏省共有农业生产经营户1237.8万户，比1996年第一次全国农业普查时增长10.1%；在农业生产经营户中，以农业收入为主的农户占36.0%，比10年前减少32.1个百分点；浙江省共有农业生产经营户608.96万户，在农业生产经营户中，以农业收入为主的农户占31.5%；上海市共有农业生产经营户64.04万户。在农业生产经营户中，以农业收入为主的农户有11.91万户，占18.6%。长三角明显低于全国平均水平，上海比例最低，说明了区域农村经济水平与农户经营行为分化互为因果关系：区域农村经济越发展，以农业收入为主的农户比例越低；区域农村经济越不发展，以农业收入为主的农户比例越高。反过来也成立。

（3）农户经营行为演变的趋势。以浙江为例，运用两次农业普查数据比较（表8-17）。我们看到，10年间，纯农户的比重稳定保持在1/4左右，表明浙江农村的土地关系基本稳定；农业兼业户和非农兼业户表现出双双下降的趋势，10年间分别降低了近11个百分点和7个百分点；而非农业户的比重10年间快速增长了18.34个百分点，占农村经营户的比重达到53%。这种趋势一方面证明浙江农村经济非农化的大趋势，另一方面则昭示：只要政策得当，我国可以避免重蹈日本因兼业农户比例过高而影响规模经营发展的覆辙。

表8-17　　　　两次农业普查浙江农户类型、结构及比较　　　　（单位:%）

	农业户	其中			非农户
		纯农户	农业兼业户	非农兼业户	
1996年农业普查	65.39	26.57	16.38	22.44	34.61
2006年农业普查	47.05	25.86	5.61	15.58	52.95

资料来源：《浙江经济参考》（分析篇），2009年2月3日。

（三）不同经济类型农户的收入能力比较

为了考察不同经济类型农户的收入及差异，我们选择江苏省太仓市沙溪镇泰西村为样本，对该村记账农户数据作纵向比较，这样做能够排除其他因素对农户收入的影响，集中观察不同经营行为对农户收入差异的影响。

泰西村历史上就是亦工亦农村庄[①]。今日的泰西，户籍人口平均仍保有

[①] 沙溪镇泰西村在《满铁调查资料》中称直塘乡遥泾村，村域边有百年老厂——利泰纱厂，泰西村即由此得名（意即利泰纱厂西边的村）。2002年原郁泾村、洞星村、米中村并入泰西村。目前全村38个村民小组，1045户，户籍人口3177人，常住人口超过5000人，总土地面积约7.65平方公里，集体土地6374亩，其中承包耕地4638亩，户籍人口人均1.294亩，仍然属于苏南农村人均耕地较多的村落。全村95%的农户都未放弃土地，尽管农业已经成为农户的"副业"，但这里的农业基础设施健全，种植业、养殖业生机勃勃，高效农业初露端倪。

1.3 亩耕地，95% 的农户都未放弃土地。村域工业企业 43 家，80% 的劳动力从事非农产业。毫不夸张地说，泰西村是一个工农业互动、协调发展的典型村域。泰西村记账农户数据比较齐全，我们选择 1984 年（35 户）和 2004 年（177 户，从中选出与 1984 年相对应的 135 户）的数据进行归类整理（表 8-18、8-19），比较分析后得出以下结论。(1) 户均人口呈下降趋势，由 1984 年的 4.44 人，下降为 2004 年的 4.23 人，下降了 4%。(2) 户均总收入和人均纯收入快速增长，户均总收入由 1984 年的 3609.69 元，上升为 2004 年的 37339.17 元，上升了 9.34 倍；人均纯收入由 1984 年的 613.95 元，增加到 2004 年 8210.66 元，增长了 12.37 倍。(3) 经营农林牧渔业对农户增收作用不明显，户均农牧渔业（无林业）收入由 1984 年的 2430.45 元，增长到 2004 年的 2827.17 元，20 年中收入绝对数只增长了 16.3%。如果扣除物价上涨因素，实际农业收入呈下降趋势。(4) 经营非农业对农户增收影响明显。1984 年户均工业、副业收入 1124.91 元，占当年农户总收入的 31.2%；到 2004 年，户均自办企业、运输业、工资性收入、劳务收入累计之和为 31569.14 元，占当年农户家庭收入的 84.55%，绝对数增长了 27.1 倍，扣除物价上涨的因素，实际增长 7.4 倍。

表 8-18　　　　　　1984 年泰西村 35 户农户收入及结构　　　　（单位：元）

农户编号	人口	总收入	种植业	养殖业	工副业	纯收入	税费后人均净收益
1	4	2739.00	2101.00	218.00	420.00	2000.00	475.75
2	6	4182.00	3034.00	345.00	803.00	2463.00	368.33
3	2	1488.00	1184.00	304.00	0.00	991.00	447.50
4	6	5137.00	2756.00	315.00	2300.00	4432.00	686.50
5	7	4379.00	3229.00	350.00	800.00	4020.00	532.14
6	4	2232.00	1864.00	168.00	200.00	1638.00	377.50
7	3	2824.00	1864.00	260.00	700.00	2209.00	693.00
8	3	3527.00	1835.00	692.00	1000.00	2554.00	791.67
9	6	4403.00	2018.00	685.00	1700.00	3550.00	568.17
10	3	2436.00	1146.00	290.00	1000.00	1846.00	576.33
11	6	3247.00	2397.00	150.00	700.00	2437.00	382.00
12	3	3095.00	1895.00	0.00	1200.00	2621.00	828.33
13	3	3392.00	1116.00	376.00	800.00	1795.00	566.00
14	4	5715.00	4212.00	489.00	1014.00	4608.00	1071.75

续表

农户编号	人口	总收入	种植业	养殖业	工副业	纯收入	税费后人均净收益
15	5	4720.00	2470.00	650.00	1600.00	3750.00	710.20
16	5	2669.00	1709.00	460.00	500.00	1813.00	338.40
17	5	3887.00	2227.00	660.00	1000.00	2848.00	542.40
18	4	3165.00	1125.00	320.00	1720.00	2342.00	561.75
19	6	4076.00	2576.00	350.00	1150.00	3181.00	501.50
20	4	2909.00	1092.00	217.00	1600.00	2441.00	575.00
21	7	4498.00	2248.00	250.00	2000.00	3562.00	473.57
22	4.5	4385.00	1635.00	250.00	2500.00	3806.00	806.00
23	7	5252.00	2581.00	371.00	2300.00	4178.00	420.43
24	6	3832.00	2202.00	480.00	115.00	3027.00	477.17
25	5	4162.00	2612.00	350.00	1200.00	3238.00	608.20
26	2	3896.00	3146.00	300.00	450.00	2943.00	1379.00
27	4	3208.00	1558.00	650.00	1000.00	2364.00	565.75
28	5	3781.00	1972.00	509.00	1300.00	2751.00	523.00
29	3	3210.00	1431.00	279.00	1500.00	2532.00	794.00
30	4	4044.00	1594.00	450.00	2000.00	3320.00	783.50
31	3	2474.00	1499.00	175.00	800.00	1976.00	624.00
32	4	3178.00	2006.00	172.00	1000.00	2510.00	587.25
33	5	4989.00	2945.00	844.00	1200.00	3723.00	707.80
34	4	2384.00	1342.00	242.00	800.00	1854.00	437.50
35	3	2824.00	1609.00	215.00	1000.00	2235.00	707.00
合计	155.50	126339.00	72230.00	12836.00	39372.00	97558.00	21488.39
平均	4.44	3609.69	2063.71	366.74	1124.91	2787.37	613.95

表 8-19　　　　2004 年泰西村 35 户农户收入及结构　　　　（单位：元）

序号	人口	农牧渔	自办企业	运输业	工资性收入	劳务收入	其他收入	总收入	人均纯收入
1	5	10700	0	0	15000	0	4000	29700	5940
2	5	1300	0	0	20000	0	0	21300	4260
3	5	1000	0	0	0	0	8000	9000	1800
4	3	500	0	0	7000	0	6000	13500	4500
5	3	700	0	0	7000	6000	0	13700	4566

续表

序号	人口	农牧渔	自办企业	运输业	工资性收入	劳务收入	其他收入	总收入	人均纯收入
6	3	800	0	0	8000	0	7000	15800	5266
7	4	486	0	0	35000	0	0	35486	8872
8	5	1059	0	0	20000	0	7000	28059	5612
9	3	753	0	0	12000	0	10000	22753	7584
10	5	849	200000	0	6000	0	0	206849	41370
11	4	732	0	0	25000	0	0	25732	6433
12	3	621	0	0	8000	0	0	8621	2874
13	4	10624	0	0	14000	0	0	24624	6156
14	4	3700	0	0	7000	0	0	10700	2675
15	4	246	0	0	21000	0	0	21246	5311
16	2	369	0	0	1920	0	1000	3289	1645
17	5	1200	0	0	28000	0	0	29200	5840
18	4	700	0	0	16000	0	7000	23700	5925
19	4	927	0	0	16000	0	0	16927	4232
20	5	900	0	0	26000	4000	0	30900	6180
21	3	423	0	0	17000	0	0	17423	5808
22	5	400	300000	0	15000	0	0	315400	63080
23	5	2765	0	0	30000	0	18000	50765	10153
24	4	1227	0	0	22000	0	0	23227	5807
25	7	51180	0	0	24000	0	0	75180	10740
26	5	1250	0	0	16000	4000	5000	26250	5250
27	5	900	0	0	18000	0	0	18900	3780
28	5	400	0	10000	20000	0	0	30400	6080
29	4	540	0	0	6000	0	15000	21540	5385
30	6	500	0	0	25000	0	0	25500	4250
31	3	0	20000	0	8000	0	0	28000	9333
32	4	0	0	0	10000	8000	0	18000	4500
33	3	300	0	0	15000	0	0	15300	5100
34	3	500	0	0	16000	0	0	16500	5500
35	6	400	0	10000	8000	0	15000	33400	5566
合计	148	148951	520000	20000	542920	22000	103000	1306871	287373
平均	4.23	2827.17	14857.14	571.43	15512.00	628.57	2942.86	37339.17	8210.66

说明：为便于比较，从2004年的177户记账农户中，选择了35户，这35户与1984年记账农户35户一一对应。

整理2004年的177户记账农户的全部数据，发现该村农户的经营行为有8种类型，而且不同经营行为的农户，其收入水平明显拉开了距离（表8-20）。其规律是，经营行为对土地依赖程度越高，其收入水平越低，比如经营土地密集型的大宗农产品收入低；经营劳动密集型农产品（经济作物），可以增加劳动力、技术、信息的投入，提高单位面积产出和产品品质而获取利润；养殖专业户摆脱了耕地的束缚，依赖技术、市场和行业组织，获取更高的利润。

表8-20　　　　　　2004年泰西村记账农户经济比较　（单位：户、%、人、亩、元）

农户类型	户数	比例	户均人口	户均劳力	户均土地	户均纯收入	其中工资性收入	比例	人均纯收入
记账总农户	177	100	4.2	2.57	3.62	30286.5	15860.5	52.4	6844
粮油种植户	171	96.6	4.25	2.52	3.71	29998.3	16077.8	53.6	7066
工资性收入户	146	82.5	4.55	2.79	3.92	33885.0	19228.1	56.7	7451
放弃土地户	6	3.39	3.0	1.67	0.79	20683.3	9666.7	46.7	6894
渔业兼业户	3	1.7	4.0	3.0	17.87	22133.3	10666.7	51.6	4743
家禽养殖户	13	7.3	4.85	2.38	4.19	29323.8	15769.2	53.8	6046
自办企业兼户	14	7.9	4.93	2.71	3.54	109316.4	12428.6	11.4	221737
运输兼业户	7	3.95	4.86	2.86	3.24	29171.4	12285.7	42.1	6006
服务业兼业户	7	3.95	4.86	3.0	3.6	23622.9	8000.0	33.9	4864
劳务输出农户	11	6.21	3.64	2.0	2.61	17288.2	6000.0	34.7	4754

"粮食—油料"种植的兼业农户。尽管村域非农产业产值比重已占全村社会总产值的77.3%，但有171户（占样本的96.6%）农民仍然坚持土地经营，户均土地经营规模3.71亩。从种植结构看，农民选择"粮食—油料"模式，这是因为长三角劳动力非农就业机会和价值上升的缘故；从收入能力看，2004年户均纯收入29998.25元，人均7065.7元，处于村域中上等水平。但我们发现，生产粮油产品，每亩土地年纯收入只有243.46元，户均土地经营纯收入合计902.93元，占当年均纯收入的3.0%。表明土地经营收入在长三角农民家庭已无足轻重，农户经营土地并非为了经济收益目标。

工资收入稳定的兼业农户。毗邻利泰纺织公司这样的现代企业，造就了泰西村民亦工亦农的条件，我们从该村1984年记账农户样本中发现，有工副业收入的农户占100%，户均1124.91元，占当年户均纯收入（2787.37

元）的40.36%。2004年的177个样本中，有146户（占82.5%）有工资性收入，户均19228.1元，占当年户均纯收入（33885.0元）的56.8%；而户均经营土地、家禽养殖和渔业收入合计只有1783.2元，仅占5.3%。应该说明的是，泰西村记账农户中的工资性收入排除了劳务收入，如果再加上运输业收入、自办企业收入和其他非农业收入，泰西村民从非农产业获得的收入占家庭纯收入的94.7%。

放弃土地经营的农户。样本中有6户没有土地经营收入，其中1户无劳动力。这6户共有承包土地13.68亩（户均2.28亩），流转出8.96亩（户均1.49亩），实际经营土地4.72亩（户均0.79亩），其中3.8亩播种粮油，其余为菜园地。但这6户的收入水平并不低（如表8-20），其中：自办企业的1户，人均收入9333元；有工资性收入的3户，人均纯收入12000元、9333元和4500元。泰西村非农产业已经超过70%，而且有82.5%的农户有比较稳定的工资性收入，但放弃土地经营权而不放弃承包权的农户仅占样本的3.39%。这说明，农村非农产业超过70%，并不一定构成土地规模经营的条件，过去的理论构想是不现实的。

渔业养殖的兼业农户。样本中渔业户3户，实际经营土地53.6亩（户均17.87亩），其中粮油种植面积9.52亩（户均3.17亩），养殖水面44.08亩（户均14.69亩）。渔业户的土地规模主要源于其他农户的土地转让。3户的承包土地合计20.01亩（户均6.67亩），其余33.59亩（水面）是转入土地。2004年户均纯收入结构是：粮油收入800元，占3.6%；渔业收入7666.67元，占34.6%；工资性收入10666.67元，占48.2%，其他收入3000元，占13.6%。可以计算，渔业水面纯收入513.4元/亩，表明土地用于渔业的效益超过传统种植业。

家禽养殖的兼业农户。样本中养殖鸡鸭鹅的农户13家，2004年养殖业纯收入共计101700元，户均7823.08元，占当年每户纯收入（29323.77元）的26.7%。与该村其他类型的农户一样，工资性收入同样是养殖专业户收入主要来源，全年工资性收入户均15769.23元，占53.8%；除此之外，养殖户实际经营土地户均4.19亩，纯收入982.23元，占3.3%；劳务和其他收入户均4749.23元，占16.2%。

自办企业的兼业农户。样本中自办企业农户14家。2004年，户均纯收入109316.36元，人均2.22万元。其中来源于自办企业的纯收入户均92142.86元，占当年户均纯收入的84.29%。但是，这些收入可观的工业户，一是没有放弃土地，户均实际经营3.54亩，收入932.07元，只占家庭纯收入的0.85%；二是其家庭成员没有放弃社会化劳动，户均工资性收入

12428.57元，占家庭纯收入的11.37%。

从事服务业的兼业农户。包括从事运输业的兼业户在内，样本中从事商业服务的兼业农户14户，占样本总数的7.9%。其中从事运输业的7户，2004年，来自运输业的纯收入户均12142.86元，占家庭纯收入的41.63%；另外7户主要从事商业及其他服务业，来源于服务业的纯收入户均8571.43元，占家庭纯收入的36.28%。从事运输也和其他服务业的农户户均经营土地分别为3.24亩和3.6亩，户均纯收入900元左右。

劳务输出的农户。2004年，泰西村外出合同工和临时工155人，占全村劳动力总数的7%。在177户样本中也只有11户（占6.21%）有劳务输出。这些农户平均劳务收入6745.45元，占家庭纯收入的39.02%，而户均工资性收入6000元，占家庭纯收入的34.71%。两项合计为73.73%。劳务输出户除1户外其余都转让了土地，共转出11.82亩，户均实际经营土地2.61亩，明显低于其他农户。

（四）家庭经营社会化的趋势

家庭经营社会化有三重含义，其一，在商品农业和市场经济时代，家庭经营本身就是社会化大生产的一部分；其二，家庭主要（优质）劳动力从家庭经营中分化出来，直接进入社会化、企业化的生产组织中从业，家庭主要收入来源从家庭经营以外获得；其三，家庭经营社会化还隐含着家庭经营制度变迁的可能性。家庭经营是建立在土地承包经营基础之上的，土地大量非农化将从根本上制约家庭经营制度。从趋势上看，家庭经营社会化在不同地区将有不同表现形式：在腹地型农村，家庭经营的份额将逐渐降低，但只要保有耕地，并坚持"赋予农民长期而有保障的土地使用权"，就有可能长期坚持家庭经营制度；而在城市郊区农村，家庭经营制度则有可能解体。

从全国层面看，改革30年，我国农村居民人均纯收入中的工资性收入所占比重，经历了由高到低，再由低到高的演变过程（表8-21、图8-4）。

表8-21　　　　1978—2007全国农村居民人均纯收入及构成　　（单位：元、人）

年份	纯收入	工资性收入	家庭经营收入	财产性收入	转移性收入
1978	133.6	88.3	35.8		9.5
1980	191.3	106.4	62.6		22.4
1985	397.6	72.2	296.0		29.5

续表

年份	纯收入	工资性收入	家庭经营收入	财产性收入	转移性收入
1990	686.3	138.8	518.6		29.0
1995	1577.7	353.7	1125.8	41.0	57.3
2000	2253.4	702.3	1427.3	45.0	78.8
2005	3254.9	1174.5	1844.5	88.5	147.4
2007	4140.4	1596.2	2193.7	128.2	222.3

资料来源：《中国农村住户调查年鉴2008》，家庭经营包含经营第一、二、三产业的收入。

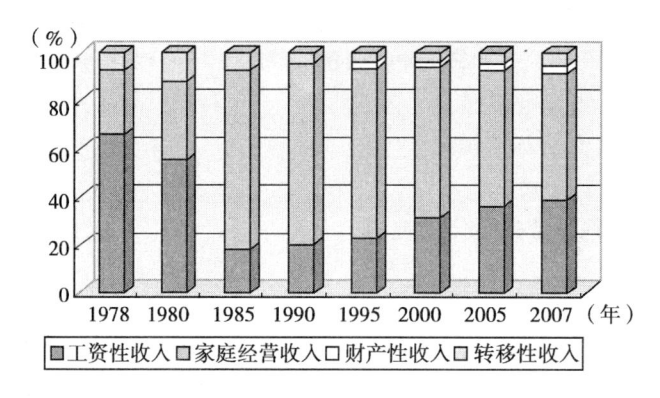

图 8-4 1978—2007 年全国农村居民人均纯收入结构变化

更有意义的是，这种变化趋势，与不同时期的农村改革重点，以及不同改革阶段的农户不同经营行为相关联。改革起步阶段，农民主要参与集体劳动（社会化大生产），家庭经营功能没有发挥，因此这一阶段农民收入中的工资性收入比例奇高，约为66%，而家庭经营收入比重约为27%；到1985年，家庭承包责任制度普遍建立起来，农户经营行为由集体劳动转变为家庭经营，因此，纯收入中的工资性收入比重降到最低，而家庭经营收入比重上升到最高；随着农村改革深入，各项政策进一步放开，农民通过自主创业，使新经济联合体不断涌现，家庭劳动力获得了时间和空间上充分流动的权利，外出打工成为许多家庭年轻劳动力的主要选择，同时，商品农业和市场经济的发展，农民的经营行为再度由分散走向合作，纯收入中的工资性收入比重开始逐年提高。到2007年，这一比例上升到39%。目前，工资性收入的高低，已成为衡量村域经济转型发展的重要标识：工资性收入比重越高，意味着农民非农就业机会越充分，进而表明乡村工业化和非农化程度越高。

改革起步阶段，除上海农村相对富裕外，苏浙两省农村居民人均纯收入与全国平均水平大体相当，人均都在 200 元左右；1990 年，收入差距拉大了，全国农民人均纯收入 686.3 元，苏浙两省分别为 959.1 元和 1099 元，苏浙分别是全国平均水平的 140% 和 160%；目前的差距进一步扩大，2007 年，全国农民人均纯收入 4140.4 元，苏浙沪则分别为 6561 元、8265.2 元和 10144.6 元，苏浙沪分别是全国平均水平的 158%、200% 和 245%（表 8 - 22）。

表 8 - 22　　　　　　长三角农村居民人均纯收入及构成　　　　（单位：元、人）

省市	年份	1980	1990	2000	2007
江苏	纯收入	217.9	959.1	3595.1	6561.0
	工资性收入	117.9	300.6	1663.1	3443.0
	家庭经营收入	58.3	631.5	1770.9	2566.4
	财产性收入	41.7	27.0	48.1	226.8
	转移性收入			113.0	324.8
浙江	纯收入	219.2	1099.0	4253.7	8265.2
	工资性收入	125.1	354.1	2000.5	4009.7
	家庭经营收入	62.8	690.2	1917.9	3479.1
	财产性收入	31.3	54.8	181.0	362.7
	转移性收入			154.2	413.6
上海	纯收入	397.4	1907.3	5596.4	10144.6
	工资性收入	196.1	1065.6	4309.9	7353.4
	家庭经营收入	51.1	781.8	933.7	753.5
	财产性收入	150.2	59.9	142.8	690.1
	转移性收入			209.9	1347.6

资料来源：国家统计局《中国农村住户调查年鉴 2008》。

比较 2007 年农村居民人均纯收入结构（图 8 - 5），我们看到，财产性、转移性比例都较低，而且各地差距并不太大，差距最为明显的是工资性收入的比重。2007 年，农民人均纯收入中，工资性收入比重，全国平均为 39%，苏浙沪分别为 53%、49% 和 73%。上海市郊区农村居民的家庭经营收入比重已经低于 10%，充分显示出家庭经营社会化的发展趋势。

全国平均农村居民人均纯收入结构（2007）

- 工资性收入 53%
- 家庭经营收入 39%
- 财产性收入 3%
- 转移性收入 5%

浙江农村居民人均纯收入结构（2007）

- 工资性收入 49%
- 家庭经营收入 42%
- 财产性收入 4%
- 转移性收入 5%

江苏农村居民人均纯收入（2007）

- 工资性收入 53%
- 家庭经营收入 39%
- 财产性收入 3%
- 转移性收入 5%

上海农村居民人均纯收入结构（2007）

- 工资性收入 73%
- 家庭经营收入 7%
- 财产性收入 7%
- 转移性收入 13%

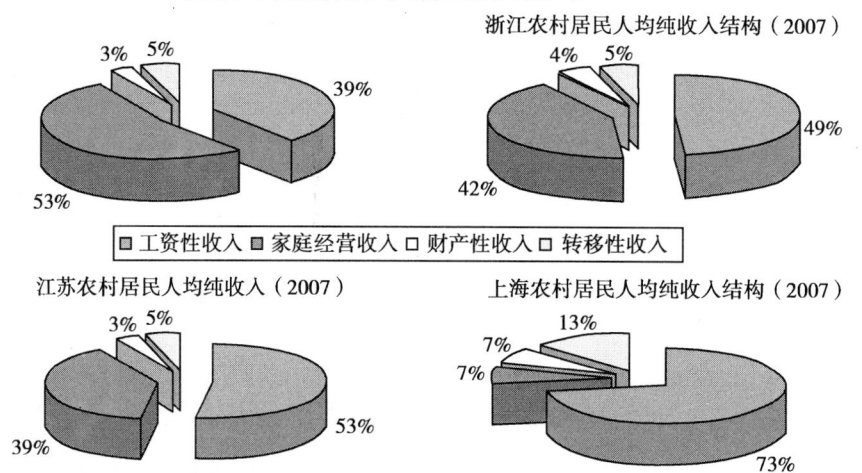

图 8-5　农村居民人均纯收入结构比较（2007）

第九章 长江三角洲农民创业、创新和村域现代化

长江三角洲拥有庞大的农民创业群体,他们当之无愧为新时代的村落精英。农民创业、创新带来了长三角乡村企业、专业合作社等新经济体的成长壮大,进而推动了长三角乡村工业化、村域非农化的大发展,把长三角农业、农村现代化推向新的阶段。本章分析农民创业的文化基础、外部环境和条件、特点及趋势;研究农民创业与乡村企业、专业合作社等新经济体发展的关系,以及农民创业与区域经济差异的关联性;在此基础上,讨论长三角农业现代化、村域工业化和经济结构非农化的历史进程及现状;探索村域金融转型发展趋势,以及村域企业的技术创新与可持续发展问题。

一、农民创业与村域新经济体成长

农民创业、创新对于农村长远发展和夯实国民经济基础都有重要意义。改革30年,一大批创业农民为农业农村经济的繁荣、乡村工业化和城镇化作出了重大贡献。但是,农民创业、创新既未引起政府足够的关注,也未引起学术研究的重视。中国建设创新型国家的宏大计划中还没有把农民创业、创新纳入其中,一场金融危机才迫使政府关注返乡农民工的创业的问题。研究表明,村落精英是村域经济社会转型发展水平的决定因素。

谁是村落精英?旧中国的乡绅可谓村落精英,但他们主要是在维持村落秩序中发挥作用,在经济发展上帮助不了农民。新中国的计划经济时代,村落精英属于那些掌握着村域资源配置权利的基层组织负责人;市场经济时期,创业农民就是村落精英。创业农民是一个庞大的群体,包括为数众多的农民企业家群体,合作社的领办、创办者群体,带领村民共同发展的村级组织负责人群体,等等。

(一)农民创业的文化根基和外部环境

(1)深厚的工商业文化根基是长三角农民创业的外部环境。越是农业资源禀赋差的地方,农民的创业意识越强;反过来,农业资源相对富足,农

民容易陶醉于"三十亩地一头牛、老婆孩子热炕头"的安逸环境,常常失去创业激情。长三角耕地稀缺,堆积在土地上的过剩劳动力急于寻求非农发展机会,这是农民创业的内驱动力。这种动力不仅使长三角农村历史上就是我国手工业最发达的地区之一,成为民族工业的发祥地,而且养成了长三角农民的农工商业并重的习惯,积淀为长三角厚重的乡土文化。1919年,江苏省常熟县的织布手工业场就有31家,织布机3000架左右,男女工人约4000人;1932年,吴县乡间从事织缎的有数千人,吴江盛泽镇以丝织业为业者不下万户,男女工作人员在5万以上;1905年,太仓县巨绅蒋伯言集资创办了利泰纱厂,在机器纺织业的带动下,周边一批亦工亦农型村域经济率先发展起来(专栏9-1)。

专栏9-1　1939年太仓县泰西村(原姚泾村①)农民从业和收入结构

利泰纱厂选址于邑中商业、手工业的大集镇——沙溪镇泰西村近邻。得益于新式纱厂的辐射,1938年,泰西村40%的农户有劳动力在纱厂做工。全村务工收入2382.3元,相当于同年全村农产品出售收入(1040.2元)的2.3倍。1939年(如下表),姚泾村1/4的劳动力在纱厂做工,平均每工每天0.29元(相当于5斤大米市价)。泰西村域工商业发展比其他农村地区至少早了50年。

项目	从业人数	工作日数	纯收入	%
纱厂工人	35	8220	2411.7	84.9
伙夫	2	720	54.0	—
杂器修理工	1	30	5.1	
自卫队员	1	360	72.0	6.1
洗衣妇	1	360	12.0	
鸡蛋小贩	1	300	30.0	
私塾教师	1	—		
农业佣工	26	1212	254.37	9.0
合计	68	11262	2839.17	100

资料来源:南满洲铁道株式会社《太仓县农村实态报告书》1940年,第21页。

浙江省永嘉学派影响下形成的商业文化底蕴,使温州地区历来重视工商业发展,今日"温州模式"已名扬海内外。兰溪市诸葛古村落是诸葛亮后裔聚居地,自古"耕读传家"。《诸葛氏宗谱》有言:"士农工商,谓之四

---

① 在日本满铁资料中称泰西村为遥泾村,但经实地反复考证,当地人从未使用过"遥泾村",而是用姚泾村。我们试图从本书开始更正之。

民,四民具备,各举其职,而国力以强。"诸葛后裔"农耕立家、经商富家"的理念深入精髓,"不为良相,便为良医"的族训世代相传,沿袭祖授(如诸葛行军散)经营药业,使兰溪县成为中药业集散地,在明末和清康雍乾时期达到鼎盛,经久不衰,独领风骚数百年。

(2)工业装备及其技术支持是长三角农民创业的重要外部条件。机器工业在长三角率先成长,为农民创业提供了机器装备,并准备了熟练的技术工人。"设备靠换旧、技术靠退休、供销靠亲友"的时政民谣,形象地概括了长三角农民创业的初始条件。

(3)雄厚的民间资本和先发的商品经济环境是长三角农民创业的重要依赖。历史上长三角的民间金融很活跃,自明清以来江南农村就存在"合会"组织,"会头"吸引众多"会脚"参与,把富余现金集中起来,统一放贷。在牟取"资本"利润的同时,满足了农民创业对金融支持的需求。这种民间金融组织一直延续到今天。上海国际口岸大都市及其江南城市群织成的商品网络市场,为长三角农民创业提供了商品经济环境。改革开放为长三角农民创业提供了难得的历史机遇,农民创业以不可阻挡之势发展起来,塑造了长三角乡镇企业异军突起的魅力。

(二)长三角农民创业的阶段性

长三角农民创业大体上经历了三个阶段[①]。20世纪80年代,农民创业起步和资本原积累阶段。伴随家庭承包责任制推行,长三角农村堆积在稀缺土地上的农民迅速获得了从业自由,计划经济时代的以"小五匠"(木匠、铁匠、铜匠、篾匠、瓦匠、裁缝)形式存在的乡村手工业者和以货郎担"鸡毛换糖"形式存在乡村商业者,从"地下经济"状态转到了"地上"。这些"草根"工商业者本着就地取材、就地加工、就地销售(俗称"三就地")的原则,借助承包社队企业、家庭经营(作坊)和联合经营(联合体)等组织形式,纷纷进入到第二、三产业就业和创业。后来享誉中国和世界的苏南模式、温州模式、义乌小商品市场,等等,都是这样起步的。农民创业、创新才是长三角经济超常规发展的真正秘诀。

20世纪90年代是长三角乡镇企业改制并向现代企业制度转型的时期。经过原始积累,第一批创业农民集聚了扩大再生产的资本、技术及市场条件。1992年邓小平南方谈话发表后,大力推进市场经济发展的各项政策出

---

① 参考了浙江省农办课题组《我省农民创业情况研究》一文,见浙江省《农村工作通讯》第18期,2008年12月18日。

台，创业农民找到了新的发展机遇，大量戴着集体"红帽子"的企业开始了改制和向民营法人企业转型，承包企业和个体工商业户也因为经营规模扩大和雇工人数增加而"晋升"为私营企业①。这一阶段，创业农民中的佼佼者将自己承包或创办的企业改制为股份制、合作制、股份合作制企业，逐渐摆脱了集体企业和家族企业的桎梏，建立起适应市场经济要求的现代企业制度，为进一步发展和闯市场奠定了基础。

2000年以来，是农民创新和提升企业综合竞争实力并向国内外市场拓展阶段。这一时期，中国加入WTO，市场空间空前扩大，科学技术日益发展，为农民创业与创新相结合创造了条件，农民创办的乡村企业开始进入到高技术和高附加值领域，更加紧密地参与到区域和国际产业分工中，农民企业家成长为真正的企业家。

（三）长三角农民创业的特点

第一，哪里有资源、有商机，哪里就有创业农民。长三角农民特有的投资理性和创业热情，使他们在创业中比其他地区的农民多了一些投资的胆略和勇气，少了一些盲目性。创业农民主要根据个人经历、技术专长、家庭积累、社会资源和市场状况等条件选择创业方向、产业和地域。哪里有资源和市场、有发展和盈利的机会，哪里就有长三角的创业农民。因此，农民创业的类型异常丰富，包括资源利用、市场营销、资本经营、来料加工、专业合作、劳务提供等。农民创业组织方式，一是土地资源严重不足，在紧张的生存压力下，以家庭为单位自主创业，形成了家庭经营、个体工商户等组织形式；二是联合家族和亲属共同投资创业，形成了大量的股份合作制中小企业；三是在政府扶持政策引导和支持下通过项目开发创业，出现经营式农场、农业产业化龙头企业等组织形式；四是能人带动创业、供销社系统改制带动创业、市场流通中介带动创业等方式形成的专业合作社；四是通过企业入股、合作社加盟形成的庞大农民创业支持者和利益者——股民。

第二，农民创业遍布第一、二、三产业，但以第二、三产业为主。（1）农民创业初期，大多以个体工商户的形式在批发零售业、住宿餐饮业、服装加工业等领域发展，也有许多个体户参与到产业集聚的区域块状经济的工业制造业链条中。（2）农民承包或创办的乡镇企业，一开始就有较大规模，一般以制造业、建筑业、农产品加工业、物流和商品贸易产业为生产和经营

---

① 按照当初政策，雇工8人以下为个体户，超过8人是私营企业。个体户和私营企业在政治待遇上有区别，比如，私营企业主不能加入中国共产党，而个体户可以入党。

方向。(3) 农民创办的专业合作社，主要从事特色农产品种植业（菜蔬、瓜果、苗木、花卉），养殖业（畜禽渔等），农业生产服务业（农业生产资料供应、农机农技服务等），以及农产品产后经营业（收购、储藏、保鲜、运输、销售）。(4) 土地规模经营专业大户逐渐成长为经营式农场主。(5) 近年来，随着新农村建设和乡土文化发展，许多创业农民进入到拓展乡村旅游业发展的行列，如非物质文化遗产保护和浙江农民"种"文化活动的广泛开展，古镇古村落修复与旅游开发，各种各样的"农家乐"，等等。

第三，农民创业的空间范围异常广阔。有人描写温州农民胆大"包天"（承包航线）、胆大"包地"（仓南县龙港镇——中国农民第一城），胆大"包海"（承包退役军舰搞航运）。长三角农民没有不敢去的地方：就地创业、外出创业、网上创业，长三角农民成群结队地走向全国 30 个省（市、区），"浙江村"、"温州城"、"义乌小商品城"成为国内城市中的一大亮丽风景线；出国创业、长三角农民成群结队走向亚洲、欧洲、非洲、北美等地区以及美国、意大利、法国、伊拉克等国家的华人商贸区和超市都有长三角创业农民的身影。仅浙江青田县就有华侨 22.2 万人。习近平书记浙江任职期间在接受记者采访时曾评价过浙江的"两板"、"四千"精神，他说："浙江人的'两板'精神是，遇到困难不畏惧，遇到挫折不后退，宁肯苦干，白天做老板，晚上睡地板，也不放弃自己的事业。浙江人发展经济不是'等靠要'，而是通过自身努力。浙江人走遍千山万水，道遍千言万语，想尽千方百计，尝遍千辛万苦，从不怨天尤人，这就是'四千'精神。"[①] 这一评价道出了长三角创业农民的共同时代风貌。

第四，政府推动农民创业。自改革以来，长三角地方政府采取有效措施，推动和扶持农民创业。江苏省实施的"500 万农民大转移"战略成效明显，采取就地转移、异地输出、返乡创业三策并举，支持农民创业。浙江省政府自改革以来一直支持农民创业，无论温州模式、义乌小商品市场都凝结着政府支持和推动的力量。近年来省政府又提出了创业富民、创新强省的"两创"战略，其中把支持农民创业、创新作为重点，促进农民创业队伍不断壮大。上海市劳动保障部门出台的《关于进一步促进本市郊区农村富余劳动力就业的若干意见》（2007）规定，郊区农村富余劳动力以个人或家庭名义进行自主创业的，可申请 3 万元以下的小额创业贷款担保。上海市农委还发出《关于实施上海郊区创业农民千人培训计划的通知》（沪农委

---

① 《浙江人的"四千"、"两板"精神》，新浪博客，2007 年 3 月 26 日，http://blog.sina.com.cn/s/blog_48a985dd01000d0s.html。

[2008] 219号文件),要求"采取行政推动、部门监管、学校培训、地方扶持、农民创业"的思路,用三年左右时间,开展千人创业培训,培养和造就一批新型农民带头人。

(四) 长三角农民创业现状和趋势

江苏农民创业就业打破了城乡二元结构壁垒,呈现城乡一体化就业趋势。2007年末,江苏省农村劳动力就业地点演变为:乡内占58.4%,乡外县内7.6%,县外市内6.1%,市外省内15.9%,省外国内11.7%,国外0.3%。农民创业就业的领域遍及各个产业。2007年末,江苏省农村劳动力中从事农林牧渔1001.3万人,占37.6%;工业573万人,占21.5%;建筑业312.2万人,占11.7%;社会服务业159.4万人,占6.0%;交通运输业108万人,占4.1%;批零贸易业106.3万人,占4.0%;住宿餐饮业2.2%;文教卫生占1.4%,其他占11.5%。返乡创业成为新形式。2004年,江苏省返乡创业人数达到4.57万人,创办各类企业10459个,当年新增就业人数137万人,其中农村73万人。到2008年上半年,江苏省返乡创业人数达到了1.71万人,创办各类企业5125个,投资金额54.2亿元。其中返乡创业人数苏南0.32万人、苏中0.52万人、苏北0.87万人,分别占江苏省的18.6%、30.5%和50.9%;创办企业个数苏南776个、苏中1940个、苏北2409个,分别占江苏省的妨碍15.1%、37.9%和47%;投资金额苏南4.19亿元、苏中28.4亿元、苏北21.6亿元,分别占江苏省的7.7%、52.4%和39.9%[①]。近三年,江苏省共有8.3万名农民返乡创业,创办各类企业2.7万个,投资金额342.1亿元[②]。

浙江省农民创业队伍庞大、气势磅礴。到2007年末,浙江省农民创业人员达到1000万人,农民创业人员约占浙江省农村劳动力的45%[③]。分类看:(1) 浙江全省个体工商业户181万户,乡镇企业达到113万家,私营企业超过45万户(投资者超过102万人),这些经济组织和企业的投资者、经营者绝大部分是农民。(2) 浙江全省农业专业大户27.5万户,农民产业化经营组织1.32万个,其中农民专业合作社5788家,农机、农技植保服务

---

① 耿联:"江苏省农民返乡创业正在涌现",网易校园,2005.12.30 http://education.163.com/05/1230/11/267EJDDQ00291J4H.html.

② 国家统计局江苏调查总队:"当前江苏农民就业创业现状、问题与建议",国家统计局网站,2009.2.2 http://www.stats.gov.cn/tjfx/dfxx/t20090201_402535171.htm.

③ 浙江省农办课题组:《我省农民创业情况研究》,《农村工作通讯》第18期,2008年12月18日。

组织 777 个，这些组织的创办、领办和经营者主要是农民。(3) 浙江全省家庭工业约 67 万家，农家乐经营户 1.5 万户。(4) 浙江全省有省外创业人员 400 万人，境外创业人员 100 万人，其中大部分是农民。

长三角农民创业发展趋势和特点：告别了"设备靠换旧、技术靠退休、供销靠亲友"的时代，由生存性创业向发展型创业转变；告别了自发式独立创业，逐渐走向联合创业时代；由遍地开花式创业向集群式创业转变，土地向专业户集中、工业向园区集中成为新的趋势；由家族式创业向建立现代企业制度转变，从制度和技术上提升企业的竞争实力；创业领域从生产型、流通型领域拓展到资本经营型领域。

长三角农民创业的做法和经验应该重视和推广。我们建议：(1) 国家适时启动农民创业、创新行动，将其纳入创新型国家建设计划，不仅是作为应对金融危机的临时性措施，更应当作为农村长远发展的重大战略决策。(2) 出台农民创业、创新相关支持政策，比如农民创业启动资金的金融支持，农民创业建设用地的土地政策支持，农民创办企业税收减免的政策支持等相关支持政策。(3) 动员高校及相关科研机构为农民创业、创新提供科学技术支持。

（五）新经济体：专业合作社与乡镇企业发展

（1）专业合作社发展

2007 年末，苏浙两省农民专业合作社分别达到 8378 个和 3583 个，专业合作社与行政村的比例分别为 1:2 和 1:8.7。专业合作社带动农户分别为 395.44 万户、254 万户，分别占本省总农户的 26.6%、20.7%（表 9-1）。2008 年，浙江省新增农民专业合作社 3466 家，累计达到 9254 家，合作社社员 47.58 万户，带动农户 354.1。2008 年，浙江省新增农民专业合作社 3466 家，累计达到 9254 家，合作社社员 47.58 万户，带动农户 354.1 万户。上海市到 2007 年末，农民专业合作社 705 家，与农业产业化组织一道，带动农户 13.5 万户[①]。

表 9-1　　　苏、浙两省农民专业合作社情况（2007 年末）　　　（单位：个）

类别和名称	江苏	浙江	类别和名称	江苏	浙江
1. 专业合作组织总数	8378	3583	#运销服务为主	644	232
#基层专业合作组织		3547	#技术信息服务为主	614	951

① 长三角联合研究和中心：《长三角年鉴 2008》，河海大学出版社 2008 年版，第 40 页。

续表

类别和名称	江苏	浙江	类别和名称	江苏	浙江
专业合作社	4873	2592	#购买服务为主	262	
专业协会	3419	955	#农机服务为主	224	
#专业联合组织	87	36	#其他	403	306
2. 按行业划分			4. 按设立人身份划分		
#种植业	2078		#农民	3464	2372
#林业	249		#企业	293	282
#畜牧业	1243		#农技服务组织和人员	270	457
#渔业	610		#基层供销社	261	153
#服务业	328		#社会团体	101	84
#其他	364		#事业单位	136	
3. 按服务内容划分			#其他	347	319
#产加销综合服务	2348	1948	4. 成员总数（万个）	156.843	42.31
#加工服务为主	298	137	5. 带动农户（万户）	395.44	254
#仓储服务为主	79	9	6. 联结基地（万亩）		1228

资料来源：江苏省农林厅和浙江省农业厅经管统计数据。

（2）乡镇企业发展

表9-2　江苏省及苏北、苏中和苏南地区社队企业及经营情况（1978年）

人民公社社办企业总收入分组（来源江苏省农林厅农经数据）							
	公社合计	3000万元以上	2000万—3000万元	1000万—2000万元	500万—1000万元	100万—500万元	100万元以下
全省总计	1984	2	2	16	146	986	832
盐城地区	171	0	0	0	3	103	65
南通地区	272	0	0	0	10	157	105
苏州地区	222	0	0	12	75	126	9

生产大队一级办企业按总收入分组							
	大队合计	300万元以上	100万—300万元	50万—100万元	10万—50万元	10万元以下	空白大队
全省总计	34763	5	55	444	5669	23096	5494
盐城地区	4001	0	3	14	316	3294	374
南通地区	4631	0	0	4	254	3857	516
苏州地区	4399	2	32	181	1884	2132	168

长三角乡镇企业发展有深厚的基础。从改革起点上看,江苏省社队企业发展到相当程度(表9-2)。从社队企业的数量和经营效益看,1978年,江苏省1885个公社、34325个生产大队、316972个生产队,共有社队企业36747个,其中公社企业1984个,每公社平均1.05个;大队办企业34763家,队均1.01个;全省未办企业的"空白"大队5494个,说明当年全省有84%生产大队开办了企业,而且有17.8%的队办企业经营年收入超过10万元。

从大队(即村域)经济收入结构看,工业收入已超过2成。1978年江苏省大队和小队两级集体农工副业总收入1059129万元,其中大队一级办企业的工业收入213830万元,大队范围内的工业产值占农工副业总收入的20.19%。从社队企业经营范围看,主要是工业和农业。1978年,全省社队两级企业工农业总产值4640651万元,其中工业产值3642764万元,占社队企业总产值的78.5%;农业产值997885万元,占企业总产值的21.5%。在社队工业产值中社办工业384400万元,占社队工业总产值的10.4%,大队办工业已经达到3258364万元,占全省社队工业总产值的89.4%,说明江苏省大队工业是农村公社时期社队工业的主体。

上海郊区农村发展社队企业的条件得天独厚。1978年,金山区漕泾公社17个大队、188个生产队,社队企业48家,其中大队办企业33家。在当年集体经济总收入(2080.36万元)中,工业收入638.13万元,占农村经济总收入的比重达到30.67%(表9-3),说明了上海郊区农村改革起步时的工业基础。

表9-3　　　　漕泾公社整、半劳动力及从业构成(1979)　　　(单位:人、%)

	总劳力	农牧副渔	工业	建筑	运输邮电	文卫	其他
三级合计	20136	16351、81.2	2795、13.9	380、1.9	332、1.6	78、0.4	111、1.1
公社级	1682	365、21.7	861、51.2	235、14	189、0.9	10、0.6	23、1.4
大队级	3232	859、26.6	1934、59.8	145、4.5	143、4.4	68、2.1	83、2.6
生产队级	15222	15127、99.4	—	—	—	—	95、0.6

另外,公社三级合计有166名插队知识青年。

资料来源:漕泾人民公社年度统计报表档案。

农村改革启动以后,长三角社队企业的雄厚基础与农民勇于创业的精神结合在一起,使长三角乡镇企业率先于全国异军突起。从发展历程看,自改革以来,长三角乡镇企业一直处在稳定的发展阶段。江苏乡镇企业的数量和从业人员分别由1985年的9.86万个、627.09万人,增长到2007年的

53.51万个和1312.7万人,分别增长了4.4倍和1.1倍。图9-1显示,1990年,浙江乡镇企业49.4万个,到2005年时达到112.06万个,增长了1.27倍;2007年比2005年减少了0.8%,但乡镇企业吸纳劳动力就业的能量大大上升,由1990年的495.49万人,增长到1353.14万人,增长了1.94倍。

从乡镇企业固定资产、吸纳劳动力的能力及其经营效益等主要指标看,长三角的乡镇企业当之无愧地成为农村经济发展的主动力,和提高农村劳动力就业及农民收入的主渠道。到2007年:(1)江苏乡镇企业数量已经达到53.52万个,乡镇企业从业人员1312.7万人,乡镇企业总产值(现价)45003.45亿元,利润总额2184.48亿元,上缴国家税金1339.11亿元,劳动者报酬1951.68亿元①。江苏乡镇企业已经成为农村劳动力就业、农村经济收入的主渠道。(2)浙江省111.07万个,乡镇企业年末总产值42917.24亿元,每个企业平均固定资产89.46亿元,乡镇企业从业人员1353.14万人,总产值42917.24亿元,利润重额2182.84亿元,上缴国家税金1278.81亿元②。乡镇企业总产值、营业收入、利润总额、上缴国家税金等7项主要经济指标,已连续8年位居全国第一。

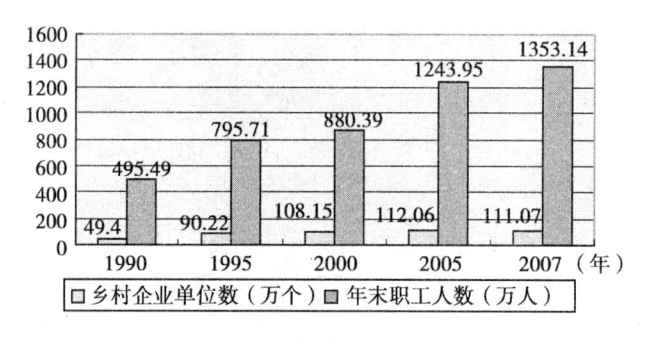

图9-1 浙江乡镇企业发展状况(1990—2007)

二、农业产业化和现代化

(一)农民组织化和农业产业化

农民生产组织化和农业产业化,是创新现代农业经营管理体制的重要方面,也是农业现代化的重要体现。长三角的农民组织化程度较高,其组织形

---

① 长三角联合研究中心:《长三角年鉴2008》,河海大学出版社2008年版,第445页。
② 同上书,第446页。

式有多种渠道。

农民组织化的第一渠道是"乡政村治"的组织体系。这一组织体系主要职能是乡村治理，但也要看到，行政村自治组织（村民委员会）与村经济组织（村合作社）实行"两块牌子、一套班子"，因此这种自治组织也具有生产组织和管理的职能。2007年末，江苏省共有17095个村委会、255459个村民小组，这一组织体系网络着全省1488.28万农户和5001.58万人口；浙江省共有村民委员会31060个、村民小组为329200个，管理着全省1226.54万户和3770.46万农村人口；上海市有1862个村民委员会（2006年末），管理农村101.60万户和355.23万人。

农民组织化的第二条渠道是专业合作社、乡镇企业和农业产业化组织等新经济体。从农业产业化发展状况看，2007年末江苏省规模以上农业龙头企业，即规模以上的生产销售一条龙、加工贸易一体化的经营组织达到4200多家，其中有427家的销售收入超过亿元，还涌现出一批效益百万、经营千亩、服务万亩的农业企业[1]；浙江省各类农业产业化经营组织1.3万个，各类产业化组织固定资产原值639亿元，其中龙头企业带动型经营组织5437个，龙头企业销售收入1481亿元，产业化组织带动农户806万户[2]；2006年上海市区两级政府农业投入达到45亿元，建成5.53万公顷设施粮田、0.67万公顷设施菜田、203个农业标准化示范区（场），其中国家级37个，全市有12个市级现代农业园区，有农业产业化龙头企业425家，农业专业合作社510家，带动农户52万户[3]。到2007年末，上海市农业产业化龙头企业增加到435家。

（二）现代农业技术装备及其应用

现代农业技术的装备及其应用水平，是农业现代化的重要评级指标。长江三角洲工业化快速发展，为农业装备和技术现代化创造了条件。近几年，苏浙沪地方政府通过购买大型农机的补贴政策，使农业机械总动力快速增加。同时，通过培育农机大户、农机专业合作社和农机作业公司，并且实行了大量的优惠扶持政策（如浙江省对开展机耕、机收、排灌、植保及相关技术服务所取得的收入免征营业税，对跨区作业的收割机、插秧机及其运送这些机械的车辆，免收公路通行费），极大地提高了农业装备和技术的应用水平，促进了长三角农业现代化。（1）苏浙沪农业机械总动

---

[1] 长三角联合研究和中心：《长三角年鉴2008》，河海大学出版社2008年版，第65页。
[2] 浙江省统计局：《2008浙江经济社会发展报告》，2009年1月。
[3] 《2006年上海市国民经济和社会发展统计公报》，2007.2.27，http://data.acmr.com.cn。

力有升有降。苏浙两省农业机械总动力大幅度增加，江苏省由1978年的855.16万千瓦，增长到2007年的3392.44万千瓦，增长了2.96倍；浙江省由1978年的392.92万千瓦，增长到2007年的2331.63万千瓦，增长了4.93倍；上海随着耕地面积大幅度减少，农业机械总动力相应下降，由1978年的187.1万千瓦，降低到97.68万千瓦，下降了47%。(2) 农村用电量，上海由1978年的8.93亿千瓦，增长到2007年的171.68亿千瓦，30年间增长了154倍；江苏省由1985年的63.57亿千瓦，增长到2007年的1159.03亿千瓦，22年间增长了17倍；浙江省由1978年的12.89亿千瓦时，增加到2007年的649.97亿千瓦时，30年间增长了49.4倍。(3) 农业机械装备的利用率比较高（表9-4）。

表9-4　　　　1985—2007年长三角农业技术装备及其应用水平

省市	指标	1985	1995	2000	2005	2007
江苏	年末耕地总资源（千公顷）	4604.03	4448.31	5008.39	4780.37	4730.48
	农业机械总动力（万千瓦）	1675.06	2226.95	2925.29	3135.33	3392.44
	农村用电量（亿千瓦小时）	63.57	238.16	314.60	825.10	1159.03
	机耕面积（千公顷）	3244.04	3639.43	4096.55	3923.66	3879.53
	占耕地面积比重（%）	70.5	81.8	81.79	82.08	82.02
	机播面积（千公顷）	333.23	1730.23	1822.72	2123.44	2739.22
	占耕地面积比重（%）	7.2	30.8	36.39	44.42	57.9
	机械收获面积（千公顷）	78.79	1194.21	2971.79	3787.42	4957.47
	占耕地面积比重（%）	1.7	26.8	59.34	79.23	104.9
	机电排灌面积（千公顷）	3305.6	3803.5	3727.55	3543.06	3470.08
	占耕地面积比重（%）	71.8	85.5	74.4	74.1	73.4
浙江	年末实有耕地面积（千公顷）	1776.71	1617.8	1607.56	1593.55	1597.34
	农业机械总动力（万千瓦）	810.22	1639.8	1990.09	2111.27	2331.63
	农村用电量（亿千瓦小时）	40.24	169.17	255.27	520.57	649.97
	机耕面积（千公顷）	—	1098.73	1105.79	990.04	1009.07
	占耕地面积比重（%）	—	67.9	68.8	62.1	63.2
	机械收获面积（千公顷）	—	85.08	373.41	734.61	821.55
	占耕地面积比重（%）	—	5.3	23.2	46.1	51.4
	机电排灌面积（千公顷）	—	1068.39	1059.31	1049.02	1038.18
	占耕地面积比重（%）	—	66.0	65.9	65.8	65.0

续表

省市	指标	1985	1995	2000	2005	2007
上海	年末实有耕地面积（千公顷）	339.6	290.0	285.9	237.3	206.0
	农业机械总动力（万千瓦）	—	—	142.50	96.46	97.68
	农村用电量（亿千瓦小时）	21.87	58.19	73.19	124.53	171.68
	机耕面积（千公顷）	310 53	265.75	234.6	172.1	165.1
	占耕地面积比重（%）	91.5	91.7	82.1	72.5	80.1
	机播面积（千公顷）	—	56.4	60.8	33.8	41.5
	占耕地面积比重（%）	—	19.4	21.3	14.2	20.1
	机械收获面积（千公顷）	—	168.1	164.2	145.7	150.0
	占耕地面积比重（%）	—	58.0	57.4	61.4	72.8
	机电排灌面积（千公顷）	335.07	287.71	285.9	205.6	178.5
	占耕地面积的比重（%）	98.7	99.2	100.0	86.6	86.7

资料来源：根据江苏、浙江、上海1985—2008年统计年鉴的数据整理。

到2007年，江苏省机耕面积、机播面积、机械收获面积占当年耕地总面积的比重，分别为82.02%、57.9%、104.9%；浙江省机耕面积、机播面积的比例分别达到了63.2%、51.4%；上海市机耕面积、机播面积、机械收获面积的比重，分别为80.1%、20.1%和72.8%；苏浙沪三地农业机电排灌面积占当年耕地面积的比重分别为73.4%、65.0%和86.7%。需要指出，长三角排灌面积占当年更低的比重出现了下降趋势。苏浙两省这一比例1995年最高，分别为85.5%、66%，2000年上海的这一比例达到100%；到2007年，苏浙沪的比例都分别下降到73.4%、65%和86.7%。

长三角农业机械装备和应用的许多方面处于全国领先水平。比如，江苏省联合收割机保有量2007年末为7.85万台，其中高性能联合收割机1.8万台，占全国高性能联合收割机总数的70%；插秧机保有量为2.4万台，占全国总保有量的1/4。江苏省不少农机专业户和农机专业合作社开展了育秧、耕地、种田、收割的机械化一条龙服务，全省水稻、麦子、油菜、玉米综合机械化生产水平达到70%，小麦、水稻的机收水平分别为94%、98%，比全国平均水平分别高15%和51%。在提高省域农业机械化服务水平的同时，获得了经济收益，2006年作业收入超过10万元的农机大户有1000多户[1]。浙江省17万台拖拉机和1.2万台收割机承担了全省85%的水田和

---

[1] 长三角联合研究和中心：《长三角年鉴2008》，河海大学出版社2008年版，第442—445页。

67%的粮食播种面积的作业，2007年，浙江省水稻全程机械化率为47.6%。上海市的小麦机收面积2004年即达到29667公顷，机械化水平99%，2007年水稻种植的机械化水平超过了30%。

（三）农业综合生产能力

（1）耕地面积与主要农产品产出变动

长三角工业化、城市化超常规发展带来耕地面积大量减少。1978年末耕地面积，苏浙沪合计为6858.92千公顷。到2007年，三省（市）合计为6533.82千公顷，耕地面积共减少325.1千公顷，减少了4.74%，其中：上海减少的比例最大，由1978年的360.13千公顷，减少到2007年的206千公顷，减少了154.13千公顷，减少了42.8%；浙江由1978年的1838千公顷，减少到2007年的1597.34千公顷，减少了240.66千公顷，减少了13.1%；江苏省由于苏北和苏东地区特殊的地理位置，大江大河的携带大量泥沙在入海口外的淤积，年末耕地反而由1978年的4660.79千公顷，增加到2007年的4730.48千公顷，增长了1.5%。长三角在耕地面积总量大量减少的情况下，粮食、棉花和油料生产基本保持了稳定（图9-2、表9-5）。事实充分证明，农业技术装备水平提高和广泛应用增强了耕地的产出率。

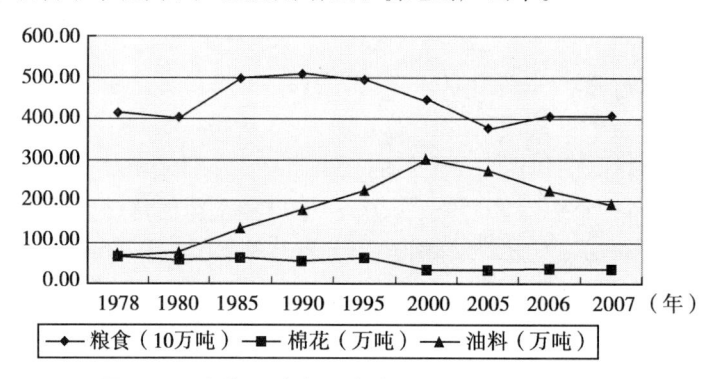

图9-2 改革30年长三角主要农产品总产量变化

表9-5　　　　　　　长三角主要年份的粮食产量　　　　　（单位：万吨）

年份	江苏	浙江	上海	长三角合计
1978	2400.65	1467.2	260.88	4128.73
1980	2417.95	1435.5	186.85	4040.30
1985	3126.52	1621.29	213.83	4961.64
1990	3264.15	1586.1	244.36	5094.61

续表

年份	江苏	浙江	上海	长三角合计
1995	3286.30	1430.9	219.50	4936.70
2000	3106.63	1196.92	174.00	4477.55
2005	2834.59	814.7	105.36	3754.65
2006	3096.03	839.52	111.30	4046.85
2007	3132.24	801.67	109.20	4043.11

续9-5（1）　　　　长三角主要年份的棉花产量　　　　（单位：万吨）

	江苏	浙江	上海	长三角合计
1978	47.54	7.26	12.10	66.90
1980	41.81	8.29	7.62	57.72
1985	47.91	8.13	4.88	60.92
1990	46.42	6.42	1.22	54.06
1995	56.16	6.25	0.36	62.77
2000	31.45	2.92	0.12	34.49
2005	32.27	2.16	0.18	34.61
2006	35.52	2.35	0.20	38.07
2007	34.75	2.54	0.25	37.54

续9-5（2）　　　　长三角主要年份的油料产量　　　　（单位：万吨）

	江苏	浙江	上海	长三角合计
1978	37.44	22.06	11.64	71.14
1980	38.64	28.86	9.60	77.10
1985	73.93	44.19	15.60	133.72
1990	112.39	48.35	18.20	178.94
1995	159.46	50	15.80	225.26
2000	225.65	57.88	16.37	299.90
2005	215.99	50.14	6.94	273.07
2006	176.47	46.23	5.31	228.01
2007	145.08	43.74	3.62	192.44

数据来源：《长三角年鉴2008》，河海大学出版社2008年版。

(2) 农业综合生产能力

农林牧渔业总产值变动状况,反映农业综合生产能力及效益。相关数据显示,长三角农林牧渔业总产值绝对数增长幅度明显,1978年,农林牧渔业总产值,江苏为105.87亿元、浙江为65.71亿元、上海为18.26亿元,到2007年,江苏为3064.72亿元、浙江为1597.15亿元、上海为255.98亿元,分别增加了27.9倍、23.3倍和11.8倍。按照可比价格计算,其增长指数如表9-6。

表9-6　　1978—2007年苏、浙、沪农林牧渔业总产值及指数变化

年份	农林牧渔业总产值(亿元)			指数 1978年=100		
	江苏	浙江	上海	江苏	浙江	上海
1978	105.87	65.71	18.26	100.00	100.00	100.00
1980	138.45	92.67	18.90	104.8	109.85	92.1
1985	288.55	174.05	31.38	165.3	151.17	113.0
1990	580.53	331.56	68.16	198.6	175.37	139.5
1995	1686.78	868.76	182.47	314.6	242.72	177.0
2000	1869.73	1057.07	216.50	417.8	307.67	220.9
2001	1956.10	1053.57	227.61	436.8	322.75	236.5
2002	1779.07	1101.86	233.57	453.4	336.31	243.6
2003	1952.20	1184.04	247.29	458.1	348.29	246.3
2004	2417.63	1332.27	248.89	494.0	363.75	229.6
2005	2576.98	1428.28	233.39	512.3	372.48	205.5
2006	2718.61	1422.6	237.01	539.5	385.52	206.9
2007	3064.72	1597.15	255.98	556.0	394.39	

资料来源:苏浙沪统计局统计:《2008年统计年鉴》,指数按可比价格计算。

但是,长三角农林牧渔业总产值在全国所占比重呈现下降趋势,由2000年的12.62%下降到2007年的10.06%。同时,随着我国农业结构调整不断深入,"大而全"、"小而全"的农业生产格局不断被打破,主要农产品的生产逐渐向优势区域集中,长三角的农业生产结构出现了新的变化趋势,大宗农产品种植业生产规模逐步下降,畜禽水产养殖业生产规模不断扩大。2000—2007年,在农业总产值中,种植业比重由54.3%下降到48.9%,畜牧业比重由22.33%提高到22.92%,林业比重由2.74%增加到3.33%,渔业比重稍有下降,由20.62%下降到20.39%,农业服务业从无到有,从2003年的133.6亿元增长到2007年的215.2亿元,年均增长12.2%,增长

幅度明显高于其他行业[①]。

(3) 农业商品率

商品农业发展是农业现代化的重要方面。2007 年,上海市农业商品产值高达 208.78 万元,占当年农业总产值的 81.6%（商品率）（表 9-7）。2007 年,上海市农产品出口总额达 17.53 亿元,其中农业产品、牧业产品、渔业产品分别为 3.63 亿元、0.15 亿元和 13.75 亿元。上海都市农业发展,带来了特色农产品的生产经营的繁荣（表 9-8）。

从农业功能拓展看,农业功能由确保农产品供给,向生态涵养、能源替代、旅游观光、文化传承等多功能方面拓展,由此形成了农业型村域经济、工业型村域经济、市场型村域经济、山区综合开发型村域经济、古村落及旅游型村域经济等各具特色的村域经济类型各展风采的局面。

表 9-7　　　　　　　上海市主要年份农业商品产值和商品率

指标	农业商品产值（亿元）			指标	农业商品率（%）		
	2000 年	2006 年	2007 年		2000 年	2006 年	2007 年
农业商品产值	179.79	188.90	208.78	农业商品率	83.0	79.7	81.6
种植业	61.84	89.46	99.55	种植业	68.8	74.6	78.5
#粮食作物	10.15	9.53	9.98	#粮食作物	45.4	46.6	47.5
牧业	80.75	42.85	54.32	牧业	92.4	92.6	93.7
渔业	36.53	53.98	52.02	渔业	96.3	97.7	96.0

表 9-8　　　　　　2006—2007 年上海市农牧业特色种养产品产量

指标	2006 年	2007 年	指标	2006 年	2007 年
桃子（万吨）	11.32	10.89	鸵（只）	804	325
葡萄（万吨）	3.39	4.57	肉鸽（万只）	496	612.21
草莓（万吨）	2.33	2.15	甲鱼（吨）	1038	470
无花果（吨）	36	119	牛蛙（吨）	16	10
猕猴桃（吨）	312	240	河蟹（万吨）	1.61	1.52

资料来源：上海统计资料。

(四) 农业现代化综合评价

运用农业现代化的几个主要指标,综合评价我国农业现代化程度,从中

---

① 长三角联合研究和中心：《长三角年鉴2008》,河海大学出版社2008年版,第438页。

发现，长三角的许多指标都高于全国平均水平（表9-9）。农业劳动力劳均农机动力，江苏和浙江分别高于全国平均水平49%和38%；苏浙沪农业劳动力劳均农林牧渔业总产值，分别高于全国平均水平的1.1倍、0.5倍和2.2倍；农村劳动力非农就业比重，苏浙沪分别比全国平均水平高出26、29.8和35.8个百分点。苏浙沪农民人均纯收入都达到和超过了全面小康标准。

表9-9　　　　2007年长江三角洲农业现代化主要指标比较

主要评估指标	单位	全国	江苏	浙江	上海
农业劳动力劳均农机动力	千瓦	2.44	3.65	3.39	1.89
机耕面积占总耕地的比例	%		82.00	63.2	80.1
有效灌溉面积占耕地面积比重	%		80.90	89.61	
机电排灌面积占耕地面积比重	%		73.4	65.0	86.7
农业科技贡献率（源于网络数据）	%	49.0	55.0	54.0（02）	56.0
农业劳动力农林牧渔业总产值	元/人	15549	32948	23213	49436
人均国民生产总值	元	18934	33928	37411	66367
农村劳动力非农化	%	40.5	66.5	70.3	76.0
城镇人口比重	%	45	53.2	56.6	86.8
文化教育娱乐支出的比重	%	10.8	13.4	8.1	
农民人均纯收入	元	4140	6561	8265	10222
恩格尔系数	%	43.1	41.6	36.4	35.5
人均住房面积	平方米	31.6	42.9	57.1	61.22
住房价值	元/平方米	287.8	435.35	467.0	

三、村域工业化和经济结构非农化

（一）乡镇企业对村域工业化的贡献

乡镇企业中的工业企业数量、工业从业人员和工业产值等指标，充分显示出乡村工业的趋势和主体地位。2007年，江苏535125个乡镇企业中，工业企业271332个，占乡镇企业总数的50.7%；乡镇企业从业人员1312.7万人，其中在工业企业就业的1044.94万人，占乡镇企业就业总人数的79.6%；乡镇企业总产值45003.45亿元，其中工业产值38771.46亿元，占总产值的86.2%（表9-10）。江苏乡镇企业中约5成的工业企业，吸纳了约8成乡镇从业人员，8.6成的总产值、8.2成的利润和8成税金（表9-

10)。这组数据证实，工业企业吸纳劳动力就业的能量和劳动生产率高于其他类型的企业。

表9-10　　2007年江苏省乡镇企业主要指标按国民经济行业分组　　（单位：亿元）

指　标	企业数（个）	从业人员（万人）	总产值（现价）	利润总额	上交税金	劳动者报酬
总　计	535125	1312.70	45003.45	2184.48	1339.11	1951.68
1. 农业企业	3239	5.82	70.34	4.15	1.21	6.39
所占比重（%）	0.6	0.4	0.2	0.2	0.1	0.4
2. 工业	271332	1044.94	38771.46	1800.88	1130.50	1513.25
所占比重（%）	50.7	79.6	86.2	82.4	80.8	77.5
3. 建筑业	6803	74.44	1305.69	75.54	40.68	108.88
4. 交通运输仓储业	46416	26.17	370.16	33.39	14.31	40.45
5. 批发零售业	113451	77.65	3134.97	142.34	77.32	148.89
6. 住宿及餐饮业	30048	25.97	372.19	36.88	17.46	40.24
7. 居民服务、其他服务业和娱乐业	41837	23.72	395.49	32.84	15.62	37.28
8. 其他	21999	34.01	583.15	58.45	42.02	56.31
其他非农产业合计占比（%）	48.7	20.0	13.6	17.4	19.1	22.1

资料来源：《江苏统计年鉴2008》。

从历史进程看，乡镇企业也一直以工业企业为主体。1990年，浙江乡镇企业中的工业企业个数、从业人员、总产值份额分别为61%、85.6%和91.6%；到2005年，上述3项占总量的比重分别为62.8%、88%和90.8%（表9-11）。

从经济效益上看，长三角农村经济总收入（或社会总产值）中，乡村工业收入一直保持较高的比重。比如，江苏省农村工业产值占农村社会总产值的比重，1978、1980、1985、1990、1995、2000、2005、2007年，分别为33.9%、39.9%、49.7%、60.4%、72.9%、73.5%、78.0%、80.5%（参见图7-4）；浙江省在改革起步阶段的1983年，农村经济总收入中，农村工业收入的比重约为25.3%。进入20世纪90年代后快速发展，农村工业比重1990、1995、2000、2005、2007年分别为59.1%、75.9%、76.2%、82.3%、83.1%。如果长三角没有乡村工业，其区域经济的地位将不可想象。

表9-11　　　　　　1990—2007年浙江省乡镇企业发展状况

指标名称/年份	1990	1995	2000	2005	2007
一、乡镇企业单位数（万个）	49.4	90.22	108.15	112.06	111.07
其中 1. 农业企业	0.22	0.05	0.03	0.08	
2. 工业企业	30.3	58.4	64.45	70.35	
3. 施工企业	0.52	0.55	0.5	0.51	
4. 交通运输企业	7.72	12.42	12.16	8.97	
5. 其他企业	10.64	18.8	31.01	32.15	
二、年末职工工人数（万人）	495.49	795.71	880.39	1243.95	1353.14
其中 1. 农业企业	3.11	0.93	0.62	1.36	
2. 工业企业	424.31	690.53	762.26	1094.69	
3. 施工企业	32.8	47.58	32.86	42.46	
4. 交通运输企业	14.42	19.62	19.21	17.21	
5. 其他企业	20.85	37.05	65.44	88.23	
三、总产值（现价亿元）	772.48	7478.16	13412.37	31225.22	42917.84
其中 1. 农业企业	1.54	6.92	14.92	22.2	
2. 工业企业	707.76	7004.71	12438.62	28357.86	
3. 施工企业	33.83	233.21	319.24	977.33	
4. 交通运输企业	11.67	72.87	136.77	290.28	
5. 其他企业	17.68	160.45	502.82	1577.55	
四、工业销售产值（现价亿元）	—	6611.04	12058.04	27595.79	2182.84
五、营业收入（亿元）	670.15	5960.74	12990.52	31788.41	1278.81
六、利润总额（亿元）	29.6	278.54	681.06	1560.68	9936.43

资料来源：浙江省统计局：《浙江农村统计年鉴2006》。

（二）村域经济收入和从业结构的非农化

乡村工业化引起村域经济结构调整的连锁反应，推动着村域产业、收入和从业结构的非农化。乡镇企业发展带动村域内大量工业产业集聚，围绕村域工业的生产、要素供应和产品销售服务，形成了许许多多的专业市场，发展了许多新的产业，从而极大改善了村域经济结构。我们看到（参见表7-13），长三角村域产业已经包含十几个门类几十个产业，如工业、建筑业、交通运输业、仓储业、邮电通讯业、批发零售业、贸易业、餐饮业、金融保险业、房地产社会服务业、卫生体育社会福利业、教育文化艺术和广播电视事业、科学研究和综合技术服务事业、乡经济组织管理和其他非农行业。

苏浙两省 2007 年的农村经济总收入中,农村非农产业收入分别占总收入的 94% 和 97%,非农产业的比重高于全国平均水平 20 多个百分点。2007 年,上海市农林牧渔业产值 255.98 亿元,仅占当年全市生产总值(12188.85 亿元)的 2.1%。据此估算,上海市农村经济总收入中,非农产业收入已经超过了 98%。

江苏省农村社会总产值结构变化在长三角较有代表性。1978—2007 年江苏省农村社会总产值由 183.97 亿元,增长到 49691.52 亿元。其中农林牧渔业、农村工业、农村建筑业、农村运输业、批发零售商贸餐饮业的比重,相应由 58%∶34%∶3%∶1%∶4%,调整为 6%∶81%∶4%∶2%∶7%。农林牧渔业产值占农村社会总产值的比重下降了 52 个百分点,而工业产值则上升了 47 个百分点。图 9-3[①] 显示:1978—1993 年是江苏省农林牧渔业产值快速下降和工业产值快速上升的时期,1993 年农村工业产值的比重已经上升到 74.2%;1998 年以后工业产值出现了新一轮增长,农林牧渔业产值比重再次下降。农村工业化快速推进提升了区域经济发展水平。"无农不稳、无工不富、无商不活",展示出农耕文明与工业文明和商业文明由冲突走向融合的大趋势。

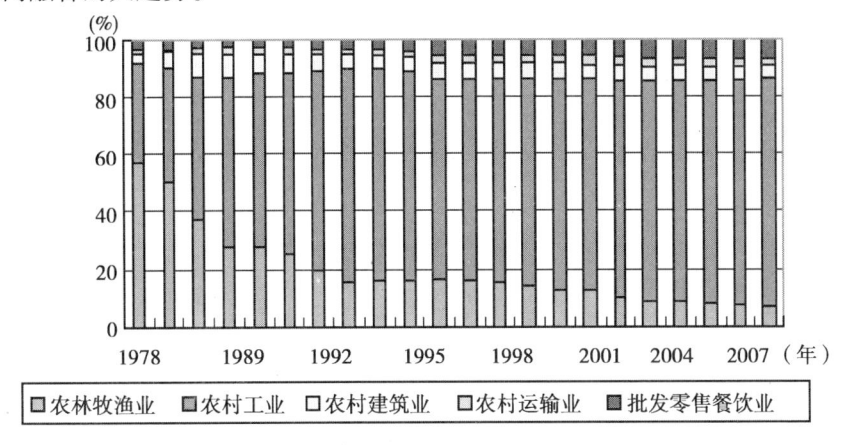

图 9-3　1978—2007 年江苏省农村社会总产值结构变化

浙江省农村经济收入结构的变迁过程与江苏农村基本相同(表 9-12、图 9-4),浙江乡村农业、工业和其他非农产业收入结构变化趋势与江苏省高度一致,农业收入急剧下降而工业收入表现出强劲的增长趋势。不过,改

---

① 江苏省统计局:《江苏统计年鉴 2008》。

革起步时，浙江农村工业产值比重低于江苏。到 2007 年，浙江农村工业产值比重高于江苏，相应地，浙江省比重在江苏农业产值更低，这是浙江耕地资源更加稀缺的原因。

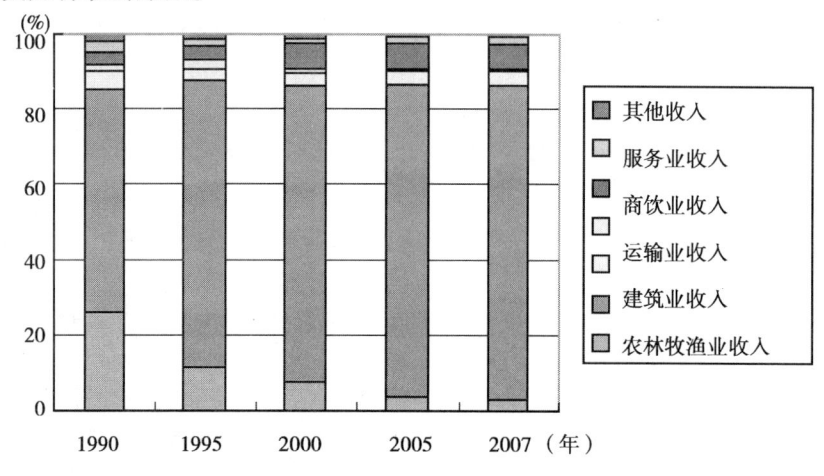

图 9－4　1990—2007 年浙江省主要年份农村经济总收入结构变化

表 9－12　1983—2007 年浙江省改革以来主要年份农村经济总收入及构成（单位：亿元）

指标/年份	1983	1990	1995	2000	2005	2007
农村经济总收入	127	931.6	6196.17	12681.89	30515.35	42808.39
#农林牧渔业收入	96.08	244.26	711.25	999.4	1287.16	1540.48
工业收入	24.35	550.37	4700.52	9962.21	25110.28	35585.47
建筑业收入		39.31	228.34	377.15	929.41	1405.12
运输业收入		21.06	114.83	219.35	394.87	458.54
商饮业收入	6.57	30.94	229.3	725.77	1850.17	2662.81
服务业收入		22.51	95.46	178.08	573.24	813.3
其他收入		23.05	116.47	219.93	370.22	524.66

资料来源：《浙江统计年鉴 2008》。

乡村劳动力从业结构的工业化和非农化趋势也很明显。江苏省农村工业和其他非农产业从业人员占乡村从业人员的比重，分别由 1985 年的 18.5% 和 15.9%，提升到 2004 年的 20.9% 和 36.5%；浙江省农村工业和其他非农产业从业人员占乡村从业人员的比重，分别由 1984 年的 18% 和 10% 提升到 2006 年的 34% 和 34%；上海农村工业和其他非农产业的从业人员占乡村从业人员的比重，分别由 1978 年的 17.3% 和 5.5%，提升到 2006 年的 49.1%

和30.9%。

到2007年，苏、浙、沪乡村劳动力从事农林牧渔业的比重分别只占乡村劳动力的33.5%、29.7%和23.7%；农村工业从业人员的比重已经分别上升到25.2%、36.4%和49.6%；其他非农产业从业人员的比重分别上升到41.3%、33.9%和26.7%。苏浙沪三地农村非农就业人员占比合计分别为66.5%、70.3%和76.3%（表9-13），近70%或超过70%的乡村劳动力转移到非农产业。

表9-13　　　　2007年长三角农村产业及劳动力从业结构　　　（单位：万人）

农村产业分类	江苏省	浙江省	上海市
乡村总劳动力	2773.04	2318.21	218.76
①农林牧渔业	930.17	688.04	51.78
从事农林牧渔业人员比重	33.5%	29.7%	23.7%
②工业	698.86	844.9	108.56
③建筑业	343.45	158.49	9.80
④交通运输仓储业和邮电通讯业	113.14	97.96	7.97
⑤批发零售贸易业餐饮业	177.95	240.84	6.65
⑥金融保险业	6.41	—	—
⑦房地产社会服务业	37.76	—	—
⑧卫生体育社会福利业	11.57	—	—
⑨教育文化艺术和广播电视事业	14.97	—	—
⑩科学研究和综合技术服务事业	2.46	—	—
⑪乡经济组织管理	12.19	—	—
⑫其他非农行业	312.95	287.98	—

资料来源：苏、浙、沪的《2008年统计年鉴》。

综上所述，长江三角洲乡村的产业结构、经济收入结构和劳动力从业结构，都转移到以工业化为主要内容的非农产业中去了，这表明长三角乡村经济结构已经由单一的农业经济，转型为以农业为基础、工业为主体、服务业为支撑的三次产业共同发展、相互促进的经济结构，整个乡村经济社会已经由传统农业经济社会迈进了现代工业经济社会。

四、村域金融的转型与发展趋势[①]

有关村域金融的界定在学术界尚属空白。这里借鉴王景新教授有关村域和村域经济的研究成果给出一个描述性的定义：村域金融是基于村庄共同体与村庄信任的金融活动与信用形式，是一定市场化水平下的由血缘关系、地缘关系等因素而形成的特殊信用关系，本身将随着乡土社会的变迁与市场契约社会的发展而不断演进。村域金融是民间金融或民间信用的子系统，是民间信用的无组织化和准组织化阶段。村域金融是民间金融或民间信用的母体。

（一）村域金融转型的理论基础
（1）村庄信任的约束条件

传统乡土社会的村庄具有比较清晰的地域界限，因此中国的村庄具有独立的文化单元和社会单元的性质。由于村庄的独立性和封闭性特征，因而使用"共同体"这个概念对中国村庄进行研究就具备了逻辑基础。王曙光（2007）[②]认为，村庄作为一个"共同体"必须遵守两条基本的界定原则。首先，村庄作为一个共同体之所以形成，其根本动力和根源在于，在很长的历史发展中，每一个农民都是以村庄为基本单元生活其中的，村庄承载和满足了村民的多方面的需求，在村庄这个共同体中形成的声誉、社会交往资源以及网络成为一个农民及其家族延续的最基本的条件。其次，村庄之所以作为一个独立的共同体，是因为居于其中的人们都在历史久远的共同交往中形成了共同的价值观念和行为准则，大家都承认这套规则，如果谁违背和践踏了这套价值体系，必将遭到共同体内所有成员的唾弃和鄙视。

村庄作为一个关系共同体，对于中国乡村的村域金融活动的形成和演进有着非常重要的影响。在村庄非正式的借贷形式中，人际关系的亲疏程度和相互信任程度成为决定村域金融组织是否有效率的最重要因素。村庄信任，成为维系整个村庄稳定性与和谐运转的重要条件，也是村域的各种借贷关系和金融组织得以维持的内在力量。村庄信任是建立在血缘、亲缘、地缘基础上的特殊主义信任系统。

[①] 本节作者姜新旺，作为阶段性成果发表于《农业经济问题》2008年10月，收入本书时有删节。

[②] 王曙光：《村庄信任、关系共同体与农村民间金融演进——兼评胡必亮的〈农村金融与村庄发展〉》，《中国农村观察》2007年第4期。

村庄信任是指"在村庄共同体框架下,村庄里的每一个个体通过一定的与当地文化紧密相联系的社会规范与社区规则嵌入(embedded)到村庄系统之中,并因此互相之间产生对于彼此的积极预期的一种社区秩序"①。由于传统村庄的封闭性和治理结构的非正式性,使得村庄信任在较长的历史时期中很容易得到培育和维持。在中国传统的村庄共同体中,由于共同体成员之间通过几代人的重复博弈已经形成了较为稳定的和谐的合作关系,同时由于空间的封闭性和有限性,导致成员间的信息基本上是对称的和充分的,因此,在民间的钱会如标会的组建过程和运转过程中,来自成员违约的道德风险是非常罕见的。而成员之所以珍惜自己的信誉,乃是因为在村庄共同体中已经形成了共同的价值观念和交往规则,这些规则千百年来一直发挥作用,如果谁违反了这些价值观念和交往规则,就会受到村庄共同体中所有成员的鄙弃,其代价可能不仅仅由犯规者自己承担,而且还会殃及自己的后辈和亲戚。可以说,在一个乡村共同体中,惩罚机制和监督机制都是非常有效的。正因为如此,才保证了村域金融的违约率通常被控制在相当低的水平内。

基于村庄共同体而建立起来的信任关系,由于其信息的基本对称性与完备性、惩罚机制与监督机制的有效性,使村庄信任的维系成本极低。王曙光(2007)指出,形成村庄信任是需要具备一定的前提条件的:①村庄信任有比较严格的地域限制,村庄信任的范围一般局限于一个村庄,超越村庄的非正式信任关系一般较为罕见,即便有,也比较脆弱。②村庄信任依赖较低的社会流动性与较简单的社会网络,一旦人口流动性增强,超越一定临界点之后,就会使得村庄信任难以维持,最终归于崩溃。③村庄信任一般存在于市场化水平相对较低的区域,而且一般来说,越是市场化水平较低的地区,基于村庄信任所形成的关系共同体越牢固,村庄信任的维系成本越低,从而村庄信任也就越有效;而在市场化程度较高的地区,一些正式的契约化信任关系比较容易在一定程度上替代非正式的认同性信任关系。④村庄信任有赖于社会制度的稳定性与社会结构的稳定性。在一个社会制度与社会结构激烈变迁的时代,村庄信任会受到极大的扰动,信任关系的脆弱性也会相应增加。因此,村庄信任是一定市场化水平下的村庄共同体中所培育的特殊的认同型信任关系,本身将随着乡土社会的变迁与市场契约社会的发展而不断演进。

(2)从村庄共同体到关系共同体

1978年中国实施改革开放政策,2001年中国加入WTO,这都直接引发

---

① 胡必亮:《村庄信任与标会》,《经济研究》2004年第10期,第115—120页。

了市场化、城镇化、国际化对中国农村传统制度的冲击。对目前转型期村庄共同体冲击很大的是村庄边界的开放;造成冲击的第二个因素是人口流动;引发村庄变化的第三种力量就是村庄内的阶层分化;对村庄共同体造成影响的力量还有很多,如家族是否强大、集体经济是否发达、村庄历史是否辉煌、村庄间联系是否紧密,等等。

这些冲击在相当程度上引起了中国农村原有社会结构的变革。富裕农村的居民点沿公路或集镇散开,传统的农村社区沿着村落社区—集镇社区—城市的路径变迁,自然村落边界越来越模糊。虽然有些村庄伴随着村域经济的发展与实力的壮大,村庄共同体意识在村民中不仅没有下降,反而有所增强[①]。但是中国当今更多的情况是村庄共同体不论是从地理、社会、文化的角度来看,都在逐步丧失其解释力。从广义上讲,笔者认为,中国目前的现实更多地表现出杜赞奇的"文化网络"论中的某些特征。

胡必亮教授(2005)[②] 在十多年的村庄实证调查研究的基础上,提出一个与以上我们所提到的"村庄共同体"、"文化网络"概念都不相同,且更具本土特色的非正式组织概念,即"关系共同体"概念,并对这一概念作了一些初步的理论分析。"关系共同体"带有极强的中国文化的特征。"关系"在中国传统文化中具有一定的不确定性,它依赖于很多条件而存在,但同时又可以打破很多条件而存在。比如说关系一般依赖于一定的地缘、血缘、族缘和业缘条件,一些有着共同血缘、地缘、族缘和业缘关系的人更容易形成一个共同体。但是,在中国的一些关系共同体中,有时可以不必依赖这些条件而存在。关系共同体很有可能打破原有的血缘、地缘、族缘和业缘关系而拓展出新的关系网络。因此,关系共同体有很强的可延展性,关系可以根据一定的秩序进行拓展,把一些本来不属于关系共同体的人纳入共同体范围,从而使得关系的外延不断延伸。但是,不论怎样,关系共同体总是有一定限度的,超出一定的限度,共同的价值观和交往规则就很难维系,因而其保持共同体的成本就会上升,关系共同体崩溃的可能性就会增大。

从村庄共同体所延伸出来的关系共同体概念所表达的社会网络结构与传统的共同体概念相比,具有相当的灵活性,而不是固定不变的一种结构;它既具有很强的开放性,同时又具有较清晰的边界。

(3) 中国农村信任差序格局:特殊信任主义向一般信任主义演化

---

① 当然,这些村庄作为共同体的特征与1949年以前相比发生了很大的变化,尽管它们基本上仍然保持了紧密、内聚的特征,但却并不封闭,相反,它们都很开放。

② 胡必亮:《关系共同体》,人民出版社2005年版,第29页。

随着中国农村的社会结构从村庄共同体向关系共同体的演化，中国村庄的信任结构也开始从特殊信任主义向一般信任主义演进。信任有两种分类法，一种将信任区分为人际信任和制度信任，另一种将信任区分为特殊信任和普遍信任。韦伯把建立在血缘共同体上的信任称为特殊信任，而把建立在正式制度和组织基础上的信任称为普遍信任。前者看重道德信仰支配下的自觉遵守，后者重在制度强制性约束。从表现形式来看，一般信任系统由产权系统、货币系统、专家系统、政治法律系统等正式制度组成，基于法律的公开执行机制是运作的主要保障；特殊信任包括私人信任、亲缘信任、声望信任、宗教道德信任等形式，基于声誉的私人执行机制是其有效运行的主要保障。20世纪70年代末我国社会的深刻变革，大大加速了农村非正式社会结构和人际关系结构的变迁，总的趋势是以血缘、地缘关系为基础的格局向现代的超血缘、地缘的以业缘关系为主的格局演变。随着这种分工与交换的发展，以血缘、地缘关系为交易范畴的初级行动群体逐渐被分工协作目标明确的次级行动群体所取代，并形成农村社会以自己为中心由近及远外推的"差序格局"，其人际信任关系也从特殊信任主义向一般信任主义过渡。其演变格局见图9-5。

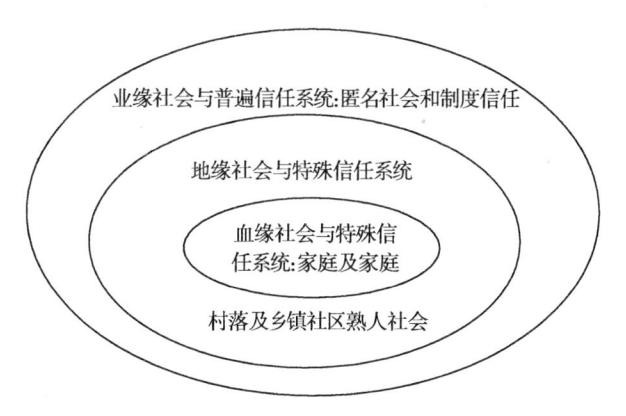

图9-5 中国农村社会演进的差序结构图

（二）村域金融转型与演化的基本路径

（1）村庄信用的层次递进

金融的基础是信任。信任是现代社会生活的基石，是经济交换的润滑剂，是经济交易所必需的公共品德。村庄社会结构的演变决定村庄信任结构的演化，而村庄信任结构的演化决定村庄信用形式的转型与演变。

随着农村信任差序格局的演进及农村金融深化，村域金融也将发生制度变迁，即向有组织、规范化的正规金融变迁，并形成三个不同的发展阶段：①初级阶段类型的无组织民间借贷，一是私人之间借贷；二是企业间借贷；三是集资。其交易特点是一次性和分散化。②准组织化民间信用，即以准金融机构形式进行的有组织金融交易，其交易特点是连续性、集中性和专业化，只是这种组织没有经过监管当局的审批，处于地下或半地下状态，主要形式即所谓"地下钱庄"，他们大多是从自发组织的各种"会"演变而来，一般采用股份制形式。③组织化民间信用，是指具有严密的内在体系结构，纳入国家金融监管部门统一管制之下依法开展金融业务活动，规范化运作，定位于服务民间中小企业的正规民营金融机构。

（2）村庄信用社会变迁的实证考察

村庄信用的社会变迁过程印证了以上推理。改革开放以来，农村的经济体制与社会结构发生了巨大变化。就农村的人际关系网络而言，其变化主要表现在：其一，人们的传统家族观念逐渐淡薄，开始重视自身的个体价值和个体利益的获取，从而使人际关系网络向与自身利益密切联系的人群延伸；其二，农村教育水平的提高加强了人们的行为规范，使人际关系网络跨越了家族界限，由亲缘、地缘关系向业缘关系发展；其三，农村人口流动性的增强，导致"同乡会"、"商会"等民俗活动出现，扩大了社会关系网络；另外，还有其他一些政策、体制及法律等方面的原因，如计划生育和晚婚政策、户籍制度、农民合作社法等都不同程度影响农村关系网络的分布。

农村社会关系网络的拓展，直接导致农村社会资本结构在量上的转移和质上的分化。在量上表现为先赋性社会资本数量减少而获得性社会资本数量增加；在质上表现为社会资本的稳定性和同质性降低，特殊性信任基础弱化，"差序格局"增大。伴随农村由传统社会向现代社会的转轨，社会关系网络规模将不断扩大，社会资本结构也将随其进一步演化。随着农村人际关系网络的扩展，村域金融由低层次的无息互助性借贷到有息民间借贷再到组织化的民间融资演进。

第一，由无息互助性借贷到有息民间借贷。在传统中国农村，小农在需要借贷时，首先考虑的是在家庭圈层内寻求亲情借贷，因为他们具有共同的血缘关系，借钱给对方被视为是一种道义或义务，往往不收取利息；同时由于彼此之间非常信任，也不会担心赖账问题。这种无功利性的亲情借贷形成了传统农村中的无息互助性借贷组织，该组织充分体现了先赋性社会资本的重要性。随着农村社会环境的变化，先赋性社会资本的数量在减少。此时情感性关系已不足以满足个人发展对稀缺资源和合作的需求，于是人们便会冲破血缘的樊篱，转而在亲属关系之外建构新的社会联系，扩大社会交往的范围，利用新的社会资本。这种新的社会资本，即获得性社会资本，主要由朝夕相处而形成的地缘性和业缘性的人际关系构成。由于这种后天发展而来的工具性关系的信任等级较情感性关系的信任等级低，因而在同村、老乡、同学之间发生友情借贷时，贷方在道义上的满足感和信息对称性上的把握下降，此时就会出现以贷款利率来补偿满足感和不确定性风险损失。这样，与信任等级逐级递减相对应，民间借贷组织也就会由无息互助型转变为有息互助型。

第二，由有息民间借贷到组织化的民间融资。农村社会资本范围的进一步扩大，会催生村域金融的组织化发展。在处于经济增长与结构转型的农村社会，基于亲情、友情的无息或低息借贷有时难以满足农户对资金周转的需求；即使能够满足，其所内含的"人情债"也逐渐使他们不愿承载，这使其转而寻求一种能够为之提供适当金融服务的融资通道。这种融资渠道相对于原生态的情感型互助借贷，能够更好地适应农户随其经济规模与交往范围的扩大对多品种金融服务的经常性需求，同时有助于推进原生态借贷方式下隐性成本的显性化。村域金融组织发育内恰于农村民间金融需求演变，伴随农村社会关系网络的扩展，互助性的"道义经济"将逐渐会被制度化的"市场经济"所替代，由此推进村庄民间借贷活动的组织化演进。

总体而言，尽管农村中的人际关系格局在发生变化，但目前并未动摇以家庭、家族关系为主线的亲缘关系网在中国农村社会中的主导地位。因而，现阶段村域金融的组织化程度还较低，民间借贷仍以无息或低息的互助形式为主。

（三）村域金融的发展趋势

村域金融的发展趋势是否就是民营金融，是否最终会以纳入到主流金融体系而告终？村域金融组织与现代主流金融机构存在基础上有着根本差异：后者以自己特殊的分工角色，将原本由单个借款人与单个贷款人之间发生的借贷行为，最终积累成大量借款人与大量贷款人之间的借贷行为，这样就可以对产生的巨额信息费用进行集中的专业化处理，从而降低了单位资金融通的费用。显然，这里存在规模经济，也即随着客户数量的增加，现代主流金融机构存在着边际贷款成本下降的趋势。

前者则不同，村域金融之所以能够存在发展，就在于其本来就较低的单位资金融通成本。首先，随着村域金融组织规模的扩大，来源于各个成员金融资产数量急剧增加，其客户层次必然发生转移，不再是原来的金融弱式群体，这时村域金融组织的性质就要发生变化。其次，成员数量的大规模增多，村域金融的信息成本、管理成本都会不断上升，上升到一定程度，便不足以形成村域金融相对于现代主流金融机构的成本优势了，也即村域金融的边际贷款成本先下降后上升，呈"U"型（见图9-6和图9-7）。

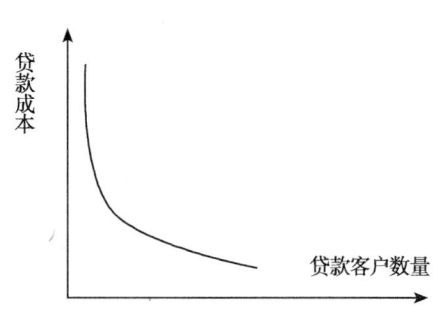

图9-6　现代主流金融的边际贷款成本

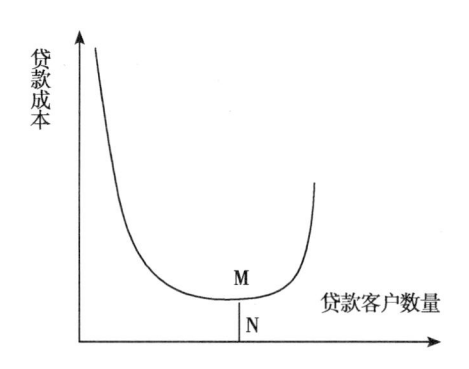

图9-7　村域金融的边际贷款成本

根据金融中介理论，任何金融中介都可视为单个借贷者在交易中克服交易成本、寻求规模经济的联合，金融中介存在的原因就在于交易成本。金融中介降低交易成本的主要方法则是利用技术上的规模经济和范围经济。也可以这样说，规模经济和范围经济起源于交易成本。村域金融降低的交易成本小于正规金融的交易成本，故而其规模经济和范围经济的限度都大大小于正规金融中介，所以在规模经济问题上，出现了相对于正规金融中介的"U"型曲线。从这个意义上说，村域金融组织较之现代主流金融组织不具备显著和完全的规模经济特点。

在这里，对村域金融的发展演变起关键作用的就是其边际贷款成本。也即，当村域金融的边际贷款成本逐渐下降，降至最低时，如图9-7中M点处，此时其客户数量达到最大，此村域金融组织的资产负债比达到最大限度的优化利用，其信息优势、成本优势等都达到最大发挥，村域金融效率最高。越过M点，随着其客户数量的上升，其边际贷款成本逐渐上升，最终会在现代主流金融机构面前丧失成本优势。所以，在M点，村域金融组织最可能发生向民营金融等现代主流金融机构的发展演变，这一点也是民间金融和现代主流金融的"分水岭"或"临界值"。因此，大多数民间金融组织都规定有人数和地域的限制，就是因为超过一定人数和地域后，其贷款成本便开始急剧上升，最终使得其难堪重负，被迫采用现代主流金融机构的贷款模式和组织形式来降低成本，否则只能萎缩和倒闭。这样，村域金融逐渐从"关系型融资"向"契约型融资"发展，以至逐渐纳入到现代主流金融体系中来。

从各国家和地区民间金融的发展历史来看，日本于1915年较早地颁布了《无尽业法》，中国台湾地区和韩国分别在1916年和1931年引入此法。日本的无尽（合会）遂于1951年转化为相互银行，进而于1968年升级为普通银行；台湾的合会公司（tontine company）最终在1976年转化为中小企业银行，这一转化过程一直持续到1995年才得以完成；韩国则在1972年将"契"（韩国的合会）转化为共同信贷机构。尼泊尔的dhikufi最终于1992年转化为"喜玛拉雅金融存款公司"（Himalaya Finance & Savings Company Ltd., HSFC），并有进一步升级为普通银行的趋势。菲律宾的paluwagan，印度尼西亚的afisan，以及越南和老挝的"会"也都呈现进一步演化的趋势（Seibel & Schrader, 1999b）。

在市场经济处于绝对优势的今天，基于自然经济基础之上产生发展的村域金融，虽然其初衷是逃避市场经济或难以为其所容，但大多难以逃脱被市场经济吞噬的命运，会被纳入到市场经济和现代主流金融的轨道上来，而这一过程在不同的国家或地区，不同的经济发展水平，以及不同的政策环境下，可能是参差不齐的。我们必须注意的是，在以混合所有制和市场经济为主体的当今世界，从来没有过任何一个国家或地区的经济体是纯粹的市场经济或者自然经济，它只能是二者的混合体，因为市场经济本身就产生孕育于自然经济，两者具有共同的产权基础，这就决定了市场经济必然继承和包含自然经济的某些无法消除的特征。如民间借贷市场不仅在自然经济中存在，在市场经济中也会长期存在，不过前者的互助合作性质更强，而后者的营利性更多一些。只要人类社会存在短缺，经济就是短缺经济，短缺经济必然产生相应的金融制度安排，也即金融资源短缺造成的金融二元性，村域金融就会与主流金融形式长期共存。

五、村域企业的技术创新与可持续发展[①]

村域企业与乡镇企业并不完全相同,乡镇企业概念涵盖面更宽,所有位于县级以下区域的企业都可以被称为乡镇企业,而村域企业范围更小,指坐落于行政村域的各类企业。村域企业大致有村集体企业股份制、股份合作制和个体私营企业等类型。村域企业的产业分布包括了第一、二、三产业,但以第二、三产业为主。发展村域企业是从整体上改善村域的生活、生产环境,提高村民生活水平的重要途径,得到各地政府的支持和学者们的关注,江苏的华西村、浙江的航民村等工业型村落被视作村落发展的模式广受关注。

从现状来看,大部分村域企业仍然主要依赖当地的土特资源条件,运用传统工艺在低技术条件下从事农产品的初级加工生产。单个企业的职工人数、销售收入较少,资产规模、研发能力、经济实力较低,这使得村域企业"底气"不足,自认为缺乏技术创新的能力,使得技术创新的动力在内心深处受到了抑制,缺乏应有的技术创新主动性。村域企业的管理者大多数受教育程度不高,对技术创新的认识不足,认为只有发明创造才算技术创新,忽视了外观设计创新和实用新型创新对村域企业抢占市场,提高产品附加值的重要作用。村域企业一般地处农村,对外信息沟通不畅,吸收新知识、新技术的速度较慢,对国内外产品生产技术变化和新产品发展的了解不够。这导致大部分村域企业陷入低水平循环的困境,始终无法通过技术创新,提高村落的生产和生活水平。因此,如何推动村域企业进行技术创新,开发高附加值的精加工农产品,是实现村域企业可持续发展的重要思路。

(一) 村域企业技术创新模式选择

根据技术创新源的选择不同可以把技术创新分为自主创新、模仿创新、合作创新和引进再创新四种方式,村域企业应该根据自身的行业特点、管理水平、研发能力、生产工艺等约束条件,选择适合村域企业可持续发展的技术创新模式。

(1) 自主创新

自主创新是指村域企业依赖自身所具有的能力和资源进行技术创新。自

[①] 本节作者黄劲松,作为本基金项目的阶段性成果之一,曾发表于《广西民族大学学报》(哲社版、双月刊),《村域经济转型》主打栏目,2008 年 3 月。收入本书时有删节。

主创新必须考虑技术创新的目标和定位，如果技术创新定位于外观设计创新和实用新型创新，目标是提高产品附加值，那么自主创新是村域企业可选的创新模式；如果技术创新定位于发明创造，目标是开拓新产品市场，那么由于没有现成的技术源作为基础，自主创新的风险和市场风险比较大，对村域企业物质资本和人力资本要求比较高，一般只适合发达的工业型村域企业集团。如浙江省宁波余姚市泗门镇小路下村创办的宁波云环集团，由宁波云环集团有限公司、余姚捷达电子有限公司、云环电子加速器技术研究所等26家骨干企业组成，总资产1.8亿元，员工2000余人，引进了90年代国际先进生产设备，产品获得15个国家的质量安全认证，云环集团公司已经具备了自主创新的条件，有能力也有可能进行自主创新。

（2）合作创新

合作创新是指村域企业通过与其他企业、科研机构、高校建立技术合作关系，在保持各自独立的利益及社会身份的同时，在一段时间内合作从事技术或产品的研究开发，在共同确定的研究开发目标的基础上实现各自目标的技术创新活动。合作形式可以是签订创新合同，规定创新目标，委托高校和科研机构开发新技术和新产品；也可以是集中各个合作单位的优势资源进行联合开发；或者村域企业出资与其他企业、科研机构、高校成立R&D中心等多种形式。合作创新能够克服村域企业技术创新资源不足的弱点，充分整合外部资源，为村域企业技术创新提供支撑。合作创新需要村域企业能把握技术发展轨迹，了解技术的前沿领域，才能在合作协议谈判中处于有利的地位，因此合作创新一般适合产品具有一定技术含量，地理位置接近城市，信息和交通比较便利，有一定规模的村域企业。

（3）模仿创新

模仿创新是指村域企业通过学习创新企业的创新思路，吸收创新企业的成功经验，通过产品反向工程破译创新的核心技术，并加以改进，在工艺设计、质量控制等方面投入更多的资金，生产出更有竞争力的模仿产品或替代产品。模仿创新是建立在已有创新技术的基础上，创新投入的资金较少，创新产品的市场风险比较小，同时模仿创新的失败率也很低，资金周期短，见效快，比较适合资金短缺、研发能力弱的村域企业。由于存在知识产权保护，模仿创新并不等于全盘抄袭，需要村域企业具备必要的技术基础，有在一定范围内对创新技术进行改良的能力，还需要具备市场研究和推广能力，能够更好地把握顾客心理，推出更受顾客欢迎的模仿产品或替代产品。模仿创新并非毫无风险，从技术层面看，村域企业进行模仿创新必须选准对象，避免模仿过时淘汰技术，同时还要考虑技术的可获性和改进性，以及村域企业自身技术、管理能力，注意专利技术的保护期限和保护宽度；从市场层面看，村域企业市场营销能力较差，与大中型企业相比处于弱势地位，需要避免进入过度竞争市场，但对农村市场的产品需求特点和产品结构更为了解，具有地缘优势，因此应该将模仿创新定位于农村的细分市场。从模仿创新的特点来看，更适合发展起飞阶段的村域企业。

（4）引进再创新

引进再创新是指村域企业引进其他企业或机构的技术和生产线，在消化吸收的基础上进行再创新。引进再创新需要先支付一定的引进费用，在学习和消化关键技术的基础上，再根据市场需求特点加以改进，进行再创新。同模仿创新相比，虽然要支付一定的引进费用，但不需要村域企业具备很高的技术能力，可以同技术转让方协商，派出技术人员对村域企业进行培训，比较适合技术基础差的村域企业。技术引进源可以是国外，也可以是国内技术领先的企业和科研机构，关键是识别引进技术的市场价值和再创新的可能性。技术也存在生命周期，如果引进成长期的技术，那么存在比较大的再创新空间，但技术发展的前景并不完全确定，创新技术的市场价值也没有得到充分验证，技术风险和市场风险比较高，需要村域企业具备一定的抗风险能力和技术吸收能力；如果引进成熟期技术，技术发展前景确定，创新产品被市场所认可，那么再创新的空间比较小，但技术风险和市场也相对很小；如果引进衰退期技术，那么几乎不存在技术再创新的空间，市场也接近饱和，不利于村域企业的持续发展。因此，引进再创新比较适合发展初期的村域企业，在技术基础薄弱的条件下，引进技术是提高村域企业产品技术含量，提高产品附加值的主要途径。

随着人们对农产品需求多样化的发展，农产品加工市场细分的广度和深度进一步强化，农产品的多元化和个性化生产将成为今后发展的主流，农产品间的识别将进一步多样化，这势必为村域企业技术创新提供广阔的前景。

（二）构建村域企业技术创新支撑体系的思路

村域企业作为农户与市场的连接纽带，能够将农业产前、产中、产后各环节融合为一个完整的产业系统，延长农业产业链，实现农业产业化。在中国农产品价格上升空间有限，土地资源约束导致市场化大农场不可行的现实条件下，发展村域企业是提高农民收入，改善农村生活和生产环境，进而打破城乡二元结构的唯一途径，是发展农村经济的战略突破口。村域企业的发展离不开技术创新，构建村域企业技术创新支撑体系，为村域企业提供政策、资金和技术支持，是实现村域企业可持续发展的基础。结合村域企业技术创新面临的实际困难，构建村域企业技术创新支撑体系应该包括以下四个方面：

（1）政府支持

村域企业大多从事农产品初级加工生产，由于存在技术障碍，许多有广阔市场前景的农产品深加工项目虽然利润很高，村域企业却无力生产。政府支持村域企业技术创新，可以通过直接发起普及性很高的农产品加工项目的研究开发，组织各种研究力量，提供研究资金，对农产品加工的关键共性技术实施攻坚计划，解决生产中的技术难题，最后通过技术扩散项目为村域企业生产提供直接的技术支持。同时，政府应该通过税收减免，加速折旧，研发费用补贴、费用扣除等一系列税收优惠政策，鼓励和引导村域企业自发进行技术创新。政府鼓励和支持村域企业创新是最基本、最有效的方法，需要政府制定相应的政策和措施，协调与村域企业创新相关各部门的工作，安排国家级科技攻关计划向农产品加工业适当倾斜，重点支持应用面广，经济效益大的农产品加工技术的研究和开发。

（2）金融支持

村域企业技术落后，市场竞争力弱，生存风险大，缺乏规范的财务管理体系，难于符合金融机构的贷款条件，大部分的村域企业无法获取贷款支持，即使获取贷款，也往往是费用高、时限短的"歧视性"贷款。为村域企业技术创新提供金融支持，需要强化政策性银行的支农功能，以引导村域企业进行技术创新为目标。具体来看，（1）由村集体牵头，建立村域企业联合信贷担保体制，强化村域企业的信用；（2）政府从财政收入中提取一部分设立村域企业技术发展基金，用于支持技术含量比较高，具有推广价值的创新型村域企业；（3）加强农业银行、农村信用社等政策性银行对村域企业的金融服务，适当放宽贷款审批权，简化村域企业贷款抵押手续和条件，建立村域企业资金扶持计划，积极支持村域企业的技术创新活动。

（3）技术开发支持

村域企业的规模普遍较小，没有能力单独设立研究部门，创新主要集中于面向市场的开发研究和应用研究，一些技术比较复杂，工艺要求比较高的项目需要专业的研究机构帮助进行开发。村域企业的优势在于对农村市场机会的捕捉能力很强，有机会产生创造性思想，却因为缺乏必要的技术基础，无法将机会变成现实的产品。加强村域企业与研究机构、高等院校的连接，鼓励产学研合作，通过科技人员在村域企业挂职锻炼，高等院校设立村域企业技术支持机构等一系列政策措施，为村域企业技术创新提供可靠的技术开发支持。

(4) 社会中介服务支持

建立村域企业社会中介服务体系,目的是帮助村域企业解决技术创新中存在的信息滞后,管理人员素质低,技术基础薄弱等问题,提供信息咨询、培训、创新项目诊断、创新管理等多方面的服务。①建立专门的技术咨询机构和推广机构,为村域企业技术创新提供广泛的技术咨询、技术转让、理论指导等全方位的服务,在村域企业与科研机构之间,企业与企业之间开展技术协作及创新成果扩散的活动。同时在加强生产力促进中心、孵化器这一类机构建设的基础上,设立公立实验所,以建立面向村域企业的开放实验室为基础,将那些单个企业无力购置或维持运营的共性技术装备和大型实验设备向村域企业开放,实现资源共享。②建立专门的管理咨询和培训服务机构,对村域企业的管理者,技术人员进行专门培训,提高其对技术创新活动重要性的认识和投入,为村域企业提供法律、财务、创新管理等方面的咨询服务。③设立信息服务机构,建立农产品加工技术信息中心,避免村域企业技术创新中的重复投资,为村域企业提供充分的行业发展信息、市场信息和技术信息。

(三) 培育村域企业技术创新能力,实现可持续发展

为避免城乡工业结构雷同,走可持续发展道路,村域企业需要依托农业,大力发展农产品加工业,提高农产品附加值,这既可以拉动农业的发展,改善农民生活,又充分发挥了村域企业立足农村,贴近原料市场的比较优势。村域企业的发展离不开技术创新,提高技术创新能力对村域企业的可持续发展具有决定性的意义。在竞争日趋激烈的市场环境下,依靠技术创新,不断改进生产工艺,降低产品成本,提高农业加工产品质量,是村域企业获取竞争优势的源泉,也是村域企业适应外部环境和市场需求的不断变化持续发展的保障。

推动村域企业开展技术创新活动,不但需要各级政府高度重视,把引导村域企业走科技进步道路作为一项战略任务,创造有利于村域企业创新的环境,也需要各种科研机构和高等院校重视对农产品加工技术的研究开发,最重要的是村域企业提高技术创新意识,加强自身素质的提高,加强技术、产品、工艺、知识和经验的积累,提高技术创新能力。培育村域企业的技术创新能力,实现村域企业的可持续发展是当前中国解决"三农"问题,破解城乡二元结构的重要途径,也是非常复杂和困难的战略任务,需要政府、社会和村域企业自身的努力,从体制创新、政策倾斜、社会扶持等多方面为之创造条件。

第十章 江苏案例：泰西村域工农业互动发展研究[①]

本章尝试把工农业关系及其协调发展的研究下沉到村域层面进行，以江苏省太仓市泰西村为例，从一个全新的视角，探讨村域经济转型过程中的农业现代化、村域工业化以及村域工农业互动发展的关系和规律。

一、村域工农业互动发展研究的意义、样本及价值

（一）工农业互动发展的理念

村域现代农业发展。现代农业是用现代工业成果和科学技术装备的农业，是建立在现代生产组织、科学管理和高效持续发展基础上的农业，是工业协调发展、城乡和谐发展的农业。村域是农业的"产业园区"，一个国家和地区的现代农业水平，其实是由这成千上万个农业园区的现代化水平决定的。

村域工业化。工业化一般是指制造业或第二产业所创造的收入在国民收入中所占比重逐步提高，制造业或第二产业中就业的劳动人口占总劳动人口的比例持续上升的过程（张培刚，2001）[②]。村域工业化是村落传统农耕文明向现代工商业文明转化的过程，村域工业化并不局限于村落工业发展，其间，必然伴随着村域经济主体的转型、经济结构、社会结构和生活方式的变化。一方面，村域除传统的农户经济，以及公社体制沿袭下来的村组集体经济等主体之外，中小企业主和专业合作社等新经济体必然大量产生；另一方面，产业结构由单一的农副业结构转向农业为基础、工业为主体、服务业为支撑的新结构。与此相一致，村域社会结构及其生活方式发生根本变化，其突出的表现是聚落社区集镇化、生产方式组织化、生活方式市民化。乡村工业化是国家工业化的重要组成部分，是农业国走向工业化的必由之路，不能跨越。

[①] 本章作者方湖柳，参见方湖柳《村域经济转型中的工农业互动发展——江苏省太仓市泰西村案例分析》，中国社会科学出版社2008年版。

[②] 张培刚：《农业与工业化》（中下合卷），华中科技大学出版社2002年版。

村域工农业互动发展。互动是指各种因素之间相互影响,互为因果的作用和关系。这种互动,首先强调相互促进的作用,但也可能出现相互制约的情况。无论哪种情况,都会表现出相互影响的关系。在村域工农业协调发展研究中,更加注重强化工业和农业之间的相互促进作用,而减少和降低相互制约的影响。

但村域是一个狭小的行政区域,不是一个完整的经济地理单元,因此村域工农业互动发展的定义及其评价标准必须有其自身特性,而不能简单地用一个国家或地区、省域或县域现代化的指标来衡量。直观上看,过度工业化是工农业发展不协调的表现;反过来,工业化不足也是工农业发展不协调的表现。这两种情况都难以实现村域工农业的互动发展。就现实而言,在那些工业型、专业市场型村域,调节工农业关系的关键在于节制农业经济资源转移,村域需要保有一定数量的耕地、农业劳动力和农业发展资本;而在那些传统农业型、山区贫困型村域,农业生产力落后,劳动力堆积在有限的土地上,农户种植、养殖业方式原始,收入和积累能力低下,集体经济薄弱,新经济体和非农产业尚未发育,经济发展乏力,在这样的村域调节工农业关系,其首要任务则需刺激以工业为主的非农产业的发展。

(二) 村域工农业互动发展的研究意义

农业国如何实现工业化和现代化,是发展经济学的主要任务。尽管发展经济学关于工农业关系的研究成果汗牛充栋,但这些研究大多都是基于宏观层面进行,而且在工农业关系研究上,偏重于农业对工业化推动作用的认识上。比如,早期的发展经济学理论中,刘易斯模型(1954)中的"农业为工业提供无限的食品"[①] 的观点,费-拉尼斯模型中的"农业进步是工业发展的前提"的观点等,美国经济学家、诺贝尔经济学奖获得者西蒙·库兹涅茨在《经济增长与农业的贡献》(1961)[②] 一书中提出的产品贡献、市场贡献、要素贡献以及外汇收入的贡献;现代西方发展经济学关于农业对工业及经济发展的贡献仍然集中在上述方面:一是农业向其他扩张着的经济部门提供食品和原材料;二是农业以储蓄和税收的形式提供"可投资剩余",以维持其他扩张部门的投资;三是农业出卖"可销售剩余"而扩大农村人口对其他扩张部门产品的需求;四是农业通过出口赚取外汇或通过进口替代节

---

① [美]刘易斯:《二元经济论》,北京经济学院出版社1989年版。
② [美]西蒙·库兹涅茨:《经济增长与农业的贡献》,中国人民大学出版社1988年版。

约外汇来缓和外汇限制。但反过来，研究工业化对农业和农村发展作用以及如何发挥作用的研究要少得多。张培刚先生在1940年的《农业与工业化》一书中，探讨了工业化对于农业生产和农村剩余劳动力的影响。他认为：工业发展是农业改良的必然条件，没有工业相当程度的发展，没有工业各国各部门提供的机器、肥料、动力、出厂设备及运输工具，要使现代农业得以发展和运行是不可能的；当工业化进行到成熟阶段必然引起农业生产结构的变化。1979年刘易斯又发表了"再论二元经济"，探讨了现代部门对传统部门的影响问题。他指出，现代部门的扩张可以通过四种方式或途径使传统部门受益，而每一种方式也可能会产生破坏性的影响。研究上的这种偏离状况，可能是基于世界范围内大多数国家的工业化和现代化原始积累都来源于农业这一铁的规律。

　　工农业关系的当前研究，转向了从宏观层面上探讨工农业协调发展、可持续的发展上，在中国尤为明显。比如（1）关于工农业协调发展的含义：赵勇（2004）认为，工农业协调发展包括资源配置结构的协调、产品实物量和价值量上的协调、两者发展相互促进等方面的内容；成协祥、李明认为，一个国家的工农业关系是否协调表现在三个方面：工农业两大部门在物质上能否满足对方需要；两大部门劳动生产率和劳动者的收入是否持平；工农业差别是否消失（李明，2006）①。（2）关于工农业协调发展的内容，吴志军（1997）概括为五个方面：一是农业现代化水平与农村工业化水平的协调，其包括总量协调、速度协调；二是农村工农业之间的投入结构、技术结构的协调以及农业结构、经营方式、农业现代化建设重点与农村工业水平、结构之间的协调；三是农业与农村工业在资源要素（包括劳动力、资金、土地等方面）流动及配置上的协调；四是农村工农业特别是工业发展的同时，不断保护和改善农村生态环境；五是社会协调。（3）关于工农业协调发展的路径研究，严瑞珍教授（1990）在我国学术界首先提出了"先工后农"并非工业化客观经济规律的观点，认为工农业之间的关系不应是先发展工业而后支援农业，而应是相互支援、交叉掩护、协调发展。工业依靠农业积累现代化资金，到头来不仅损害了农业，同时也损害了工业，工农业都得不到发展；吴志军（1997）认为，从总体上看，必须坚持农村工业化和农业现代化同步发展的方向。（4）工农业和谐发展的速度研究，20世纪80年代后期，比较多的学者及经济工作者根据发达资本主义国家过去几

---

① 李明，"中国1953—1965年的工农业关系"，中南财经政法大学中南经济史论坛，网址 http://jyw.znufe.edu.cn/pub/znjjslt/rcpy/sbxt/t20060522_5412.htm.

十年来实际的发展速度的统计数字,进行平均化测算后,主张农业与工业保持1:2的发展速度比;宋桂兰和高占国(1997)则提出在工业化的不同阶段,工农业发展有不同的适宜速度比。他们认为在工业化初始阶段,工农业的发展速度之比以3:1为宜。

中国政府以这些理论为指导,致力于协调城乡之间、工农业之间的关系。目前,我国总体上也已进入到"工业反哺农业,城市支持农村"的新阶段。但是,扭转农业基础薄弱、农村衰落的局面并不能一蹴而就。在广大中西部地区尤其是贫困地区,农业经济仍然萧条、村落依旧破败,农民对村庄田园生活信心不足,大量涌入城市,从而又进一步加剧了农村的衰退。这是否因为理论研究过于宏观,脱离了现实而不具备操作性?如果从理论研究的角度反思,我们是否应该把研究视角下沉到基层?目前我国约63.7万个行政村域,如果其中多数村域不能如期完成转型发展任务,"三农"现代化乃至国家富强都将成为一句空话。科学发展观指导下,进一步推进农村改革发展,着力点应该放在推进村域工农业互动发展上。

把工农业关系研究下沉到村域层面,是历史赋予我们这一代学者的一次机遇。先前的研究者从来没有面对今天这样发达的乡村工业化局面。在今天的中国,出现了类似华西村这样的一大批工业型村落和类似义乌地区的一大批市场型村落。这些村落的耕地、农业和村庄都消失了,代之而起的是工业、商业小区和城镇化。从中显示一些村域已出现过度工业化、城镇化的问题;但与此同时,还存在大量的传统农业经济型村落,农业增长低水平循环,农民生活始终在"贫困——温饱"区间徘徊,其主要矛盾则表现为工业化严重不足。这样的社会条件背景,为我们开辟了更广阔的工农业关系研究的空间。

(三) 样本(泰西村)概况及其研究价值

泰西村的前身是姚泾村。抗日战争爆发后,这里是日本侵略者的重要控制区域。日本满铁上海事务调查所早在1939年就集中对姚泾村[①]进行了调查[②]。泰西村所处的苏南农村是旧中国农业、农村商品经济发育最早、最发达的地区之一。鸦片战争以后,帝国主义列强相继入侵我国,迫使中国沦为半殖民地半封建国家,随着世界资本主义势力的入侵,中国成为列

[①] 日本满洲铁路株式会社上海调查所,1939年对该村进行过调查,其时该村村名为姚泾,满铁资料误写成"遥泾村",本文中一律纠正为姚泾村。

[②] 南满洲铁道株式会社:《江苏省太仓县农村实态报告书》,上海1940年。日本满铁除对太仓县整个县况进行调查外,还选取了唯一一个样本村——姚泾村进行重点调查。

强掠夺农产品原料的基地和倾销工业品的市场。国内农产品商品化偏离了明清以来的发展轨道，日益畸形发展。近代中国开埠后形成的上海口岸大都市，对苏南农村商品经济发展产生了更深刻的影响，"所有农户都被深深卷入了商品经济的海洋"①。商品经济逐渐向各个角落延伸，加强了小农的工商业崇拜，加快了苏南农村商品经济的进程，也为农村工商业发展创造了条件。

泰西村曾是民族工业的发祥地之一，又是新时期乡村工业化的典型村域。清光绪三十一年（1905），在泰西村近邻投资创办了一座近代式的机器纺纱厂——"利泰纱厂"。它在推动周边村域经济和社会从传统向现代的转型发展中扮演着重要角色。从利泰纱厂建厂之日起，当时的姚泾村就有30%—40%的劳动力进入纱厂做工，"该村庄生产经济的支柱，是农业生产外的工厂劳动所得"②。新中国建立后，饱经日寇侵占、敌伪和青帮欺压已经奄奄一息的利纱泰厂，重新获得了新生。经过公私合营的社会主义改造，转变为纺织行业的著名国营企业，继续对周边的工业生产发生辐射作用。公社时期，泰西村的社队企业就比较发达。改革开放以后，泰西乡镇企业率先发展。2007年，村域已经拥有纺织、化工、电子、五金、机械、化纤、染色、塑胶等大小43家企业。在全村2456名从业人员中，从事工业的劳动力达到1365人，占55.6%，80%的劳动力转移到以工业为主的非农产业就业；在村域43302万元的生产总值中，第二、三产业产值为38409万元，占88.7%（其中第二产业产值为26480万元，占61%；第三产业产值为11569万元，占26.7%）。可以说泰西村已经"工业化了"。

但就是这样一个乡村工业化的村域，并没有异化为我们在发达村域通常看到的工业小区或集镇，仍然保留着强烈的农耕习惯和乡土文化，显现出农耕文明与工业文明交相辉映、同存共荣的和谐局面。泰西村至今仍然保有4638亩耕地，户籍人口人均1.294亩，仍然属于苏南农村人均耕地较多的村落。全村95%的农户都未放弃土地，尽管农业已经成为农户的"副业"，但这里农田基本建设先进，各项配套设施到位，中央、地方各级领导曾来村视察丰产田示范方工作。种植业、养殖业生机勃勃，高效农业初露端倪。2007年，全村农林牧渔总产值4893万元，粮食总产量2560吨，油菜籽总产量105吨。村落仍如日本满铁调查描述的那样："姚泾两岸密集的住房呈

---

① 曹幸穗：《旧中国苏南农家经济研究》，中央编译局出版社1996年版，第3页。
② 南满洲铁道株式会社：《江苏省太仓县农村实态报告书》，上海1940年，第25页。

带状扩散。"虽然经过2004年三村合并①，现在村域面积已经扩大，但村落仍然沿姚泾、郁泾等泾流成带状分布，并未向小区集中，保留着浓厚的小江南村落气息。但是，这里的民居已今非昔比，一排排小洋楼或独体或联体别墅错落有致，尽情展示着新农村的美好景象。

二、泰西村域农业经济转型与发展

（一）农业经济转型发展的历史条件

（1）旧中国，泰西村农业经济的凋敝与衰败

中国的姚泾村，农业经济长期处于凋敝和衰落状态，村民在这零碎土地上的农业经营，每年进行二次耕作。夏季种植水稻、棉花、大豆等，冬季种植小麦、元麦、蚕豆等。种植品种、面积依各农家不同而异。以民国二十七年为例：夏种总面积389.3亩，其中水稻66%，棉花30%，大豆4%；冬种总面积323.3亩，其中小麦56%，元麦32%，蚕豆12%。就主要的收获量而言，夏种时水稻270.3支石，棉花2896支斤；冬种中小麦127.7石，元麦37.75石。其经济性比重依各农家而有所不同，一般来说，棉花、小麦是商品作物，而水稻则作为自家用。在这些农产品中，民国二十七年的商品化率："米为23%、小麦为50%、棉花为38%。"②

土地商品化带来土地所有权和使用权的细碎化（表10-1）。泰西村农业经营者耕地面积最大组的A组户数仅占13%，其中最大户仅有24亩；B组24户、C组15户，比率分别为46%、29%，两者占了75%。根据满铁资料继续分析，在姚泾村52户农民中，无地户6户（占全村农户的12%），其中一户为学校教师，一户无职，一户为农业劳动者，其余三户为农业外劳动者，只能为别人提供劳动力或到工厂劳动；2亩以下5户，2—3.9亩9户，4—5.9亩3户，6—7.9亩5户，8—9.9亩6户，10—11.9亩4户，12—19.9亩10户，20—24亩4户③。为此，调查者感叹"村庄农地如上表清楚表明，仅有29%为C组耕作，其余大部分为A、B组占有。户均耕地面积仅为8.7亩，与维持支那农家最低生活所必须的全国平均面积16.5亩相比，可看出该村土地的零细性"④。

---

① 新中国成立后，姚泾村更名为泰西村，2004年，泰西村、洞星村和米中村合并，仍沿用泰西村名。
② 南满洲铁道株式会社：《江苏省太仓县农村实态报告书》，上海1940年，第21页。
③ 同上书，第46页。
④ 同上书，第47页。

表10-1　　　　　1939年姚泾村农户按经营土地面积分类表

群别	农家号	户数 实数（户）	户数 比率（%）	经营面积 实数（亩）	经营面积 比率（%）
A（24亩—15亩）	1—7号	7	13	141.0	35
B（未满15亩—5亩）	8—31号	24	46	223.6	56
C（未满5亩—0.1亩）	32—46号	15	29	34.05	9
D（不经营土地）	47—52号	6	12	——	——
合计	——	52	100	398.65	100

资料来源：《满铁太仓报告》，第46页。

城居地主与农村佃农的关系形成，是当时苏南农村最主要的经济关系。20世纪30年代末期，姚泾村几乎看不到以出租土地为生的在村地主，土地集中于在城地主。从农民手中分离出来的土地，也被许多的中小地主所占有。当时该村398.85亩耕地中，有371.95亩是租入耕地，租入地占全部耕地的93.3%。村中几乎全是佃农、半自耕农及雇农，没有一户是完全靠耕种自己土地为生的自耕农。更有甚者，村中52户人家，租入宅地的竟有39户，占75%[①]。佃农比例非常之高，而且所受剥削沉重。根据RCC课题组2005年在泰西村入户访谈——高巧林夫妇口述历史的记录："姚泾地租太高、最苦、最穷，因而姚泾村在历史上叫'剥皮姚泾'。我们高家老祖宗留下八九亩耕地，其中三亩是租来的，每亩每年要交给地主105斤大米。六亩左右的土地是自家所有地。即使每亩只收十多斤稻谷，也要给地主完粮。"农户经济凋敝、困苦可见一斑。事实上，在苏南这样的商品经济发达区域，土地所有权集中于"在城地主"。从农民手中分离出来的土地，逐渐被许多中小地主占有；同时土地的使用权也是高度分散的，佃农比例奇高，这是旧中国苏南农村区别于北方农村的重要特征。

小农户由于耕地面积过于狭小，无法维持家庭生计，迫使一些农户干脆转到利泰纱厂打工或从事与利泰纱厂有关的劳务，继而出租小块土地，加上利泰纱厂办在近邻，因此，姚泾村的农户兼业化现象出现，要比其他地方早50年。1938年，在利泰纱厂务工的同时，又仍在经营土地的姚泾村农户占40.4%。农民不得不放弃经营土地而出卖劳动力，到利泰纱厂打工，饱受资本家的剥削。20世纪30年代末期，姚泾村所有农户的土地经营中，基本都不存在长工、月工和包工的情况，只有极少量农户雇用临时性"日工"的

[①] 南满洲铁道株式会社：《江苏省太仓县农村实态报告书》，上海1940年，第47页。

情况。即使是土地经营面积超过20亩的4家种田大户（表10-2），也没有出现北方农村地主那样大量雇用长短工的情况。这与农业经济衰败的情境是一致的。农业劳动力大量到农外寻求生活来源，一方面，通过农外微薄的收入继续维持摇摇欲坠的超小农户经济，阻碍了土地规模集中和经营式地主的产生；另一方面，依靠小农户支撑的农业经济的劳动力和资本投入都大大减少，农业生产日趋萎缩、凋敝。

表10-2　1939年姚泾村种田大户（20亩以上）劳动力雇佣概况表[①]

姓名	耕地（亩）	自家务农劳动力（人）	每劳力耕种面积（亩）	年雇工（日）	年佣工（日）	亩均雇工（日）	耕牛（头）
覃云乡	24.0	4	6.0	—	—	—	1
高亦齐	23.5	4	5.9	—	—	—	1
高天福	22.0	4	5.5	—	—	—	1
徐林孔	20.0	4	5.0	—	160	—	1

资料来源：《满铁太仓报告》，第48页。

日本侵略战争，对泰西村农业经济发展破坏和影响是巨大的。《满铁太仓报告》中，零星记录了战争对姚泾村的破坏和影响。自民国二十六年（1937）10月开始，村民简单地整理家产，到无锡、北方任阳镇等地避难。半月甚至三个月后，村民陆续回乡。民国二十七年（1938）春重新开始农业。其间有农家52号的高阿金死亡，但他是在昆山时被误射身亡，除此之外直接被害的一个也没有。作为军队移动之用的粮食、劳力、搬运用具等军需用品，征用了一部分农家的家畜、船只、其他财产等。据调查得知，52户被调查户中没有被征用的只有24家，过半数的农户被征用，其中黄牛3头，马1头，船3艘，鸡107羽，米3石6斗，藁600斤，其他衣物、农具等[②]。村庄还全面性地受到了政治、经济的影响，战争期间，土地价格大幅度降低、劳务收入丧失殆尽、侵略者劳工增派，过半数农户的家畜、畜役力、船只和其他财产大量被掠夺。在这样惨痛的经济和社会生活场景下，姚泾村指望通过农业商品化带动整个村域经济转型只能是幻想。

(2) 新中国成立初期至人民公社，泰西村农业经济的复苏

泰西村历经土地改革、农业合作化和落实"调整、巩固、充实、提高"八字方针后，农业生产力得到了空前发展，农业总产值得到了快速提升，农民生活也逐步得到改善。

---

① 南满洲铁道株式会社：《江苏省太仓县农村实态报告书》，上海1940年，第60页。
② 日文本《满铁太仓报告》第二章第六节"事变的影响"（第31—34页），作者翻译。

专栏 10-1　泰西村民口述村史之：新中国成立初的村域经济

访谈时间：2005年8月21日下午，星期日

访谈对象：施金生

施金生，男，生于1929年。1955年上半年，任姚东初级合作社四社社长，1955年下半年—1965年任洞星村高级合作社主任，1965—1972年任泰西村大队书记，1972—1975年任建筑公司下属造船厂厂长，1975—1991年任建筑公司书记，1991年退休时仍是农村户口。现每月365.20元退休工资（沙溪镇村干部社保）。访谈时，施金生身体健康，思维清晰。

口述摘要：

（1）泰西村1949年5月13日解放，1950年土改时任民兵排长。当时有3户地主（陈某、高某一、陆某），3户富农（高某二、高某三、徐某）。高某一有300亩土地，陈某原先是贫农，用3块银元买彩票，中了9700元，购买了100亩土地。富农中徐某的土地较多，当时的标准是超过本家生活收入25.6%的划为富农，由于有雇工，还带有一点剥削性。

（2）土地改革时，地主土地按人口留2亩4分地外全没收，房产除生活住房外全部没收；富农每人自留2亩4分，其余分掉；贫农分得2亩4分，中农如超出2亩7分半的部分也要分掉；下中农有2亩3分地就不分，超出2亩半也不退出；雇农和贫农一样，没地的给地，没房的给房。1950年底土改结束。

（3）1951年开始镇压反革命（略）。

（4）1953年统购统销，开始搞互助组，直到1955年初为初级合作社，1955年下半年开始搞高级合作社。有4个初级合作社：郁东初级一社，郁西初级二社；姚东初级四社，姚西初级三社；当时施金生任姚东初级合作社四社社长。姚东四社有农户63户，200多人。1955年下半年，四社合一成立高级合作社，并设有党支部，施金生任副书记兼主任，有3个中共党员，9个国民党党员。当时全部农户都入社，成分不好的也可要求加入合作社。

（5）1958年下半年成立沙溪人民公社，1965年3月姚泾划入直塘人民公社，1983年撤公社建镇（以下略）。

村民口述史还告诉我们：①满铁调查时期的姚泾村，实际上包括今日泰西村的第一、十、五、六、七组和原郁泾村的二、三、四、八组。建国后，分为姚东、姚西、郁东、郁西等四个初级合作社。后几经合并改名，到20世纪60年代初，已经改称泰西大队。②姚泾村土地改革前，村里没有大地主，有三户地主、三户富农，1950年底土改结束后，土地占有绝对平均，一般每人占有土地2.4亩左右。1954年，村里用上了电，有了变压器，农业灌溉用上了提灌。1958

年下半年成立人民公社。1959年村里有了灌水机，装在船上可移动使用，用柴油发动。照明用电1961年输送到村，1967年普及到百姓家。

（二）泰西村农业经济转型发展历程与现状

（1）土地制度的变革

从1978年至今，泰西村域加速由传统农业经济向现代农业经济转型。1982年冬天，苏州开始实行"包干到户"的家庭承包责任制。泰西村民也开始分田到户。据村民张文元回忆："由于1982年冬按照既有种植面积、分别按人均分地，土地分配非常零散。因此到1983年春天，村里又重新分田，把田分为口粮田和责任田。口粮田每人0.45亩，责任田以小组为单位按人口平均。"我们从泰西村1984年责任制度归户清单中整理出一组数据（表10-3），清晰反映出泰西村土地制度安排的特色：集体土地边界是村民小组，即使行政村几经合并，但各村民小组的边界也从未改变（三村合并后，新泰西村形成38个村民小组即是证明）；无论承包耕地、自留地、饲料田、口粮田，都是以小组为单元，按照本组人口（成员）平均分配，但是各组差异不大，而且这种差异主要表现为人均占有的责任田，自留地、饲料田按照政策每人0.21亩左右，口粮田绝对平均，全村每人0.45亩。

表10-3　　　　　1984年泰西村耕地承包分配统计表　　　　（单位：户、人、亩）

组别	户数	人口	承包耕地面积 小计	承包耕地面积 人均	自留地 小计	饲料田 小计	两项 人均	口粮田分配 人口	口粮田分配 总面积	口粮田分配 人均	人均合计
1	36	116	138.58	1.19	15.2	10.2	0.22	99	44.55	0.45	1.86
2	40	131	157.73	1.20	15.2	9.2	0.19	123	55.35	0.45	1.84
3	20	76	96.89	1.27	9.6	5.9	0.20	71	31.95	0.45	1.92
4	21	84	103.56	1.23	10.6	7.2	0.21	83	37.35	0.45	1.89
5	22	83	112.65	1.36	10.8	6.4	0.21	79	35.55	0.45	2.02
6	32	122	156.91	1.29	14.0	11.28	0.21	121	54.45	0.45	1.95
7	29	120	141.717	1.18	13.8	8.4	0.19	112	50.42	0.45	1.82
8	23	80	113.72	1.42	13.0	7.8	0.26	77	34.65	0.45	2.13
9	36	114	133.275	1.17	12.1	9.2	0.19	109	49.05	0.45	1.81
10	28	84	93.71	1.12	10.9	6.9	0.21	80	36.00	0.45	1.78
11	24	82	101.28	1.12	10.0	7.55	0.21	79	35.55	0.45	1.90
12					13.40						
合计	311	1092	1363.422	1.25	135.2	90.03	0.21	1033	464.87	0.45	1.91

说明：①本表是合并前的泰西村情况；②1984年与1983年相比较，村域耕地共计减少3.3亩，其中第5、11小组当年耕地面积分别减少2亩和1.2亩，均用于全民、大集体基建征用；③全村人均承包耕地、自留地、饲料田、口粮田及人均合计都是理论数据，而事实上，村域内各组村民的土地占有是有差别的，尽管这个差别很小。

1984年以来，泰西村劳动力非农就业比例逐年提高，到2007年高达79.2%，但该村绝大多数农户都没有放弃土地。2004年全村177户记账样本农户中，总人口744人（户均4.2人），劳动力441人（户均2.57人）；总承包面积812.6亩（户均4.59亩），实际耕作面积641.1亩，其中征用1.2亩；转出面积228.7亩（户均1.29亩），转进面积60.69亩（户均0.34亩）。分户观察，除41号外，其余176户（占99.44%）的家庭仍然保有并实际耕作土地；实际耕作土地最多的3号农户17.5亩，最少的36号农户0.24亩。户均实际耕作面积3.62亩。

(2) 生产组织形式转型

生产组织形式由农户单干、小规模、分散化经营，转向专业化、规模化、合作化经营。泰西村农业产业结构调整较早。自1985年"中央一号文件"颁布之后，泰西村结合耕作制度改革，开始在稳定发展粮棉油生产的基础上，逐步调减粮食生产面积，扩大经济作物，加快水产养殖业和畜牧业等的发展。从而在粮食"丰产方"、蔬菜瓜果等经济作物种植、水产和家禽养殖等方面，形成了规模连片种植和养殖的专业化、规模化生产格局。

从2001年起，苏州农村各级推进"三大合作"改革，泰西村在这一改革中的变化是：(1) 成立了社区股份合作社。2005年11月，将集体资产量化折股、配股，组建了泰西社区股份合作社。它属于社区全员参加的合作社，与村民委员会实行"两套班子、一块牌子"。到2005年底统计，泰西村社区股份合作社入社农户1045户，有股份的社员3307人，合作社集体经营总资产546万元（其中集体经营性净资产248万元、集体资产股份量化资产298万元），合计总股数股份29800股，当年合作社总收入55万元。(2) 成立了土地股份合作制。原米中村有一连片土地395亩，交通便捷，一苗木公司要求承租这片土地10年用于经营苗木。村委会考虑这是调整农业结构的好机会，于是引导89户农户以土地承包经营权入股的形式，组建土地股份合作社，民主产生"三会"组织，由董事会直接与苗木公司商谈租金价格，所得租金按照承包经营权入股的土地进行按股分配。2003年5月，米中村土地股份合作社正式成立，89户农户入股，入股面积395亩，折合总股本395万元。合作社与苗木公司签订租赁合同，租金收入每年确保600元/亩，并参照粮价涨幅适时提高租金增幅。从2004—2007年，合作社每年经营纯收益均为36万元，其中用于股份分红24万元，入股农户的土地每亩（股）每年保底分红500元、浮动分红100元。

特别要指出，20世纪90年代初，苏州市在调减粮食生产面积，但不减粮食产量的情况下，开展了"丰产方"活动。由于泰西村具备各方面良好的基础，1032亩的连片土地也被划为"丰产方"，涉及7个生产队共计170家农户的承包田。这千亩丰产方，由镇技术指导站统一指导育秧、打药、肥水管理，并由村集体出资，利用先进的现代农业机械统一插秧、收割，农户只需平时的日常小管理。村里的四个承包大户，包括其他各农田经营散户，也是根据丰产方指导。可以说，丰产方真正达到了"以点带面"的效果，为泰西村在工业化格局下仍保农业欣欣向荣立下了汗马功劳。

(3) 农业装备和技术水平的提高

生产工具由传统农机具为主，转向用现代机械装备农业；生产能力由依赖传统栽培技术和精耕细作习惯，转向依靠现代科技与社会化服务实力。改革初期，泰西村农业现代化已具备一定基础。1982年分田到户时，大小队集体所有的农业机械动力及电气设备有脱粒机25台，挂机每个小队1台共计11台，电动机29台，打浆机3台，立式打浆机12台，排风机13台，割晒机11台，单管6台，药水机皮管930米，电缆线1190米，水泵2台。另有半机械及大中农具拖车11辆，8—15吨的小泥船13只、1吨半的小泥船13只，水车2部，风车2部。

分田到户承包经营以后，农业机械主要由农户购买。近几年国家实行农机购买补贴政策，泰西村域农业机械设备进一步提升。2008年，泰西村再次作为粮食生产"丰产方"试点单位，为减轻农民插秧的劳动强度，村集体出资购买3台插秧机，每台8.9万元（其中每台村集体出资2万元，国家补助6.9万元）。全村中晚稻1500亩，从制种育秧、买插秧机、请工插秧，每亩投入需100元，全部由村集体来承担，全村此项投资共15万元。就连操作插秧机的师傅和工人的饭菜，也是由村干部送到田头。这样既保障了水稻种植面积，又为老百姓减轻了负担。村民委员会公示栏一张2007年村民购买农机具的补贴发放表（表10-4），显示了村域目前的农业现代化设备及装备情况。

泰西村还十分注重现代科技对农业的作用。早在20世纪八九十年代就开始接受县、乡技术指导部门的技术指导。作者驻村调查时，曾发现一份泰西村民委员会于1990年与太仓县农业公司农技站签订的农业技术服务承包合同。从该合同中了解20世纪90年代水稻栽培技术的革新主要是科学栽培和管理，包括培育适令壮秧（苗）、合理密植、科学运筹肥料、病虫害防治以及连片种植（不插花）即"丰产方"实验等。像这样具体而又有效的技术指导一直延续至今，对推进泰西农业现代化起了重要的作用，能够及时更新良种，优化群体结构；促使栽培技术逐步向轻型、省力、省工、高产、高效发展。

表10-4　　　　　　　2007年泰西村民购买农机具补贴表　　　　　　（单位：元）

名称	中标价	中央补	省补	苏州补	太仓补	镇补	合计补	差价
担架式喷雾机	2780	—	1000	500	—	—	1500	1280
秸秆还田机	5300	—	1500	1000	—	—	2500	2800
手扶步进式插秧机	15600	—	3000	3000	5000	—	11000	4600
久保田农业机械	18840	—	3000	3000	5000	—	11000	7840
乘坐式插秧机	82000	—	15000	15000	20000	10000	60000	22000
拖拉机	48290	8000	—	—	7000	—	15000	33290
直播机	10800	—	—	1500	5000	—	6500	4300
高性能收割机	—	—	—	—	15000	—	15000	—
福田轮式收割机	—	—	—	—	10000	—	10000	—

资料来源：泰西村民委员会公示栏。

农业社会化服务是农业生产力发展的结果，也是农业现代化的重要条件。苏州农业社会化服务体系建设起步较早。20世纪60年代，就相继建立了乡镇农技站、畜牧兽医站、水产站、农机站等。20世纪70年代，通过建立"四级农科网"和畜禽良种场，农业、生猪生产获得大发展。80年代起，更是创造了"五有六统一"农业服务的经验，创新提出了"以工补农"、"以工建农"和"围绕服务办实体，办好实体促服务"的发展理念，在全国较早制定出台了农业社会化服务的地方性法规。这一时期，泰西村农业社会化服务主要表现为：农机服务，分田后村里没有把原来的机耕队解散，相反在原有基础上扩展壮大形成了村域机耕队服务传统；水利服务，以农灌站长、电工、放水员组成的水利专业队，负责对全村的秋季灌水、夏季排水、外沟的修理、道路保养工作；农情测报、农技普及、肥药供应服务，村设立肥药供应站，农技员负责农情测报、农技种子更新服务工作；道路渠道桥梁服务，沟通全村小水利网络，组织专业队伍维护水利灌溉设施，从不间断；农业发展融资服务。

（4）农业产业结构的调整

改革开放新时期，农民获得了承包土地上的自主经营权，泰西村农业经济结构调整进入最活跃时期。粮食产品结构由单一水稻转向了夏收粮食有小麦、蚕豌豆，秋收作物有稻谷、玉米、薯类、其他秋粮；油料作物有花生、油菜籽、豆类；蔬菜瓜果类产品有叶菜类、瓜菜类、块根块茎类、茄果菜类、葱蒜类、菜用豆类六大类别20多个品种。另外，村域养殖业的发展拓展了土地利用空间，丰富了农产品结构，扩大了农产品商品化的比例，在村域高效农业和现代农业发展过程中的作用尤其明显（表10-5）。

表10-5 　　　　　　　1992—2007年泰西农产品生产统计

（单位：亩，单产（公斤），总产（吨））

年份	总播种面积	一、粮食作物合计			二、油料合计			三、蔬菜瓜果面积			
		面积	单产	总产	面积	单产	总产	蔬菜		瓜果	
								面积	产量	面积	产量
1992	2500.5	2139.5	397	849.8	281	133	37.9				
2000	5404	4746	377	1774	390	150	59	235	873	25	60.2
2004	9343	6812	421	2791	820	160	131	1651	3948	100	300
2006	11190	7340	410	3092	850	180	153	2490	6150	400	750
2007	11897	7347	348	2560	750	140	105	3230	8600	180	345

年度/项目	2005年养殖业生产情况		2007年特色农作物生产情况		
指标	面积	产量	主要品名	面积	产量
一、水产品养殖面积	1293	300	叶菜类	1240	4575
1. 池塘养殖	750	150	其中：蒿笋	250	150
2. 湖泊养殖	520	104	块根块茎菜类	560	2140
3. 河沟养殖	230	46	茄果菜类	305	1010
附：稻田养鱼、虾、蟹			葱蒜菜类	435	400
二、家禽畜牧养殖			其中：香葱	25	10
1. 肉鸭蛋鸭养殖6户	8.1	95500只	蒜头	60	40
2. 兔养殖1户		500只	青大蒜	100	200
3. 温室鸡养殖43户	57.8	911700只	韭菜	250	150
4. 生猪养殖1户	9.0	8000头	菜用豆类	280	420
三、其他			其中：青毛豆	200	300

资料来源：村会计材料。

（5）生产效益的提高

农业生产效益由低产出、低效益，转向高产出、高效益。1984年，泰西村粮食单产只有238.1公斤。到2004年，粮食单产达到高峰为421公斤。20年间，单位面积产量增长了76.8%。进入21世纪后，泰西村农业生产能力和效益都大幅度攀升（表10-6），2000—2004年是快速增长阶段，2007年，村域土地亩均收益达1700元，其中粮棉油亩均收益500元，瓜菜等经济物和水产养殖亩均都为1500元，花卉苗木亩均1000元，畜禽养殖亩均高达5000元。

表10-6　　　　　2000—2007年以来泰西村农业产值变化（单位：万元）（当年价格）

项目＼年份	2000	2003	2004	2005	2006	2007
农林牧渔业总产值	578	1898	2410	2344	2549	2590
种植业收入	317	506	715	584	699	575
林业收入	3	7	9	15	10	15
畜牧业收入	250	1240	1539	1580	1670	1750
渔业收入	8	145	147	165	170	250

资料来源：村会计资料。

三、村域经济转型中的工业化

（一）泰西村工业化的历史条件

利泰纱厂落户泰西村附近是村域工业化的重要历史条件。利泰纱厂创办在泰西村域附近，反映出机器工业布局对区域空间、原料产地、劳动力、交通运输和海内外市场的要求，"作为利泰厂建厂的一个条件，据说是该地因是混棉用原棉的产地，以及低价劳动力确保了工厂经营的获利性"[①]。苏南是我国农业、农村商品经济发育最早的地区，农产品商品化程度较高，农产品市场的发育可以确保机器工业对食品和原材料的需求；苏南农村土地紧缺，人口密集，劳动力堆积在有限的土地上，农家经济举步维艰，亟须找到农外就业机会维系超小规模的农户经济不至于破产，苏南农村的这一条件为机器工业提供了永不干涸的劳动力资源。另外，泰西村周边水网密布，戚浦塘、小泾、姚泾、郁泾、迷泾、巨泾等多条河流都能行船，在我国的水网运输时代，这种便利对于纱厂的原材料、劳动力和食品的供给，对于纱厂与周边乡村万个农户的联系，简直就是得天独厚的条件；泰西村距太仓市区12公里，距苏州和上海的距离都不超过50公里，可以充分利用苏州和上海两座现代商业城市连接海内外市场。一句话，泰西这块土地以及特殊的区位空间和历史文化环境把利泰纱厂锁定在了泰西。反过来，利泰纱厂落户泰西，对泰西村域、沙溪、太仓乃至整个苏南地区的工业化的发展和农村经济的转型都将产生深远影响。比如，太仓有电始于利泰，利泰纱厂投产时，就开始

---

① 南满洲铁道株式会社：《江苏省太仓县农村实态报告书》，上海1940年，第31页。

用电灯照明。无疑泰西及周边农村的电力利用要比其他农村地区早得多①。

（二）公社时期，泰西村社队企业奠定的工业基础

1958年，在全党全民大办地方工业的号召下，泰西村社队企业逐步发展。通过泰西村入户访谈得知，村里于1958年办过砖窑厂（后因割资本主义尾巴被关闭，1972年重新恢复）。1962年村里办了一个加工厂，用来加工饲料、大米。全厂共3个工人，一台打米机、一台粉糠机、一台磨面机，动力用电，当时的目的是为了方便群众。严格地说，砖窑和大米加工算不上工业。但应该指出，这一时期对村域工业奠基作用是非常重要的。1972年，苏州地委提出"围绕农业办工业，办好工业促农业"的发展思路，积极发展社队企业，使苏南地区早于全国开始了社队企业发展的第一个高潮。

泰西村域工业真正起步开始于纺织、化工领域的三家企业。由于毗邻利泰纺织厂的缘由，泰西村域工业起步较早。1974年，村集体开始养鸭，积累了一定资本后，于1975年创办了第一个工业企业——併线厂，当年开工，由两名村支部委员曹菊生、高雪荣负责领导和管理，吸收16名村民为工人，实施"三班制"。由于管理中的矛盾和问题，这一年村域工业无利润。为改变这一局面，时任村支部书记的施金生提议，由刚从部队退役回村担任民兵营长的奚雪根，于1975年下半年接任併线厂厂长。1976年，併线厂又添置一台併线车，年终盈余1.5万元。另一家工业企业是化工厂。1977年，泰西村经由当时县派工作组的介绍，与太仓农药厂挂钩，开办了泰西化工厂，用石灰脱水，生产酒精（脱水提纯），该厂利润可观，发展迅速。第三家企业是染料厂，该厂得益于毗邻大上海口岸大都市，在"同城市大工业横向联合"的政策导引下，1978年，奚雪根利用到上海染色五厂拉氨水时所结识的某科长的关系，由其介绍与该厂领导挂上钩，招聘了该厂六位退休人员（包括工程师、科长、工人），创办了泰西染料厂。至此，村域现代工业形成了"三驾马车"并驾齐驱的格局。

综上所述，泰西村工业化起步有以下三种类型：第一，与农民生活相关的企业类型，如砖窑厂和粮食加工厂，这类企业发展的目的主要是满足集体内农民的需求，因此收益性较差；第二，与当地资源和手工业相关的企业，如併线厂。当初开办这类企业，就是与当地拥有棉花生产传统的自然资源，以及本地拥有併线技术人员等人力资源有着密切的关系；第三，与已有企业

---

① 泰西村民回忆用电时间其说不一：一种说法，1954年村里开始使用电力堤灌，有了变压器；第二种说法，1958年村里通电，1959年村里有了电力灌水机；第三种说法，1961年送到村，1967年送电到百姓家。

生产的产品相关联的企业，如漂染厂和精细化工厂，它们的开办与已有的利泰纱厂、村并线厂等同样是密不可分的，事实上它也是利泰纱厂辐射的结果。

（三）改革初期，泰西村域工业企业的扩张

十一届三中全会后，泰西村所在的直塘乡及所属13个村级单位的工业都发展很快。1978年，全乡工业从业人员1205人，到1985年增加到4088人，平均增长速度为20.61%；同期村级单位的从业人员由488人增加到2211人，平均增长速度为28.26%。工业销售收入，由1978年的298.95万元增加到1985年的3358.21万元，平均增长41.52%；同期，村级单位工业销售收入由115.01万元增长到1187.56万元，平均增长速度为43.25万元。乡村工业的固定资产原值由1978年的124.15万元，增长到1985年的801.29万元，平均增长29.32%；同期，村级单位的工业固定资产原值由40.95万元增加到353.93万元，平均增长33.5%。

公社工业发展的小环境，促使泰西村干部更积极探索村域工业发展新思路。1980年，与上海金山石化总厂联合，利用其生产废料"氧化残渣"进行提纯，扩大了化工厂的生产规模。1983年，除并线厂、化工厂、染料厂外，泰西村又增办了粮食加工厂。以上各厂长都为奚雪根，同时还任工业社社长。1984年，泰西并线厂更名为太仓县第一线厂。1985年，并线厂发展有8台并线车，日产量达每台0.6吨，全年总产量1752吨并线。同年，化工厂固定资产达300万元。

村域另外几家工业企业的发展也颇具特色：1984年，太仓县汽车运输公司职工徐玉林申请停薪留职两年（1984.8.1—1986.7.31），帮助泰西村创办钣金修理厂。也是1984年，由村集体投资2万元，发动村机耕队农闲办厂，创办小型油脂化工厂，当年就取消了村集体对机耕队的补贴，机耕队实行了自负盈亏，年终分配每个职工收入800多元。1985年，油脂化工厂产值15万元，利润1.5万元，上缴利润5000元，每人分配900多元。这种由现代农业生产组织创办工业企业，农忙务农、农闲务工、以工补农、工农互促的发展模式，稳定了机耕队伍，保存了农业机械化的实力，开创了村域工农业良性互动发展的崭新模式。

1985年，奚雪根调入直塘乡负责电信厂基建。由此，村集体企业分别实行承包经营。并线厂由时为村工业社供销员的施金娥承包；化工厂先由张建明承包（1989年时又由施雪涛承包）；窑砖厂由李菊明承包；粮食加工厂由陆连贵承包；钣金修理厂的性质仍为集体企业，这年集体收入达16万元。

也是这一年,泰西村通过招标和全村社员投票,选举村工业社领头人,施金娥中标,总管村集体企业。村工业社招标承包年利润为5.5万元,结果当年盈余纯利润15万元。这一年,村域工业积累抽出3万元扩建了厂房。1986年,集体企业净增利润36万元,其盈余主要用于改造旧设备,卖掉老的8台机器,换了5台新机器,买进3台新机器,这时有2个车间、11台机器。趁着村域工业快速发展的势头,1987年,村集体想创办漂染厂,但未获批准,后来只好与当地驻军合作开办了泰西汽修厂,由村里出资20多万元建厂房,部队出技术和师傅。收益由合作双方五五分成,留利部分的10%交村集体。

1988年起,张文元担任泰西村支部书记,建议村集体还是上马漂染厂。当时办厂需要60万元投资,而村集体积累只有20万元,到乡信用社贷款没成功(因乡里也要办漂染厂)。后来,由村民、工人等筹资10万元,又分别到太仓物价局和直塘供销社借了一部分资金。当年5月,终于开办了漂染厂。漂染厂第一年无利润,也不亏;第二年有8万元利润;第三年利润30万元。最多的是1992年、1993年,均有60万元利润。因此漂染厂很快就还清了全部借贷款,而且不断扩张,办厂初始只有2个染缸,1989年增添2个,其后又增添2个,共6个染缸。

村集体工业发展改变了泰西村的经济面貌,也树立了集体信誉。因此,尽管村集体积累仍然不能满足企业扩张需要,但当时银行已经愿意给泰西村贷款了。1989年,村集体又开办了精细化工厂。翌年,因纺织品市场需求充裕,村集体上马了纺织厂。到1991年,村集体已有4家成规模的工业企业,即泰西毛绒厂、第一并线厂、精细化工厂、漂染厂,基本达到了"纺、并、染一条龙生产"。此时,村域工业年利润可达80多万元,最多时达90多万元(其中1990年,因化工厂被骗而亏损30余万元,在乡里排名从原来的第一变为第二)。1992年,村集体工业企业有5家,产值合计1470.93万元(1992年现价),销售收入合计671.99万元(表10-7)。到1993年,泰西村工业发展已经具有相当的水平(10-8),但从管理方式上看,仍然实行集体所有、承包经营方式为主。

表10-7 　　　　　1992年村集体工业企业经营情况统计 　　　　(单位:万元)

	产值现行价	销售收入	利润(账面)	利润(结算)
第一并线厂	50.19	51.28	0.02	6.11
漂染厂	202.29	186.66	3.73	30
毛绒厂	817.25	90.63	5.17	28.88

续表

	产值现行价	销售收入	利润（账面）	利润（结算）
汽修厂	40.60	40.60	10.8	5.67
精细化工厂	360.11	275.86	-1.88	4.5
合计	1470.93	671.99	10.5	74.9

资料来源：泰西村会计资料。说明，合计栏的数据与各厂加总不符，为平衡与表10-8的关系，照录会计资料数据而未作更正。

表10-8　　　　　　　　1978—1993年泰西村工业主要指标　　　　　　（单位：万元）

年度	职工数（人）	总产值	销售收入	利润总额	固定资产原值	生产率（元）
1978	87	15.21	15.22	3.8	3.39	1748
1979	107	20.14	18.52	7.7	7.77	1882
1980	115	30.74	30.26	14.1	12.66	7673
1981	139	28.85	41.4	9.2	17.53	2076
1982	134	32.1	38.71	8.29	23.14	2396
1983	207	32.32	37.31	3.06	27.43	1561
1984	219	43.46	52.37	-0.23	36.21	1984
1985	220	65.84	76.83	8.96	42.78	2993
1992	317	1471	672	10.5①		
1993	330	1532	664	10	373	

注：①2004年泰西村合并前，米中村和洞星村的工业指标未统计在此表中；泰西村1992年账面利润为10.5万元，但实际结算利润为74.9万元。

改革初期，泰西村域工业之所以能快速扩张，其中主要的推动力量是：

第一，泰西村域工业在此期间快速发展的一个重要原因，基层政府通过制度创新和有效供给。直塘乡和沙溪镇对所属各村工业发展的政策引导和制度支持是强有力的。泰西村域工业企业的创办，每一次办厂和用地批复，都显示出乡政府和村委会的智慧。比如，泰西精细化工厂的开办，是以"改善乡村小学办学条件，提高师生福利"为名义提出的，同意泰西小学在泰西村支持下、利用旧校舍开办"太仓县直塘乡泰西精细化工厂"。但最终泰西精细化工厂却获得了直塘乡人民政府呈送、太仓县土地管理局《关于直塘乡泰西精细化工厂使用土地的批复》，批准该厂将"泰西村十一组耕地三分四厘二毫"土地转为工业用途。检索泰西村保存的档案，发现这一时期太仓县政府相关管理部门以及直塘乡政府关于泰西村工业企业的批复特别密集（表10-9）。在这一个批复之后，村办企业才能到县工商局登记注册，获得法人资格。毫不夸张地说，基层政府是给村域企业办"准生证"的地方。

表 10-9　　　　　　　　　泰西村一份档案的卷内文件目录

序	文号	责任者	题名	日期
1	第 331 号	太社*批	关于同意太仓县直塘泰西并线厂变更厂名的批复	1984.8
2	第 329 号	太社*批	关于同意太仓县直塘泰西染料化工厂变更厂名批复	1984.8
3	第 89 号	太乡工行批	关于同意建办"太仓县直塘漂染厂"的批复	1988.2
4	第 67 号	太教勤	同意开办太仓县直塘乡泰西精细化工厂的批复	1989.10
5	第 83 号	太地批	关于直塘乡泰西精细化工厂使用土地的批复	1991.9

资料来源：村会计资料。

第二，村落精英是村域经济转型发展的决定性因素，对村干部、村域企业管理人员、技术骨干等村落精英激励，起了非常重要的作用。直塘乡和沙溪镇都十分注意通过制度创新，激励村落精英创业和规范企业管理。1991年，直塘乡政府颁发《关于发展工业生产的若干政策规定》鼓励各村加快工业经济发展步伐，其政策措施有：鼓励增加投入（含技改），在投产后的一年内所产出的销售额免交管理费及免征教育事业附加费；激励亏损企业提高经济效益，对于扭亏而且有一定盈利水平的企业干部、职工再另行奖励；鼓励扩大横向联合，激励引进项目、资金，按引入资金额的 3‰ 一次性奖励给有功人员，引进"三资企业"特别奖励；鼓励出口创汇，激励发展外向型经济，提升乡村企业的结构。

表 10-10　直塘乡关于承包企业厂长经理任期经济及工作责任考核示例

	考核指标体系	基本分	增降加减
经济效益 60 分	1. 销售收入	10	每增减 1%，加减记 0.3 分
	2. 利税总额	15	每增减 1%，加减记 0.3 分
	3. 工业净产值	7	每增减 1%，加减记 0.2 分
	4. 三项资金额	15	每增减 10 万元，加减记 0.5 分
	5. 资金利税率	8	每增减 1%，加减记 0.2 分
	6. 定额流动资金周转天	5	每降增 1 天，加减记 0.1 分
福分工作 40 分	7. 企业管理	8	搞好七基管理，每缺一项减 2 分
	8. 安全生产	5	每发生一起事故减 5 分
	9. 精神文明建设	8	每出现一起非计划生育减 8 分，发生一起刑事案件减 5 分
	10. 企业各项上交	6	每少完成 1%，减记 0.2 分
	11. 技改投入	8	投 10 万元得基本分，每增 10 万元增记 1 分
	12. 出席会议	5	每缺席一次会议减 1 分

注：根据年终考核结论，得 100 分者，厂长经理报酬按结算额如数兑现；100 分以下者，每降 1 分扣报酬总额的 1%，超出百分者按分数高低分别进行精神鼓励和物质奖励。

1992年，直塘乡政府又颁发《关于进一步完善乡村企业承包经营责任制的意见》（以下简称《意见》）。这份《意见》规定了乡村两级企业承包经营的各项政策和指标，如厂长经理任期经济及工作责任考核内容及方法（表10-10）。这一年，直塘乡政府连续颁发《关于村级干部工资调改问题的意见》（1992.5.10），将全乡村干部八级工资标准，改为依照"大集体企业八级工资标准"（表10-11）。

表10-11　　　　　直塘乡大集体企业八级工资标准表　　　　　（单位：元）

工资等级	一	二		三		四		五		六		七		八	
		副	正	副	正	副	正	副	正	副	正	副	正	副	正
标准	37	40	44	48	52	56	61	66	72	78	84	90	97	104	111

第三，村域企业管理制度创新的保障作用。（1）通过制度创新解决村域工业发展资金。如1983年是泰西村集体经济情况最差，也是最困难的时候。当时村办企业职工的工资已经拖欠了三年，而村里一分钱都没有。于是村里就通过与利泰纱厂签订"补偿贸易协议"①的方式，向利泰纱厂借了3万元，即利泰纱厂先为泰西村提供3万元的借款，然后泰西村通过养鱼来分期偿还利泰纱厂的借款。其他筹资融资方式还有民间借贷、股份合作、村民集资、吸引外来投资等方式，如1988年5月，泰西村集体自筹资金20万元，但开办漂染厂需要资金60万元，其缺口最终通过向太仓市物价局、直塘供销社借款和村民集资的方式解决，漂染厂顺利建成。（2）管理干部队伍的激励。改革初期，村干部实行误工补贴，由村民委员会提出分配办法，经乡镇政府考核决定。一般而言，其误工补贴村干部的补贴金 = 任职时间 × 系数（表10-12）。

表10-12　1979年直塘公社泰西大队定工干部工分补贴呈报表　　（单位：天、分、元）

姓名（职务）	实际劳动			误工评议部分（公社审批意见同此）						合计	
	其中评工记分报酬			实际误工		提高		补贴小计		自劳加补贴分	报酬（元）
	天数	工分	报酬	天数	工分	%	工分	工分	报酬		
书记	50	—	—	358	6909	30	2073	8982	718.56	8982	718.56

---

① 泰西村的"补偿贸易"不是严格意义上的补偿贸易。补偿贸易一般是指交易的一方以赊销的商业信用方式向另一方提供设备、技术，另一方不用现汇支付，而是在约定时期内，用进口设备、技术所生产的产品直接作为抵偿分期偿还这些设备技术的进口价款，或者以双方商定的其他产品或劳务作为抵偿分期偿还进口价款。我国规定，如果利用国外信贷自行购置设备进行生产，然后以回销产品或劳务所得价款分期偿还贷款者，也属补偿贸易。

续表

姓名（职务）	实际劳动			误工评议部分（公社审批意见同此）						合计	
	其中评工记分报酬			实际误工		提高	补贴小计			自劳加补贴分	报酬（元）
	天数	工分	报酬	天数	工分	%	工分	工分	报酬		
副书记	50	—	—	356	6871	30	2061	8932	714.56	8932	714.56
会计	35	—	—	357	6890	27	1860	8750	700.00	8750	700.00
副大队长	50	990	74.25	315.5	6089	27	1644	7733	618.64	8723	692.89
支委厂长	9	221	17.15	345.5	6668	27	1800	8468	677.44	8689	694.59
书记	8	—	—	70	1351	30	405	1756	140.48	1756	140.48
合计	202	1211	91.40	1802	34778	—	9843	44621	3569.68	45832	3661.08

注：此年，泰西大队男正劳力出勤总工分139648，日平均工分19.3，劳动日单价0.80元。

（四）村域工业企业改制和新发展

（1）村域工业企业改制

泰西村集体企业于1994年开始陆续转制。当年化工厂转制，转让价格90多万元；村汽修厂于1994年收回应收款后就关闭了；毛绒厂1998年1月改制；其他几家集体工业企业也于这几年中相继进行改制。

泰西村集体企业改制的形式。（1）出售集体企业产权，转变为私人企业。如精细化工厂以2万元价格出售，被出售企业的400平方米土地，其使用权仍属集体所有，收购企业者拥有使用权，期限暂定为五年；土地租金费核定每平方米为1元，过五年后继续出租土地，土地租金每五年调整一次；毛绒厂、併线车间也采取这种形式出售，其中车间机器设备售价11万元、土地租赁租用土地0.274万元（548平方米×5元）/年，房屋租赁2.1255万元/年、供电设备租赁全年为0.6万元/年。（2）企业动产招标拍卖。漂染厂第一车间的动产采取拍卖转让，经过公开招标、投票，最后由李湘涛个人出资购买，拍卖价达到50万元。（3）企业固定资产租赁经营。漂染厂高温染色车间的固定资产原值65.171万元，租赁给本村四组村民张锦新经营，租赁费为7万元/年。

泰西村域工业改制总体上是成功的。不过，工业企业改制初期，企业规模受到影响，村集体工业企业扩张的步伐停滞了。泰西村集体企业于1994年开始陆续转制。从1994年起，村域工业总价值逐年下降，特别是到1997年达到了低谷，出现了90年代后唯一的三位数，倒退到只有651万元，甚至不及1990年的1050万元。但是，乡镇企业改制，却孕育着村域企业一个新的发展高潮，村域工业进入21新世纪后的迅猛发展奠定了制度基础（表

10-13)。

表 10-13　　　　　　1994—2007 年泰西村域工业总产值　　　　　（单位：万元）

年份	1990	1991	1992	1993	1994	1995	1996	1997	1998
产值	1050	1436	2208	2225	2934	2721	1267	651	1390
份	1999	2000	2001	2002	2003	2004	2005	2006	2007
产值	2223	3171	3358	4748	5212	5960	7170	7745	26750

来源：太仓市 1994—2007 年《统计年鉴》。

(2) 新世纪的新发展

2000 年，泰西村域工业企业达到 7 家，工业从业人员达到 278 人。工业总产值（当年价）2535 万元，工业增加值 650 万元，出口产品交货值 220 万元；利税总额 223 万元，其中利润总额 130 万元，实缴税金 93 万元；年末资产总额 1679 万元，其中年末流动资产 829 万元；年末固定资产原值 957 万元、固定资产净值 799 万元。

2000 年之后，村域工业企业又迎来了一个大发展的时期。到 2004 年，村域工业企业扩展到 18 家，村域工业总产值达到 5960 万元。2005 年，村域工业总收入为 7170 万元，上缴国家税金达到 300 万元。2006 年，村域工业企业再度扩展，达到 41 家，企业上缴村集体利润 86.0278 万元。到 2007 年，村域工业企业达到 43 家，其中有三家规模以上企业：一家是蓝蓝时装有限公司，总注入资产 4000 万元，管理人员和工人共 400 人，2007 年蓝蓝销售收入 3741 万元；另一家企业是金马纺织有限公司，总投入 4000 万元，雇用工人 200 多名；还有一家企业是天宇电子有限公司，2007 年其销售收入达 5032 万元。其中蓝蓝时装有限公司和金马纺织有限公司是这一年新增加的外来企业，由于这两家企业都是规模以上企业，因此村域工业总产值猛然跃升至从未有过的五位数，达 26750 万元，比 2006 年的 7745 万元增长了 245%。

蓝蓝时装有限公司和金马纺织有限公司的顺利建成，最主要是得益于村域再次成功的制度创新，解决了当前企业扩展面临的最主要瓶颈——土地问题。泰西村不是通过国家征用途径，而是以乡镇土地规划的工业园区的方式，将泰西村 27、28 组共 178 亩土地，转为乡镇工业用地。具体办法是，村经济合作社先与土地承包农户签订合同，集中 178 亩地，然后再与镇签土地流转合同。转为工业用地，使用期限为承包土地 30 年的剩余期限，到 2028 年止；流转价格每亩每年 1000 元（此标准由苏州市市场粮价评估机构制定，以后再根据粮食价格调整，1000 元是底价）。这样做的政策依据，一是《中共中央国务院关于做好农业和农村工作的意见》（中发［2003］第3号文件），要求"各地要制定鼓励乡镇企业向小城镇集中的政策，通过集体建设用地流转、土地置换、分期缴纳出让金等形式，合理解决企业进镇的用地问题"；二是苏州市的规定，要求"在规划时要留出10%左右作为农村集体非农建设用地"，要求"加大宅基地置换力度，置换后增加的土地原则上20%—40%作为集体非农建设用地"[①]。

（3）工业化带动村域第二、三产业发展

村域工业的快速发展，带动农业以及第三产业的大发展（表10-14）。不仅提供了更多的第三产业发展机会，同时也为现代农业发展提供了重要动力。

表10-14　　　　　2007年泰西村生产总值统计表　　　　（单位：万元）

行业类别	总产出	增加率	增加值
合计	43302		10003
第一产业小计	4893		2691
农林牧副渔业（当年价算）	4893	55%	2691
第二产业小计	26840		6442
其中：工业	26750	24%	6420
建筑业	90	24%	22
第三产业小计	11569		870
1. 交通运输	350	45%	157
2. 批发零售	80	40%	32
3. 住宿餐饮	160	50%	80
4. 房地产业（农民住房总值）	10800	4%	432
5. 租赁业	60	95%	57
6. 服务业	70	90%	63
7. 教育	10	100%	10
8. 卫生	4	100%	4
9. 公共管理	35	100%	35

资料来源：村会计资料。

表10-14和图10-1显示，2007年泰西村域第一、第二、第三产业的

---

① 《苏州市政府2003年第8号文件》。

结构比为 11∶62∶27。第二产业中，工业占绝对主体；第三产业的门类越来越齐全，包含交通运输、批发零售、住宿餐饮、租赁业、服务业、教育、卫生、公共管理。典型案例再次证实了，苏南村域已经出现了"以农业为基础、工业为主体、服务业为支撑"的经济结构。

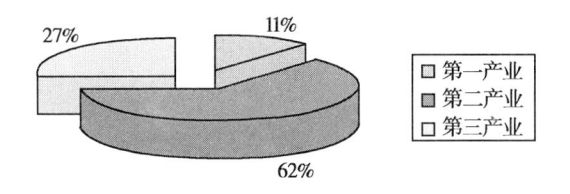

图 10-1　2007 年泰西村域经济结构

泰西村域工业发展历程，证实了我们的研究假设：村域工业化的动力源于外部冲击与内部传统的互动；泰西村域工农业互动发展，是海洋文化或近代工商业文明的外部冲击与村落传统农耕文化互动的历史结晶。泰西村区位优势明显，濒临上海国际口岸大都市，加上利泰集团百年老厂的影响，成就了泰西村域亦工亦农的产业结构和文化传统，这是泰西村工农业互动发展的特殊历史条件。但就海洋文化或工商业文明对村落传统农耕文化的外部冲击条件而言，长江三角洲、珠江三角洲、京津唐环渤海湾城市群等广大的农村地区，都具有这样的区位优势和历史条件，为什么不是所有村域都能形成工农业互动发展的局面，同一区域内的不同村域却出现了如此大的差异？这说明，海洋文化或近代工商业文明的外部冲击，必须引起村域传统农耕文化的响应才能诱发村域工商业发展的冲动，产生工农业互动发展的前提条件。泰西村工业化的内生动力，最初来源于土地的压力。土地商品化导致在城地主与租佃农户关系大量产生，农户家庭劳动力大量堆积在稀缺的土地上，维系小农经济的出路只能到农业外寻找。再加上泰西村所处的苏南历史上既是农耕经济发达地区，又是中国民族资本主义的发祥地之一，"重商"与"重农"并举，向来有立足当地办实业的传统，因而没有出现"离土又离乡"的情形，这是村域工业得以发展的深刻文化背景。

四、村域工农业互动发展的理论总结

（一）泰西村农业经济转型的初始条件

泰西村原有的农业经济基础，在村域工业化的冲击下，使泰西村农业经济转型具有明显的路径依赖特征。其从传统农业向现代农业的发展也是

"敏感和依赖于初始条件的"。泰西村所具有的传统农业经济社会的一般特征，主要包含以下几个方面：

第一，农业生产技术进步缓慢。村民使用的农业要素，是自己及其祖辈长期依赖使用的。没有一种要素由于经验的积累而发生明显的变化，也没有引入任何新的农业要素，农业技术进步缓慢；村民的文化水平较低，存在很大比例的文盲和半文盲；农业以土地和劳动作为主要生产要素，劳动生产率水平很低，土地的产出较少。

第二，农业发展处于停滞和徘徊阶段。在传统农业中，村民没有增加要素积累和投入的激励。农民以风险最小化作为其经营目标，不具有承担由创新和使用新要素而带来的新风险的能力。由于农业所能提供的剩余非常有限，而且不稳定，传统农业表现为一种自给自足的自然经济，农业所能提供的市场狭小而零碎，农业生产的分工和专业化无法展开，农业生产处于一种"小而全"的状态。在这两种状况长期保持不变的情况下，农业要素的投资偏好和动机、这些要素的边际生产力，以及接近于零的储蓄率，达到了一种均衡状态。在这种均衡中，传统要素的配置是有效率的，只不过这种状态，是传统要素所能达到和实现的极限效率，也是一种贫穷状态下的效率，农业的发展处于停滞和徘徊阶段。

第三，传统农业占主体的社会，为了维持自身和社会的生存，大部分社会劳动力都不得不固定到土地上，从事最简单的劳动。虽然他们付出了巨大的牺牲，但农业所能提供的剩余却非常有限。然而，在传统农业社会和工业化刚起步的社会，对农产品的需求则呈现不断上升的趋势。但传统农业却无法满足这种日益增加的对食品在数量和质量方面的要求，在其现有的技术水平下，它只能依靠扩大耕地面积和投入更多的劳动力，来进行粗放式的外延型扩大再生产。这样一来，农业不仅减少了对工业化的要素贡献，而且还和其他产业的发展争夺资源。当工业化起步之后，传统农业进行这种外延型的扩大再生产，往往是在政府的干预和推动下进行的。如果完全由市场机制调节，农业中的资源会自发地流向非农业部门，经济的二元化结构将被强化。因此，为了完成工业化的历史使命，实现经济现代化，必须改造传统农业，使之向现代农业转变。

第四，苏南农村中普遍的土地崇拜和工商业崇拜同时并存，传统农业经济与被动的农业商品化，也是泰西和苏南农业经济社会转型的重要给定条件。封建农业社会在我国经历了漫长的时间。对于农民而言，拥有土地和土地经营，不仅仅是一种生产方式，而且是一种生活方式，同时也是一种积累财富和财富可以继承转让的方式，这样的社会历史条件使得农民对土地的依赖性加强。另外泰西村地处苏南，优越的区位条件和农业生产条件，更使农民对土地的崇拜到了无以复加的程度。由于苏南商品化的进程发展较快，城镇有较多的工商业投资机会，因此也有许多人投身于工商业而获得了大量的利益，工商业高额的投资回报率使苏南地区产生了对工商业的崇拜。土地崇拜和工商业崇拜并存，是苏南农村区别于当时我国其他地区的重要特征。

(二) 农业发展对村域工业化的影响

泰西村域工业化的起动并不完全源于农业积累，而是具有浓厚的"利泰色彩"：不仅是资本积累、机械设备供给、技术支持，甚至是市场保障都离不开利泰纱厂。但是，村域的农业发展，对村域工业化进程的始终都发挥着相当重要的影响力。泰西村所处的苏南是我国农业、农村商品经济发育最早的地区，农产品商品化程度较高，农产品市场的发育可以确保机器工业对食品和原材料的需求。村域农业发展对工业化所作的食品贡献、原料贡献、劳动力贡献等清晰可见，其与宏观层面上相同，因而在此不再赘述。泰西村域农业发展，对村域工业化还有以下特殊影响：

第一，农业资源直接影响村域工业发展的方向选择。泰西村域的工业发展，是与利泰纱厂密切相关的。而利泰纱厂之所以创办在沙溪镇泰西村域，除了其具有便利的交通运输条件、低廉而又丰富的劳动力资源外，更因为当地是优质棉花产地。"以太仓棉为名的棉花种植，主要以地处较干燥的东北部的浮桥、璜泾、沙溪、新塘等为中心。"[①] 纺纱厂直接建在优质棉花产地，不仅可以保证优质原料供应，而且可以节省运输费用。泰西村域工业所体现的纺织产业链，主要就是因为本地曾是棉花的主产地，特别是对利泰纱厂的依托。这种工业化道路的发展，一方面能充分开发本地资源，减少原材料运输的成本；另一方面也消化了农业或其他产业的产品，增加了农业或其他产业的收入，反过来又能促进该产业本身的发展。

第二，农业发展所创造的生态环境为村域工业发展拓展了空间。村域工业的空间布局，客观上能够与乡土田园巧妙结合。"村村点火、户户冒烟"一方面反映了村域工业的弊端，但另一方面，也展示了村域工业田园化的景观。泰西村域工业的空间布局与村民聚落和田园风光紧密融合，与村落生态环境和谐相处。村域农业发展所创造的生态环境，则提供了村域工业进一步发展的空间。因为植物除用它的全身为人类提供粮食、蔬菜、水果、工业原料等之外，植物的光合作用还能日复一日地吸收人类排出的，尤其是工业排

---

① 南满洲铁道株式会社：《江苏省太仓县农村实态报告书》，上海1940年，第31页。

出的大量废气二氧化碳,制造人类不可缺少的氧气,提供富含氧气的优质空气。同时,村域也很注重工业化进程的环保问题,关注工业化和生态文明建设的协调、互动发展。进入新世纪以来,泰西村域各家企业都强化了环保责任制,积极探索从"环境换取增长"转变为"环境优化增长"的新路子,从而为农业可持续发展,进而又促进工业化进程创建了充足的发展空间。

第三,农业资源状况也将影响今后村域工业化发展道路的选择。由于国家宏观政策的影响,村域工业化道路的选择,同样也要在新型工业化道路——"坚持以信息化带动工业化,以工业化促进信息化,科技含量高、经济效益好、资源消耗低、环境污染少、人力资源优势得到充分发挥"的框架下进行。加上农业资源的约束,农村工业化发展的道路选择必然是以增收为目的,以产业为支撑,充分发挥比较优势,选择具有资源优势或者与当地资源依存度较大的产业,利用资源禀赋,嫁接传统农业与现代工业,即用发展工业的理念发展农业,在化传统农业为现代农业的同时,实现产业聚集,从而推进农村工业化进程。

(三) 村域工业发展对农业现代化的推动

没有工业化的顺利推进,就不可能有现代农业的发展。这在苏南,包括在泰西村,都得到了充分验证。在苏南,一些农村工业发展快的乡镇特别是村级经济实力较强的地区,继承传统乡镇企业时代"以工补农"、"以工建农"形式,运用村级财力支持发展农业生产、改善农民生活,除此以外还出现了直接围绕农业产业化、高效农业规模化所需的更多支农扶农形式。泰西村也充分利用工业发展所带来的雄厚经济实力和制度创新等,多途径推动农业现代化进程。

第一,人口减压贡献。大量过剩劳动力的存在,是传统农业最突出的特征,也是传统农业低效率的根源。在泰西村农业经济转型的过程中,首先是工业化的发展为农民提供了就业的机会,找到了吸收和消化剩余劳动力的途径,从而产生了提高农业部门劳动生产率和农村劳动力配置效率的正效应。1978年起,泰西村农业劳动力大半数转向了非农产业,这些人绝大部分进入了村办企业。随着工业为主的非农产业的发展以及就业机会的逐渐增加,农民进行非农就业的比例和非农收入的数量都有大幅度的提高,农民人均纯收入随之提高(表10-15)。在此基础上,农业生产目的逐渐发生转变,原来自给自足的农业开始向市场化的农业转变。农业生产目的的转变,又成为调整农业生产结构、促进规模经营、提高劳动生产率以及组织方式改变的动力。

表 10-15　　改革开放以来泰西村主要年份三产产值及劳动力构成

年度	国内生产总值（万元）	三产产值结构（%）	三产劳动力结构（%）	人均纯收入（元）
1979	61.54	58.8/32.7/8.5	60.2/31.5/8.3	224.29
1985	153.19	25.4/58.9/15.7	41.9/32.7/25.3	869.00
1992	1984.00	16.8/74.2/9.0	31.8/33.9/24.3	1000.00
2000	3692.00	16.4/68.7/14.9	30.6/35.7/33.7	5170.00
2007	10442.00	24.8/61.7/13.5	20.9/56.7/23.4	10955.00

资料来源：村会计资料。

第二，工业反哺和技术进步贡献。泰西村于2004—2007年间，以每年递增1万元的速度投入现代农业建设，4年间村集体共投入22万元进行农田建设和改造，为实施农业机械化生产打下良好基础。2007年，为减轻农民插秧强度、提高插秧进度和水稻产量，村出资购买三台插秧机，每台8.9万元（其中每台村里承担2万元，国家补助6.9万元）。除此之外，村集体出资15万元，帮助村民统一进行病虫害防治和机械化收割水稻。

第三，人力资本贡献。早期利泰纱厂的开办，使得泰西村民子女得以到其创办的子弟学校就读；后来随着村域工业化的推进，村民们有了较为稳定的非农就业机会，提高了收入水平，从而也为其子女接受教育、提升人力资本质量打下了坚实的物质基础。另外，由工业企业家兼任村主要干部，带领村民发展现代农业的绩效非常明显。考察泰西村的历届主要干部，基本上是由那些土生土长、对本村群众怀有深厚感情、热心公益事业、在村里有威信、老百姓认可的企业家担任。如施雪娥、施雪涛等，他们懂经营、会管理，在自身企业壮大后开始新的追求，担任村支部书记后，为村域工农业和谐发展注入企业家精神，为村域带来了创新、冒险精神和及时捕捉机会的敏锐性，通过加强农业基础设施建设、调整农业产业结构、推进农村社区建设等，带领全村群众发展致富。

第四，结构调整贡献。工业生产组织形式、管理制度、经营理念将会对现代农业制度、组织形式产生重大影响。农村工业化的推进，改变了农民的经营理念，培育了新一代骨干农民。同时也改造着农业企业的经营机制，推动了农业结构调整和升级。如村里出现了一批果林和水产养殖专业户，尤其是畜牧业专业生产迅猛发展，明显扩大了农产品商品化比例，在村域高效农业和现代农业发展过程中的作用尤为突出。1984年泰西村畜牧业总值只有9.5万元（当时米中村15.4万元，洞星村11万元）；但到2004年三村合并时，畜牧业总值已达1539万元（其中家禽产值1491万元）；2006年畜牧业总值平稳增长达1670万元;2007年畜牧业总值猛增到2850万元。农民观念的更新和素质的提高,也有力地促进了当地绿色农业的发展。现如今,发展生态农业已是泰西村一大特色。

第五,资金保障贡献。当村域工业发展到一定水平后,可采取资金投入、增加农民的收入、负担社区建设的费用等多种方式反哺农业,提高农业现代化的能力。2004—2006年连续三年中,泰西村集体可支配收入合计293.6万元,其中23万元来源于农业,仅占7.83%;而来源于工业为主的非农产业则达270.6万元,占92.17%。泰西村多年来从工业发展利润中提取一定比例的资金,用于村庄各方面的建设。如2004年村集体投入22万元用于修建卫生室(其中村出资13万元,政府补助9万元),另外每年村里还拿出3万元用于合作医疗。2004—2006年这三年间共投入62万元用于修路(其中村出资17万元,政府补助45万元);35万元用于修桥(其中村出资9万元,政府补助26万元)。总之,多年以来,泰西村主要依靠工业发展所得壮大了集体经济实力,既搞好了基础设施环境建设,办好了教育、养老、医疗等公共福利事业,促进了可持续发展,同时又减轻了农民负担,实现了共同富裕。

(四) 工农业互动发展的条件

(1) 农业资源适度保有是工农业互动发展的重要基础

在国家工业化和现代化加速推进的过程中,农村土地、资金和劳动力等经济资源大量向城市地区工业经济转移有其必然性。但是,农村土地和劳动力转移应该有一定限度。泰西村在工业化进程中,保住了人均一亩多的耕地、足够的劳动力和生产资金,从而在乡村工业发展的同时,推进了村域现代农业发展。泰西村农业资源保有的原因是多方面的。

第一,耕地资源保有得益于土地制度文化的传承。泰西村耕地资源成功保有,一方面缘于泰西村独具特色的土地制度安排。地处苏南人多耕地少的区位条件,促使泰西村历史上较早形成"永佃制"这种更为稳固的土地租佃制度。永佃制的发展,使土地的产权边界变得更加清晰,同时也使农民增强了"业主"意识,这将刺激农民增加土地的投入,合理利用土地资源,从而为耕地的保有打下了坚实的基础。而今集体土地界定为村民小组,也为耕地状况稳定奠定了制度基础。正因如此,泰西村的绝大部分家庭,甚至包括已具备较大规模的工业企业主,仍然不放弃承包土地。另一方面,完善的土地流转机制是工业发展过程中土地保护的重要保证。历史上,泰西村土地所有权和经营权高度分离,土地的商品化程度较高,租佃制度发达(尤其是永佃制的发展),成为土地保护的重要力量。而在改革开放后,泰西村土地的流转机制相对完善，一方面稳定了农民的土地承包经营权，另一方面以土地入股等股份合作制实现了土地的适度规模经营，这些措施都提高了土地的边际产出，从制度上和经济上保证了农民对土地经营的投入。

第二，农业劳动力保有的特殊条件是村域工业化，农民就地转移、工农业生产兼顾。从一个较长的历史阶段来看，1938—1985年期间，村域的外出打工比例一直较高。但自从1985年泰西村进入工业快速扩张阶段之后，外出的劳动力逐渐明显回流到村办企业就业。1985—2003年间，外出劳动力在全村实有从业人员总数中所占比重只有9.8%左右，且多年来基本稳定在这一水平；2004年以来进一步呈下降趋势，保持在6.7%左右。劳动年龄人口就业充分，从2000—2007年各年，就业率最低95.2%，最高98.6%。村域每年都有超过劳动年龄而实际参加劳动的人员110—160人。村域工业经济的发展反而留住了农业劳动力。另外，村域工业发展为劳动时间"错时令"安排创造了条件，使村民在从事工商业的同时兼顾了农业生产。可见，泰西村之所以有足够的农业劳动力保存，主要是源于留村务工的"工业劳动剩余时间"。

第三，工业反哺农业是农业资金保障的重要方式。虽然"剪刀差"、农业税等宏观因素也同样会影响到泰西村。但相对于其他村域而言，泰西村的农业发展资金更显充裕，更有基本保障。其主要原因：一是泰西村域经济的整体发展为工业包括农业发展提供了较好的资金来源。长期以来，泰西村的集体经济和农户经济都有较好的发展。相比较其他村域而言，这里的村民更有投资热情而较少存款的习惯，从而出现了企业积累滚动式发展的良性循环局面。而工业的发展又为农业发展提供了一定资金。如前述施金娥书记在任7年间，每年村里开支48万左右都是从工业利润中支出，而这些开支的绝大部分都是用于农业（如1994年、1995年、1996年农业都未收费，灌溉费、机耕费、自来水费等也都对村民免收，都是从工业利润中开支）。二是相比其他村域而言，该村的农业劳动力剩余价值更多地留在村里。

第四，农村"内生型"工业和城市"外生型"工业的融合是农村工业化发展的有力保证。泰西村依据本区位的比较优势，建立起纺织、化工等相关企业，这些农村"内生型"企业的建立在消化泰西村农业产品的同时，也获得了大量廉价的原材料，这是泰西村"内生型"企业的一大优势。需要注意的是，由于利泰纱厂生产规模较大，经营管理规范，具有城市工业的性质，它对泰西村"内生型"工业的辐射作用也非常明显，它能够很好地吸收"内生型"企业的产品并给它带来技术上的指导。因此，对于泰西村这些"内生企业"而言，一方面能获得廉价原材料，另一方面又具有稳定的产品销售方向或业务。再加上技术的稳步推定,这些"内生型"企业的生产经营风险大大降低,村域工业的发展得到保证。

(2) 现代工业的支持和辐射,是村域工农业互动发展的关键力量

利泰纱厂这样的机器工业出现在村邻,带动了泰西村域现代工业的发展,继而对村域工农业和谐发展也产生了极为重要的影响。第一,推动村域由农业经济向工业经济转型。利泰纱厂吸纳了大量劳动力,极大缓解了劳动力在土地上的堆积,使劳动力边际产出增加[①],为"内卷化"农业经济找到了新的出路。同时增加了村民的工资性收入,从而延长了小规模农户经济体制持续运行。第二,对村域工农业和谐发展提供有力的资金支持。利泰纱厂使泰西村民获得了工资收入,增加了积累和投资能力;也使村集体经济通过"补偿贸易协议"、来料加工等方式,获得了村域农业经济转型资金,这也是地方政府历来都把农田基本建设、粮食"丰产田示范方"的工作一直放在泰西的重要原因。第三,对村域工业和农业和谐发展的产业引导、技术和制度支持。利泰纱厂的机器工业技术辐射,使相关产业得以在近邻村落发育、发展和聚集;同时,现代企业组织形式及其管理制度,不仅对村域工业发展形成强烈示范效应,而且对农业产业化、农民组织化产生引导作用。

(3) 现代农业的可持续发展,是村域工农业互动发展的有力保障

优越的农业生产条件是泰西村工农业互动发展的基础。优越的农业生产条件,保证了农业投入能产生较高的边际价值。我们在前文中已清晰地看到,农业在村域工业化进程中所作的食品贡献、原料贡献、劳动贡献。第二次世界大战后开始工业化的绝大多数发展中国家,工业由于长时间接受农业的哺育而获得了发展,但农业发展严重滞后,结果反而制约了工业的进一步发展。中国也曾有过这样的波折:"当农业稳步发展时,工农业关系比较协调,当农业被削弱而停滞或衰退时,工农业关系立即失调。"[②] 所以,在工业化进程中,必须注重推进现代农业的发展。只有保持现代农业的可持续发展,才能以其持续的食品贡献、原料贡献等,包括生态贡献,促进工业化的进一步发展。

(4) 合理的要素流动机制,是村域工农业互动发展的重要条件

20 世纪初期,苏南农业的商品化带动了土地的商品化。土地商品化对村域工农业发展的影响是多方面的:一方面,它加剧了农业的细碎化和农户

---

① 在这里,劳动力的边际产出增加并不是指劳动力的边际产出递增,而是指利泰纱厂的辐射使农业劳动力的边际产出比传统农业经济状态下劳动力的边际产出要大。

② 李明:"中国 1953—1965 年的工农业关系",中南财经政法大学中南经济史论坛,http://jyw.znufe.edu.cn/pub/znjjslt/rcpy/sbxt/t20060522.htm.

经济的凋敝衰落,把劳动力和资金从土地上挤压出来,为工业化储备了劳动力和资本;另一方面,土地商品化产生了在城地主与在乡农户(耕作者)的租佃关系,泰西及周边农村土地所有权、占有权、耕作权"三权"高度分离,形成了发达的土地永佃制。这一文化传承一方面稳定了农民的土地承包经营权,另一方面有利于形成以土地入股等股份合作制,实现土地的适度规模经营。

在工业化冲击下,能够保有大量耕地、劳动力特别是村落精英的留存,是泰西村成功的秘诀。可以说,正是土地永佃这一文化传承与"务工不进城、离土不离乡"的完美结合,既保障了工业经济对农业资源的需求,同时又为村域现代农业发展"留守"了家园和资源。

无论是工业发展,还是农业发展,它们对生产要素的需求都在变化之中。即使农业的发展和工业的发展都是均衡状态,这种均衡仍然是动态的,仍然会有生产要素的流动。而生产要素如果流动不畅,流出产业资本的边际收益率就会下降,流入行业的生产则受到限制。因此,要保证村域内工农业能够和谐、持续的发展,必须建立合理的要素流动机制。

第十一章 浙江案例：村级组织运转与"三农"现代化

本章由三部分组成。第一、二部分是课题组与浙江省农业厅合作调研的成果。其中：第一部分阐述浙江村级组织运转的现状，分析村级组织运转面临的新情况、新问题，提出保障村级组织正常运转的政策建议；第二部分阐述免征农业税后浙江减轻农民负担工作面临的新变化、新特点，分析农民权益保护意识、方式及其收益损失，提出减轻农民负担和维护农民权益的政策建议；第三部分是课题组负责人主持完成的一份阶段性成果，主要是对浙江省加速推进"三农"现代化的建议[①]。

一、村级组织运转机制调查与研究[②]

"村级组织运转"是指村级正式组织的运转。从现实看，村级正式组织有村党支部（党委、总支）、村民自治组织（村委会）、村经济合作社、村青妇兵等群团组织和正在试验中的社区组织。从趋势上看，村级正式组织的政治社会文化职能向村党支部和村委会（以下简称村"两委"）集中，经济职能向村经济合作社集中，而村级集体经济的发展又为村"两委"的正常运转和新农村建设提供经济支撑。这种治理模式，有利于整合各类支农资源形成基层治理、管理和服务的合力。保障村级组织运转，主要是为村"两委"为核心的正式组织提供经济支持，使其在村域自治、管理和公益事业建设中有效履行各自职责，为村民生产、生活提供满意的服务。其中，在文体教育、卫生计生、社会救助、老年福利、农民就业和社会安全等方面，有能力保障村民逐步享有与市民大致相当的基本公共服务。因此，确保村级组织正常运转，需要对农村社区管理、村级公益事业建设和基本公共服务供给的保障机制进行研究。

[①] 课题组成员：赵兴泉、王景新、童日晖、郑娟、金国峰、骆鹏、吕丹。
[②] 这几份报告呈交浙江省委、省政府后，分别得到省委、省政府主要领导的批示。

（一）村级组织运转的现状及其评价

调查表明，浙江省村级组织建制完善，功能明确，总体上运转正常，村级公益事业建设和社区公共服务的总体状况和发展趋势良好。

第一，村级组织建制完善，功能明确，总体上运转正常。法律规定，"村民委员会由主任、副主任和委员共 3—7 人组成，村委会成员不脱离生产，根据情况，可以给予适当补贴"。调查证实，浙江省村"两委"班子配备齐全，全省村均"两委"干部 7.32 人。村"两委"干部配备人数多少与村规模大小有关。一般而言，3000 人以上大村配备村干部 7 名以上，800 人以下的小村配备村干部 4 人左右，"两委"成员交叉兼职。村级组织功能明确，村"两委"能够按照《中国共产党农村基层组织工作条例》和《中华人民共和国村民委员会组织法》履行职责，发达地区村级组织在村庄整治和新农村建设、现代农业发展、农民收入增长过程中，发挥了良好作用，成为强村富民和维护社区稳定的核心和中坚。

第二，各级财政保障村级组织运转的补助机制正在形成。从 2005 年起，省财政设立村级组织运转专项补助资金，安排了 3000 万元用于扶持集体经济薄弱村的运转。此后，每年增加 1000 万元。2008 年，省财政安排了 6000 万元，用于扶持 48 个县近 8000 个集体经济薄弱村日常运转。同时，省财政还安排专项资金用于村干部报酬补贴：2005 年、2006 年各 2000 万元，2007 年 3000 万元，2008 年 4000 万元。2007 年全省各级财政安排村级组织运转和干部报酬补助经费共 7.73 亿元，其中省财政 8000 万元，占 10.3%；县级财政 5.49 亿元，占 71.%；乡镇 1.44 亿元，占 18.6%。较好地保障着大部分经济薄弱的村级组织基本正常运转。

第三，"一事一议"筹资筹劳兴办村级公益事业取得一定成效。2002 年，浙江省取消了乡统筹、农村教育附加、农业特产税、屠宰税、劳动积累工和义务工等涉农收费项目。2005 年，浙江全省免征农业税，同时取消了农业税附加（即原村三项提留和乡五项统筹）。2008 年，全省有 877 个村开展"一事一议"筹资筹劳活动，其中筹资 8254.85 万元，筹劳 61.79 万个工日。2005—2008 年，全省共 4267 村开展了"一事一议"筹资筹劳，其中筹资 39486.64 万元，筹劳 1005.26 万个工日。"一事一议"筹资筹劳在一定程度上弥补了村级公益事业建设费用的不足。

第四，越来越多的村级组织运转有效、村域经济社会快速发展。村集体经济收入能力是观察村级组织运行效率和村域经济社会发展水平的重要指标。从浙江省村域人口规模和消费水平看，村集体可支配年收入达到 20 万元，村级组织即能基本正常运转，并且维持村域公益事业和公共服务最低需要；50万—100万元的温饱型村，村级组织正常运转，村域公益事业建设和基本公共服务基本适应村民需要；100万—500万元的小康型和全面小康村，村级组织有效运转，村域公益事业和公共服务水平接近城市社区；500万元以上的富裕型村，村级组织坚强有力、有效运转，村落精英辈出，中小企业在村落"扎堆"，产业结构非农化，村域景观转变为工业小区或城镇社区，公益事业和村民福利超城市化。

实地调查和年报统计都证明，近10年来，浙江省小康型、富裕型村域快速增加。2000年，村集体可支配收入超过20万元的村，全省有9107个村，占当年总村数的21.8%。到2008年，村集体可支配收入（剔除土地征用补偿）20万元以上的村，全省有12428个村，占当年汇总村数的40.1%，提升了18个百分点。其中：20万—50万元的有5047个村，占16.3%；50万—100万元的有3418个村，占11.0%；100万—500万元的有3496个村，占11.3%；500万—1000万元的有316个村，占1.0%，1000万元以上的有151个村，占0.5%；尤其是100万元以上的，比2000年增加了近8个百分点，达12.8%。

（二）村级组织运转面临的新情况、新问题

取消农业税及其附加税，减少了村级组织运转经费来源；"逐步实现基本公共服务均等化"战略实施，提升了村级组织对社区公益事业建设和公共服务供给的职能要求。在"截流"和"扩能"的双重压力下，村级组织运转出现了一些新情况、新问题，亟须研究解决。

（1）建制村撤并对村级组织运转和村级治理的影响

1983年恢复和重建乡（镇）人民政府时，浙江省有43235个村，1990年增加到43506个村。从1990年开始，建制村开始减少（图11-1）。2007年末，全省减少到31060个村，村民小组减少到329200个，分别比1990年减少了28.6%和7.4%[①]。村民小组合并相对较少，表明农民群众习惯坚持原有村民小组的土地边界。撤并村对村级组织运转和村级治理带来了深刻影响。

第一，村域人口规模、辖区面积扩张，村级组织管理幅度增大。问卷显示，浙江全省村人口规模以800—3000人为主体，占问卷村总数的66.7%；800人以下的小型村占18.4%；3000人以上的村占13.3%。村域基本情况

[①] 《中国农业年鉴1985》、《浙江农村统计年鉴2006》和《浙江统计年鉴2008》。

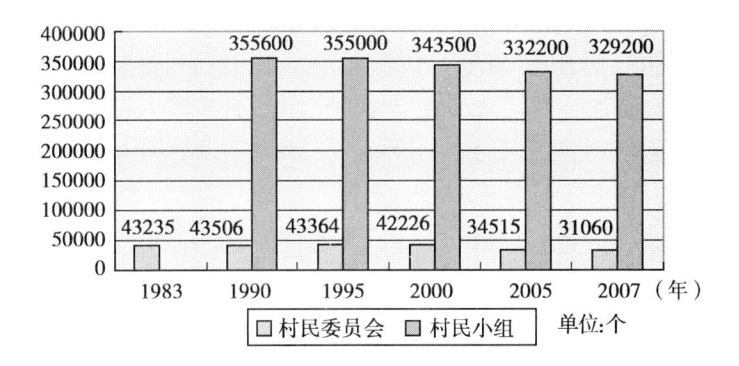

图 11-1　浙江省行政村、组变化图

是：村均农户 557 户，最多的村 2578 户；村均人口 1776 人，最多的村 6758 人，最少的村 181 人；村均劳动力 1019 人，村均外出 202 人；平均村域面积为 4057.6 亩（2.7 平方公里），村均耕地面积 1105.85 亩，其中耕地最多的村 6800 亩，最少的村 0 亩；村均村民小组 14 个，最多的村 56 个村民小组，最少的 1 个；村均 4.3 个自然村，最多的村有 31 个自然村。

第二，村干部职数显现增加趋势。调查 321 个村中，村干部总数为 2284 人，村均 7.32 人，村干部最多的 15 人。村干部和村民比例全省平均为 1：246。但干部职数与村经济规模和管理幅度呈非线性关系（表 11-1）。分地区看，村干部配比（与村民数比），金华、衢州、丽水地区最高，在 1：130—170 之间；宁波、温州、绍兴、台州地区较高，在 1：200—250 之间，杭州、湖州较低，在 1：300—380 人之间，嘉兴干部配比最小，每个村干部管理服务的人口规模为 525 人。

表 11-1　　　　　　　　按地区划分的村平均人数　　　　　　　　（单位：人）

地区分组	杭州市	宁波市	温州市	嘉兴市	湖州市	绍兴市
平均村民数	2134	1806	1823	2667	2659	1702
平均村干部数	7.05	7.36	8.84	5.08	6.85	6.76
村干与村民比	1：303	1：245	1：206	1：525	1：388	1：252
地区分组	金华市	衢州市	舟山市	台州市	丽水市	浙江省
平均村民数	1067	1250	2219	1626	1056	1776
平均村干部数	7.64	7.36	5.93	7.89	8.27	7.32
村干与村民比	1：140	1：170	1：374	1：206	1：128	1：243

第三，村干部的职业化趋势明显。其一，村干部计酬方式职业化，由误工补贴转变为固定工资和按业绩奖罚，报酬来源由"村提留"转变为县乡财政转移支付；其二，村干部工作方式职业化，许多地方村级组织办公设施比较完备，主要村干部实行坐班制，浙东北地区尤为明显，如嘉兴的海宁、平湖，杭州的余杭（全天候上班），湖州的长兴（半天上班）等；其三，大学生村官充实村级组织，更加彰显村干部职业化趋势。村干部职业化趋势是一柄双刃剑，利好的方面是提高了村级组织决策、管理能力和运行效率，但也可能导致自治组织行政化趋势，背离村民自治的轨道。

第四，并村未并社的问题显现。撤并村越早、村与村之间的资本积累和贫富差距越小，并村时村经济合作社较容易同时合并，一村一合作社，"两块牌子、一套班子"，村级组织关系容易理顺。这种被学术界一些人指责的所谓"基层的政经不分"，反倒十分有效。撤并村较晚，村级资本积累和贫富差距越大，加上集体产权边界的障碍，并村时村经济合作社难以合二为一，出现了并村未并社的情况。据统计，2006 年，村经济合作社比村数多 1.54%。典型案例证实，并村未并社的实际数大于统计数。2007 年末，某市共有 424 个村，而村经济合作社保留了 545 个村，后者比前者多 28.5%；同年，某县的村撤并为 88 个，村经济合作社保留了 136 个，后者比前者多 54.5%。

并村未并社对村级组织运转的影响显而易见。一村多社，使村集体成员的政治、经济身份出现了分离，在政治上属于同一村的村民，在经济上归属不同的经济合作社，形成财产独立、经营管理独立、收益分配独立的不同利益群体，影响了社区自治、管理和服务。亟须整合村级组织和经济资源，界定各个组织的功能和相互关系。

（2）村级组织正常运转成本上升、有效运转投资需求增大

为真实了解村级组织运转经费实际支出。我们设计了两份调查表：一份是村级组织正常运转最低经费保障，包含村干部报酬、办公费（会议等误工补贴，办公用水、用电和电话等支出，报刊订阅，差旅费）、五保户供养、公用事业日常维护费等必须费用；另一份是村级组织有效运转经费，即在正常运转最低经费之上增加村公益事业建设和基本公共服务的费用。课题组实地调查了 42 个村，均为农业厅 20 个观察县固定观察点上的村，数据齐全且比较真实。村级组织正常运转最低经费调查结果显示了成本增加趋势：2006 年，村均实际支出 9.975 万元；2007 年为 12.463 万元，比上年增长了近 25 个百分点（表 11 - 2）。

表 11-2　村级组织正常运转最低经费保障的实际支出（42 个村平均）　（单位：万元）

项目 \ 年份	2006	2007	增长率（%）
最低运转费用总额	9.975	12.463	24.94
1. 村干部报酬	4.79	5.68	18.58
2. 办公费 ①会议等误工补贴	1.582	2.125	34.32
2. 办公费 ②水电、电话等支出	0.626	0.571	-8.79
2. 办公费 ③报刊订阅	0.581	0.463	-20.31
2. 办公费 ④差旅费	0.582	0.423	-27.32
3. 五保户供养	0.251	0.3	19.52
4. 公用事业日常维护费用	1.563	2.901	85.60

村级组织有效运转经费各项据实填写，如果其中某一项开支过去未发生则估算。调查结果是，2006 年，村均需要支出 39 万元；2007 年，村均所需费用 40 万元（表 11-3）。

表 11-3　村级组织有效运转经费支出预测（42 个村平均）　（单位：万元）

项目 \ 年份	2006	2007	增长率（%）
有效运转支出合计	39.0787	40.0313	2.4
（一）人员费用	6.89	8.12	15.1
其中：1. 村干部报酬	4.79	5.68	18.58
2. 村干部养老保险	0.28	0.302	7.86
3. 会议等误工补贴	1.582	2.125	34.32
（二）办公费用	4.52	5.56	23.0
其中：1. 水电、电话等支出	0.626	0.571	-8.79
2. 报刊订阅	0.581	0.463	-20.31
3. 差旅费	0.582	0.423	-27.32
4. 招待费	1.651	2.297	39.13
5. 外出考察学习费用	0.500	0.925	85.0
（三）福利费用	3.815	4.597	20.50
其中：1. 五保户供养	0.251	0.3	19.52
2. 困难户补助	0.488	0.549	12.5
3. 老党员补助	0.335	0.297	-11.34
4. 农村合作医疗保险补助	1.108	1.369	23.56

续表

年份 项目	2006	2007	增长率（%）
5. 农房保险补助	0.15	0.199	32.67
6. 计划生育补助	0.246	0.212	-13.82
（四）公用公益事业费用	21.192	18.135	-14.43
其中：1. 公用事业日常维护费用	1.563	2.901	85.60
2. 护村治安费用	0.407	0.551	35.38
3. 保洁、垃圾清运费用	1.104	1.146	3.80
4. 道路桥梁建设费用	12.487	9.258	-25.86
5. 环境整治费用	1.466	1.650	12.55
6. 农业水利设施费用	5.027	3.925	-21.92
7. 抗洪抢险费用	0.107	0.106	-0.93
（五）其他费用	1.465	2.21	50.85
其中：1. 文体教育费用	0.796	1.413	77.51

为验证上述列支项目必要性和可信度，我们在对321个村近1200个农户问卷调查中，由干部、党员和村民分别估算村级组织有效运转经费需求。结果是：(1) 村干部报酬预期人均0.92万元，按照现有村均7.3名村干部计算，干部工资村均6.75万元；党员、村民组长误工补贴，村均1.785万元；医疗室及医务人员补助村均1.063万元。(2) 办公经费村均4.31万元，文体活动费用村均为2.458万元，计划生育和民兵训练费用村均1.38万元，治安费用村均2.171万元。(3) 困难补助村均2.9万元，五保户供养村均1.256万元，村合作医疗及农户保险补助村均4.157万元。(4) 村内小型基础设施养护费用村均6.023万元，农田水利维修村均4.726万元，垃圾及保洁费村均3.558万元。加总平均，每村运转经费约需42.5万元。321个村问卷和42个村实地调查相互印证，说明了村级组织有效运转列支项目都是必须的，40万元预测具有客观性。

(3) 村民对村级组织有效运转的期望值提高

执政党的亲民政策和现代传媒的作用，使今日之村民的民生、民主意识空前放大，对村级组织有效运转的期望值越来越高。问卷结果显示了当代农民对高品质物质文化生活的追求：村民按照公益事业建设和公共服务的重要程度排序，排在前10位的分别是村"两委"办公场所、卫生室或医疗服务、村民议事活动场所、养老院和老年活动服务、劳动力职业技能培训服务、社区事务受理服务、农业科技信息服务、社区警务治安服务、公共文化服务、幼儿教育服务。表明了当前浙江省村级组织有效运转应该包含的建设项目和服务内容的优先序。

问卷中有 688 人参与了村级最需要的基础设施和投资匡算（图 11-2、11-3），结果显示，农民认为最需要的基础设施依次为农田水利、道路桥梁、环境卫生、公共文化体育设施、农业技术培训与推广、机耕道路、办公楼、自来水、农业机械、社区综合服务厅；匡算 10 项建设费用加总平均，村均需投资 507.2 万元。

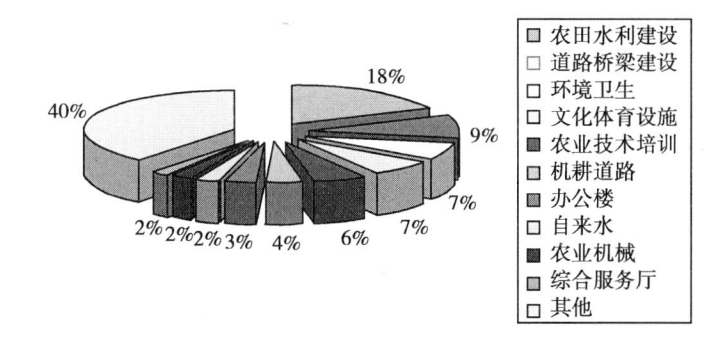

图 11-2　农民认为最需要的基础设施

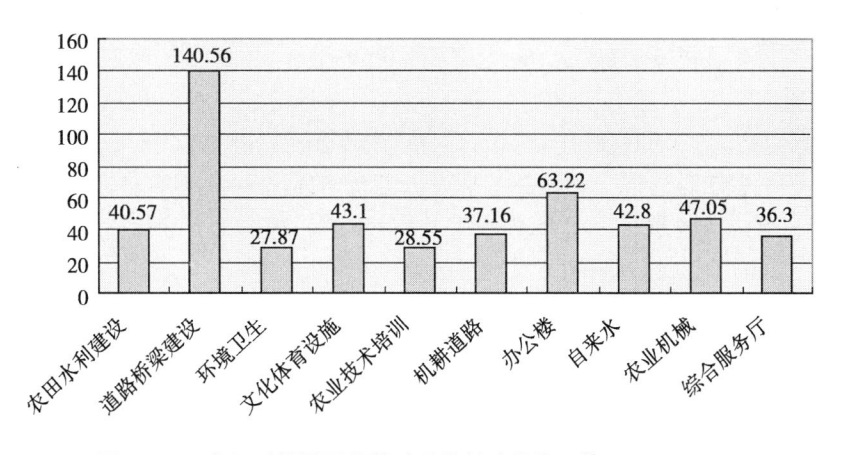

图 11-3　农民对最需要的基础设施村均投资匡算（单位：万元）

（4）村级组织运转和公益事业建设投入机制缺失

我国农村公益事业建设投入体制演变经历了三个阶段。人民公社时期采取"民办公助"方式，集体组织体系发挥着主要作用。三级集体组织在认为需要时，都可以决定提取公积金、公益金的比例，用于社队公益事业建设，并且农民负担是隐性的。家庭承包制建立之后，农村公益事业建设直接向农户收取费用，村三项提留和乡五项统筹的制度应运而生，农民负担显性化，村级公益事业筹资演变为农民负担，"头税轻、二税重、三税是个无底洞"的时政民谣，形象地反映了当时的农民怨言和负担状况。取消农业税及其附加，极大减轻了农民负担。但另一个方面，"三提五统"筹资机制彻底瓦解了。

从浙江省情况看，取消农业税及其附加后，代之而起的投入机制是以各项"工程"为载体，以国家财政投入和地方财政配套为主导，以各种"达标升级"验收奖励为辅助，以村集体筹资和农民分摊为补充的新体制和新机制。但新机制尚在探索之中，难免存在问题。

——以各项建设工程为载体的公共财政投资缺乏识别机制，嫌贫爱富现象严重，而且大多不能进村入户，村级公益事业建设梗阻现象严重；另外，各项工程的配套经费以及村级组织运转经费，容易被转化为农民负担。

——公共财政扶持缺乏制度刚性。2008年，省级财政安排6000万元用于扶持48个县的8000个集体经济薄弱村的日常运转，经费总量不小。但补助到村，加上村干部报酬补贴，也只有村均1万多元（苏北农村村均8万元运转经费），与村级组织正常运转最低经费需求尚有相当大的差距。地方政府对村级组织运转经费补助标准不一。如台州市路桥区对集体收入不到1万元的村每年补助4万元，2万—3万元的村补助3万元，3万—4万元的村补助2万元，4万—5万元的村补助1万元；台州市天台县对集体收入不到1万元大于5000元的村补助4500元，小于5000元的补助5000元。

——农民收入低，承担公益事业建设费用的能力弱，"一事一议"筹资筹劳制度运行困难，作用有限。同时，村集体经济也无力承担公益事业建设重担。2007年，浙江省村集体可支配收入（含土地征用补偿）低于1万元的占23.2%，1万—5万元的占16.4%，5万—10万元的占8.7%，10万—20万元的占10.5%。就是说，全省有4成（5万元以下）以上的村级组织运转困难。

(5) 村级组织承担村域公共品生产和服务的能力弱小

如果将农村区分为建制村一级（村域），以乡镇为中心（村以上、县以下）的农村社区等两个区域，我们发现，浙江省以乡镇为中心的农村社区公益事业建设和公共服务的水平较高，而村级公益事业建设严重滞后，供给总量仍然短缺，结构仍然失衡，主要表现是：

——公路通村率较高，公交车通村率低，村内道路建设跟不上通村公路发展需要。问卷显示，公路通村率为96.3%；但公交车通村率只有64.6%。村内道路建设不配套，道路硬化到户的230村，硬化率为71.7%。

——生产生活设施滞后于现实需要。机耕路通达率极低，机耕路能通的村占53%，部分通的村占31.2%；自来水到户率90.4%；以薪柴为燃料的农户比例过高，占33.4%；现代信息工具尚未普及，如有闭路电视的974户占81.6%，有宽带网络的583户占48.9%。

——村内人居环境较差，农民满意度较低。村民对公路通村率、公路硬化率、自来水到户率的满意度较高，均在90%以上。但对现有人居环境满意度不高。虽然河流已经治理的村占61.1%，但农民对已治理的河流表示不满意的占50.5%；对村庄绿化表示不满意的占50%。

——村级公益事业建设和社会服务结构失衡。一方面是公共产品的结构失衡，"村村通"覆盖率较高，其他基础设施建设和服务覆盖率较低。比如，完成厕所改造的村占52.1%，饮水净化处理的村占53%，垃圾集中处理的村占61.9%，有休闲和健身广场的村占30.3%，有图书文化室的村占49.8%，有卫生室的村占49.8%。另一方面，地市之间、村域之间发展差距越来越明显，上述这六项指标，丽水和衢州地区远低于全省平均水平，在省定贫困村中分别只有15.4%、15.4%、42.3%、3.8%、3.8%、30.8%[1]。

（三）保障村级组织正常运转的政策建议

（1）充分认识保障村级组织正常运转的重要意义

第一，保障村级组织正常运转是适应新阶段巩固基层政权的现实需要。农村基层组织是农村工作的基础，村级组织正常运转是有效发挥农村基层组织功能的前提。十七届三中全会《决定》指出："通过财政转移支付和党费补助等途径，形成农村基层组织建设、村干部报酬和养老保险、党员干部培训资金保障机制。"构建和发展与社会相适应的农村组织正常运转经费投入机制，发展农村公益事业，使广大农民共享改革发展成果，是执政党贯彻科学发展观、关注民生和追求社会公平的重要体现。

第二，保障村级组织正常运转是巩固税费改革成果的现实需要。取消农业税后，"三提五统"和各种集资摊派不复存在，减轻了农民负担，同时也加剧了基层财政困难，削弱了基层政府保障村级组织正常运转的能力。十七届三中全会《决定》要求，"采取多种措施增强基层财力，逐步解决一些建

---

[1] 《浙江经济参考》（分析篇）（19），2008年4月13日。

制村运转困难问题，积极稳妥化解乡村债务。继续做好农民负担监督管理工作，完善村民一事一议筹资筹劳办法，健全农村公益事业建设机制"。只有建立以政府财政为主体的村级公益事业建设投入机制，才能有效巩固税费改革成果，逐步化解村级债务，加快推进农村改革发展。

第三，保障村级组织正常运转是构筑城乡一体化新格局的必然要求。缩小城乡居民收入和享受基本公共服务的差距，是构建城乡经济社会发展一体化新格局的现实需要。只有扩大公共财政覆盖农村范围，保障村级组织正常运转，发展农村公共事业，才能推动农村经济、政治、文化、社会的转型发展，充实和完善社会主义新农村建设的体系和内容，夯实全面小康社会与和谐社会的基础，到2020年，如期实现全面小康社会的重要目标。

(2) 按基本公共服务均等化指向界定保障村级组织运转的边界

课题组根据十七届三中全会《决定》关于"加快发展农村公共事业"的精神，结合浙江省的财政实力及村域经济状况，建议将保障村级组织运转定为"基本正常运转、正常运转、有效运转"三个档次，采取因地制宜的扶持政策和激励措施。

——基本正常运转。即村级组织健全，村域基本的政治、经济、社会活动正常开展，有能力保障村干部报酬、办公费、村民议事和选举年选举，以及最基本的公共服务费用。建立识别机制，将贫困村（集体可支配年收入5万元以下，村民人均纯收入低于2500元）、经济薄弱村（5万—10万元，村民人均纯收入低于5000元）纳入公共财政保运转重点村。为避免"奖懒罚勤"现象发生，财政支持方式应借鉴"开发式扶贫项目"的成功经验，重点支持那些愿意带领村民创业富民、创新强村、逐渐增强自我发展能力的村级组织。

——正常运转。村级组织健全有力，村域自我发展能力逐步提升，社会稳定，村级组织有能力保障村组干部和社区服务人员的工资（含误工补贴）支出，有能力保障社区自治、管理、公用事业日常维护和村民的基本公共服务费用。将温饱型村（村集体收入10万—20万元，村民人均纯收入低于浙江省平均水平）的村作为公共财政保运转扶持村。扶持重点和方式应围绕发展壮大村集体经济展开，对有利于村集体经济发展的项目，通过申报认定，给予扶持性财政补贴。

——有效运转。即村级组织坚强有力、村域经济社会和谐发展、公益事业建设和基本公共服务适应村民生产、生活的需要。对正在由温饱进入小康型和全面小康村（集体可支配收入20万—50万元、50万—100万元、村民人均纯收入与浙江省平均水平相当），作为保运转促进村，采取一定的财政激励机制，进一步壮大集体经济，使之有能力在正常运转的基础上，积极开展社区公益事业建设和基本公共服务；对那些富裕型村域的村级组织，授予"村级组织运转示范村"称号，通过广泛宣传和舆论激励，使其不断提升本级组织运转能力，保持村域经济发展的综合竞争实力，率先实现"三农"现代化，提前进入城乡一体化。鼓励经济富裕村带动周边村域经济社会发展。

（3）加大对确保村级组织正常运转财政支持的力度

第一，必须特别强调各级政府的责任。农村公益事业建设与农业、农村经济发展息息相关，与农民大众的生产、生活直接关联，受益面广，属于公共品。按照国际经验，公共财政应负农村公益事业投入主体的责任。"农业、农村、农民问题关系党和国家事业发展全局"，事关"三农"现代化的基础建设和基本公共服务，公共财政理应加大投入。现实上强调公共品供给的多元参与机制，主要是为了克服政府作为唯一供给渠道、资源配置效率较低的问题，绝不能因此而弱化政府责任。

第二，重点保障贫困村、经济薄弱村基本正常运转。浙江省贫困村、经济薄弱村比例相对较大，这些村资金短缺矛盾十分突出。建议将"保运转重点村"放在村级集体经济收入低于5万元的贫困村，补贴标准确定为5万元；对10万—20万元的经济薄弱村，村级组织运转经费支出标准：1000人以下的小村10万元，1000—2000人的中等村15万元，2000—3000人的大型村18万元，3000人的以上特大型村20万元。应积极探索建立对经济薄弱村的财政分担和激励机制，保障运转经费落实到位。公共财政支持的重点是，支持村集体经济组织创业、创新，提高经营和持续盈利能力。

第三，落实村干部的保障激励机制。调查中发现，凡是财政转移支付对村干部的基本报酬解决比较好的地方，村级组织战斗力强，农村社会管理和服务也开展得比较好。要按照基本报酬全面覆盖，财政支持，公平合理，便于操作的原则和不低于当地农村劳动力平均收入水平的要求，优先解决好村"两委"主要负责人的基本报酬，建立和落实考核奖励、养老保险和医疗保健等激励保障机制，探索建立对其他村"两委"人员的与工作挂钩的区别补贴政策和分级负担机制，健全对村经济合作社的经济发展激励，以有效调动和激发广大村干部创业创新促进村级组织正常运转的积极性。

（4）探索建立村级公益事业建设的多元投入机制

第一，引导社会多元参与村级公益事业建设。引导和激励企事业单位、社会团体、企业家、社会名流、先富起来的个人以及所有热心公益事业的人士，投资农村公益事业建设，以捐款、捐物等捐赠方式兴办村级公益事业。

加强部门协调，综合运用税收优惠、财政补助、信贷贴息、参股经营、融资担保等手段，为社会力量投资公益事业创造良好环境。建立村级公益事业投资者利益补偿机制，企业捐款和投资村级公益事业，可以按规定享受相应的税收优惠、减免政策，社会组织和个人投资村级公益事业可以冲抵营业税、所得税。建立社会组织和个人投资建设村级公益事业建设项目的低息、贴息贷款制度、政府赎买制度。不断扩大村级公益事业建设融资渠道，逐步形成政府投资为主导的多渠道、多元化投资体系。

第二，发展壮大村级集体经济。保障村级组织运转归根到底是要发展村级集体经济。完善政策扶持机制，增强村级集体经济"造血"功能。出台扶持发展村级经济的具体优惠政策，想方设法增加村级集体经营收入，如鼓励村级集体经济组织开展土地整理，增加的有效耕地面积由村集体经济组织经营，收入归集体经济组织所有；对村集体经济组织有关项目增加信贷投入，提供税收优惠；对涉农项目开发资金直接补助到村；鼓励交通便利的村建标准厂房，发展村域物业经济；鼓励运用中央和省的农机购机补贴政策，组织农机作业服务队，在提升村级组织统一服务能力的同时增加村级集体经济收入；支持僻远村异地开发，几个村联合在经济好、区位优的村镇设开发区；促进土地流转，发展特色经济、休闲观光农业、农家乐。

第三，完善"一事一议"筹资筹劳兴办农村公益事业的机制。探索"一事一议"财政奖补制度，根据财政承受能力，加大财政奖补比例，调动村集体和村民"一事一议"积极性。鼓励社会各界支持村级集体发展，通过村企结对、村村结对、村与政府部门结对等形式，积极探索多种途径发展村级公益事业，努力形成多元化的农村公益事业投入机制。引导社会、企业、个人支持捐助村公益事业建设，特别要鼓励本村在外地发展较好的村民，回乡投资，反哺家乡，促进家乡经济发展。严格区分自愿捐资与加重农民负担之间的政策界限，对农民直接受益的村组公路、农田水利等基础设施，在农民自愿、民主协商、规范运作的前提下，鼓励农民自力更生，办好、管好自己受益的公益事业。

(5) 解决撤并村后的遗留问题，理顺村级组织关系和改善结构

大规模撤并村已经结束，要总结合并村工作经验。一方面，坚持积极稳妥的原则，对确有必要撤并的村进行合并；另一方面，要花大力气解决撤并村后的遗留问题，尤其是财务审计和经济合作社的合并问题。加强调查研究，探索撤并村后村级产权制度配套改革和财务管理方式。进一步稳定村民小组的产权边界。理顺村"两委"、村经济合作社、村社区三者关系。分清各自职责，协调并整合村级正式组织的资源，形成村级公共事业建设和公共

服务的合力。严格村经济合作社财产评估审计，探索用股份合作制改造的办法，构建村级（社区性）股份合作社，建立村级自治组织的经济基础；理顺自治组织与村民的关系，完善村民议事制度，健全民主理财、村务公开和民主评议，提升村级组织的管理服务能力。

改革村民委员会组织管理体制。分两步推进，稳步实现农村社区管理、自治、建设与服务的体制创新。第一步：在农村社区建设初期，社区服务体系的机构设置与村民委员会合二为一，社区服务职能与村民委员会社区管理和村民自治的职能合二为一，集社区管理、村民自治、社区建设和社区服务职能为一体。第二步，适时修改《浙江省村级组织工作规则（试行）》，将农村社区与社区服务体系建设初期的做法及成功经验上升为地方法规，并转化为农村基层具体的制度安排。

二、减轻农民负担和维护农民权益调研报告[①]

（一）农民对村域经济发展、"减负"及惠农政策的评价

调查表明，近年来浙江省坚持对农民采取"多予、少取、放活"方针，并从"少取"逐步向"多予"与"放活"转变，减轻农民负担工作成效显著，加上粮食、良种直接补贴，购买大型农机具补贴和农资综合补贴等支农惠农政策的实施，使广大农民心平气顺，农村社会基层呈现和谐局面，出现了自改革开放近30年来又一个黄金发展时期。

（1）村域经济和农户收入状况极大改善

村域（行政村）是行政区域经济的最小单元，是发展现代农业、推进新农村建设的载体，是农业的"产业园区"，也是农民生活的家园。村域经济转型发展状况，直接影响农户收入增长，决定村级组织运转效率、农村社区建设和公共服务水平以及村民的生活品质。改革近30年来，浙江省3.36万个行政村域经济快速转型，出现了三足鼎立新态势：欠发达村域的集体经济有较大恢复和发展，发达村域的集体经济实力越来越强；欠发达村域的家庭经济继续保持主体地位，发达村域的家庭经济份额逐年降低；欠发达村域的个体工商户、中小企业主和新型合作经济等新经济体有所发展，发达村域的新经济体异军突起，成为村域中最具活力的市场主体。但也要看到村域经济多极分化、差异巨大。2006年，浙江全省村级集体可支配收入高于100

[①] 本课题深入1895个农户问卷，覆盖浙江省11个市的67个县（市、区），824个行政村，并分别选取其中部分典型乡镇和行政村进行了实地调查。

万元的村占10%，而低于1万元的村占26%。工业型、市场型巨富村域经济和大量传统农业村、山区少数民族聚居村和未开发的古村落等贫困村域经济同时并存。显然，加速推进村域经济转型发展任务艰巨。

浙江省农户经济状况有了较大改变。全省农户家庭平均3.83人，户均劳动力2.45人，其中从事农业生产的占44.9%。户均外出打工人数为0.87人。户均纯收入33887元（人均8847.8元），其中：户均纯收入低于1万元的占4.6%，1万—3万元的占12.8%，4万—5万元的占2.6%，5万元以上的占7.3%（注：67.5%的农户未填写）。这一组数据与浙江省关于农业农村的相关统计数据基本吻合，反映出农民家庭经济实力增强、农民人均收入增长、家庭结构小型化、劳均赡养人口减少和农民从业结构多样化的发展趋势。

问卷显示，浙江省农民承包土地户均4.378亩，其中53.7%（1018户）为自家耕种。另外，无偿流转的占10.2%、有偿流转的占6.9%、部分自己耕种部分无偿流转的占6.5%、部分自己耕种部分有偿流转的占5.1%、村里统一流转和承包到农户的占3.1%、未填写的占14.4%。由此看来，尽管农民非农就业比例较高，但仍然不愿意放弃土地。因此，试图通过土地流转实现规模经营要坚持因地制宜，分类指导。令人吃惊的是，问卷中有4.3%的农户完全无土地，7.3%的农户只有0—1亩土地，如果用这一比例估算全省无地和少地农户（2006年浙江省1115万农户）分别为47.9万户和81.4万户。因此，采取最严格措施保护耕地已刻不容缓。

(2) 农民对"减负"和惠农政策的知晓和满意度较高

农民对现行"减负"政策平均知晓度为69.52%，其中知晓免除农业税的占94.72%、免除小学、初中学杂费的占78.79%、免除村提留的占74.14%、涉农收费公示的占69.50%、公费订报刊限额制的占44.64%。农民对惠农政策知晓度比"减负"政策知晓度低，平均为31.48%，其中知晓种粮补贴的占68.81%、农机补贴的占50.34%、沼气补贴的占30.82%、专业合作社补贴的占22.43%、村运转经费补贴的占9.23%、村干部补贴的占7.23%。

农民从"减负"和惠农政策中得到了实惠，多数"比较满意"。有77.97%的农村家庭从惠农政策中得到了实惠，其中享受了种粮补贴的占47.72%、农机补贴的占12.09%、沼气补贴的占10.43%、专业合作社补贴的占6.35%。农民对"减负"和惠农的现行政策比较满意、满意和较满意的达46.49%，一般的占23.17%，不太满意和很不满意的占6.91%，其余农户"说不清楚"或未选择。个案调查发现，工业反哺农业、城市支持农村的战略在浙江省已得到体现。例如金华市婺城区塔石乡是浙江省211个欠发达乡镇之一，该乡康庄工程各级财政总投入2000多万元，相当于返还了该乡（以2005年税额为标准）84年的农业税上缴。

但也要看到"减负"和惠农政策尚未家喻户晓、深入人心，农村政务公开亟待加强。还有12.3%的农民不知道已经免除了村提留，54.6%的农民和19.7%的村干部不知道或不关心公费订阅报刊不能超过标准的规定，30%的农民不知道涉农收费要公示，42.9%的农民不知道有专门主管农民负担工作的部门。

（3）减轻农民负担工作成效明显

农民负担大幅度降低。2005年，浙江省农民负担人均7.78元，比2004年人均14.41元又减少了6.63元，降幅达46%，比2002年人均92元下降了91.5%。从2006年开始，除"一事一议"筹资筹劳外，浙江省不再有政府及部门规定的专门面向农民征收的税、政策性收费、集资摊派和"两工"等项目；从2006年秋季开始，浙江省义务教育阶段学生全面免收学杂费，惠及370万名农村学生，减轻农民负担近3亿元。

义务教育免收学杂费减轻了农民负担。受访农户中有子女上学读书的占62%（1174户），其中占79.4%（942个）的农户认为，目前学校"没有不该收的费用"。

农村合作医疗制度基本普及，农民看病难、看病贵的局面有所改观。一是农村合作医疗基本普及，受访农户中的93.7%（1775户）参加了农村合作医疗，参加合作医疗的户均3.47人，这与总样本中家庭平均人口3.83人相接近，说明农户家庭成员基本参加了合作医疗。二是农户承担合作医疗费用比较合理，受益人数接近一半，参加合作医疗的每人每年平均缴费32.13元；报销过住院或门诊医药费的占42.1%（798人）。三是绝大多数农民认可农村合作医疗制度，有84.5%（1602人）的受访者认为参加合作医疗有好处。

农民生活领域的不合理收费在一定程度上得到控制。如：农民用水平均为1.54元/吨，电费平均为0.56元/度，有线电视月费平均为13.3元，固定电话月租费平均为16.64元，第二代身份证平均办证费用为20.53元。农民建房收费的调查结果显示，近两年建房农户占总调查户数的12.5%（237户），其中11.4%（27户）无建房审批费，76%（180户）建房前后审批费用在3000元以下。

（4）农民负担监督管理任重而道远

不能过高估计浙江省"减负"工作和惠农政策的成效。问卷表明，多数农民认为"负担相对减轻,但还是比城市居民负担重"。在 1895 个受访农户中,认为"和城市居民一样,农民负担不重了"的占 13.14%,认为"有些政策比城市居民还优惠"的占 7.76%,认为"农民负担还是有的,只是没有以前重"的占 39.63%,三项合计为 60.53%;而认为"农民负担还是重"的占 22.9%,"农民实际负担仍然比城市居民重"的占 22.11%;"农民负担不重了,但村集体负担变重了"的占 16.04%,这三项合计也是 61.04%。

调查还发现,"减负"基础仍不牢固。一些地方加重农民负担的潜在压力并未化解,受访者认为"就医、就学、就业难"是加重负担的源头;一些地方的村级组织运转成本迅速上升,基础设施建设支出和公益事业费用刚性增长,最终转变为农民负担;一些地方的新村建设盲目攀比,村级债务不仅未能有效控制反而急剧增加,成为农民负担反弹的压力;一些地方涉农服务性收费花样翻新,违规收费时有发生;一些地方惠农政策落实不到位,国家支农资金被截留克扣,在征地补偿、农村财务、假冒伪劣农资等问题上农民反映尤其强烈。

课题组认为,当前我国城乡居民事实上的不平等主要表现为两大差距,即经济发展机会和能力上的差距,享有基本公共服务的条件和水平上的差异。两大差距长期存在是农民负担长期存在的根源。因此,减轻农民负担工作远未了结,农民负担监督管理任重而道远。

(二) 免征农业税时代农民负担的新变化、新特点

免征农业税及其附加后的新时代,农民负担不再是"头税轻、二税重、三税是个无底洞",其内容、形式和对象都发生了很大变化。从内容看,农民负担有三重含义:即应由公共财政支付,但却转移到农民或农民集体负担的农村基本公共服务费用;应由农民或农民集体支付,但超越了社会经济发展水平和农民或农民集体承受能力的非自愿性负担;属于农民合法权益,但因种种原因隐含在不平等交换中的被直接剥夺的收益。从形式看,其变化表现在五方面:一是由行政事业性收费向经营服务性收费转变;二是由涉农行政部门收费向经营服务性单位收费转变;三是由农户收费向村集体和农民合作经济组织收费转变;四是由生产领域收费向生活领域收费转变;五是由农民直接收费向占有农民和农民集体应有权益转变。

(1) 农村基础设施建设成本分摊

在社会主义新农村建设中,"村村通"、"村庄整治"等各项基础设施建设形成了新高潮。在这个过程中,尽管公共财政投入力度不断增强,但其中约1/3强的资金转移成为农民和农民集体负担。

我们在问卷中设计了"村里这两年修路、造桥、自来水改造或进行村庄整治吗？如果有，钱从哪里来？"这一问题。对此，受访者回答：村集体出资、政府补助、老板捐赠和村民出资的分别占42.5%、39.5%、10.3%和7.8%，其中村民平均出资120.39元，出劳力11.6个工日。我们还要求受访的村干部填写这三个建设项目的总费用以及出资主体。汇总结果显示，三个项目的村均费用合计131.67万元。其中由村集体出资村均58.15万元、村民"一事一议"筹资村均13.94万元。就是说，村集体和村民分摊修路、造桥、自来水改造或村庄整治等基础设施建设费用村均72.09万元，占村均总投资的54.9%。表明农村社区基础设施建设资金仍然未能突破"财政投入一点、帮扶单位支持一点、社会捐助一点、农民和农民集体分摊一点"的传统模式。

个案调查显示，"村村通"工程已成为农民和农民集体的最大负担。通村公路每公里（3.5米宽水泥路）需要投资25万元，而国家财政每公里补助10万元，2007年提高到12万元。在浙江省以及长三角等发达地区，国家拨款加上各级财政补贴，每公里补贴约21万元，其余4万元/公里，通过"一事一议"筹资筹劳转变为农民和农民集体分摊。个案显示，在偏远或经济薄弱村，仅此一项，村民人均分摊86.5元。另外，村庄整治投资也在加重农民负担。如果按每村300—500人口的规模，按照村庄整治的低标准，每村需要投资60万—90万元。在浙西南山区贫困村，村庄整治的财政补助按照每人500元计算，那么300—500人口的村可分别补助15万—25万元。另外，小流域治理或贫困村扶持等再补助10万元，其余35万—55万元的缺口（人均约1000元）只能靠农民和农民集体承担，如果其中1/3的经费转移到农户，人均330元。

本课题组认为，基础设施建设成本分摊在一些地方已经超过农业税及其附加的数量，成为农民的新负担。摆在我们面前的问题是，农村公共服务国家包下来是不可能的，但让农民分担是不公平的，出路在哪里？确实需要认真研究。

（2）农村社区管理和服务体系建设及其运转费用转移

"基本公共服务均等化"是新阶段战略目标之一，加强农村社区服务体系建设势在必行。按照我国城市《"十一五"社区服务体系发展规划》延伸到农村，农村社区服务体系建设投入至少应该包括十有，即：有村"两委"办公楼，有村民议事活动场所，有社区事务受理服务站，有社区广播、宣传和呼叫服务设施，有警务室（巡防治安室），有幼儿园，有卫生室或医疗站,有公共体育设施,有图书室等公共文化设施,有养老院和老年活动室。显然,投资需求巨大。根据个案研究作经验性测算,每村不少于 100 万元。

维系村级组织正常运转,村集体需要承担的费用包括村干部工资、村办公经费(含会议费和报刊订阅)、五保户供养、村特困户救助、合作医疗代缴、大病统筹、村医疗室及医务人员补助、文化活动费用、村环卫人员的工资、保洁与垃圾运送费用、村级基础设施养护。要基本保障这些费用每村至少需要 5 万元,要有效保障这些费用每村则需要 20 万元。苏南太仓县将村集体可支配年收入低于 20 万元的作为贫困村,上海将村集体可支配年收入低于 50 万元的作为"经济薄弱村",皆因低于上述标准时即不足以维系村级组织有效运转。

2006 年,浙江省村集体可支配收入在 1 万元以下的约占全省行政村总数的 26%,年可支配收入超过 100 万元的村仅 10%。在村域集体经济薄弱或贫困状态下,社区管理和服务费用直接转移到农户。比如:问卷中有联防队的 380 个村中,264 个村的联防队工资补贴是由村集体或村民支付的;有 300 个村有过集体捐款,2006 年,集体捐助款村平均为 14720.77 元,最高的村捐款 50 万元。捐款的主要项目是幼儿园学校、困难户和名目繁多的贺款,其中一部分赞助、捐款是上级部门借机向村集体收取的"贡钱"。

(3)过多的涉农收费和有偿服务

我们在问卷中设计了七类涉农收费:

——农民新建住宅审批和办证等项收费。尽管农民建房和装修形成的是私有固定财产,但审批办证费用仍然较高,而且建房和突击装修的投资仍使农民觉得不堪重负。调查结果显示,近两年建房农户占 12.5%(237 户)。在填写了收费数目的 128 户中,户均建房审批等项收费为 7561.71 元,其中审批和办证费 3000 元以上的 57 户(44.5%)。典型案例证明,农民住宅整理费用也较高。如塔石乡村民住宅"赤膊"墙穿衣戴帽等,需要投资 12 元/平方米,其中财政补贴 5 元,其余 7 元由农户承担。

——义务教育免收学杂费虽然减轻了农民负担,但远距离上学的交通费、寄宿费、陪读费等支出超过了学杂费负担。因此,仍有 56.3% 的受访者认为读书负担重或有点重。问卷显示:有 62%(1174 户)的农户有子女上学读书,其中在义务教育(含幼儿园)阶段教育的占 55.9%(656 户),61.2%(718 户)的子女在本乡镇范围以外的学校读书;户均学校教育支出 5768.65 元,占家庭平均纯收入的 17%,其中 484 户在 5000 元以上。另外,教育乱收费问题不同程度的存在,有 20.4%(240 户)的受访者认为学校教育中有不该收的费用,不该收的费用户均 3062.91 元。

——新型合作医疗服务与收费。农民对新型合作医疗制度的建立及运转是满意的,但也存在一些问题。调查农户加入新型合作医疗"每人每年自己缴费数多少元?"对此的问卷结果是,农民每人每年平均缴费32.13元,其中不用缴费、缴费20元、20—40元、40元以上的农户分别占8%、23.2%、54.2%、14.6%。调查"是否报销过医药费"?回答没有看过病的占33.6%,因小病不能报销、报销手续太繁、能报销的医院水平太差和药价太高等原因,未报销过医药费的占27.3%。所以仍然有7.9%的受访者认为参不参加合作医疗无所谓或没好处。进一步了解农民"什么条件下明年参加合作医疗?"农民回答是"干部来做工作"的占13.5%、"提高报销比例"的占19.9%、"增加政府补贴"的占10.9%、"门诊直接能报销"的占10.3%、"村里能出钱"的占12.2%、"报销的医院再多一些"的占6.4%、"报销医院药价再便宜些"的占26.9%。这些表明了农民对新型农村合作医疗制度的期望值。

——农民工就业环境和办证费。问及"外出打工是否有办证收费?"回答不用办证的占54.5%,要办证但不用交费的占19.5%,两项合计为74%,表明农民工的就业环境得到了改善。但是,回答要办证并缴工本费的占21.3%,要办证、缴了不少钱的占4.7%。调查农民"外出打工与单位签订劳动合同和押金"的情况,其中签订了合同的占48.9%,没签订合同的占36.6%,签了合同但也交了押金的占4.7%,没有签订合同的占38.3%。另外,问卷中仍然有18.6%农民工被拖欠过工资,6.9%的农民工虽未被拖欠但却被克扣过工资。

——其他涉农收费和过重的有偿服务。如水电费、有线电视费、固定电话费、身份证办证费。农民处理家庭"红白喜事"中的管理性和服务性收费。2006年,受访农户中的5.4%办过红白喜事,其中结婚证费用平均为186元,出生证费平均57.7元,火化费平均890元,其他收费如计划外生育户缴纳社会抚养费等平均2759元。了解村干部2006年对本村农民的收费情况,在543个村干部的答卷中有204个村(占37.6%)填写了收费情况。其中,收过专业承包款的占43.6%、宅基地配套费的占7.8%、建房押金的占6.9%、农田排灌水电费的占17.6%、一事一议筹资的占8.3%、卫生费的占6.9%、治安费的占3.4%、其他为5.4%。

(三)农民权益保护意识、方式及其收益损失

农民土地权益得不到保障,征地补偿过低,实际上剥削了农民土地价值;市场条件下仍然存在着工农产品剪刀差,农资价格过快增长,农产品成

本居高不下，农民因为农产品价格上涨而增加的收入被农资涨价所抵消；一些行政村将成百、上千万元的集体可支配收入用于行政村域服务体系建设，过多截留农民应分配收益。诸如此类的剥夺、克扣或转移农民收入的做法，其实就是增加农民负担。不同的是，这些钱尚未装进农民的"口袋"就被"掏"走了。

农民认为最重要的三项权益。问及"农民最重要的三项权益是什么（可选三项）？"农民认为最重要的三项权利是：土地权益（1119人，占59.1%）、选举和被选举权利（814人，占43.0%）、良好医疗权利（683人，占36%）；其余依次为平等公共服务权（607人，占32%）、民主管理权利（521人，占27.5%）、良好教育权（441人，占23.3%）、就业权（424人，22.3%）、社会保障权（414人，占21.8%）。

绝大多数农民把土地当成最重要的生产资料、财富来源和社会保障。了解"承包地在农民心目中的地位（可多选）"时，把土地看成"命根子"的占15.0%，提供基本生活品的占22.1%，是一种保障的占43.4%，征用后有一笔钱的占11.9%，无所谓的占6.4%，其他占1.3%。但农民对如此重要的资源、财产权利，却并不完全了解。受访者在回答"自家的承包地应该有哪些权益（可多选）"时，较少有人能够完整回答，其中认可留给子女耕作、有偿流转、抵押贷款、入股获利、被征用后收益分配的分别只有22.8%、27.8%、6.9%、11.4%、29.5%。其实，我国《农村土地承包法》规定，农户承包耕地没有继承权只有"受益继承权"，也没有抵押权。不过从中表明的农民对土地权利的预期，非常值得关注。

农民合法土地权益保护状况堪忧。其一，农民承包土地大量被征用。在由村干部回答的543份问卷中，2003年以来，村里土地被征用过的232个村，占42.7%，被征土地总面积37087.15亩，共获补偿费97338.31万元，涉及被征地农户30046户，村均征用土地201.56亩，其中被征地最多的村达到2000亩。其二，征地补偿定价标准明显偏低。在征地补偿费的定价机制中，由政府单方面定价的高达40.8%，政府和集体商议的只占16.9%，其余为区片综合价和参照同类地段之前征地价计算；计算征地实际补偿费，亩均2.62万元。了解"你承包的土地权有无被侵犯过"，回答没有被侵犯的占78%，而回答被侵犯过的占15.7%。但在调查"近年来你的承包土地有无被征用过"时，有6.4%的农户承包地被征用，其中74.3%的农户认为补偿标准太低不足以补偿土地权益。进一步了解"你承包的土地愿意被征用吗？"农民明确表示不愿意的占34%，不过有40.9%的表示提高补偿后将同意征地。其三，征地造成了大量无地农户，基本生活保障没有全覆盖。样本中土地被全部征用的农户数为9293户,实施被征地农户基本生活保障的农户数8600户,尚有693户(7.5%)没有参与基本生活保障制度。

农民维护合法权益的意识、方式和途径有待改善。问及"在办理土地证时,让你交5元工本费外加2000元折地指标费你会怎么办?"回答为顺利建房交钱的占39.3%,先交钱办证再向有关部门举报的占7.7%,质问收2000元钱依据的占37.2%,拒交的占5.8%,拒交的同时举报的占7.5%,未回答的占2.5%。对这一问题的态度透视出农民维权方式逐渐走向理智,但也有四成的农民表现出逆来顺受。

村级财务公开制度执行尚不彻底。在1895个受访者中,9.6%的回答村里没有村民理财小组,9.8%的回答村里没有公开财务,20.8%的不知道涉农收费要公示,29.7%的不知道或不关心村集体的收入和来源,21.1%的不清楚或不知道村里修路造桥究竟花了多少钱。

村级治理出现了一些新情况,比如,调查村民在2006年参加过村里多少次会议,有38.7%的人"从没有参加"或"叫我参加但我不参加",反映了当前农村"开会难"的现实。调查农民对本村"村民委员会主任的职业"的了解程度,其中务农的占49%,自办企业的占16.3%,个体工商户占12.6%,其他占9.2%,农民不知道或未填写的占12.9%。调查"村民委员会主任的居住地",回答结果是住在村里的占86.9%,住在镇上的占5.2%,住在县城的占4%,不知道住哪、反正不住村里的占2.2%。表明至少有11.4%的村委员会主任长期不在村里,村落在一定程度上处于无组织的松散状态。有的地方村委会主任和村支书都不住村里,乡镇党委只得委派一名村支部副书记主持日常工作。本课题组认为,村干部住乡镇,乡镇干部住县城是比较普遍的现象;另外,行政村合并,村域面积越来越大,村干部数量越来越少,管理幅度越来越宽,权力配置越来越不尽合理,在新阶段的农村综合改革中应该加以解决。

(四) 减轻农民负担和维护农民权益的建议

第一,澄清减轻农民负担工作的认识误区,逐步消除农民"零负担"的社会影响,始终保持"减负"工作的高压态势。在媒体不正确舆论引导下,相当一部分领导干部把"零农业税"看成农民"零负担",实际上免征农业税及其附加后,农民背负的各种显性和隐性负担比比皆是;一些干部认为农村社区公共服务成本转嫁给村集体不是农民负担,不清楚村集体的原始积累和收入来自农民,农民集体与合作经济组织的负担最终也是农民负担;一些干部对刚开始的公共财政支持农村的一点成绩沾沾自喜,看不到工业化和城市化发展仍未摆脱通过土地征用、工农业产品剪刀差、城乡居民存贷差等手段攫取农业和农村资源的事实；一些发达地区的干部只看到地方财政实力增强，看不到农村社区公共服务的困难和艰巨性，大手大脚，不爱惜民力财力。凡此种种，其直接后果是党政一把手"亲自抓、负总责"的意识淡化，减轻农民负担高压态势减弱，监督管理部门的工作有所弱化。现在看来，减轻农民负担必须警钟长鸣。在当前和今后一段时期，要继续贯彻"多予、少取、放活"的方针，按照公平负担、合理负担、合法负担的原则，进一步深化农村税费制度及其配套制度改革，巩固农村税费改革的成果，防止农民负担反弹，始终保持减轻农民负担的高压态势。

第二，保障村级组织正常运转，化解村级债务，减缓农民负担反弹的压力。要尽快弄清浙江省村集体的经济实力，要研究村级组织正常运转的经费需求，探索村级组织正常运转的经费筹措和效率评估机制；要按照"制止新债、化解旧债"的原则，建立新债责任追究制度，逐步化解村级不良债务。要认真组织调查研究，掌握浙江省村级债务的现状及原因，提出化解债务的具体政策和办法；要综合考虑国家和地方财政、村社组织和农民的承受能力，控制农民集体负担无节制地增长。新农村建设以及即将展开的农村社区服务体系建设，应严格按照"量力而行、事前预算、上限控制、民主决策、民主管理"的原则，既促进农村社会事业发展，又减轻农民负担和财政负担。

第三，加速推进村域经济转型发展，提高农户、集体、工商业主等承受合理负担的能力。从长远考虑，减轻农民负担必须构建以公共财政供给为主，集体、个人和民间机构多方参与的农村社区服务体系和机制。因此，在新阶段的农村综合改革中，应把加速推进村域经济转型发展作为首要任务，增强农户、村组集体和工商业主等的收入、积累和投资能力。进一步完善村内"一事一议"筹资筹劳制度，积极引导农民参与社区公共服务、拓展农户互助服务与合作经济组织的合理有偿服务，形成新型的农村社区服务体系，改善农村生产条件，从根本上提高农民生活品质。

第四，以科学发展观为指导，以构建和谐社会为目标，以维护农民权益为中心，努力构建教育、制度、监管、维权四管齐下的农民负担监督和防控体系，建立健全八大机制：一是农民负担源头防范机制。建立重大涉农收费项目，设立与调整事前听证制度，健全新设置或调整涉农收费项目的会审制度；建立完善涉农收费公示制度，加强对经营服务性收费的监管；严格执行报刊订阅限额制度等。二是农民负担监测预警机制。分级建立农民负担动态监测网络，建立农民负担预警制度，凡农民负担比上年增加、农民负担信访比上年增加、农民负担案（事）件比上年增加的要列入预警。警情依次用红色、黄色和蓝色分别表示重大（Ⅰ级）、较大（Ⅱ级）和一般（Ⅲ级）三个预警级别。同时，作出启动预警的程序规定，抓好应急处理措施的落实。三是农民负担监督检查机制。健全和完善农民负担监督员体系，完善农民负担信访举报制度；加强对农民负担的审计监督，运用好审计结果；加强舆论监督，形成农民负担全社会齐抓共管的良好氛围。四是农民负担重点监控机制。凡农民负担比上年增加，农民负担信访比上年增加，农民负担案（事）件比上年增加，对上级明察暗访到的农民负担案（事）件查处不及时、整改不到位，年度考核末位且成绩低于一定分数线的，应该列入重点监控。依情节轻重，分专项治理、黄牌警告、约请谈话、实时监控等若干等级，在规定时间内搞好综合治理。五是减轻农民负担考核机制。完善农民负担专项考核体系，细化绩效评价体系，加强对各级党委政府和各涉农收费部门的年度考核，加强考核结果的运用，建立考核奖惩制度。六是农民负担责任追究制度。强化减轻农民负担工作党政一把手负总责制，严格执行中央和省规定的涉及农民负担案（事）件责任追究实施办法；强化减轻农民负担工作部门责任制，建立起各收费部门农民负担专项治理机制；建立农民负担案（事）件的分级查处机制，严肃查后的退款和对相关责任人的责任追究。做到"有案必查，有查必纠，从严查处"。七是农民负担维权援助机制。强化教育维权，通过多种形式的宣传教育，使农民了解有关政策，学会用合适的方式来维护自身的合法权益；强化法律援助，畅通农民法律维权渠道，使农民习惯用法律武器来保障自身的合法权益；强化信访维权，按照及时受理、及时查处的原则健全信访回访制度。八是减轻农民负担组织领导机制。加强对减轻农民负担工作的领导，不断完善减轻农民负担的工作机制，提高农民负担监督管理队伍的能力和水平；加强农民负担法规建设，推进农民减负工作，依法行政。在探索长效机制的基础上，逐步建立与完善法律法规制度，以从法律制度层面，确保农民负担继续减轻不反弹，确保农民负担信访继续减少不增加，确保涉农负担恶性案件和重大群体性案（事）件不发生，确保农村社会和谐稳定。

三、浙江省加速推进"三农"现代化的几点建议

（一）浙江省农村总体上已实现了由传统农业经济社会向现代工业经济社会的转型，由此决定了浙江"实行以促进农村上层建筑变革为核心的农村综合改革"更加紧迫和艰巨

第一，村域所有制结构已由单一的集体经济转型为农户经济、集体经

济、新经济体三足鼎立新格局。在浙江行政村范围内，农户经济继续保持主体地位，村组集体经济逐渐壮大，农民合作经济、股份合作企业、合伙企业、私有工商业主经济等新经济体迅速崛起。村域经济形成"三足鼎立"局面，用"双层经营体制"已经不能准确概括和表达农村经济结构，在此基础上形成的"乡政村治"结构已不能完全适应发展需要，乡村治理结构亟须创新。

第二，村域产业已由"农业—副业型"结构转型为"农业基础、工业主体、服务业支撑"的新结构。浙江农村以工业为主体的非农产业发展格局已经形成。2003年，浙江省农村非农产业产值的比重已经达到94.8%，其中农村工业收入17382亿元，占农村经济总收入的82.2%。乡村工业在浙江省工业中有重要地位，据省统计局企业调查的抽样数据，2003年，浙江乡村工业单位数、总产值和从业人员分别占全省的83.5%、65.5%和74.2%，乡村工业对全省工业起决定性作用。但是，浙江省乡村工业企业规模小、技术结构低、工人工作和生活环境很差，企业空间布局不合理、耕地资源大量浪费，村域环境破坏严重。浙江乡村工业的科学发展，特别需要研究解决村域产业集聚与专业市场的风险防范问题。

第三，村域社会结构已由血缘、亲缘村落转型为业缘型村落，成为产业、专业市场和人口集聚的重要载体。企业在村域扎堆，推动了乡村产业、专业市场和人口的集聚。这种局面，一方面正在改变聚落结构的族群特质，另一方面对农村基层治理格局带来挑战。

第四，村域传统农业转型为现代农业，特色村域经济端倪初露。从农业技术装备、农业产业化、农业功能拓展、规模经营和管理看，浙江农业现代化因素不断增强。当前，特别需要将农业功能由确保农产品供给，向生态涵养、能源替代、旅游观光、文化传承等多功能方面拓展；在此基础上，促进村域经济分工，形成农业村、工业村、市场村、山区综合开发村、古村落及旅游村等不同景观、各具特色的村域经济类型。

第五，农业、农村哺育工业和城市转型为"反哺"，"城乡一体化"在浙江已成为区域性发展战略。进入21世纪，浙江省乃至整个长三角工业反哺农业，城市支持农村的局面开始形成，新农村建设率先兴起，但浙江省发展现代农业和推进新农村建设仍然面临一些突出矛盾。

我们认为，当前浙江省加速推进"三农"现代化面临的突出问题表现为三大瓶颈制约和三大矛盾，即：耕地资源可持续利用的瓶颈制约，农村资金投入严重不足的瓶颈制约，农产品市场的瓶颈制约；以及农业规模"超小化"、兼业化与现代农业发展不相适应的矛盾，村域经济加速转型与社会文化和治理结构转型滞后的矛盾，乡（镇）、村域经济社会多极分化、差距扩大与建设和谐农村不相适应的矛盾。解决这些问题，只能通过农村综合改革和科学发展的办法逐步解决。

（二）未雨绸缪，及时解决土地经营"超小化"、农业兼业化（妇孺病残农业）与现代农业不相适应的矛盾，夯实农村基本经济制度的基础

大致上浙江全省农村户均耕地2—3亩，农户承包经营的土地"超小化"，土地只能解决农户口粮问题，要维持家庭繁衍、子女教育、医疗保障等基本开支，必须在非农领域找到出路。与此相联系，村域和家庭的主要劳动力都转向了非农领域，而把"老弱病残妇孺"留在土地上，无论转移出来的还是留守农民都不愿意放弃承包土地经营权。非农产业发展没有促进土地规模经营，反而维系了"超小"农业继续存在和运行。2006年，浙江农民人均纯收入7335元，其中家庭经营（第一、二、三产业）性收入3030元，占41.3%，而工资性收入3646元，占49.7%，其余收入659元，占8.98%，是财产性和转移性收入。这意味着家庭生产功能萎缩和家庭经营社会化，昭示着家庭经营制度解体的可能性。

我们认为，长期坚持家庭承包经营制度，必须着眼长远，从制度设计上予以保证。但是，农村土地问题、劳动力转移问题、新型农民培育和扶持问题异常复杂，不能简单地处理。我们建议：（1）进一步稳定土地承包关系，制定相关激励政策，鼓励在非农领域有稳定收入的农户自愿、依法、有偿流转土地承包经营权，与此同时，建立土地纠纷的调解和仲裁机制，切实保护农户承包土地权益；（2）粮食直补政策的受益范围由"支持种粮大户"扩大到所有种粮农户，鼓励农民生产粮食等人民生活必须的大宗农产品；（3）尝试建立"农村土地合理化保有制度"，通过"土地合理化保有"，使零星分散的土地相对集中，为土地的批量流转和规模利用创造条件；（4）限制工商业资本直接经营农业土地，鼓励其不与民争地，而投资农产品产后服务业（后详）的开发；（5）借鉴美国坚持家庭农场制度的经验和日本保护"耕作者"的制度，用法律保证农业用地真正掌握在"耕作者"手中，杜绝江南历史上"在城地主"拥有大量农业用地的现象发生；（6）转移农村剩余劳动力与培育新型职业农民并重，在转移农村剩余劳动力的同时，鼓励并非"剩余"的有志青年扎根农村，为农业、农村现代化后继有人"留下血脉"，同时，试行"认定新农民"制度，对被认定的新型农民给予政策扶持。

(三) 解决浙江区域差异过大的矛盾，不仅要重视县域、乡镇域的经济发展，更应把"推进村域经济转型和科学发展"上升到战略高度

浙江省区域差异尤其是百强县与欠发达县差距，主要是村域经济发展的差距。村域是行政区域经济的最小单元，是发展现代农业、推进新农村建设的载体，但村域经济转型和协调发展的问题却没有引起重视。政府官员和经济学家们的兴趣都集中在浙江省的四大城市群建设上。对扶持欠发达县和211个欠发达乡镇也有比较明确的政策，唯独没有关注村域经济的差异。

目前，浙江省村域经济多极分化，差距越来越大。农户经济差距异常。2005年，浙江省100个最发达乡镇农民人均纯收入9534元，而211个欠发达乡镇农民人均纯收入只有2752元，只有发达乡镇的28.87%。村域集体经济差距更大，据农业厅经营管理处有关同志估计，当年村集体可支配收入在1万元以下的村约占浙江省行政村总数的25%，年可支配收入超过100万元的村约占10%，其余的村介于这之间。我们的典型村落调查发现，村域经济水平已经分化为四个层次：（1）巨富型村域经济。如航民村、滕头村、东风村，村集体年可支配收入300万元到上千万元，甚至几亿元，村民人均年纯收入1.5万元左右，最高达到几万元。（2）小康型村域经济。如现代农业村、已开发的古村落、旅游村等，村集体可支配年收入100万—300万元，农户人均纯收入接近或超过全面小康（人均8000元）标准。（3）温饱型村域经济。工商业和专业合作经济组织有所发展村落，村集体可支配年收入在20万元以上、100万元以下。农户收入在满足家庭消费之后，尚有一定的积累能力。（4）贫困型村域经济。如传统农业村落、山区少数民族聚居村落，未开发的古村落等，村落人口规模小，仍然沿袭传统的耕作制度，村落组织涣散无力，合作经济、工商业主经济、私营经济等新经济体尚处在发育阶段，整个村域在贫困和温饱的边缘徘徊。

如何认识和解决村域经济差距是一个新课题。如果把浙江不同县域之间的村域经济差异归因为区位条件、资源优势、倾斜政策和乡土文化传统，似乎可以自圆其说，但却不能解释同一县域、发达村域周边为什么存在大量欠发达或贫困村落？相同的区位条件、资源禀赋、政策环境甚至文化传统，为什么出现了村域经济的巨大差异？我们认为：推动村域经济转型发展，创新经营管理体制是基础，村落精英人物是灵魂，把握历史机遇（抢占市场先机）是关键，控制原有集体财产分割程度和基础设施是条件，农民组织化及村落新经济体发育是催化剂，农户经济理性（有扩大再生产意识、对市场变化反应敏捷、重视要素投入的技术水平与规模合理性、利用家庭资本和社会资源等）是不竭源泉。

扶持欠发达乡镇和村域经济加快发展，必须高度重视扶贫政策和投入效率。目前，浙江省扶持对欠发达乡镇的政策力度越来越强，但扶贫投入效率却比较低。一方面，对于特别困难户，扶贫资金以救济款形式发放，年终时特困户平均100—500元不等，杯水车薪，无法解决根本问题；另一方面，扶贫基金利用不到位。如某乡的"可再生能源利用推广项目"，计划和上报项目户50家，按照每户补贴性投入1500元计算，上级分批下拨项目经费7.5万元。而建设沼气池，每户投入成本则需要3500—5000元，扶贫项目反而加重了农民负担。另外，无法克服扶贫资金的"渗漏"问题。50户项目户，实际只要建成15户左右就可以应付项目验收。

（四）支持农产品产后服务业的发展，着力在农产品加工、贸易领域发展农民合作经济组织，重视农产品物流体系的构建

发展现代农业的政策支持重点，应从支持农业生产转变到支持农产品产后服务业的发展上。与发达国家的现代农业相比较，我国农业的落后不在于农民种植、养殖环节[①]。农民有能力生产一切市场需要的农产品，只要有市场，需要什么就能大量产出什么。但是，农产品产后服务业链条残缺不全、能力弱，极大地限制了农业经济的活力，遏制了农民的生产积极性，成为制约浙江省农业经济和农民收入增长的瓶颈。

因此，发展现代农业的重点并不在种（植）养（殖）业结构调整上。建议提出"大力发展农产品产后服务业（或经营业）"的概念和政策，就是把初级农产品作为自己的经营对象，在农产品收购、烘干、加工、分等、包装、储藏、运输、国内外贸易等环节上使农民组织起来，形成合作化、专业化、企业化经营，并且不断发展壮大，最终形成农产品一体化的服务体系。应当制定一个目标，即到2020年，使50%—60%的农业从业人员进入到农产品产后服务业领域。

发展农产品产后经营，可以在农业内部就地转移剩余劳动力，极大地减少人口对土地的压力，为适度规模经营创造条件；可以减轻农村剩余劳动力转移对大中城市的压力；同时，对于增加土地产出、提高农产品附加值、增强农业经济活力，并最终增加农民收入等，还是一种关键性措施。

发展农产品产后经营业，应着力在农产品加工、贸易领域发展农民合作

[①] 1990年初，美国所谓"食物和纤维体系"内2000多万从业人员中，生产部门（农业、林业）只约占19%，而产后服务部门（加工和销售、批发和零售、商业运输、包装业）高达79%。

经济组织，并高度重视构建农产品物流体系。我们建议：（1）对于发展农产品产后经营业的农民，在资本投入、技术装备、人员培训以及人才引进等方面进行大力扶持。（2）鼓励农村富裕农户牵头发展农业生产资料供应、机械化耕作和收割服务、农产品储藏、运销等方面的专业合作经济组织。（3）逐步完善"公司＋合作社＋农户"产业化经营中的利益纽带机制，培育农产品产后经营的龙头企业。（4）鼓励发展社区内为农户提供金融服务的农村合作基金。

（五）城乡结合部的餐饮食宿类"农家乐"已显泛滥迹象，进一步拓展农业功能、开放农业生产过程、把乡村旅游业引上科学发展之路

目前，在我国大中城市群周边、城乡结合部、著名风景区、古镇古村落等区域，餐饮、食宿类"农家乐"发展迅速，有些地方已显泛滥迹象。而腹地型农村旅游业发展举步维艰，农业基本停留在"保障农产品供给"和"为轻工业发展提供原料"的阶段。我们建议：

第一，进一步开放自主经营权，把"保障农产品供给"的农业，不断拓展为具有生态涵养功能、能源替代功能、休闲观光功能、文化传承功能的农业，奠定乡村旅游业科学发展的景观基础。（1）在村庄整治、新农村建设的过程中，注重农业农村的生态环境建设，继承和发展乡土、村落文化，营造天人合一的自然风光和田园景色；（2）按照区域化布局、专业化生产、规模化经营的理念或长远规划，形成不同特色产业群；（3）在临近乡（镇）或村域开展"区片联创"，合理规划餐饮、食宿、旅游产品及销售、服务网点，共同建设农业生产和旅游观光的道路等基础设施。

第二，开放农业生产和家庭经营过程，把封闭型农业拓展为休闲观光、参与式生产和订单销售式农业。农业生产过程本身具有开放性，但对于城市居民来说，由于交通条件、工作时间等方面的约束，农业生产过程则是封闭的。因此，具备观光农业条件的村域，都应该在农业生产中考虑和安排：（1）向城市居民公开农业生产的季节和农事安排、公开农业生产环节及其观赏点或观赏价值、公布可以直接参与的农事生产及其技术要点，吸引城市居民尤其是青少年学生前来观光、休闲，或直接参与农业生产；（2）树立"为满足消费者的需要而生产"的经营理念，按照消费者需要制定农产品生产计划、让消费者介入生产过程、控制绿色食品的质量，形成"订单农业"，类似于美国的"社区农业"那样，让社区农户与消费者形成生产—消费合伙关系。

（六）做好"新型城市化道路"这篇大文章，把城市化、城乡一体化的"主战场"由大中城市、城市群转向"农村城镇化"，更加重视农村中心镇、中心村的建设

杭州、宁波两个特大型城市，再加上杭嘉湖、甬绍舟、温台、浙中等城市群不能从根本上解决浙江的城市化和城乡一体化问题。浙江省的城市化水平已达到57%，但城市化布局不合理。2003年，浙江省大、中、小城市、建制镇的比例为1：2.3：73：495.4（同期全国平均为1：2.42：5.1：222.3），农村建制镇的比例大大高于全国水平。但是，建制镇存在着产业层次低级、升级困难，公共设施不足，人居环境较差，环境污染严重，城镇空间结构混乱等诸多问题。究其原因，主要是建制镇多以个体私营经济、小型企业、小型专业市场的集中为特征，缺乏长远规划而布局混乱，缺少私营业主和公共财政相结合的公共品供给机制，严重制约着公共品供给。当前，中央提出社会主义新农村建设战略，浙江提出新城镇建设战略，这两者为推进新型城镇化建设提供了良好的契机。浙江作为全国经济发达省份，其财政收入完全可以实现这一目标。因此建议，浙江省的城市化、城乡一体化战略应该实现五个转变，即：城镇化由分散向集中转变（建设中心镇和中心村），形成规模效应，使其由分散走上集中；城镇化的主战场由大中城市向农村小城镇转移；城镇经营由经营工商业为主（仅把小城镇当成赚钱的场所）向建立工商业反哺城镇化建设的机制和政策转变（建立公共财政与工商企业共同建设城镇公共设施和人居住环境的机制）；经济发展由环境损耗型增长向精明型增长转变；由单纯重视农村经济建设转向既重视经济建设，又注重农村和谐人居环境建设。

（七）建议在新农村建设中对浙江省古镇、古村落做一次全面普查，制定保护和开发规划，在保护村落景观、传统民居的同时，保护村落乡土文化

我们认为，村落文化是构成中国乡土文化的主体元素，是中国乡土文化的地域特色与个性化，中国乡土文化的基本特征其实是村落文化在地域特色上的概括和提炼。古村落独有的空间布局、民居建筑及山水园林，体现了自然景观、生存空间和封建宗法等级秩序的完美结合。保护和创新传统村落文化，就是要保护蕴涵村落文化的这些主体元素或物质载体，并且着力营造村落田园景观与城市景观的不同意境；保护古村落不仅是保护传统文化，保护乡土田园，而且也是我们发展农村经济的重要的不可多得的珍贵资源。

浙江省兰溪市诸葛古村落是诸葛亮后裔最大的聚居地，是江南一聚族而居的典型血缘村落,有700余年的历史。由于正确处理了保护和开发的关系,目前旅游业兴旺,去年仅门票收入就超过800万元。村集体富裕了,有能力自己修复传统建筑和景点。但我们在楠溪江中上游的古村落调查发现,一些历史传承七八百年、上千年的古村落(比如蓬溪村、溪口村等)却日渐残破,一些著名民居古屋逐渐倒塌,如果不及时抢救,这些古村落就可能毁在我们这代人手里。

新农村建设和现代化进程中,村落的人为保护与自然凋零、农民的离土与守土、城市化与逆城市化等的互动与摩擦,反映了乡土社会向现代社会转变中的文化冲突与融合。为解决这些问题,我们建议在城乡一体化布局和新农村建设中,对全省古镇、古村落进行一次普查,在此基础上公布一批省级文物保护单位,制定保护开发规划,抢救性保护和发展传统村落和传统文化。

(八)普及农村义务教育不仅仅是免费问题,更重要的是保证农村义务教育的质量,为农业农村现代化和可持续发展积蓄人力资本

当前,浙江省农村义务教育需要解决的问题有三:第一,农村学校布局问题。学校的规模和师资设备有效利用确实需要适当集中办学,但也带来一些问题。比如,以前的小学是一村一校,现在有的地方一乡一所小学。在山区乡村,学校过于集中,学生入学路途遥远而必须住校,为照顾尚不能独立生活的学童,家长必须到乡镇"陪读",增加了负担。而且,山区小学也是山区乡村的文化体育娱乐中心,乡村小学的撤并使原本贫瘠的乡村文化生活变成了"一张白纸"。第二,师资和设备不足,学生教育质量城乡差异严重。农村学校校舍条件有了很大改善,但优秀师资的流失比较严重,导致了农村义务教育质量整体下降。同样一份试卷,城市学生的平均分在90分以上,农村学生的平均分仅为70分左右。第三,因为家庭经济条件差异,新一代学龄儿童被分割成不同等级。家庭富裕的把子女送进县城读书,小康家庭的孩子送到乡镇学校,个别贫苦家庭的子女不能正常上学。

因此,我们建议:(1)建立稳定的教师下村支教制度,规定县和中心镇小学教师必须到村小学任教2—3年,并给予政策支持和待遇,如职称评定中规定有村小学任教经历。(2)鼓励大学生到村小任教,允许非师范毕业大学生到村小学任教,执教一定年限后经考评,发给教师资格证书,或给予考研和报考公务员降分和优先录取待遇。(3)教育资源向村小学倾斜,大力改善农村小学的办学条件和办学水平,提高农村小学教师的待遇。

（九）发展现代农业、推进新农村建设，村级组织建设亟须加强

浙江省农村的村级组织建设出现了一些新情况和新问题，亟须研究解决。

第一，村域内组织资源越来越分散，很难形成合力和核心。根据我们的调查，我国农村存在类政权组织、新型合作经济组织、农民维权组织、民间社会文化组织四大类组织，其相互关系错综复杂。如何既允许、引导，又规范农民组织发展，有效整合农村各类组织资源，促进各种力量良性互动，形成农村基层治理的整体合力的任务，空前紧迫地摆在了我们面前。

第二，发展农村经济，经济能人任干部的比例越来越大。但是，这些村干部都有自己的企业，因此许多村（山区大多数村）的村民委员会主任或支部书记长期不在村里，村落在一定程度上处于无组织的松散状态。村干部住乡镇，乡镇干部住县城是比较普遍的现象，应该加以解决。另外，行政村合并，村域面积越来越大，村干部数量越来越少，管理幅度越来越宽，权力配置越来越不尽合理。

第三，积极探索将村级集体经济组织改革为新型社区性合作社的道路、政策和法规。

第十二章 上海案例：城乡一体化与村域经济转型[①]

上海城市郊区化与郊区城市化双向演进的城乡一体化理论和实践，集中彰显了上海改革开放 30 年的成就，昭示着上海农村改革及现代化建设的新起点和趋势。本文试图通过经验总结，探讨上海郊区现代化和村域经济转型的当前现状、特点及未来趋势，进而对上海郊区乡村工业化、农业现代化、村域城市化和社区公共服务均衡化的区域特色进行研究。

一、上海市城乡一体化的起点、现状和趋势

城乡一体化是国家或地区现代化发展到一定阶段的产物。它是城市和乡村现代化交汇融合的发展过程，是城乡经济社会协调发展、城乡居民共同富裕和共享现代文明的结果。

源于农业部在无锡的农村现代化建设试点，苏南 1983 年最先使用了"城乡一体化"概念（赵树枫，1997）。北京市从 1986 年开始以城乡一体化的思路指导经济工作，到 1996 年，市政府正式下达了"北京郊区乡村城市化和城乡一体化"研究课题，这是我国最早的"城乡一体化研究"的课题组。从实践上看，上海市是我国最早有领导、有计划地实践城乡一体战略的地区（专栏 12-1）。

专栏 12-1 上海市的"城乡通开"和"城乡一体化"

1984 年，上海市制定了全国第一个城市经济发展战略，提出了"城乡通开"、"城乡一体"概念。当年 7 月，上海市成立了城乡工业协调小组，其任务是把市区工业向郊区扩散，实现城乡经济一体化。1985 年 2 月，国

[①] 本章是在上海市农委经管站、上海市"三农"工作领导小组办公室暨农村综合改革领导小组办公室的安排下，对上海金山区漕泾镇及金光村、蒋庄村，松江区车墩镇及香山村、高桥村、长溇村，浦东新区三林镇及联丰村、三民村等地调查基础上完成的。该文曾发表于《中国经济导报》（2007.11.3）和《现代经济探讨》（2008.2）。

务院批转了《关于上海经济发展战略汇报提纲》。1986年1月，江泽民同志在上海市农村工作会议上正式提出了"城乡一体化"的战略思想。市政府确定虹桥镇等13个集镇作为统一规划、综合开发、配套建设的试点，要求各级干部要用"城乡一体"的全局观念处理好"300"与"6000"（市区300平方公里、郊区6340平方公里）的关系。"九五"期间，上海城乡一体化加快了步伐，至"九五"末，上海以"三环十射"为轴线，由"中心城—新城—县城—中心镇—集镇—中心村"五个层次构成的城乡一体化体系初步显现。上海城乡一体化研究晚于北京，但实际进程处于全国领先地位。

——王景新等：《明日中国，走向城乡一体化》，中国经济出版社2005年版，第20—22页。

上海最早实施"城乡一体化"战略与该地区现代化建设领先于全国紧密相关。20世纪70年代，上海市第一次现代化实现程度就达到70%，超出全国水平（40%）30个百分点，领先于北京（64%）、天津（66%）、浙江（36%）、江苏（41%），在我国直辖市和长江三角洲省域中独占鳌头。1978年改革起步时，上海市人均GDP达到2498元人民币（全国381元、浙江331元），生产总值中第一、二、三产业结构为4.0/77.4/18.6（全国27.9/47.9/24.2，浙江38.1/43.2/18.7），三次产业劳动力从业结构34.4/44.0/21.6（全国70.5/17.4/12.1），城镇人口比重为58.7%（全国17.9%、浙江11.4%），城乡居民收入分别为560元、281元（全国316元、133.6元，浙江332元、165元）。很明显，在转型发展起点上，上海市主要经济指标大大超过了全国及长三角相关省域。

转型发展起点差异决定着地区现代化的阶段性成就和目标。起点差异对地区现代化的影响很快反映出来。1980年，上海市人均GDP已经达到1113美元，相当于我国2003年（1089美元）的平均水平；另外，上海市农业增加值占GDP比重的3%，城镇人口比例61%，每千人医生数3.4人，婴儿死亡率20‰，平均预期寿命73岁，成人识字率84%。这些指标都达到或超过了第一次现代化标准[1]，只有服务业增加值比重（21%）、农业劳动力占总劳动力比重（29%）、大学生普及率（在校大学生占19—22岁人口比例，

---

[1] 第一次现代化主要特点是工业化、城市化和民主化，主要发达国家的这一过程大约经历了210年（1763—1970）；第二次现代化主要特点是知识化、信息化和全球化，主要发达国家大致需要130年（1971—2100）。参见中科院王玉民、何传启等《中国现代化报告2001》，北京大学出版社，第12—17页；《中国现代化报告2004》，第330页。

6.6%）等项指标尚有差距。当年，上海市第一次现代化实现程度已达到82%（全国54%）。

表12-1　　　　上海市转型发展的阶段性成果比较（2006年末）

	上海	江苏	浙江	全国
国内生产总值(亿元)	10366.37	21548.36	15649	209407
人均国民生产总值(元/美元)	75990/9535	28685/3598	31684/3975	15930/2011
生产总值第一、二、三产业结构(%)	0.9/48.5/50.6	7.2/56.5/36.3	5.9/53.9/40.2	11.8/48.7/39.5
从业人员第一、二、三产业结构(%)	6.3/37.0/56.7	31.5/34.3/34.2	24.5/45.1/30.4	44.7/23.9/31.4
城、乡人口结构(%)	85.8/14.2	50.5/49.5	56.0/44.0	43.9/56.1
城市居民年人均可支配收入(元)	20668	14084	18265	11759
农村居民年人均纯收入(元)	9213	5813	7335	3587
城乡居民恩格尔系数(%)	35.6/—	36.0/41.8	32.9/37.2	35.8/43.0
城乡居民人均住房面积（平方米）	22.0/55.99	29.68/40.8	26.4/55.6	—/29.68

说明：江苏和浙江的就业结构、城乡人口结构数据为2005年数据。原始数据来自《中华人民共和国2006年国民经济和社会发展统计公报》、《上海市统计年鉴2007》、《江苏省2006年国民经济和社会发展统计公报》、《浙江省2006年国民经济和社会发展统计公报》。

从"五五"到"十五"时期，上海市生产总值由1309.61亿元增加到34872.39亿元，增长了25.6倍；财政收入由886.60亿元增加到14714.28亿元，增长了15.6倍。从1992—2006年，上海市国民经济已连续第15年保持两位数增长。到2006年，上海市生产总值达到10296.97亿元，人均GDP达到75990元（9535美元）[1]，地方财政收入1600.37亿元。上海市现代化建设的各项经济指标在国内稳居首位（表12-1）。

上海市整体上就是一个工业化、城市化的区域。2006年末，上海全市19个区（县）中，有乡镇政府和村民委员会建制的区（县）10个，乡镇126个，行政村1860个（上海农委口径1887个）。农业人口340万，农地耕作面积250万亩，农业劳动力212万人，真正的农业经济活动人口59万，其余大部分在本市非农就业或农业产业内部就业，劳均耕地面积4.9亩（不包含外来农业劳动人口）。2006年，全市农业增加值占GDP比重仅

---

[1] 这是按照户籍人口和当年平均汇率折算的人均GDP，；如果按常住人口计算，人均GDP为57695元，折合美元7239元。原始数据来源于上海统计局《上海统计年鉴2007》。

0.9%，农民人均收入9213元，城市化率高达85.8%，每千人拥有医生数3.3人，婴儿死亡率4‰，人均预期寿命80.97岁，这些指标都超出美国2004年的水平（表12-2）。如果说目前我国绝大多数省份面临着"尚未完成第一次现代化、又要追赶第二次现代化"的双重压力的话，那么，上海市已经完成了第一次现代化，正在轻装追赶发达国家的第二次现代化[①]。

表12-2　　　　　　　　主要地区第一次现代化比较

指标		标准①	美国 2000	美国 2004	上海 2005	上海 2006	全国 2005	全国 2006
经济指标	人均国民生产总值	3000美元以上	35326	41440	6286	9535	1714	2011
	农业增加值比重	15%以下	1.4	1.0	1.0	0.9	13.0	11.8
	服务业增加值比重	45%以上	74.0	77.0	51.0	56.7	40.0	31.4
	农业劳动力比重	30%以下	3.1	3.0	7.0	6.3	45.0	44.7
社会与知识指标	城市人口比例	50%以上	79.0	80.0	89.0	85.8	43.0	43.9
	医疗服务（医生/千人）	1人以上/‰	2.5	2.3	2.5	3.3	1.5	
	婴儿死亡率	3‰以下	7.1	7.0	4.0	4.01	26.0	
	人口自然增长率	1%以下	n	n		-1.23		5.28
	预期寿命	70岁以上	77.0	77.0	80.0	80.97	71	
	成人识字率	80%以上	99.0	n	95.0	n	89.0	
	大学普及率	10%—15%	87.0	83.0	42.7	n	18.0	

说明：①参考美国斯坦福大学社会学家英克尔斯与中国科学院何传启等的指标体系，参见《中国现代化报告2001》第84页。数据来源：《中国现代化报告2004》、《上海统计年鉴2007》和《中国统计年鉴2007》。

上海的现代化出现了城乡交汇融合的态势。但在许多方面，城市现代化仍超前发展。从1980—2006年，上海用于城市基础建设投资累计达到7693.52万元，其中电力建设1157.25万元、交通运输2274.7万元、邮电通信994.07万元、公用事业892.28万元、市政建设2375.22万元（图12-1[②]）。进入2005年，城市基础建设投资猛增，共投入885.74亿元，比上年

[①] 2004年，上海地区第二次现代化以及综合现代化实现程度已经分别达到76%和66%，在全国排名均为第二名。同期，北京为85%和73%、天津为65%和58%、重庆为35%和34%、江苏为44%和41%、浙江为46%和43%，全国为39%和35%。《中国现代化报告2007》，北京大学出版社2007年版，第435页。

[②] 根据《上海统计年鉴2007》的相关数据整理绘制。

增长49.5%；2006年投入1125.54亿元，比上年增长27.1%。

未来几年，上海将全面提升城市建设和管理的现代化水平。《上海市国民经济和社会发展第十一个五年规划纲要》规定：加强枢纽型、功能性、网络化重大基础设施建设，构筑城郊一体、内外衔接、便捷高效的综合交通体系，初步形成磁悬浮、高速铁路、普通铁路、轨道交通、公交出租、长途客运、航空港等多种交通方式紧密衔接、便捷换乘的现代化大型综合交通枢纽；积极推进城市旧区改造。政府主导，统筹规划，完善政策，创新机制，改善困难群众的居住环境；提升城市管理现代化水平和安全保障能力。以城市管理"网格化"（专栏12-2）为抓手、信息化为手段、资源整合为保障，运用多种手段建立城市管理的长效机制。

专栏12-2 上海城市管理网格化

城市管理网格化是以信息化为核心，以管理对象、管理过程和管理决策数字化为特征的城市现代化管理模式。其主要内容是以街道、社区为基础，按照1万平方米网格为单元，建立城市管理信息综合管理数据库，实现市、区、街道三级管理信息资源共享。同时，建立城市管理网格监督员队伍，由区统一指挥，街道负责日常管理，配备专用信息化工具，对各类事件处置情况进行责任到人式的监督，提高城市管理处置能力。

资料来源：《上海市国民经济和社会发展第十一个五年规划纲要》

城市郊区化与郊区城市化双向演进，昭示我国城乡一体的未来趋势。上海市城乡一体化是城市郊区化与郊区城市化的双向演进。郊区城市化（suburbanization）在国外被称之为"逆城市化"（deurbanization）[1]。它是城市化率达到一定水平后（比如70%）的普遍现象。1950年，美国中心城市与郊区人口比重分别为56.7%、43.23%，到1980年，这一比例变化为40.69%、59.31%；自1980—1990年间，欧洲多数国家的城市人口比重在下降，而乡村人口比重在上升[2]。在上海，"郊区"是"农村"的代名词，因此"郊区城市化"不仅是城区中心人口、就业和服务向郊区扩散的过程，而且是乡村自身工业化、城市化的过程。这种"双向演进"的城乡一体化，是有中国特色的工业化、城市化和现代化道路，不过在上海表现更加前沿、鲜明和集中。

---

[1] 逆城市化（counterurbanization）是1976年美国城市规划师贝利（B. J. Berry）首先提出的一种现象。国内学者对逆城市化的解释有不同意见。

[2] 王景新等：《明日中国，走向城乡一体化》，中国经济出版社2005年版，第19页。

二、上海市乡村现代化与农村综合改革

长江三角洲首创的"无农不稳、无工不富、无商不活"的农村发展理念，标志着延续了几千年的农耕文化与工、商业文化由冲突走向融合，引领了30年农村改革和发展，也形象揭示了长三角乡村现代化的新路径：乡镇企业"异军突起"，推动乡村工业化；工业化促成了乡村产业、人口积聚和村域分化，其中工业村、市场村的形成加速了村落城镇化；乡村工业化、城镇化引起农业产业化、农民组织化和农村制度创新的连锁反应，专业合作社以及现代农业村、旅游村的出现，拓展了农业功能和现代农业发展；农业现代化又深化着村社经济和政治民主，基层治理趋向民主化；统筹城乡、农民待遇市民化、基本公共服务均等化的理念、政策和战略，铸就了长江三角洲城乡一体化的区域性发展战略趋势。乡村工业化→村落城镇化→农业现代化→基层治理民主化→基本公共服务均等化→城乡一体化，向我们展示了一条全新的乡村现代化道路。

（一）乡村工业化与村落集镇化

公社时期，上海农村工业化就有了较好的基础。农村劳动力从业结构（表12-3）间接反映了农村改革不同阶段的乡村工业状况。1978年，上海农村劳动力从事农业的占农村从业人员总数的72.9%，工业和建筑业分别占20.3%和3.1%，服务业和其他非农产业占5.7%。到2005年，这一结构变化为24.3%、47.8%和4.9%、23%。分阶段观察，1990年，上海农业劳动力比重已下降到30%[①]，工业劳动力比重为49.8%，以后逐渐下降，到2005年为47.8%。这意味着上海农村工业化在90年代初已基本完成。之后，进入到产业结构调整和升级阶段，并伴随农村第三产业加速发展。

表12-3　1978—2005年上海农村改革各阶段从业人员结构变化

年份 指标	1978	1990	1995	2000	2005
农村总户数（万户）	122.32	139.79	134.59	115.17	111.07
农村总人口（万人）	429.56	417.91	392.27	360.71	338.18
农村从业人员总数（万人）	276.24	249.97	230.43	253.45	243.49
#农业（%）	72.9	30.0	28.5	32.1	24.3

---

① 在第一次现代化的标准中，农业劳动力比重30%以下。

续表

年份 指标	1978	1990	1995	2000	2005
#工业（%）	20.3	49.8	46.0	42.9	47.8
#建筑业（%）	3.1	2.6	2.7	4.4	4.9
#交通运输、仓储及邮政（%）	1.2	1.4	1.2	2.8	3.5
#批发和零售业（%）	0.3	1.7	2.4	5.3	4.2
#其他（%）	2.2	14.5	19.3	12.4	15.3

注：本表根据2000年和2006年《上海统计年鉴》整理计算；1978年和1990年批发和零售业是指商业和饮食业；其他一栏的数据是"当年从业人员总数"减去"农业和非农业就业人员数"所得。

从农村用电量结构变化也可窥视乡村工业化程度及内部结构变化。1978年，上海农村用电总量是8.93亿千瓦时，2006年为143.54亿千瓦时，用电量增长了15.1倍。从结构上看，乡村办工业一直是农村用电大户，由1978年的37.6%上升到2006年的68.3%（图12-2）[①]。农副产品加工业用电量从1978年的31.1%降到2006年的1.98%，这一趋势从侧面证实，上海乡村工业结构调整和升级已取得了很大成就。

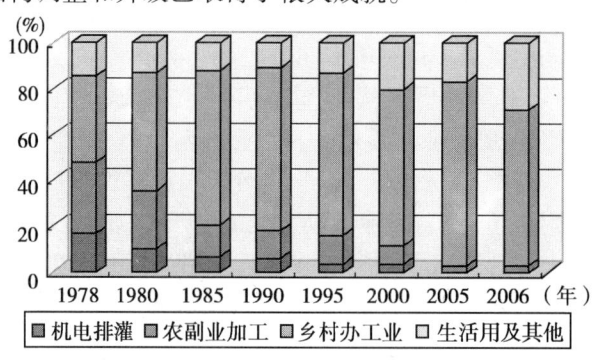

图12-2 1978—2006年上海农村用电量结构变化

从城乡空间结构和景观变化中可以直观感觉村落城镇化的过程。第一，中心城市迅速扩张，原来的近郊农村演变成了城市社区；第二，现代化、立体型快速交通网络，缩小了城乡空间距离，远郊传统种植业村落发展为工业村或市场村，最终融入卫星城市；第三，社会主义新农村建设，使远郊农村

[①] 《上海统计年鉴2007》。

出现了城市化甚至超城市化的农民社区,农民的生活条件和方式市民化了。

农村户数和人口降低趋势反映了村民市民化的过程。2005年,上海农村总户数和总人口分别比1978年减少了11.25万户和91.38万人。农村人口减少速度(21.3%)高于户口减少的速度(9.2%),其原因:农村年轻劳动力和未成年儿童大量转为居民户,而老年农民留在了农村,农村户口并没有消失;"一户一宅"的政策可能诱发农户最大限度的分家立户,以尽可能多的获得免费的宅基地,在房地产升值空间巨大的特大型城市郊区尤其如此。

(二) 农业现代化

传统农业向现代农业转型发展的过程,不仅是技术创新和生产力提高的过程,同时也是制度创新的过程。因此农业现代化不仅包括生产条件、技术、手段的现代化,而且包括农业经营管理制度和农村经济社会制度的现代化。从这几个方面衡量,上海现代农业发展是迅速而有成效的(表12-4、12-5、12-6)。

表12-4　　　　　上海市主要年份农业机械拥有量　　　　(单位:万千瓦)

年份 机械名称	1978	1990	2000	2005	2006
农业机械总动力	187.1	276.50	142.50	96.46	97.23
#耕作机械动力合计	40.54	65.09	37.60	23.25	23.46
#排灌机械动力合计	24.08	30.13	25.92	21.89	21.32
#收获机械动力合计	39.33	56.04	33.30	16.08	13.58
#植物保护机械动力合计	4.87	3.88	3.07	1.92	2.36
#渔业机械动力合计	11.98	17.83	23.40	21.39	24.16
#运输机械动力合计	27.66	83.34	8.11	4.06	4.08
#其他农业机械动力合计	38.64	20.07	11.13	7.76	8.27

表12-5　　　　上海市主要年份农业技术应用和综合开发情况

年份 指标	1990	2000	2005	2006
机耕面积(万公顷)	29.14	23.46	17.21	17.18
机电排灌总控制面积(万公顷)	31.97	28.59	20.56	19.30
机种面积(万公顷)	2.05	6.08	3.38	4.14
占粮食播种面积(%)	4.9	23.5	20.3	25.0
机收面积(万公顷)	7.78	16.42	14.57	14.74

续表

年份 指标	1990	2000	2005	2006
占粮食收获面积（%）	18.6	63.4	87.7	89.0
喷、滴管灌面积（万公顷）	1.07	0.43	0.20	0.22
机械植保面积（万公顷）	1.87	41.10	19.87	27.01
化肥施用量（实物量）（万吨）	100.63	82.54	62.01	59.19
农药施用量（万吨）	1.88	1.10	0.84	0.83
农用塑料薄膜使用量（万吨）		2.13	2.44	2.21
地膜覆盖面积（万公顷）		2.05	3.17	3.12
蔬菜大棚面积（万公顷）	0.08	0.15	0.67	0.59
温室面积（公顷）	12.61	88.15	253.00	362.80
科技攻关重点项目数（个）/投资（亿元）		103/1.00	59/0.38	20/0.30

表12-6　　　　　　　　上海市主要年份农副产品产量

年份 指标	1980	1990	2000	2004	2005	2005年与1980年比较
粮食（万吨）（含大豆）	186.85	244.36	174.00	106.29	105.36	-44.0%
棉花（万吨）	7.62	1.22	0.12	0.18	0.18	-98.0%
油料（万吨）	9.60	18.20	16.37	7.39	6.94	-28%
蔬菜（万吨）	112.55	186.79	377.00	436.65	409.03	+263%
西甜瓜（万吨）	10.28	30.77	49.88	74.09	64.75	+530%
蚕茧（吨）	104	311	79	30	28	-73%
水果（万吨）	3.70	9.42	22.54	33.74	33.63	+809%

目前，上海郊区农业基础设施进一步完善，工业向园区集中、人口向城镇集中、土地向规模经营集中的成效显著。2006年，市区两级政府农业投入达到45亿元，全市建成5.53万公顷设施粮田、0.67万公顷设施菜田和农业标准化示范区（场）203个，其中国家级37个。农业组织化程度继续提高，全市有12个市级现代农业园区，425家农业产业化龙头企业，510家农业专业合作社，带动农户52万户。上海郊区经济持续增长，2006年完成增加值3934.16亿元，比上年增长17.5%；郊区财政收入1101.35亿元，比

上年增长 12.0%；郊区产业结构继续优化，在郊区生产值中，第一、二、三产业分别占 2.4%、63.7%、33.9%；郊区农村家庭人均可支配收入为 9213 元，比上年增长了 10.4%。

(三) 农村综合改革阶段的突出矛盾和任务

工业化、城市化的负面后果之一是耕地面积大规模减少。近 30 年间，上海农村耕地共减少 184.2 万亩，总面积比 1978 年降低了 30%，按农村人口平均减少了 10%。耕地减少最快的年份是 1978 年、2000 年、2004 年和 2005 年（图 12-3）。这种波动状况很大程度上反映了国家土地调控政策的变化。

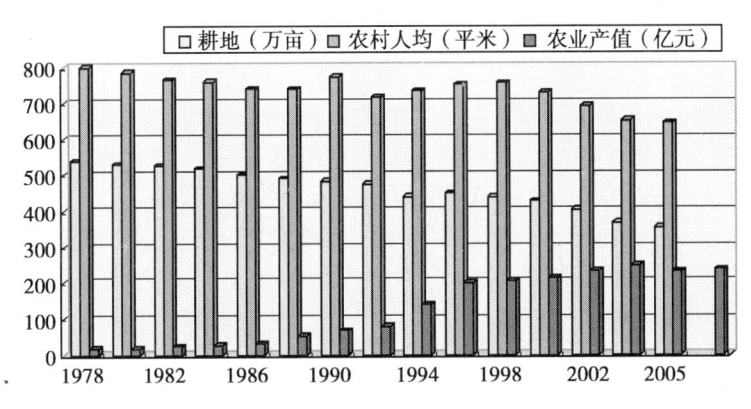

图 12-3 1978—2005 年上海市农村耕地、产值变化

注：根据《上海统计年鉴 2006》的数据整理绘制

耕地减少的主要原因是国家征用和乡村建设。2000 年、2004 年，国家征用耕地 19485 亩、20400 亩，乡村建设占用耕地 64110 亩、64230 亩，两项合计，分别占当年减少耕地总数的 39% 和 56%（图 12-4）。

上海市农业产值在耕地大量减少的情况下仍然保持了较高的增长水平，由 1978 年的 18.3 亿元增长到 2006 年的 237 亿元，增长了 12.0 倍。耕地面积减少对于大宗农产品产出有大影响。从 1980—2005 年，上海市粮食、棉花和油料的总产量分别减少了 40%、90% 和 20%。同期经济作物如蔬菜、西甜瓜、水果等却分别增长了 2.6、5.2 和 8 倍。单位面积产出提高、种植业经济结构调整和特色种养产品产量增长，掩盖了耕地减少对农业产值的影响。

从体制和机制而言，我国农村综合改革的主要目的是解决农村上层建筑与经济基础不相适应的矛盾。(1) 县域和村域经济发展严重分化。在全市

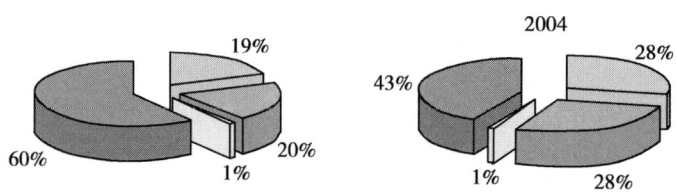

图 12－4 2000 年上海市耕地非农化利用

1887 个行政村中，有 30% 左右的村比较富足，其中村集体可支配年收入超过 500 万元的巨富型村域有 171 个（占 9.06%），这些村主要集中于闵行区、金山和嘉定；而可支配年收入低于 50 万元的"经济薄弱村"555 个（占 29.5%），这些村主要集中于崇明区，郊区县域经济差距可见一斑。（2）基本公共服务的城乡差距巨大。目前的突出矛盾是公共财政、村社集体和企业如何分担农村公共服务的成本。义务教育、基本医疗、社会保障和就业等基本公共服务过多地转移到农民集体经济承担，变相增加了农民负担，以至于村集体可支配年收入接近 50 万元的村仍然被视为"贫困"村[①]。（3）村落城镇化与农民市民化对农村资产和财务管理体制提出了挑战。随着城市扩张，越来越多的近郊村域耕地全部丧失，撤销生产队、农民转为居民成为必然趋势；合村并组要求明晰村组集体资产和财务；同时村组集体的巨额可支配收入需要在集体成员中合理分配。

　　面对上述问题和挑战，上海市农村综合改革正紧锣密鼓地进行着。2006 年 10 月，启动了五个乡镇机构改革试点。2007 年 3 月 6 日，上海市人民政府发布《关于推进本市农村综合改革的实施意见》（沪府发［2007］9 号），14 日又召开"农村综合改革试点工作推进会"……上海农村综合改革目标是夯实农村发展基础（人力资源基础、财力基础和组织基础），率先打破城乡"二元"结构。改革重点是"乡镇机构改革"、"农村义务教育改革"和"县乡财政体制改革"，辅之以"农村社会事业"、"土地征用与林权制度"、"农村金融"、"农民负担的监督管理"等项配套改革。在操作上强调突出四个重点：转变乡镇政府职能，强化公共服务职能，形成农村综合服务体制和机制；把区县农村义务教育经费统筹和城乡教育资源统筹作为农村义务教育改革的关键；规范乡镇预算管理，均衡财政分配而又避免"大锅饭"；在维

---

① 江苏太仓市把村集体可支配年收入低于 20 万元的定为贫困村。

上年增长12.0%；郊区产业结构继续优化，在郊区生产值中，第一、二、三产业分别占2.4%、63.7%、33.9%；郊区农村家庭人均可支配收入为9213元，比上年增长了10.4%。

（三）农村综合改革阶段的突出矛盾和任务

工业化、城市化的负面后果之一是耕地面积大规模减少。近30年间，上海农村耕地共减少184.2万亩，总面积比1978年降低了30%，按农村人口平均减少了10%。耕地减少最快的年份是1978年、2000年、2004年和2005年（图12-3）。这种波动状况很大程度上反映了国家土地调控政策的变化。

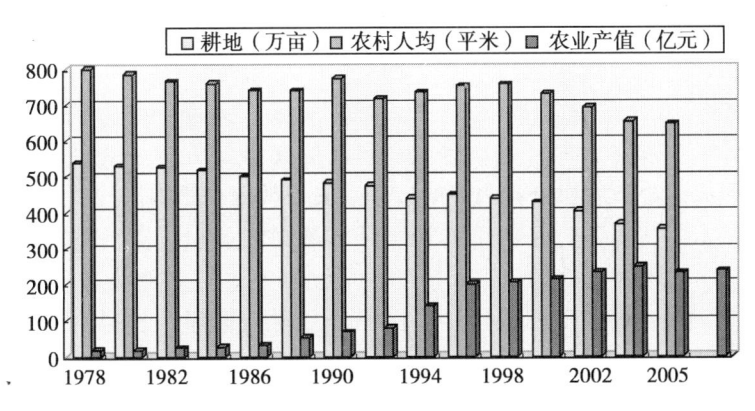

图12-3 1978—2005年上海市农村耕地、产值变化

注：根据《上海统计年鉴2006》的数据整理绘制

耕地减少的主要原因是国家征用和乡村建设。2000年、2004年，国家征用耕地19485亩、20400亩，乡村建设占用耕地64110亩、64230亩，两项合计，分别占当年减少耕地总数的39%和56%（图12-4）。

上海市农业产值在耕地大量减少的情况下仍然保持了较高的增长水平，由1978年的18.3亿元增长到2006年的237亿元，增长了12.0倍。耕地面积减少对于大宗农产品产出有大影响。从1980—2005年，上海市粮食、棉花和油料的总产量分别减少了40%、90%和20%。同期经济作物如蔬菜、西甜瓜、水果等却分别增长了2.6、5.2和8倍。单位面积产出提高、种植业经济结构调整和特色种养产品产量增长，掩盖了耕地减少对农业产值的影响。

从体制和机制而言，我国农村综合改革的主要目的是解决农村上层建筑与经济基础不相适应的矛盾。（1）县域和村域经济发展严重分化。在全市

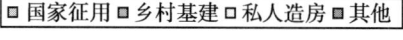

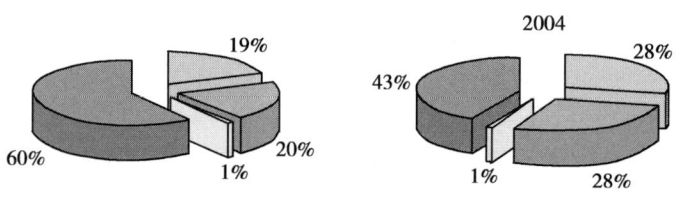

图 12－4　2000 年上海市耕地非农化利用

1887 个行政村中，有 30% 左右的村比较富足，其中村集体可支配年收入超过 500 万元的巨富型村域有 171 个（占 9.06%），这些村主要集中于闵行区、金山和嘉定；而可支配年收入低于 50 万元的"经济薄弱村"555 个（占 29.5%），这些村主要集中于崇明区，郊区县域经济差距可见一斑。（2）基本公共服务的城乡差距巨大。目前的突出矛盾是公共财政、村社集体和企业如何分担农村公共服务的成本。义务教育、基本医疗、社会保障和就业等基本公共服务过多地转移到农民集体经济承担，变相增加了农民负担，以至于村集体可支配年收入接近 50 万元的村仍然被视为"贫困"村[①]。（3）村落城镇化与农民市民化对农村资产和财务管理体制提出了挑战。随着城市扩张，越来越多的近郊村域耕地全部丧失，撤销生产队、农民转为居民成为必然趋势；合村并组要求明晰村组集体资产和财务；同时村组集体的巨额可支配收入需要在集体成员中合理分配。

　　面对上述问题和挑战，上海市农村综合改革正紧锣密鼓地进行着。2006 年 10 月，启动了五个乡镇机构改革试点。2007 年 3 月 6 日，上海市人民政府发布《关于推进本市农村综合改革的实施意见》（沪府发〔2007〕9 号），14 日又召开"农村综合改革试点工作推进会"……上海农村综合改革目标是夯实农村发展基础（人力资源基础、财力基础和组织基础），率先打破城乡"二元"结构。改革重点是"乡镇机构改革"、"农村义务教育改革"和"县乡财政体制改革"，辅之以"农村社会事业"、"土地征用与林权制度"、"农村金融"、"农民负担的监督管理"等项配套改革。在操作上强调突出四个重点：转变乡镇政府职能，强化公共服务职能，形成农村综合服务体制和机制；把区县农村义务教育经费统筹和城乡教育资源统筹作为农村义务教育改革的关键；规范乡镇预算管理，均衡财政分配而又避免"大锅饭"；在维

---

① 江苏太仓市把村集体可支配年收入低于 20 万元的定为贫困村。

护农民利益上下工夫,逐步缩小就业、就学、就医等方面的城乡差距,保障农民享有基本公共服务均衡化的权利。

三、村域经济转型与"农业组织化"

(一) 村域经济转型

金山区漕泾镇是上海远郊农村社区之一,行政辖区一直比较稳定。目前全镇11个行政村,由漕泾人民公社的17个生产大队演变而来。该镇已由传统农业社区转型为现代工业化社区,具有研究的代表性(专栏12-3)。

专栏12-3 漕泾镇背景资料

漕泾镇位于杭州湾北岸,地处金山区境东南部,西南至上海石化股份有限公司10公里。东靠正在建设的"世界一流、亚洲最大、最集中、水平最高的石化基地"——上海化学工业区,南依山阳镇。全镇地势平坦,气候温和湿润,年均气温15.5℃,常年降雨量约在1100毫米,无霜期约为228天。漕泾镇始建于宋代,因镇旁有古代运送漕粮的漕溪河而得名。该镇总面积45.11平方公里,有11公里海岸线。2006年底,全镇总人口共3.3万人,其中11个行政村,农业人口2.7万人,耕地约2.9亩。2006年,镇域工农业总产值73亿元,其中工业和建筑业占81.3%,漕泾镇已工业化。全镇农民人均纯收入8780元。

——根据漕泾镇政府网站和实地调查数据整理。

改革起步时期,漕泾公社还是典型的农业社区。1978年,漕泾公社17个生产大队,188个生产队,社队企业共48家,其中大队企业33家。当年,公社、大队和生产队三级总收入2080.36万元。其中,农牧副渔收入1279.8万元,占61.52%;工业638.13万元,占30.67%;其他收入162.42万元,占7.81%。"三级所有、队为基础"的体制不仅表现在产权边界和核算单元上,而且表现在产业分工上(表12-7)。生产队从事农牧副渔业生产的劳动力占99.4%,而工业、建筑业、运输业及其他非农业为0;公社和大队两级主要经营工业、建筑业和服务业(运输、邮电、文教、卫生、行政管理等),其中从事工业的劳动力达到2795人,占全社整劳动力和半劳动力总数的13.9%。这组数据证明,公社时期,上海市远郊农村产业结构就比较齐全,社队两级工业基础较雄厚,这是上海乡村工业化的重要基础。

表 12-7　　　　　　1979 年漕泾公社整、半劳动力及从业构成

	总劳力	农牧副渔	工业	建筑	运输邮电	文卫	其他	外出
三级合计	20136	16351/81.2	2795/13.9	380/1.9	332/1.6	78/0.4	111/0.6	91/0.5
公社一级（人/%）	1682	365/21.7	861/51.2	235/14	189/11.2	10/0.6	23/1.4	/
大队一级（人/%）	3232	859/26.6	1934/59.8	145/4.5	143/4.4	68/2.1	83/2.6	/
生产队一级（人/%）	15222	15127/99.4	/	/	/	/	4/0.02	91/0.6

另外，公社三级合计有 166 名插队知识青年。

资料来源：漕泾人民公社年度统计报表档案。

30 年的转型发展，漕泾镇经济结构发生了根本变化。2006 年，该镇经济总收入增长到 729947 万元，绝对量增长了 350 倍。总收入结构按产业划分，农林牧渔业、工业、建筑业和服务业的比例是 3.3%、73.8%、7.5% 和 15.4%；总收入结构性质划分，经济小区、集体工业、三资企业和家庭经营收入的比例分别是 85.9%、7.6%、3.0% 和 3.5%。如果把该镇统计中的"经济小区"和"三资企业"看成新经济体（工商业主经济），那么漕泾镇新经济体工商业主经济成分已成农村经济的主体，占 88.9%，集体经济所占比例为 7.6%，农户经济已降低到（3.5%）无足轻重的地位。

镇域经济总量极大增长，所有制结构农户经济、集体经济和新经济体三足鼎立，产业结构和就业结构都以第一产业为基础、第二产业为主体、第三产业为支撑，家庭经营趋于解体。这局面是否反映了上海村域经济转型总趋势？是不是乡村工业化成熟阶段村域经济转型的规律？我们选择上海市远郊和近郊的四个调查村（专栏 12-4、表 12-8）作案例研究。相关数据表明，30 年改革，上海村域经济社会面貌发生了翻天覆地的变化。

专栏 12-4　金光、蒋庄、联丰、三民四村背景资料

蒋庄村　位于漕泾镇西部工业区，东依龙泉港，西傍亭卫公路。2002 年 6 月，与原金星村合并。合并时有 33 个村民小组，1010 户，3289 人，耕地面积 5363.27 亩。2003 年起，漕泾镇西部工业区在该村范围内开发建设，征用该村土地较多，至 2005 年底，全村合并为 21 个村民小组，1060 户，2559 人，在册耕地面积 2997.56 亩，实有耕地面积 1919.96 亩，现有注册企业 10 户，其中落地企业 9 户，中蒋发公司为村集体企业，主要集中在化工、机械、空调排风扇、机械加工、塑料切片、床上用品等领域。2006 年，全村工业值 7400 万元，全村企业就业劳动力 150 人。

金光村　位于漕泾镇西 1 公里，新东海港、张漕公路、莘奉金高速、浦东铁路贯穿村东西。2002 年 6 月，金光村与原泾西村、原水库村的 4 个村

民小组合并。现有村民小组25个，1023户，在村人口3255人，在册耕地面积3225.6亩。2006年，村域注册企业39家，其中落地（统计、纳税三归口于村）企业29家，总产值3.5亿。

联丰村 上海近郊，临上海钢铁三厂和上海缝纫机厂。公社时期属菜农区，原有15个村民小组。从1993年开始，城市扩张后已无耕地的村民小组撤销建制，同时将农户转变为居民。目前已撤销11个村民小组，其中暂未迁入城市社区非农业户籍的仍属村民。全村4个村民小组，共1200户，3270人，其中，在村农业户籍383户，732人。在册籍耕地76亩（实际已无耕地）。2006年，18家落地企业总产值达11亿元，除易初莲花和上海斯密克焊材有限公司等大型企业以外，缴国库的税收达到1400万元，企业利润4600万元。村域外来人口1万多人。

三民村 原属上海县北边远郊区，粮棉油产区。现在，三民村划入浦东新区（由闵行区部分、川沙县和南市区合并而成），随着城市扩张，该村已成为上海市三环以内的近郊区。村域面积1.1平方公里，呈正方形。全村11个村民小组（其中土地被全部征用的撤组2个），共650户，1599人，800多劳动力。在册耕地面积500亩（实际已无耕地）。注册企业80余家，其中落地企业50余家，村域企业规模都不大，最大企业销售额为8000万元，有工人350人。登记外来人口1万人，估计未登记外来人口近万人。

表12-8　　　　　　　上海市四个调查村域的经济结构变化

项目及指标	村域 年份	蒋庄村 1979	蒋庄村 2006	金光村 1979	金光村 2006	联丰村 2006	三民村 2006
村民小组（生产队，个）		29	21	11	25	5	1
总户数（户）		1024	1066	398	1023	2901	507
总人口（人）		3850	3513	1624	3255	7684	1425
企业个数（个）		4	10	2	39	18	50
劳动力总数（1979年包含半劳力）		2610	2231	1181	1817	6484	850
#农林牧副渔业（人）		2369	558	1019	417	175	25
工业		141	1200	138	1039	6259	625
建筑业		20	121	0	85		
其他非农产业		43	247	5	186		
外出		10	105	9	90	50	200

续表

村域 项目及指标	蒋庄村 1979	蒋庄村 2006	金光村 1979	金光村 2006	联丰村 2006	三民村 2006
年末总耕地（亩）	7088.0	3791.8	2408.1	3676.9	150	32
#其中水田	7035.3	/	2402.8	/	150	
粮食总产量（含豆类，吨）	3848.9	/	1473.5	/		
#其中交售国家（吨）	1389.4	/	632.2	/		
总收入	46.99	13400.0	41.3	35500.0	46225.9	1455.0
#农林牧副渔业	9.55	6000.0	12.1	5500.0	43.0	29.3
工业	36.01	7400.0	27.9	30000.0	38825.5	749.2
其他	0.58	/	1.4	/	73546.4	
总收入按性质分 #农户经营	/	/	/	/	149.8	174.3
#集体经营	/	/	/	/	722.97	531.5
#村办企业	/	/	/	/	45353.2	749.2
总支出（万元）	25.33	/	23.5	/	42058.8	513.1
净收入（万元）	21.66	/	17.8	/	4167.1	955.3
分配#上缴国家税收（万元）	1.64	294.72	2.1	270.0	1025.8	29.4
#外来投资分利	/	/	/	/	612.19	/
外来人员带走劳务收入	/	/	/	/	750.2	
企业各项留利	/	/	/	/	866.2	23.8
村集体所得	/	/	/	/	88.2	73.7
农民经营所得	14.0	/	11.6	/	912.2	828.4
人均纯收入（元）	36.35	7200	71.3	8050	16894	11861
村集体可支配收入合计（万元）	/	280.0	/	354.0	1210	606.8

注：蒋庄村系金星村与立新村于2002年6月合并而成，1979年数据系两村之和；金光村于2002年6月并入了泾西村和水库村（半个），因为数据难于拆分，金光村1979年系当年金光村数据。——资料来源于四村统计年报或实地调查资料。

（1）调查村域经济总量极大增长，收入结构转型为以第二、三产业为主。1979年，远郊区蒋庄、金光两村的经济总收入只有47万元和41万元。到2006年，分别达到13400万元和35500万元，绝对量分别增长了284和858倍；2006年，近郊区联丰、三民两村总收入分别为46226万元和1455万元，农民人均纯收入为16894万元和11861万元；蒋庄、金光、联丰和三民四村集体可支配收入分别为280万元、354万元、1210万元和606.8万元。村域收入结构多元化趋势十分明显。到2006年，两个远郊村的农林牧渔业收入比重分别为44.8%和15.5%；两个近郊村的农林牧渔业仅占0.09%和2.0%，非农业收入高达99.91%和98%，其中工业收入比重分别为84.0%和51.5%。从实地调查看，村域收入中还包括投资性（资本借贷）收益、房地产租赁收益、集体外转移性收益、农民外出务工收益等。2006年，近郊两村的投资收益分别为33.6万元和1.3万元，集体外转移性收入87.3万元和57.2万元，房屋租赁收入97.0万元和115.8万元，农民外出劳务收入54万元和216万元。

（2）调查村域所有制结构转型为集体、农户家庭和新经济体三足鼎立新格局。村域有大量落地企业，调查四村分别为10家、29家、18家和50家。企业性质有集体、私人、三资和中外合资企业等。我们把后三类称为村域新经济体，因为他们既区别于原集体经济，又区别于家庭经营。村域企业资本构成显示了"三足鼎立"的各自实力。2006年，联丰村落地企业注册资本共11498.3万元，其中集体4199.3万元（36.5%），外商独资165.6万元（1.4%），私营418.4万元（3.6%），中外合资2119.7万元（18.4%），其他经济成分4595.4万元（40.0%）。新经济体占绝对主体地位。从分配格局看，联丰村2006年的净收入分配中外来投资分利、企业留利和外来务工人员分配之和已占到53.6%，其余为集体所得（2.1%）和农户经营所得（21.9%）。由此证明，在工业化城市化村域，新经济体将逐渐取代原集体和农户经济的主体地位。

（3）调查村域产业结构转型带来分工深化，劳动力就业方式已经城市化。村域收入、产业结构变化和劳动力就业结构，是一组数量之间按比例、成直线的关系。1979年，上海市远郊典型农业社区劳动力从业结构以农业为主，蒋庄和金光两村分别为90.8%和56.3%；到2006年，两村的这一比例分别下降到25%和22.9%。在近郊区，联丰村1988年尚有计税耕地面积1527.325亩，从事农林牧副渔业的劳动力280人，占村域总劳动力（1258人）的22.3%，种植业、牧业、副业和渔业之和为199.22万元，占全村经济总收入（515.64万元）的38.6%。2006年，联丰村的这两项指标分别降低到2.7%和0.09%，农林牧渔业基本消失了。从产业构成看，调查四村中有农林牧渔业、工业企业、建筑业、运输装卸业、房地产开发和租赁业、商业和饮食业、教育、邮电广播和体育业、卫生医疗、保险与福利业等，村域产业齐全，城乡劳动力就业方式逐渐趋同。

（4）农户家庭经营社会化走向。农业用地和劳动力非农化的过程蕴含着家庭经营解体的可能性。家庭经营是建立在承包土地经营农业基础之上的，土地大量非农化将从根本上制约家庭经营制度；年轻劳动力转移到工业和其他非农产业，土地耕耘的"老弱妇孺"化也瓦解着家庭经营制度；个体工商户逐渐组织化等，这些因素促成了家庭经营收入比例快速降低的趋势。上海农村居民人均可支配收入及结构变化更能反映这种趋势，从1990—2006年，上海农村居民家庭人均可支配收入由1665元上升到9213元，16年间总量增加了453%，同期，家庭经营（第一、二、三产业）收入从539元上升到766元，仅增长了42.1%。工资性收入、家庭经营性收入、转移性和财产性收入占当年人均可支配收入的比重分别由1990年的64.0、32.4、3.6调整为2006年的74.8、8.4、16.8。图12-5[①]中的工资性收入曲线紧随农民家庭人均可支配收入总量曲线一路大幅攀升，呈高度正相关关系；而家庭经营性收入曲线则是先前呈缓慢上升趋势，但自1996年始明显降低。家庭经营收入份额降低与乡村工业化、城镇化发展水平负相关。由此可见，所谓家庭经营社会化趋势，实际上是家庭劳动力从业的社会化。

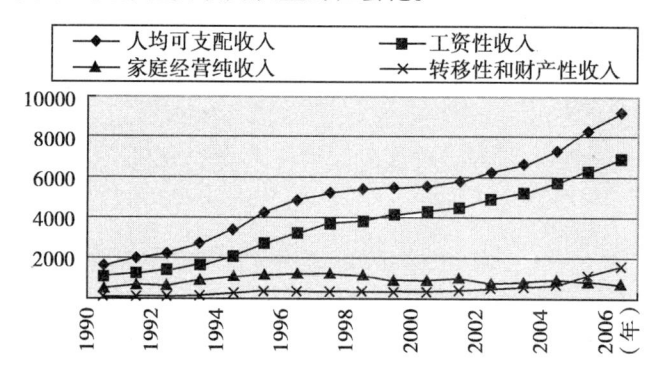

图12-5 上海市农村居民家庭人均可支配收入及结构变化

深入村域层面讨论发现，2006年，远郊的蒋庄和金光两村分别保有3791.8亩和3676.9亩耕地[②]，农户经营在村域收入结构中仍有一定比重；而近郊区联丰和三民两村实际已无耕地，家庭经营第一产业的农户分别只有45户和25户，家庭经营收入分别仅有149.8万元和174.3万元，占当年村域总收入的0.3%和12.0%。我们将"家庭经营社会化"的结论修正为：家庭经营社会化在不同地区将有不同表现形式，在腹地型农村，家庭经营的

---

① 据《上海统计年鉴2007》数据绘制。
② 2002年蒋庄村合并时有耕地5300亩左右，因漕泾镇西部工业区和金山工业区从2002年5月—2007年3月征用该村土地3000多亩，截至2007年8月调查日，该村只剩1900亩耕地；同期金光村实有土地4770亩土地，其中水稻2770亩，其余为旱地、自留地、养殖用地等。

份额将逐渐降低，但只要保有耕地，并坚持"赋予农民长期而有保障的土地使用权"，有可能长期坚持家庭经营制度；而在城市郊区农村，家庭经营极有可能解体。

（二）村域"农业组织化"

上海"农业组织化"是土地规模经营的一种形式，主要目的在于保护基本农田和保证粮食生产，发展农民专业合作社和农业社会化服务体系。一份地方党委《关于推进农业组织化工作的若干意见》（金委发［2005］171号文件）写道："力争用两到三年时间，基本实现农村土地规模经营"，"至2008年，全区土地规模经营面积要达到85%"，"专业务农农民和参加农业合作社农民达到60%以上，农业社会化服务基本达到全覆盖，50%以上初级农产品（自食除外）通过加工销售"。2006年金山区土地规模经营面积已达到27.3万亩，占全区耕地总面积（40.5万亩）的67.4%，其中粮食种植面积17.8万亩，经济作物9.4万亩，粮经比例为65.2∶34.4。规模经营农户1793户，专业农户17046户，户均经营面积21.5亩。

事实上，规模经营农户的土地面积都比较大，以漕泾镇为例。2006年，漕泾镇2.9万亩耕地中，规模经营面积达到1.3万亩，占总耕地面积的44.8%，规模经营户和专业户合计891户，户均只有14.9亩。如果分类统计，漕泾镇经营30—100亩的11户共770.9亩，100—200亩的10户计1523.4亩，200—500亩的10户计3314.4亩，500—1000亩的3户计1971.2亩，1000亩以上的1户计1120.1亩[①]。同年，金光村规模经营17户，经营土地2200亩，户均129.4亩，其中最大户经营300亩；蒋庄村规模经营1106亩，由4户经营，户均276.5亩；到2007年，金光村7农户经营1214亩，户均173.43亩。

有一种理论认为，当70%的农村劳动力转移到非农领域，就可以实现土地规模经营。当前长江三角洲非农就业的农村劳动力基本达到这个标准，但土地规模经营局面并没有出现。鼓励土地流转实现规模经营需要强有力的支持政策，上海规定，土地流转费每年500元/亩，由受让土地的农户支付，其中市、区县、镇三级财政补助每年260元/亩。村集体也有支持政策，蒋庄村为规模经营农户提供机械、油、农药等方面的无偿服务，2006年购买一台中拖（10万元），修建了350平米的仓库（5万元），无偿提供给规模经营农户使用。金光村规模经营土地的水费45元/亩，农药65元/亩，由集

[①] 金山区统计局网站，2006年6月6日。

体负担。

从个案观察土地规模经营的结构和效益是有意义的（专栏12–5）。

专栏12–5　调查村农业效益比较

2006年，蒋庄村1900亩耕地，其中1500亩水稻，100亩西瓜，300亩虾塘，除此之外全村有两户养鸭（合计3.5万只、14元/只）和零星林木。蒋庄村养虾已有七八年的历史。养虾投入大、风险和收益高。因此，该村原有近千亩水产养殖，现有300多亩。养虾投入和成本：一季5万尾/亩，一亩虾塘（最适宜投苗4万尾），产出500斤/亩虾；高密度养殖投苗800万—1000万尾/亩，但危险很大。空运每万尾20元，如果通过中间商暂养，80元/万尾；每100斤虾消耗80—100斤饲料，2007年的价格7000元/吨（以前只4000多元/吨）。养虾收益：成虾出售，2007年8月中旬为8—10.5元/斤，7月初12—15元/斤。每亩虾塘纯收益，2007年，该村一农户16亩虾塘，纯收益4万多元，平均每亩0.25万元。

2006年，金光村粮食播种面积2770亩，其中565亩种一季西瓜后换茬种水稻，种植葡萄220亩，养虾养鱼750亩。比较而言，土地生产粮食效益最低，该村种一季水稻，约1/3的耕地冬播小麦，粮食亩产958斤（不含夏粮）。2006年，村里最大规模经营户种植水稻300亩，纯收入5万多元，平均纯收入185元/亩。养虾效益较好，最差的年份纯收益3000元/亩，最好的年份可达1万元/亩；养鱼收益比养虾投工多、收益低，但比养虾稳，1个劳动力可养鱼、养虾各5—6亩，但养虾只需7个月，而鱼需要常年养护，纯收益基本稳定在5000元/亩。

就上述情况，调查者与被访问人有一次关于粮食种植规模效益的对话。

调查者：您提出粮食种植规模不宜过大，这是为什么？

村干部：原因在于，种植模式、手段、生产能力都没有变，而且，精耕细作规模经营不如小农经营，产量降低是肯定的。比如机械收割每亩浪费80斤。加上45岁以下的农民都不想种地，田间管理比如拔草等都是60岁以上的人干的。规模生产粮食产量确实下降。

调查者：不是有除草剂吗？

村干部：因为与整地有关，拖拉机整地不负责任，所以杂草很多，需要人工除草。

调查者：您认为农户生产粮食多大规模适宜？

村干部：种植水稻每亩需要15—16个工，每个工每天25元计算，经营每亩土地的劳动力成本为375—400元，规模太大反而扩大成本，并不合算。如果不请民工，靠家庭劳动力和临时雇工可以耕作50—70亩，超过100亩时雇工比较多。根据我们村的情况，土地经营规模水稻最高不要超过 100 亩，规模太大不仅因精耕细作跟不上而影响产量，而且影响收割，去年收获时遇大雨，粮食收回来没有禾场和库房而有较大浪费和损失。

调查者：土地规模经营和农业社会化服务中有哪些应该注意的问题？

经管干部：改革历史证明家庭承包形式是成功的，为什么一定要打破呢？规模经营没有增加土地，也没有增加产出，但政府多补贴了 260 元/亩。还有一种现象，农药服务队在水稻地打农药水，而承包农民却在家里打牌，这种社会服务有什么意义？

显然，粮食等大宗农产品适合于农户承包经营，农户小规模经营更利于精耕细作，降低成本而提高单位面积产出。实践反复向我们提出这样的问题：经营式农场与小农户哪种更有效率？经营式农场经营规模控制在哪个区间更有效益？这些都需要重新研究。

四、村域集体经济与社区基本公共服务

（一）村域集体经济收入总体高水平

行政村经过近几年的撤并，数量不断减少而规模逐渐扩大。2006 年末，上海市共 1862 个行政村，其中郊区 10 个区县 1842 个行政村，徐汇、长宁、普陀、闸北等中心城区 20 个。行政村规模村均 600 农户，1818 人，其中，2000 人口以上的行政村占 36%，1000—2000 人口的 44.9%，1000 人口以下的 19.2%。

上海村集体可支配收入能力不断增强。2005 年，郊区 10 个区县村集体可支配收入村均 228.19 元，其中，可支配收入 300 万—500 万元的 171 村，占行政村总数的 9.1%，500 万元以上的 218 村，占 11.6%（表 12-9）。2006 年，上海全市行政村集体可支配收入村均 236 万。这种收入水平在全国处在明显的领先地位。

表 12-9　　　　　　2005 年上海市十个区县村级集体可支配收入

	50 万元以下		50 万—100 万元		100 万—200 万元		200 万—300 万元		300 万—500 万元		500 万元以上		合计
	村数	%	村数	%	村数	%	村数	%	村数	%	村数	%	村数
全市总计	555	29.5	358	19.1	413	22.0	164	8.7	171	9.1	218	11.6	1879
青浦区	18	10.1	37	20.8	61	34.3	25	14.0	25	14.0	12	6.7	178
松江区	21	15.6	46	34.1	27	20.0	16	11.9	16	11.9	9	6.7	135

续表

	50万元以下		50万—100万元		100万—200万元		200万—300万元		300万—500万元		500万元以上		合计
	村数	%	村数	%	村数	%	村数	%	村数	%	村数	%	村数
南汇区	84	45.4	38	20.5	38	20.5	12	6.5	7	3.8	6	3.2	185
金山区	9	6.6	48	35.3	59	43.4	13	9.6	6	4.4	1	0.7	136
宝山区	4	3.4	5	4.3	24	20.7	14	12.1	26	22.4	43	37.1	116
崇明县	246	90.8	10	4.0	6	2.0	5	1.8	3	1.1	1	0.3	271
奉贤区	102	36.6	80	29.3	60	21.7	13	4.7	12	4.4	9	3.3	276
闵行区	9	5.5	17	10.4	31	19.0	11	6.7	15	9.2	80	49.2	163
嘉定区	13	7.7	21	12.5	28	16.7	25	14.9	38	22.6	43	25.6	168
浦东新区	49	19.5	56	22.3	79	31.5	30	12.0	23	9.1	14	5.6	251

资料来源：上海市经济委员会《关于扶持村级集体经济的专题》调研报告文稿。

（二）村域集体经济收入个体差异巨大

如果把可支配年收入低于50万元、50万—200万元、200万—500万元和高于500万元的村分类为贫困型、温饱型、小康型和巨富型村域，那么2005年，上海10个郊县（区）这四种收入水平类型的村域分别占29.5%、41.1%、17.8%和11.6%。如果分区县比较，崇明县的271个村中低于50万元的"贫困型"村域216个，比例高达90.8%；而高于500万元的巨富型村域只有1个，仅占0.3%。闵行区的163个行政村中，有80个村（49.2%）成为巨富型村域，该区村集体可支配收入平均高达779.5万元。

巨富型村域大多数为现代工业村和专业市场村，有的村域经济收入水平令人惊叹。闵行区七宝镇九星村是一个专业市场村，2006年，村域总产值150多亿元，村集体可支配收入2.4亿。专业市场培育了该村500多个千万富翁。贫困型村域是相对而言的，上海市农委把可支配年收入50万以下的行政村定为"经济薄弱村"，是因为"维持一个村域的基本公共服务一年最低支出需要约59万元"。其实，不要说中西部地区，就是在长江三角洲其他省域，村集体可支配年收入能够达到或接近50万元，那也是相当富裕的村落。

（三）村域集体经济收入结构及差异化的原因

上海市经委专题调研报告认为，"村级经济收入结构已从20世纪80年代初的以企业缴交利润为主",转到主要依靠房地产租金收入;"上海村级经济发展水平的差异主要是级差地租形成的"。作者在实地调查中发现,村域集体经济收入差距是多种原因造成的。

总体上看,上海村与经济收入主要来源于:村集体自有资产经营性收入(包括资本借贷、厂房和土地入股)、企业上缴,招商引税奖励(专栏12-6)、转移支付和其他收入等。2002—2005年四年中,远郊的蒋庄和金光两村集体可支配收入合计分别为584.8万元和717.1万元。其中,集体自由资产经营性收入分别为153.5万元(占26.3%)和72.7万元(占10.1%);发包及企业上缴分别为192.4万元(占32.9%)和327.4万元(占45.7%);转移支付142.5万元(占24.4%)和114.2万元(占15.9%);其他收入(上级补足、税收奖励等)分别为96.4万元(占16.5%)和202.8万元(占28.3%)[①]。近郊的联丰村,2006年集体可支配收入1210万元,其中,村集体资产管理中心的投资(资本借贷)收入716.8万元(占59.2%);租赁(易初莲花超市)收入245万元(占20.2%);村集体经营农贸市场收入73.0万元(占6.0%);招商引税奖励103万元(占8.5%);利息后收入5.9万元(0.6%)。其他收入为66.3%(占5.5%)[②]。转移性收入为零(三林镇没有经济薄弱村,所以没有转移支付)。近郊的三民村,2006年的750万元可支配收入中,房地产等资产租赁收入约500万元,占66.7%。招商引税返还200余万,约占26.7%,集体资本经营利润50多万,约占6.7%。

专栏12-6 上海市村域的借贷资本收益和招商引税奖励

按照国家金融政策,民间借贷并不合法。在调查的SSM村,用于长期借贷(企业固定资产投资)的资金控制在200万元以内,短期借贷(企业流动资金,不超过3个月)控制在500万元以内。为了规避政策风险,该村借贷资本利息被称作"资金使用费",其利率低于银行贷款50%。比如,银行贷款利息为7%时,资金使用费率为3.5%。借贷不需要抵押,但有严格的评估程序:村域企业要"在村"三年以上,企业不动产达到一定额度。由符合条件的企业申请、村干部集体讨论决定。借贷额度控制在申请企业不动产的1/2之内。到目前为止,该村借贷还未遇到还贷风险。

[①] 漕泾镇政府关于蒋庄村和金光村《村民委员会任期届满经济责任的报告》,《漕府审报》(2006)第96号和第44号文件。

[②] 联丰村和三民村的数据来源于村主要干部和村会计的座谈。

在远郊调查村，招商引税奖励标准是，乡镇政府根据不同的税种，将村域落地企业上缴税收，按照增值税奖 7%、营业税 2006 年奖励 35%，2007 年按照 10% 的标准奖励。

综合上述情况得出：影响村集体可支配收入差距的最大因素，一是房地产租赁收入，二是资本借贷收益，三是招商引税奖励。房地产租赁收益当然与级差地租相关，资本借贷与村集体资本积累和现有资本的分割程度相关，招商引税则是土地价格、运输成本、区域政策和市场环境等多种因素造成的。

（四）农村社区公共服务

调查发现，在"公共财政的阳光"尚无力"覆盖农村大地"的阶段，村域集体经济收入直接决定了社区公共服务的水平。反过来说，农村社区公共服务以及农村基础设施建设、社会事业发展的费用，过多地转移到农民集体经济承担，这很大程度上减少了农民可分配净收入，成为"后农业税时代"农民负担的新形式。这不仅是上海而且是整个长三角农村的普遍现象。从调查村集体收益的支出结构中，可以看到村农民集体承担公共服务的情况。

专栏 12-7　村集体资金支付公共建设的情况

SLF 村　道路。村中道路分三次修建。第一次 1992 年开始，将道路修到村民小组，路宽 2 米，每平方米投入 60 元，持续了三年。第二次始于 1996 年，道路通到居民区（两户以上就可以通路），每平方米投入 45—50 元之间。经过道路修建、改厕和修建化粪池、垃圾池、排水沟、绿化、花坛等，到 1997 年，村集体投入共 1200 万元。

卫生。村中修建了 72 个垃圾池，保洁人员 27 人，垃圾运送到垃圾场处理，处理费国家补贴，运输费及人员工资由村集体负担，每年约需 60 万元。

医疗。村民参加新型农村合作医疗，参合率 100%，每人每年交镇合作医疗管理站 220 元（现增长到每人每年 280 元）。1998 年始，村集体承担这笔费用。1997 年镇成立了大病统筹基金会，初始基金村集体出 50 万元。村医务室作为镇医院的延伸机构，镇医院提供药品、医生培训和业务管理，村集体为医务室提供场所需场地、房租、水电、医务人员工资。

"千百万"工程。即政府出钱"买岗位"，要求是镇有"百人"就业岗位、区有"千人"就业岗位、市有"万人"就业岗位。买岗位的不足部分需村集体补助。

治安。镇里统一设有治安队，但要村中付费使用。

文化。村成立了文化活动中心，每年投入资金约80万元。

福利。村民不分男女，年满55周岁每人每月发放300元养老金。

社会养老。大于18周岁小于55周岁的农村劳动力，每人每年要缴纳720元的社会养老金，其中，村民自己负担480元，村集体为每人缴纳240元。全村村民732人，除去18岁以下和55岁以上人口、已有工作单位的和企业职工，剩余100个劳动力，2006年，村集体为此缴纳社会养老金2.4万元。

CJZ村 自2005—2007年连续三年修水泥路，总投入近500万元，其中村主干道12公里，4米宽，合约10万平方米，政府配套60%约150万元，村集体投资350万左右。村级道路维修5万元/年。另外，镇到村道路的叫镇管路，但绿化由村集体投资，共投入30万元；村到组或村组到户的叫村管路，由村组集体投资修建。

河道整治三年行动计划，全村共18公里河道，目前已整治15公里。挖河由政府投入，村集体投入包括疏浚河道的电费、挖河堆土占地的青苗等补偿费以及按流转土地价格支付占用费计35万元；石头护河岸700米，投入39万元。

村社区服务中心建设，要求有"四室两点"，即活动室、卫生室、办公室、图书阅览室，健身活动点、便民活动点（超市、理发、电器维修等），需要集体收入支撑。

村域公共卫生及保洁员22人，月工资480元/人，其中230元由镇财政补贴；垃圾收集员的工资由农户分担，每户每年缴40元。

村域治安，乡（镇）集中使用力量，实行军警联防，开支由镇财政支付一点，其余由各村分摊，每行政村出2人，每人每年上缴费用2万元。

农民参加合作医疗（100%），农户应交款项村集体支付；乡（镇）成立"四大病"帮扶基金会，村集体一次性上缴10万元；寺庙修建开光村集体赞助8万元。

困难户补助，2006年，全村84户，合计补贴4.8万元；扶持贫困户危房改建，从2002—2007年，全村共改建37户。镇财政为每个困难改建危房补贴0.8—1.5万元，村里负担危房改建的人工费。

——作者根据座谈记录整理。

为改变村域收支失衡矛盾，减轻农民负担。上海市政府颁发了《关于完善社区服务促进社区建设的实施意见》（沪府发［2007］19号文件），规定"建立面向社区群众、内容覆盖公共服务和多样化生活服务、主体多元、便捷高效的社区服务体系",要求"各级政府要将社区公共服务设施建设纳入城市规划和土地利用规划,统筹安排"。可以预见,随着农村社区公共服务体系的建立和完善,农民收入增长和共享改革发展成果将出现新的空间。

后 记

（一）

村域经济转型研究是一门新兴的边缘交叉学科，我们的研究还刚刚开始。在本书即将付梓之际，以下三个问题仍萦绕在作者脑海中。

村域经济转型研究的意义何在，到底有无独立的研究的对象、框架和方法？

村域经济社会变迁是国家和地区经济社会变迁的历史缩影。新中国乡村发展60年，村域层面沉淀着融入了丰富的血缘和地缘关系的制度变迁、经济社会转型的痕迹，以不同地区、不同经济类型的典型村域为案例，总结我国农村现代化的历史进程，记忆乡村，挖掘乡土文化和经济的多样性，研究价值不言而喻。长江三角洲不仅是我国经济增长最具活力的地区之一，而且是我国农业、农村和农民现代化的先发地区，研究长三角村域经济转型的发展不仅具有理论的前沿性、鲜活性，而且对区域农村经济协调发展具有针对性、示范性。本书把"农村改革30年与长江三角洲村域经济转型"两个主体整合在一个研究框架里，一方面研究农村改革的起点、过程、动力、路径、模式、成就、问题、经验和规律，另一方面研究长江三角洲村域经济转型发展的历程、格局、趋势、战略和政策，研究农民创业、村域主体转型、村域工业化与非农化、公共服务均等化、城乡一体化的典型案例。这样的设计应该是有意义的。

要把上述设计变成有价值的研究成果并不容易。村域经济研究是区域经济学的新拓展，但村域既不是一个完整的经济地理单元，也没有行政区域经济的调控手段，显然，村域经济研究不能照搬区域经济学原理。村域经济是农业、农村经济研究的新视点，村域经济转型研究又是转型经济学研究的具体化，拓展到社会变迁研究后与社会人类学的村落研究交叉。显然，村域经济转型研究是一门新兴的边缘交叉学科，必须创立新的研究框架和方法。

我们在村域经济转型研究的初步实践中积累了一些比较实用的方法。（1）以区域经济学和制度经济学的一般理论为基础，汲取社会经济学的理念营养，借鉴转型经济学、发展经济学的新成果，引入了社会人类学的田野调查方法，同时在研究团队中集合了农村经济学、区域经济学、社会学的专业人才，希望在多学科交叉与合作研究中有所创新。（2）注重调查并建立数据采集和观察点，基本办法是，组织大学生大范围的入户问卷，课题组成员实地调查，把获取面上数据和典型经验统一起来；我们还与浙江省农业厅合作，开辟了20个县、100个乡镇、200个村的固定观察点，以及1000户记账农户和60个合作社，进行农村经济和农户负担的长期监测。（3）与政府决策研究紧密结合，在本课题的研究过程中，课题组完成了农业部经管总站委托的"村级公益事业建设投入机制研究"、民政部基层政权和社区建设司委托的"中国农村社区服务体系建设研究"、浙江省农业厅委托的"减轻农民负担保护农民权益研究"和"保障村级组织运转化解村级债务研究"。这些研究服务了政府决策，拓展了本课题的研究内容。研究方法上的这些尝试，虽然够不上"经济学方法论"的层次，但它表达的意图却十分明确——倡导"三农"学者和实际工作者深入村落、研究村落、经营村落。

（二）

本著究竟回答了哪些问题？

新中国村域经济转型发展起于毛泽东、成于邓小平、拓展于江泽民和胡锦涛时代。新中国村域经济转型发展60年历程可分为两个30年。1949—1979年是由土地改革、互助合作走向人民公社的历史；1979—2009年是由家庭承包经营走向农业农村现代化的历史。两个30年是不可分割的整体，改革前30年我国农村制度变迁和经济建设，奠定了后30年农村转型成功的坚实基础，后30年是前30年基础上的飞跃；我国农村前30年普遍贫穷但绝对公平，后30年解决了"温饱"问题、实现了"总体小康"目标，正在加速向全面小康转型发展。

农村经济转型的初始条件，不仅决定转型模式和路径的选择，而且在很大程度上影响转型的结果。初始条件包括转型起点上的计划经济体制状况，经济社会发展状况，有无改革历史等。人民公社体制因袭了土地改革、互助合作运动的成果，又是中国农村改革逻辑起点，它承前启后，不仅是农村经济转型的初始条件和制度变迁最重要的路径依赖，而且在许多方面（如土地关系）还将继续影响未来我国农村转型发展。改革前我国农村经济一直保持增长趋势（三年自然灾害除外），公社体制后期农产品产量仍有增长空间，这是中国农村经济转型不同于其他转型国家最重要的初始条件之一。但是，人民公社后期，我国农村经济缓慢增长被迅速扩张的人口所抵消，出现所谓有增长、无发展的局面，产生了大量贫困人口，"吃饱饭"成为农村经济转型的最直接动因。在人多地少的中国农村要吃饱饭，最有效的办法就是"包产到户"。因此，农村转型的路径选择与"包产到户"三起三落的历史记忆紧密相关。

村域市场经济主体转型对农村现代化起着决定性作用。经过30年转型发展，现实中的村域市场经济主体呈现出"三足鼎立"态势。其一，村域集体经济，即村、组两级集体成员分别共同所有的资产及其经营收入和利益分配；其二，村域农户经济，包含个体户，但不包括私有或民营的法人企业；其三，村域新经济体，既不属于原村组集体经济，也不属于农户家庭经济的新经济联合体，比如专业合作社、村民创业和外来投资经济形成的中小企业、股份合作制企业等。村域经济转型发展水平，取决于村域集体经济、农户经济转型程度和新经济体发育成长状况。一般而言，贫困型村域只有集体和农户"双层经营"经济主体，新经济体尚未发育或者成长缓慢；已经解决温饱的村域，或多或少出现了专业合作经济、股份合作的工商企业等新经济体；小康型、富裕型和巨富型村域，新经济体发展壮大，成为村域经济增长和社会发展的主要源泉。因此新经济体发育和成长状况，成为我们观察村域经济转型程度、发展水平和农民收入能力的重要窗口。在国内外竞争市场上，村域经济主体都是弱势群体，推动村域市场经济主体转型和发展是村域经济转型研究的重要任务。

村域工业化及工业园区化，造就星罗棋布的小型经济文化中心，这是中国农村经济转型发展的最重要动力。改革之初，中国政府就认识到农村小型经济文化中心建设的极端重要性。1983年的"中央一号文件"说："……改变农村的面貌，建设星罗棋布的小型经济文化中心，逐步缩小工农差别和城乡差别……"1984年的"中央一号文件"又说："农村工业适当集中于城镇，可以节省能源、交通、仓库、给水、排污等方面的投资，并带动文化教育和其他服务事业发展，使集镇逐步成为农村区域性经济文化中心。"长江三角洲有着深厚的工商业文化根基，雄厚的民间资本，活跃的民间借贷市场，发育较早的社队企业，以及上海口岸大都市为龙头的城市群所拥有的工业装备及其技术支持。这些条件使长江三角洲乡镇企业率先于全国异军突起，村域工业快速推进，占据长三角工业经济的半壁江山，村域经济充满活力。乡镇企业在推进工业化的同时，也推进了城镇化，开拓了中国特色城镇化道路；乡镇企业促进了城乡一体化，最早以利润分配形式"以工补农"，同时沟通城乡经济，传播城市文明。乡镇企业的发展，不仅冲破了我国城市搞工业、农村搞农业的二元分割的经济格局，而且对有中国特色的工业化道路和加快国家工业化进程作出了特殊贡献。这是世界乡村发展中最有价值的中国经验。

村域工农业在一定的条件下能够实现互动协调发展。互动协调发展首先强调相互促进的作用，但也可能出现相互制约的情况。如何评价和调节村域工农业关系？村域研究的初步实践中我们懂得了一个直观的标准：过度工业化是工农业发展不协调的表现；反过来，工业化不足也是工农业发展不协调的表现。这两种情况都难以实现村域工农业的互动发展。就现实而言，在那些工业型、专业市场型村域，调节工农业关系的关键在于节制农业经济资源转移，村域需要保有一定数量的耕地、农业劳动力和农业发展资本；而在那些传统农业型、山区贫困型村域，农业生产力落后，劳动力堆积在有限的土地上，农户种植、养殖业方式原始，收入和积累能力低下，集体经济薄弱，新经济体和非农产业尚未发育，经济发展乏力，在这样的村域调节工农业关系，其首要任务则需刺激以工业为主的非农产业的发展。长三角村域工业互动发展的实际案例很多，农民据此总结出"无农不稳，无工不富，无商不活"战略思想，后来这三句话流行于全国。它不仅是长三角村域农耕文明、工业文明和商业文明由冲突走向融合的真实写照，也是推进中国村域经济转型发展最凝练的战略概括。

农民的创业、创新对于农村的长远发展和夯实国民经济基础有重要意义。研究表明，相邻村域出现的发展差距，不能用宏观环境、资源禀赋、区位差异、政策倾斜、文化差异等来解释。改革的起点差异、村落基础设施、村集体财产分割程度、改革路径选择、市场占有先机等都可能导致发展差异，而这一切都是与村落精英的作用相关联，村落精英是村域经济社会转型发展水平的决定因素。计划经济时代，村落精英是掌握着村落资源配置权利的基层组织负责人；市场经济时期，创业农民就是村落精英。创业农民是一个庞大的群体，包括为数众多的农民企业家群体、合作社的领办创办者群体、带领村民共同发展的村级组织负责人群体等。改革30年，一大批创业农民为农业农村经济的繁荣、乡村工业化和城镇化的快速推进作出了重大贡献。但是，农民创业、创新既未引起政府足够的关注，也未引起学术研究的重视，建设创新型国家的宏大计划中还没有把农民创业、创新纳入其中，一场金融危机才迫使政府关注返乡农民工的创业问题。作者建议，国家应适时启动农民创业、创新行动，将其纳入创新型国家建设计划，不仅是作为应对金融危机的临时性措施，更应当作为农村长远发展的重大战略决策。

（三）

如何评价本书的成果呢？

总结中国农村改革30年不是简单地叙述改革的历史进程、成绩、经验、问题和对策，而应把研究重点放在总结农村发展的中国经验上，我们在以下几个方面作出了努力。（1）把农村发展研究的视角放在村域转型和发展上，通过"农村经济转型的初始条件与路径选择"、"农村土地制度变迁30年的回眸与瞻望"、"农村经营和管理体制转型"、"农村公益事业建设体制转型和机制创新"、"农业和农村现代化进程及其评估"等专题研究，提炼农村转型发展的一般规律和经验。（2）对"村落和村域"、"村域市场经济主体"、"村域经济的基本类型"、"村域经济类型的重叠或变异"、"村域经济转型与社会转型"、"村域经济转型研究的理论渊源"、"村域经济转型研究的框架和内容"、"村域经济转型研究的意义和方法"等基本理论进行了开拓性研究。（3）对长江三角洲村域经济转型发展区域特色进行了挖掘和整理。其中包括"长江三角洲村域经济转型发展总体趋势"、"长江三角洲村域经济主体的转型发展"、"长江三角洲农民创业、创新和村域现代化"。另外，江苏"泰西村域工农业互动发展研究"、浙江"村级组织运转与'三农'现代化"、上海"城乡一体化背景下的村域经济转型"等案例研究，从不同角度揭示了长三角村域经济转型的区域特色、经验和规律。

本研究的阶段性成果产生了一定的社会效益。比如：浙江省委书记赵洪祝在课题组提交的"浙江省加速推进'三农'现代化的几点建议"上批示，"建议稿研究了许多新情况、新问题，可以在下一步讨论'三农'工作时参考……"课题组与浙江省农业厅合作完成的"减轻农民负担和维护农民权益研究"、"保障村级组织运转和化解村级债务研究"，浙江省政协主席周国富在其中一份报告上批示，"这份调研报告数据翔实，分析深入，建议中肯，有重要参考价值……"另外，《广西民族大学学报》（哲社版、双月刊）2008年第3期，开辟了《村域经济转型》主打栏目，推出了本课题组一组研究报告；《村域经济转型与乡村现代化——上海农村改革30年》，《中国农村土地制度变迁30年：回眸与展望》、《农村土地和劳动力不宜过度转移》、《亟须推进农村社区服务体系建设》、《关于村域金融转型的思考》等专题调查或研究报告，分别在《现代经济》、《农业经济问题》、《中国经济导报》、《中国国土资源报》、《中国改革报》、《光明日报》等报刊上发表。这些成果都已经收录在本书的相关章节。

本著作为国家社会科学基金项目免于鉴定并获得了《结项证书》（证书号20090392），但作者并没有如释重负的感觉。因为，作为一门新兴学科，村域经济转型研究才刚刚开始，还有许多问题需要深入研究。比如，究竟如何构架村域经济转型研究的基本理论、方法和框架，农耕文明、工业文明和商业文明之间冲突与融合如何影响村域经济转型，村域市场经济主体转型的动力机制，村域工业化的合理布局以及后发型村域如何发展工业和其他非农产业，村域经济转型发展的区域特色和中国经验到底是什么？这份研究成果对这些问题似乎都作了回答，但又都不解渴。

最后需要说明，在这份成果中，车裕斌撰写了第六章第三节、第七章第一节，姜新旺撰写了第九章第三节，黄劲松撰写了第九章第四节，方湖柳撰写了第十章；第五章和第十一章是集体成果，由王景新、葛深渭、骆鹏、金国峰共同执笔，其余各章撰稿均由王景新完成。村域经济转型研究的基本理论构架，研究对象和框架确立，以及全书的统稿、删节和修改等，也由王景新完成。

掩卷之前，作者要感谢全国哲学社会科学规划办公室对本课题的立项和资助，感谢中国社会科学出版社的辛勤编辑和出版，感谢课题组全体成员所付出的艰辛努力，感谢所有支持和帮助我们入户问卷和田野调查的政府官员、专家学者、农民以及大学生调查员，感谢关注"三农"问题的所有读者，同时，真诚希望同行专家、学者及读者们的批评指正。

2009年7月8日于楠溪江流域林坑古村落太和堂客栈